Windows 10

vom Einsteiger zum Könner

Inge Baumeister, Anja Schmid

Verlag:
BILDNER Verlag GmbH
Bahnhofstraße 8
94032 Passau

http://www.bildner-verlag.de
info@bildner-verlag.de

Tel.: +49 851-6700
Fax: +49 851-6624

ISBN: 978-3-8328-0159-5

Bestellnummer: RP-0180

Covergestaltung:
Christian Dadlhuber

Autorinnen:
Inge Baumeister, Anja Schmid

Bildquelle Cover: © Syda Productions - Fotolia.com
Kapitelbild: © Female photographer - Fotolia.com

Herausgeber:
Christian Bildner

Herzlich willkommen!

Computer und Internet sind mit ihren vielfältigen Möglichkeiten aus den heutigen Alltag nicht mehr wegzudenken. Um diese Technik sinnvoll zu nutzen, zum Beispiel im Umgang mit gängigen Programmen, sollten Sie die grundlegenden Funktionen von Windows kennen und verstehen. Wenn Sie einen neuen Computer, egal ob Laptop, Notebook, Tablet oder Desktop-PC mit Windows 10 erworben oder ein Upgrade auf Windows 10 durchgeführt haben, finden Sie hier Hilfe, Anleitungen und Tipps.

Es spielt keine Rolle, ob Sie absoluter Computerneuling sind oder bereits über Vorkenntnisse verfügen, dieses Buch will Ihnen den Einstieg und Umstieg so leicht wie möglich machen. Übersichtlich und mit zahlreichen Bildern lernen Sie in Schritt für Schritt-Anleitungen, wie Sie Windows 10 privat und im beruflichen Alltag sicher und effizient nutzen. Zahlreiche ergänzende Tipps und Anmerkungen finden Sie außerdem in der Randspalte.

- Das erste Kapitel richtet sich in erster Linie an Anfänger/innen und erläutert zunächst grundlegende Eingabe- und Bedienungstechniken mit Maus, Touchpad und Tastatur sowie Fingergesten. Außerdem erfahren Sie, wie Sie ein Microsoft-Konto einrichten und was beim ersten Start von Windows 10 zu beachten ist. Erfahrenere Nutzer können dieses Kapitel natürlich einfach übergehen.
- Ein weiteres Kapitel macht Sie der Reihe nach mit Startmenü, Taskleiste, Apps, den wichtigsten Fenstertechniken und dem neuen Info-Center vertraut. Anschließend erfahren Sie, wie Sie die Sprachassistentin Cortana einrichten und für Termine, Erinnerungen und zur Suche nach Informationen einsetzen. Wir zeigen Ihnen außerdem, wie Sie mehrere Desktops nutzen oder mit Windows im Tabletmodus arbeiten.
- Mit der Verwaltung und Speicherung Ihrer Daten befasst sich ein gesondertes Kapitel. Sie erfahren, wie Sie Ordnung auf der Festplatte schaffen, den kostenlosen Cloud-Speicher OneDrive nutzen, CDs/DVDs brennen, schnell die Festplatte nach Dateien durchsuchen, Dateien komprimieren und für andere Personen freigeben und vieles mehr.
- Ausführliche Tipps zu persönlichen Einstellungen erhalten Sie in Kapitel 4. Hier zeigen wir Ihnen, wie Sie Startmenü, Desktop, Sperrbildschirm, Taskleiste und das Info-Center an Ihre Wünsche und Bedürfnisse anpassen und z. B. eigene Fotos als Bildschirmhintergrund verwenden oder Ihr persönliches Startmenü zusammenstellen. Auch die Verwaltung Ihres Benutzerkontos ist Teil dieses Kapitels.
- Kapitel 5 und 6 erklären ausführlich die Einstellungen zu Hard- und Software. Besonderer Wert wurde dabei auf das Thema Datenschutz und Sicherheit gelegt. Darüber hinaus erfahren Sie, wie Sie weitere Benutzerkonten erstellen, Laufwerke und Speicherplatz verwalten, Apps aus dem Windows Store beziehen, installieren und deinstallieren, Drucker anschließen, Netzwerk-, inbesondere WLAN-Einstellungen, kontrollieren, Daten sichern und wiederherstellen.

- In den letzten beiden Kapiteln stellen wir Ihnen verschiedene nützliche Apps vor. Sie erfahren, wie Sie den Browser Microsoft Edge effizient nutzen, wie Sie Ihre Aufnahmen von der Kamera auf den PC übertragen und mit der App Fotos verwalten und bearbeiten. Außerdem stellen wir die kostenlosen Apps Mail, Kalender und Kontakte vor. Damit sind Sie gut gerüstet, um Nachrichten auszutauschen, , Ihre Kontaktinformationen zu speichern, sowie Termine und Geburtstage im Blick zu behalten.

Updates

Windows 10 und die meisten der beschriebenen Apps werden von Microsoft laufend durch Updates aktualisiert. Dadurch können sich ihr Aussehen im Vergleich zu den Abbildungen im Buch und ihr Funktionsumfang geringfügig ändern, dies gilt auch für den Windows Store.

Dieses Buch beinhaltet alle Änderungen, die in Windows 10 aufgrund des **Anniversary Updates** vorgenommen wurden. Dabei handelt es sich um das zweite große Update, welches Anfang August 2016 installiert wurde und besonders Neuerungen im Bereich des Startmenüs und Info-Centers mit sich brachte. Nichtsdestotrotz gab es seit diesem Update weitere Aktualisierungen, die ebenfalls in diesem Buch berücksichtigt sind.

Schreibweise

Befehle, Bezeichnungen von Schaltflächen und Beschriftungen von Dialogfenstern sind zur besseren Unterscheidung farbig und kursiv hervorgehoben, zum Beispiel Register *Start*, Schaltfläche *Kopieren*.

Viel Spaß und Erfolg mit dem Buch wünscht Ihnen

Ihr Autorenteam

Inhalt

Anhang

1 Das sollten Sie vorab wissen

1.1 Grundlegende Eingabetechniken

Als Einsteiger in Sachen Computer erhalten Sie in diesem Kapitel einen Überblick über die grundlegenden Techniken im Umgang mit Maus, Touchpad, Touchscreen und Tastatur. Falls Sie bereits von einer früheren Version von Windows damit vertraut sind, können Sie die folgenden Erläuterungen einfach übergehen.

Ein wichtiger Hinweis: Alle Angaben in diesem Buch beziehen sich auf den Einsatz von Maus bzw. Touchpad und normaler Tastatur. Falls Sie ein Gerät mit Touchscreen bzw. einen Tablet-PC benutzen, verwenden Sie stattdessen die entsprechenden Gesten.

Das Bedienkonzept von Windows 10

Touchscreen = berührungsempfindlicher Bildschirm

Windows 10 lässt sich auf den unterschiedlichsten Geräten einsetzen: vom herkömmlichen PC am Arbeitsplatz über Laptops bzw. Notebooks, Tablet-PCs bis hin zum Smartphone. Neben Maus und Tastatur werden auch die diversen Eingabemöglichkeiten dieser Geräte unterstützt. So erlaubt Windows 10 auf Geräten mit einem berührungsempfindlichen Bildschirm (Touchscreen) die Eingabe per Fingersteuerung anstelle einer Maus und statt einer physischen Tastatur steht dann eine Bildschirmtastatur zur Verfügung. Erlauben Apps die Stifteingabe, so wird auch dies unterstützt.

Windows 10 erkennt in der Regel automatisch, ob Maus und Tastatur angeschlossen sind. Erfolgt die Bedienung per Touchscreen, so wechselt Windows in den, für die Fingereingabe optimierten, Tabletmodus. Näheres zu den Besonderheiten des Tabletmodus lesen Sie in Kapitel 2.

Techniken im Umgang mit der Maus

Die Maus ist ein wichtiges Eingabegerät zur Bedienung eines PCs. Sie wird zum Zeigen und Ausführen von Befehlen verwendet. Laptops haben zusätzlich unterhalb der Tastatur eine berührungsempfindliche Fläche integriert, ein sogenanntes Touchpad. Das Touchpad kann als Ersatz für die Maus verwendet werden und wird mit dem Zeigefinger, ähnlich wie eine Maus, bedient. Dem Anschließen einer normalen Maus steht natürlich ebenfalls nichts im Wege.

Die Handhabung der Maus

Die Maus ist ein kleines rundliches Gerät, das alle Bewegungen auf einer festen Unterlage (Tischplatte oder spezielle Mausunterlage) an einen Zeiger auf dem Bildschirm, den Mauszeiger , überträgt. Einge Mäuse werden per USB-Kabel am PC angeschlossen, die meisten benutzen Funk. Dann wird der dazugehörige Empfänger am Computer eingesteckt oder ist unter der Bezeichnung *Bluetooth* bereits integriert.

Falls Sie Linkshänder sind, lesen Sie im Kapitel 4 nach, wie Sie die Funktion der beiden Maustasten vertauschen können.

- Eine Computermaus hat mindestens zwei Tasten und in der Mitte dazwischen ein Rädchen. Legen Sie die rechte Handfläche (Rechtshänder) so auf die Maus, dass der Zeigefinger auf der linken und der Mittelfinger auf der rechten Taste zu liegen kommt. Mit den übrigen Fingern halten Sie die Maus seitlich.
- Rücken Sie sich die Maus zurecht. Sie sollte sich möglichst körpernah und für Rechtshänder rechts neben dem PC befinden. Achten Sie auch darauf, dass für Bewegungen ausreichend Platz auf dem Schreibtisch zur Verfügung steht. Befindet sich die Maus an der falschen Stelle, dann heben Sie sie einfach hoch und setzen sie an der richtigen Stelle wieder ab.

  Lassen Sie den Zeigefinger auf der linken Maustaste liegen. So können Sie die Maus blind bedienen und sich besser auf den Bildschirm konzentrieren.

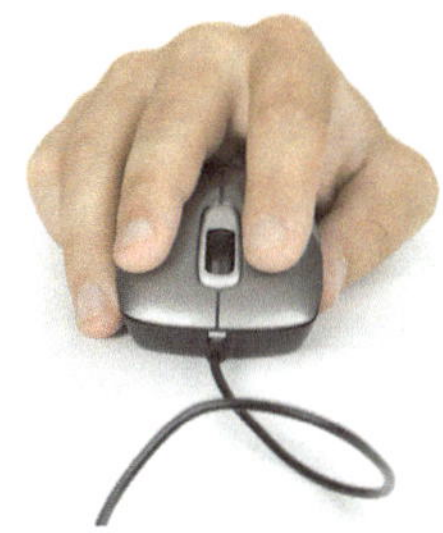

Mit der Maus führen Sie folgende Aktionen aus

- **Zeigen**
  Verschieben Sie den Mauszeiger bis er sich über einem Symbol befindet. In vielen Fällen erscheint ein kurzer Infotext zum Symbol.

Bild 1.1 Beispiel Kurzinfo zum Papierkorbsymbol

- **Klicken (linke Maustaste)**
  Zum Ausführen von Befehlen, z. B. zum Starten einer App, zeigen Sie auf das Symbol und drücken 1x kurz die linke Maustaste. Beispiel: Die App Wetter starten.

- **Doppelklicken (linke Maustaste)**
  In manchen Fällen, beispielsweise zum Öffnen von Ordnern oder Dateien, benötigen Sie einen Doppelklick. Zeigen Sie auf das Element und drücken Sie 2x kurz hintereinander die linke Maustaste. Achtung - die Maus zwischen den beiden Klicks nicht bewegen! Beispiel: Den Ordner *Eigene Aufnahmen* öffnen und die Fotos anzeigen.

- **Element verschieben oder ziehen**
  Zeigen Sie auf das Element, das Sie verschieben möchten. Drücken Sie dann die linke Maustaste und halten Sie die Taste gedrückt, während Sie gleichzeitig die Maus bewegen. Auf dem Bildschirm wandert das Element mit dem Mauszeiger mit. Lassen Sie die Taste erst los, wenn sich das Element an der gewünschten Stelle befindet.

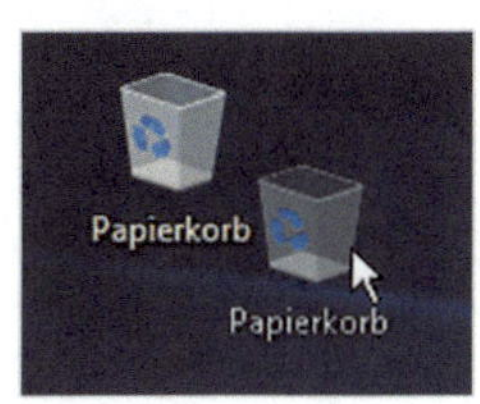

- **Rechte Maustaste (Rechtsklick)**
  Mit der rechten Maustaste erhalten Sie Befehle zum angeklickten Element (Kontextmenü). Drücken Sie 1x kurz die rechte Maustaste, als Beispiel unten: Die Befehle zum Papierkorb anzeigen.

Bild 1.2 Kontextmenü

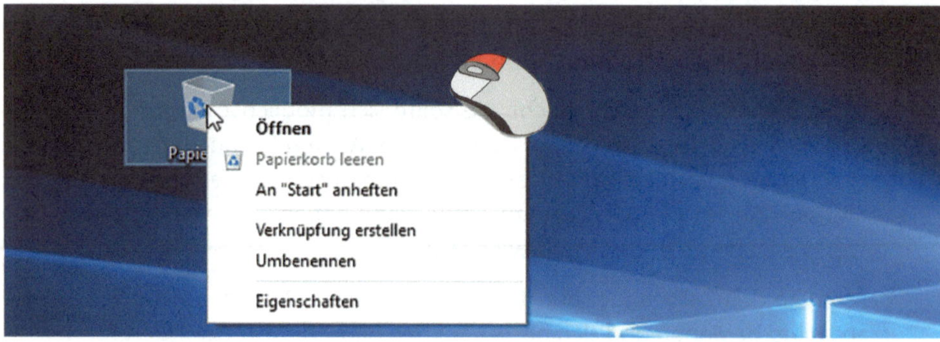

Achtung: Zur Ausführung eines Befehls müssen Sie wieder die linke Maustaste betätigen.

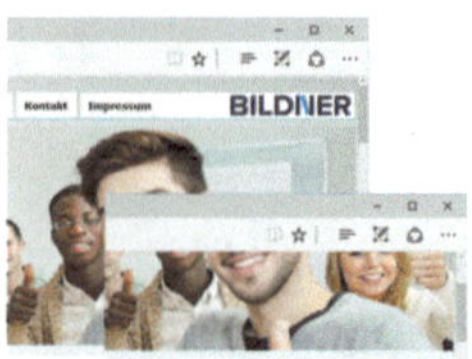

- **Bildschirmausschnitt verschieben (Scrollen)**
  Häufig kann der gesamte Inhalt nicht vollständig angezeigt werden, dann müssen Sie den sichtbaren Bildschirmausschnitt nach oben oder unten, bzw. nach rechts oder links verschieben. Dies bezeichnet man als Scrollen. Zeigen Sie in den betreffenden Bereich und drehen Sie das Mausrädchen.

Der Mauszeiger

Standardmäßig wird der Mauszeiger als Pfeil auf dem Bildschirm dargestellt. Ändert der Zeiger sein Aussehen, so signalisiert Windows damit, welche Aktionen Sie gerade mit der Maus ausführen können.

Mauszeiger	Aktion
	Eine Hand als Mauszeiger bedeutet, dass Sie auf einen sogenannten Link zeigen. Ein Link ist ein Verweis auf eine andere Stelle innerhalb des Dokuments oder an einen anderen Ort. Mit einem einfachen Mausklick können Sie zu der entsprechenden Stelle wechseln.
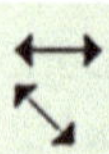	Wenn Sie auf den Rand eines Fensters zeigen, dann erscheint statt des normalen Zeigers ein Doppelpfeil. Dies bedeutet, dass Sie jetzt durch Ziehen mit gedrückter linker Maustaste in eine der Pfeilrichtungen die Größe des angezeigten Fensters ändern können.
	Zum Verschieben eines Objekts wird der Mauszeiger mit vier Pfeilen angezeigt. Durch Ziehen mit gedrückter linker Maustaste in eine Richtung können Sie das Fenster auf dem Bildschirm verschieben.
	Während des Startvorgangs von Apps signalisiert eine Sanduhr am Mauszeiger, dass Windows im Hintergrund gerade beschäftigt ist.

So arbeiten Sie mit einem Touchpad

Ein Laptop oder Notebook kann zusätzlich oder anstelle einer Maus mit einem Touchpad bedient werden. Das Touchpad besteht aus einer berührungsempfindlichen Fläche und befindet sich unterhalb der Laptop-Tastatur. Die Bedienung ist ähnlich der Maus. Wenn Sie mit dem Zeigefinger leicht über das Touchpad bzw. die große Fläche streichen, dann wandert auf dem Bildschirm der Mauszeiger mit. Einige Hersteller resvervieren eigene Bereiche für häufig benötigte Funktionen, z. B. linke und rechte Maustaste oder Bildlauf, wie im Bild unten.

Bild 1.3 Touchpad mit linker und rechter Taste und Bildlauf

Aktion	So gehen Sie vor
Klicken	Tippen Sie einmal leicht auf die Fläche oder drücken Sie die linke Taste.
Doppelklick	Tippen Sie zweimal kurz hintereinander oder drücken Sie zweimal die linke Taste.
Rechtsklick	Drücken Sie die rechte Taste.
Element verschieben, ziehen	Drücken Sie die linke Taste und halten Sie die Taste gedrückt, gleichzeitig streichen Sie mit dem Finger über die Touchpad-Fläche (siehe Maus). Oder tippen Sie zuerst einmal auf die Fläche und halten nach dem zweiten Antippen den Finger auf dem Touchpad, dann können Sie anschließend ebenfalls Elemente markieren bzw. verschieben.
Scrollen	Manchmal finden Sie auf dem Touchpad zusätzlich rechts einen vertikalen und am unteren Rand einen horizontalen Scrollbalken zum Verschieben des Bildschirmausschnitts. Falls nicht, verschieben Sie den Scrollbalken des jeweiligen Fensters.

Anstatt gesonderter Tasten kann ein Laptop auch über ein modernes Multi-Touchpad verfügen, diese können auch Berührungen mit mehreren Fingern registrieren. Dann kann das Kontextmenü durch ein leichtes Antippen mit zwei Fingern aufgerufen werden. Ebenfalls unterstützt werden Fingergesten wie Wischen oder zum Scrollen mit zwei Fingern ziehen.

Touchscreen

Als Touchscreen bezeichnet man einen berührungsempfindlichen Bildschirm, mit dem Tablet-PCs und auch einige Laptops ausgestattet sind. Anstelle von Maus und Tastatur erfolgt dann die Bedienung des Computers durch Antippen und Wischbewegungen mit dem Finger direkt auf den Bildschirm. Die wichtigsten Gesten:

- **Antippen**
  Zum Ausführen eines Befehls oder Starten einer App tippen Sie auf dem Bildschirm mit dem Zeigefinger leicht auf diese Stelle. Dies entspricht dem einfachen Klicken mit der linken Maustaste.

Bild 1.4 Touchgesten: Antippen und Zoomen

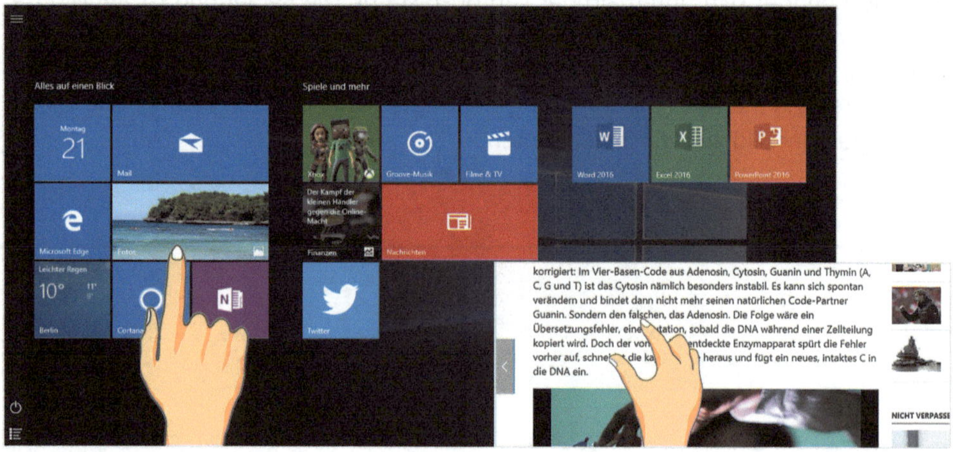

- **Rechtsklick**
  Drücken Sie auf das Element und halten Sie den Finger einige Sekunden gedrückt.
- **Blättern**
  Mit einer Wischbewegung von der Bildschirmmitte nach oben oder unten verschieben Sie den Bildschirmausschnitt (scrollen).
- **Zoom**
  Berühren Sie den Bildschirm mit zwei Fingern und spreizen Sie die Finger zum Vergrößern bzw. führen zum Verkleinern Ihre Finger zusammen.

Ein Überblick über die Tastatur

Normalerweise verwenden Sie am Computer eine Tastatur, die sich in folgende Bereiche aufteilen lässt:

- Schreibmaschinentasten: Dieser Bereich entspricht im Wesentlichen der Aufteilung einer Schreibmaschine.
- Ziffernblock zur schnellen Eingabe von Ziffern (nicht auf allen Laptoptastaturen vorhanden).

Cursor = Eingabemarke

- Cursorblock oder Pfeiltasten zur Steuerung der Eingabemarke.
- Funktionstasten zur schnellen Ausführung von Befehlen.

Fn-Taste (vom englischen Wort „function")

Eine Laptoptastatur bietet weitere Funktionen über die Tastatur an, z. B. die Steuerung der Monitorhelligkeit oder der Lautstärke. Zu finden sind diese zusätzlichen Einstellungsmöglichkeiten in der Regel auf den Funktionstasten (F1, F2 etc.) und sind durch gleichzeitiges Drücken der Fn-Taste ❺ verfügbar. Fehlt ein gesonderter Ziffernblock, dann ist der Ziffernblock in die „normale“ Tastatur integriert, z. B. über die Taste J wird die 1 eingegeben, K ist die 2 und U die 4). In diesem Fall drücken Sie ebenfalls die Fn-Taste, um anstelle der Buchstaben die Zahlen einzugeben.

Bild 1.5 Beispiel Laptoptastatur

> **Achtung:** Mit Ausnahme der Schreibmaschinentasten kann die Anordnung der übrigen Tasten, beispielsweise der Pfeiltasten, auf einem Laptop oder Notebook von der Abbildung oben abweichen. Möglicherweise sind einige Tasten auch englisch beschriftet.

Wichtige Tasten und Funktionen

Im Bereich der Schreibmaschinentasten finden Sie neben den Buchstaben, Ziffern und Satzzeichen eine Reihe zusätzlicher Tasten. Hier die Wichtigsten:

Taste	Bezeichnung	Bedeutung
	Eingabetaste ❶ engl. Enter oder Return	Mit dieser Taste beginnen Sie bei der Texteingabe einen neuen Absatz und somit eine neue Zeile. Gleichzeitig können Sie auch eine Eingabe bestätigen oder einen markierten Befehl ausführen. Statt am Bildschirm auf die Schaltfläche *OK* zu klicken, können Sie auch die Eingabetaste der Tastatur verwenden.
	Umschalt-Taste ❷ engl. Shift	Die Umschalt-Taste dient zur Eingabe von Großbuchstaben. Drücken Sie dazu die Umschalt-Taste und halten Sie die Taste gedrückt, während Sie den jeweiligen Buchstaben tippen. Die Umschalt-Taste kommt außerdem bei vielen Tastenkombinationen zum Einsatz.
	Leertaste	Die Leertaste fügt einen Abstand zwischen zwei Wörtern ein.
	Feststelltaste ❸ engl. Caps Lock	Die Feststelltaste aktiviert die Umschalt-Taste dauerhaft. Bei versehentlichem Betätigen erhalten Sie dieses eRGEBNIS. Deaktivieren Sie in diesem Fall die über der linken Umschalt-Taste befindliche Feststelltaste durch erneutes Drücken.

Taste	Bezeichnung	Bedeutung
Esc	Escape-Taste	Die Escape-Taste (Esc) dient zum Abbrechen von Befehlen und kann anstelle der Abbrechen-Schaltfläche in Dialogen verwendet werden. In manchen Programmen wird diese Taste auch verwendet, um Bereiche zu verlassen.
←	Rückschritt-Taste 4 engl. Backspace	Mit der Rückschritt-, Lösch- oder Korrektur-Taste können Sie während der Texteingabe die Zeichen links vom Cursor löschen. Auch bei nachträglichen Korrekturen löscht diese Taste Zeichen, die sich links von der Cursorposition befinden.
Alt	Alt-Taste	Die Alt-Taste (Alternate) wird immer zusammen mit anderen Tasten verwendet. Diese sogenannten Tastenkombinationen (englisch: Shortcuts) dienen, wie die Funktionstasten, der schnellen Befehlseingabe.
Strg	Steuerung-Taste engl. Ctrl (Control)	Die Strg-Taste (Steuerung) dient wie die Alt-Taste zur schnellen Befehlsausführung. Manche Tastaturen verwenden anstelle der deutschen Bezeichnung das englische Ctrl (Control).
	Windows-Taste	Mit dieser Taste öffnen Sie das Startmenü von Windows. In Kombination mit anderen Tasten können ebenfalls schnell Befehle aufgerufen werden.
⇤ ⇥	Tabulator-Taste	Mit der Tabulator-Taste (Tab-Taste) überspringen Sie bei der Texteingabe größere Leerräume. Der Cursor wird am nächsten Tabstopp, meist nach 1,25 cm, positioniert. Durch Verwendung der Tab-Taste erstellen Sie einen tabellarisch aufgebauten Text. Bei der Eingabe in Formularen wandert der Cursor durch Drücken der Tab-Taste zum nächsten Eingabefeld.
Entf	Entfernen-Taste engl. Del (Delete)	Die Entf-Taste löscht markierte Elemente bzw. das Zeichen rechts vom Cursor. Diese Taste ist auf manchen Tastaturen englisch mit Del (Delete) beschriftet.

Drittbelegung

Alt Gr

Einige Tasten der Computertastatur weisen ein drittes Zeichen auf. Beispielsweise finden Sie in der Ziffernreihe auch die eckigen Klammern [ ] oder die hochgestellte Ziffer z. B. zur Eingabe von m^2. Für die Eingabe dieser Zeichen verwenden Sie die Alt Gr-Taste (Alternate Graphics) rechts neben der Leertaste zusammen mit der entsprechenden Taste. Wichtige Beispiele für Drittbelegungen sind:

Symbol	Bezeichnung	Tasten
@	At-Zeichen	Alt Gr + Q @
€	Euro-Symbol	Alt Gr + E €

Ziffernblock

Ein separater Ziffernblock erleichtert zwar die Zahleneingabe, ist aber nicht auf jeder Notebook-Tastatur zu finden. Falls trotz vorhandenem Ziffernblock hier keine Zahlen eingegeben werden können, muss der Ziffernblock erst durch Drücken der Taste Num ❺ (siehe Bild unten) aktiviert werden, sonst werden als Zweitbelegungen die Pfeiltasten bzw. Cursortasten verwendet.

Cursorsteuerung

Als Cursor bezeichnet man am Computer die Einfügemarke oder Eingabeposition, an der die Eingabe über die Tastatur erfolgt. Die Pfeiltasten des Cursorblocks auf der Tastatur dienen dazu, den Cursor im Text zu bewegen. Bereits eingegebener Text wird dabei nicht gelöscht. Eine Übersicht der Tasten sehen Sie im Bild unten.

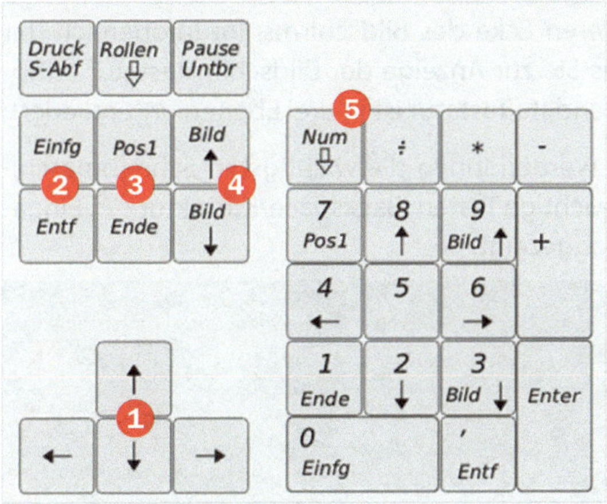

❶ Cursor- oder Pfeil-Tasten

❷ Wechsel zwischen Einfügen und Überschreiben / Entfernen (Löschen)

❸ Zeilenanfang / Zeilenende

❹ Bildschirmseite nach oben / Bildschirmseite nach unten

❺ Num-Taste, schaltet den Ziffernblock ein und aus

Bild 1.6 Cursor- und Ziffernblock

Die Bedeutung der Einfügen-Taste

Durch Drücken der Einfg-Taste (engl. Ins = Insert) wechseln Sie zwischen Überschreib- und Einfügemodus. Wenn Text im Überschreibmodus eingegeben wird, wird der nachfolgende Text überschrieben, was in den meisten Fällen nicht erwünscht ist. Aus diesem Grund ignoriert z. B. Microsoft Word 2013 oder 2016 standardmäßig die Verwendung der Einfügen-Taste und fügt Text grundsätzlich ohne Überschreiben ein.

Tastenkombinationen und Funktionstasten

Viele Befehle lassen sich nicht nur per Mausklick, sondern auch über Tastenkombinationen ausführen. Diese werden auch als Shortcuts bezeichnet. Um beispielsweise einen Text zu speichern, verwenden Sie die Tastenkombination Strg+S. Dazu müssen Sie zuerst die Strg-Taste gedrückt halten und dann die Taste S drücken. Anschließend lassen Sie beide Tasten wieder los. Tastenkombinationen bestehen in der Regel aus einem Buchstaben in Verbindung mit der Strg-, Umschalt-, Alt- oder Windows-Taste.

Eine Zusammenstellung wichtiger Tastenkombinationen finden Sie im Anhang dieses Buches.

F1 = Hilfetaste

Funktionstasten

Die Funktionstasten (F-Tasten) werden verwendet, um schnell bestimmte Befehle auszuführen. Die Belegung ist programmabhängig. Ausnahme: Die Taste F1 ist fast immer die Hilfetaste. Drücken Sie diese Taste, so erscheint die integrierte Hilfe für das jeweilige Programm.

Bildschirmtastatur verwenden

Je nach Eingabefeld kann die Tastatur geringfügige Unterschiede aufweisen.

Die Texteingabe an einem PC mit Touchscreen, z. B. einem Tablet-PC, kann auch ohne angeschlossene Tastatur erfolgen. Sie verwenden dann die Bildschirmtastatur. Diese wird automatisch eingeblendet, wenn Sie mit dem Finger auf ein Texteingabefeld tippen, beispielsweise zur Eingabe des Kennworts.

Zudem finden Sie in der rechten unteren Ecke des Bildschirms, im Infobereich der Taskleiste, ein Tastatursymbol, welches Sie zur Anzeige der Bildschirmtastatur antippen. Die auf dem Touchscreen eingeblendete Tastatur ist in drei Ebenen untergliedert:

- **Hauptebene:** Auf der Hauptebene werden Ihnen die wichtigsten Schreibmaschinentasten, sowie einige weitere wichtige Tasten (Backspace/Korrektur ❶, Eingabe ❷, Umschalt-Taste ❸, usw.) angezeigt.

Tipp: Die Bildschirmtastatur teilen

Falls Sie Ihre Texte auf einem Tablet-PC gerne mit beiden Daumen eintippen möchten: Tippen Sie auf das Tastatursymbol rechts unten in der Bildschirmtastatur. Hier erhalten Sie unter anderem die Option zum Teilen der Tastatur.

- **Zeichenebene:** Mit der Taste *&123* ❹ schalten Sie um zur Zeichenebene. Auf dieser Ebene der Bildschirmtastatur finden Sie Sonderzeichen und Ziffern. Um von der Zeichenebene wieder zur Hauptebene zu wechseln, tippen Sie die Taste *&123* einfach erneut an.

- **Symbolebene**

  Diese Ebene rufen Sie durch Antippen des Smileysymbols ❺ auf. Hier erhalten Sie verschiedene Smileys und andere Symbole, die Sie in Ihre Texte einbauen können. Um von der Symbolebene wieder zur Hauptebene zu wechseln, tippen Sie das Smileysymbol erneut an.

1.2 Wenn Sie Windows 10 zum ersten Mal starten

Nach dem Kauf eines neuen Computers ist Windows 10 in der Regel bereits vorinstalliert. Trotzdem müssen Sie, wie auch nach einem Upgrade von einer früheren Version oder nach einer Neuinstallation, beim ersten Start noch einige persönliche Einstellungen vornehmen.

Grundlegende Einstellungen

Schnelleinstieg mit den Express-Einstellungen

Zunächst sind verschiedene Einstellungen z. B. zu Sprache, Sicherheit und Internetverbindung vorzunehmen. Am schnellsten erledigen Sie dies, indem Sie auf *Express-Einstellungen verwenden* ❷ klicken. Die Express-Einstellungen sollten Sie auch wählen, wenn Sie über keine oder nur geringe Windows-Kenntnisse verfügen.

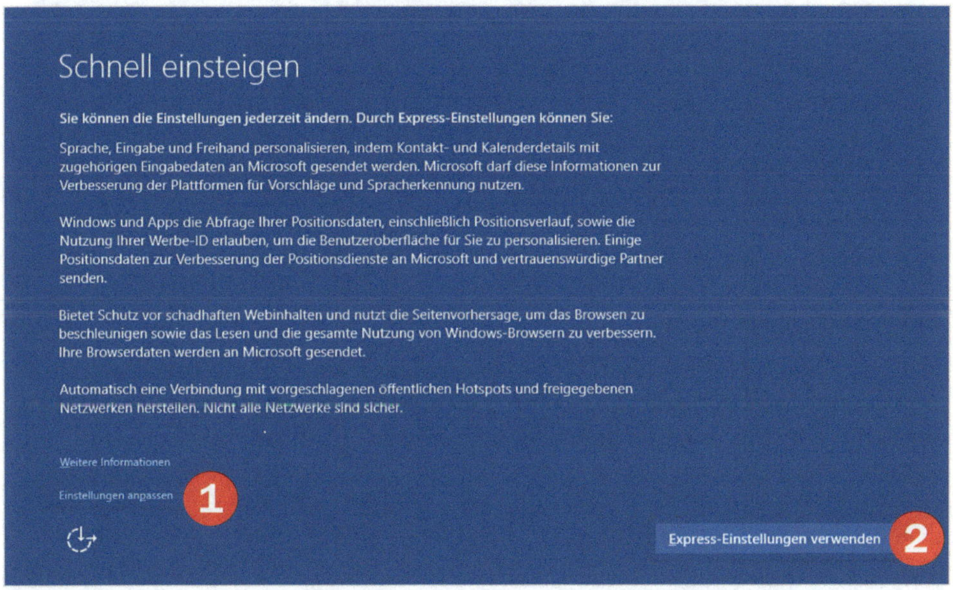

Falls Sie die Einstellungen lieber manuell vornehmen möchten, so klicken Sie auf *Einstellungen anpassen* ❶. Die Express-Einstellungen und alle hier manuell vorgenommenen Einstellungen lassen sich jederzeit nachträglich einsehen und wieder ändern.

Näheres hierzu in Kap. 5.1.

> **Achtung:** Die meisten dieser Einstellungen betreffen das Sammeln und Speichern persönlicher Daten und sollten daher in jedem Fall zumindest später kontrolliert werden! Details zum Datenschutz bzw. zu diesen Einstellungen lesen Sie in Kapitel 5 dieses Buches.

Internetverbindung

Eine Internetverbindung ist bei der Ersteinrichtung von Windows 10 nützlich, aber nicht zwingend erforderlich. Sie wird allerdings benötigt, wenn Sie sich mit einem Microsoft-Konto anmelden oder ein solches einrichten möchten. Zum Herstellen der Internetverbindung brauchen Sie nur in der Liste der verfügbaren WLANs auf Ihr WLAN klicken oder tippen. Tippen Sie dann Ihren Netzwerksicherheitsschlüssel (Kennwort Ihres Netzwerks) über die Tastatur ein. Dies setzt natürlich voraus, dass Ihr Router bereits fertig eingerichtet ist.

Im nächsten Schritt geben Sie an, wem der PC gehört. Falls es sich um ein Firmen-Gerät handelt, erhalten Sie mit der Auswahl *Meiner Firma* und Angabe der Anmelde-ID Zugriff auf das Firmennetzwerk. In der Regel verwenden Sie aber die Standardeinstellung *Mir* (Ihr persönlicher PC) und klicken auf *Weiter*.

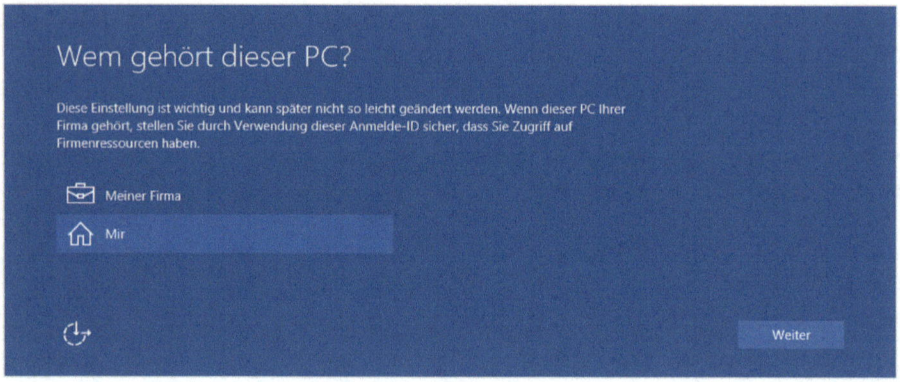

Bild 1.7 Zugang zum Firmennetzwerk oder Privat (Mir)

Ein Konto zur Anmeldung

Windows 10 erfordert grundsätzlich eine Anmeldung am PC. Dazu benötigen Sie ein sogenanntes Benutzerkonto. Dies kann entweder ein lokales Konto oder ein Microsoft-Konto sein. Dieses Konto geben Sie im nächsten Schritt an.

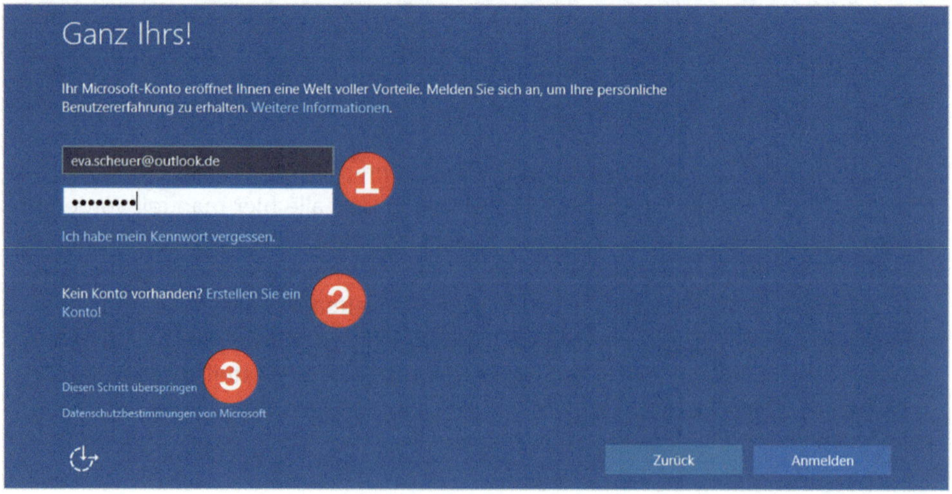

Bild 1.8 Benutzerkonto angeben oder neu erstellen

Wenn Sie bereits über ein Microsoft-Konto verfügen, so geben Sie die E-Mail Adresse Ihres Kontos und das dazugehörige Kennwort ein ❶ und klicken dann auf *Anmelden*. Um ein neues Konto zu erstellen, klicken Sie auf *Erstellen Sie ein Konto* ❷. Falls Sie lieber mit einem lokalen Konto arbeiten möchten, so klicken Sie auf *Diesen Schritt überspringen* ❸.

Microsoft-Konto oder lokales Konto?

- Ein Microsoft-Konto besteht aus einer E-Mail-Adresse und einem Kennwort. Damit erhalten Sie unter der Bezeichnung *OneDrive* automatisch Zugriff auf Ihren persönlichen Cloud-Speicher und können weitere Apps und Spiele aus dem Windows Store beziehen. Falls Sie mehrere Geräte mit diesem Konto nutzen, können Sie auch Ihre Einstellungen und Kennwörter mit diesen Geräten synchronisieren.
- Ein lokales Konto besitzt dagegen nur Gültigkeit auf dem jeweiligen Gerät. *OneDrive* oder beispielsweise die App *Kalender* können mit einem solchen Konto nicht genutzt werden. Falls Sie ein lokales Konto benutzen, können Sie auch nachträglich ein Microsoft-Konto anlegen und dieses Konto in ein Microsoft-Konto umwandeln.

So richten Sie ein Microsoft-Konto ein

Wenn Sie eine E-Mail-Adresse besitzen, die auf @outlook.de, @hotmail.com oder @ live.de endet, dann haben Sie bereits ein Microsoft-Konto und können diesen Punkt übergehen.

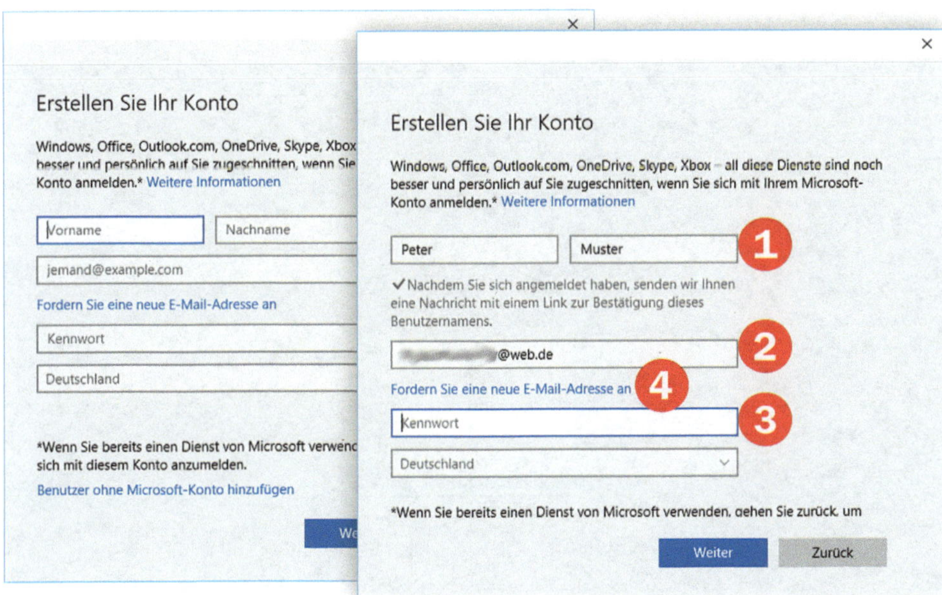

Bild 1.9 Ein Microsoft-Konto zur Anmeldung einrichten

Die Einrichtung des Microsoft-Kontos erfordert wenig Aufwand und ist schnell erledigt. So gehen Sie dabei vor:

1 Im ersten Schritt müssen Sie Ihren Namen eingeben. Dieser erscheint später bei der Anmeldung und im Startmenü als Benutzername ❶.

2 Wenn Sie bereits eine E-Mail-Adresse besitzen, dann geben Sie diese im Feld unterhalb ein ❷. Die Adresse kann bei einem beliebigen Anbieter registriert sein.

3 Im Feld *Kennwort* geben Sie ein frei gewähltes Kennwort ein, das Sie später zur Anmeldung am Laptop und Online benutzen ❸. Das Land ist in der Regel bereits voreingestellt, kann aber bei Bedarf geändert werden. Klicken Sie dann auf *Weiter*.

Falls Sie noch keine E-Mail-Adresse haben oder eine solche zusätzlich einrichten möchten, dann klicken Sie auf *Fordern Sie eine neue E-Mail-Adresse* ❹ an. Diese erhält automatisch den Zusatz @outlook.de. Auch hier geben Sie einfach Ihren Namen und die gewünschte Adresse samt Kennwort ein und klicken auf *Weiter*.

Einrichtung abschließen

Haben Sie bei der Einrichtung des Microsoft-Kontos eine vorhandene E-Mail-Adresse angegeben, so wird anschließend eine Mail an diese Adresse gesendet. Dadurch soll sichergestellt werden, dass es tatsächlich sich um Ihre Adresse handelt. Kontrollieren Sie daher den Posteingang dieses Kontos und klicken Sie in der Mail auf den Link, um die Einrichtung abzuschließen. Gleichzeitig erhalten Sie in der Mail einen Sicherheitscode, den Sie unter Umständen nach der ersten Anmeldung mit diesem Konto eingeben müssen.

Eine PIN als Alternative zum Kennwort festlegen

Bild 1.10 Eine vierstellige PIN als Alternative zur Kennworteingabe

Die häufige Eingabe eines sicheren Kennworts, das aus Groß- und Kleinbuchstaben, Ziffern und Sonderzeichen besteht, kann zeitraubend sein, zudem sind sichere Kennwörter meist schwer zu merken. Aus diesem Grund bietet Windows im nächsten Schritt für künftige Anmeldungen am PC die Eingabe einer PIN anstelle eines Kennwortes an. Als PIN können Sie eine beliebige vierstellige Zahl wählen. Möchten Sie keine PIN erstellen, so klicken Sie einfach auf *Diesen Schritt überspringen*.

Achtung: Die PIN gilt ausschließlich für die Anmeldung am PC, das Kennwort Ihres Microsoft-Kontos wird dadurch nicht geändert! Zur Bestätigung wichtiger Änderungen ist nach wie vor Ihr Kennwort erforderlich.

Um eine PIN zu erstellen, klicken Sie auf *PIN festlegen*. Geben Sie dann die gewünschte vierstellige Zahl ein. Aus Sicherheitsgründen müssen Sie diese ein zweites Mal eingeben.

Eine PIN kann auch nachträglich erstellt oder geändert werden, siehe Kap. 4.7.

Standardspeicherort wählen

Anschließend erhalten Sie Informationen über den Cloudspeicher *OneDrive*. Diesen benutzt Windows 10 auch als Standardspeicherort beim Speichern neuer Dateien, natürlich nur, wenn eine Verbindung zum Internet besteht und Sie mit einem Microsoft-Konto angemeldet sind. Soll stattdessen die Festplatte Ihres PCs als Standardspeicher verwendet werden, so klicken Sie auf *Neue Dateien standardmäßig nur auf diesem PC speichern* und dann auf *Weiter*.

Bild 1.11 Dateien in der Cloud oder lokal speichern

Cortana und Datenschutzbestimmungen

Im letzten Schritt informiert Sie Windows über die Funktionsweise der Sprachassistentin Cortana, die entsprechenden Datenschutzbestimmungen können Sie über einen Link einsehen. Wenn Sie dagegen Cortana vorerst nicht nutzen möchten, dann klicken

Sie auf *Jetzt nicht*. Sie können Cortana auch später jederzeit aktivieren. Näheres zum Thema Datenschutz finden Sie in Kapitel 5. Klicken Sie zuletzt auf *Weiter*.

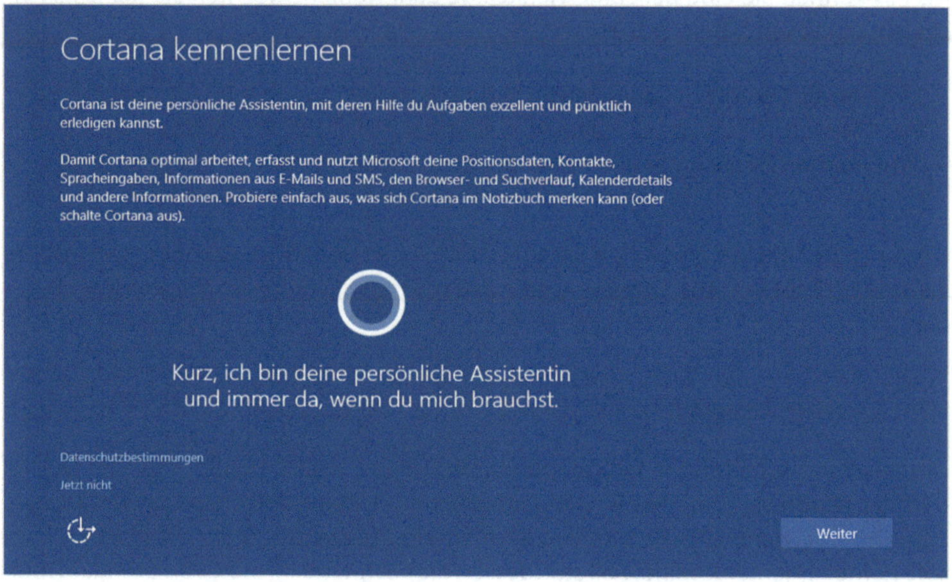

Bild 1.12 Cortana nutzen

Damit sind alle erforderlichen Angaben vorhanden und Windows bzw. Ihr Benutzerkonto wird eingerichtet. Auf dem Bildschirm erscheint eine entsprechende Meldung und es kann beim ersten Mal etwas dauern, bis Sie beginnen können.

2 Die Benutzeroberfläche

2.1 Sperrbildschirm und Anmeldung

Wie Sie das Bild ändern, erfahren Sie in Kapitel 4.5.

Nach dem Einschalten des PCs oder wenn Sie nach einer längeren Pause wieder am Computer weiterarbeiten möchten, erscheint zunächst der Sperrbildschirm. Dieser zeigt neben aktueller Uhrzeit und Datum Informationen zur Internetverbindung und zum Ladezustand des Geräts an. Das Bild des Sperrbildschirms kann individuell gewählt werden und sich daher auf Ihrem PC von der Abbildung unterscheiden.

Wie bei einem Smartphone müssen Sie sich vor der eigentlichen Nutzung anmelden. Um zur Anmeldung zu gelangen, klicken oder tippen Sie einmal auf eine beliebige Stelle des Bildschirms oder drücken eine beliebige Taste der Tastatur.

Bild 2.1 Der Sperrbildschirm: Klicken oder tippen Sie an eine beliebige Stelle

Falls Ihr PC über einen Touchscreen verfügt, so erscheint automatisch am Bildschirm eine Tastatur und Sie benutzen deren Tasten zur Eingabe.

Auf der nachfolgenden Anmeldeseite geben Sie das zu Ihrem Microsoft-Konto gehörende Kennwort ein ❶. Schließen Sie die Eingabe mit der Eingabe-Taste der Tastatur ab oder klicken bzw. tippen Sie auf den Pfeil neben dem Eingabefeld. Falls Sie beim Einrichten von Windows 10 bzw. beim ersten Start eine PIN vereinbart haben, dann geben Sie diese anstatt des Kennworts ein. Drücken der Eingabe-Taste ist in diesem Fall nicht erforderlich.

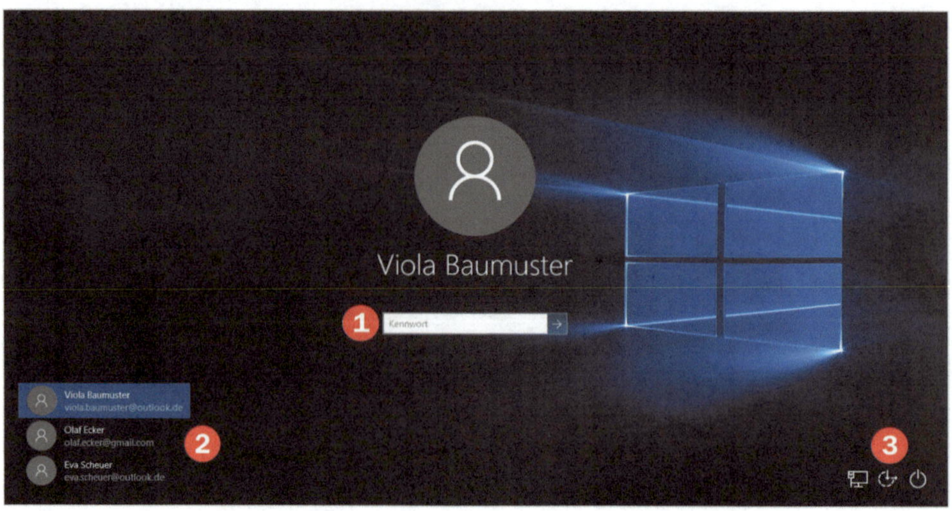

Bild 2.2 Geben Sie auf der Anmeldeseite das Kennwort Ihres Microsoft-Kontos oder Ihre PIN ein

Kennwörter unterscheiden zwischen Groß- und Kleinbuchstaben! Achten Sie daher auf die genaue Schreibweise!

Neben der Kennworteingabe hält die Anmeldeseite noch folgende Möglichkeiten bereit

- Wenn auf Ihrem PC mehrere Benutzerkonten angelegt wurden, dann finden Sie diese links unten ❷. In diesem Fall müssen Sie vor der Kennworteingabe zunächst Ihr Benutzerkonto durch Anklicken oder Antippen auswählen.
- Mit Hilfe des Auges rechts im Eingabefeld blenden Sie statt der Punkte das eingetippte Kennwort kurzzeitig ein: Verweilen Sie mit mit dem Finger oder mit gedrückter linker Maustaste etwas länger auf dem Symbol.

- Haben Sie eine PIN vereinbart, dann können Sie zwischen Kennworteingabe und PIN wählen: Klicken Sie unterhalb des Eingabefeldes auf *Anmeldeoptionen*. Es erscheinen die Symbole *Microsoft-Konto* (Kennwort) und *PIN* und Sie brauchen nur auf die gewünschte Art der Anmeldung klicken.

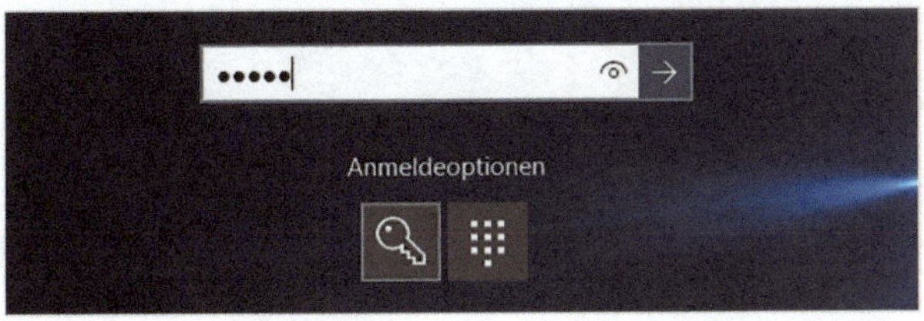

Bild 2.3 Wählen Sie zwischen Kennworteingabe und PIN

In der unteren rechten Ecke der Anmeldung ❸ finden Sie die folgenden drei Symbole:

- Mit Klick auf das Symbol *Ein/Aus* lässt sich das Gerät auch ohne vorherige Anmeldung herunterfahren oder in Energiesparmodus versetzen.
- Über das Symbol *Erleichterte Bedienung* stehen verschiedene Eingabehilfen für barrierefreies Arbeiten zur Verfügung, z. B. hoher Kontrast für die Bildschirmanzeige oder eine Bildschirmlupe für Nutzer mit eingeschränktem Sehvermögen. Mit Klick auf das Symbol wird die Liste vorgelesen und mit Drücken der Leertaste schalten Sie die jeweilige Hilfsfunktion ein.
- Das dritte Symbol zeigt an, ob eine Internetverbindung besteht.

Nach erfolgreicher Anmeldung erscheint der Desktop, also die eigentliche Benutzeroberfläche von Windows, und Sie können beginnen.

Wurde das Gerät zuvor heruntergefahren, so erscheint zwar unmittelbar nach der Anmeldung ebenfalls der Desktop, möglicherweise ist aber Windows im Hintergrund noch beschäftigt. Dies ist insbesondere nach größeren Updates der Fall und daran zu erkennen, dass am Mauszeiger kleiner Kreis hängt und beim Klicken keine Reaktion erfolgt. Erst wenn der Startvorgang abschlossen ist, lassen sich beispielsweise Apps starten.

2.2 Ein erster Überblick

Desktop, dt. Schreibtischoberfläche

Nach erfolgreicher Anmeldung erscheint auf dem Bildschirm der Desktop, die Bedienoberfläche von Windows. Vor diesem Hintergrund werden die einzelnen Apps und Programme geöffnet und hier verwalten Sie Ihre Daten und Einstellungen.

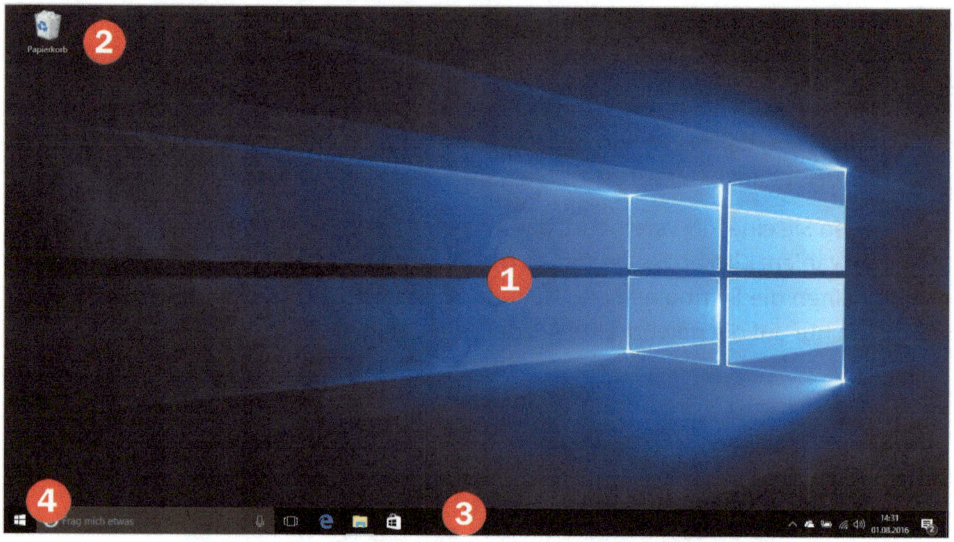

Bild 2.4 Die wichtigsten Elemente des Deskstops

Die wesentlichen Elemente zur Bedienung von Windows 10

- **Desktophintergrund** ❶
  Den größten Teil des Bildschirms nimmt der Desktophintergrund ein. Hintergrundbild und Farben des Desktops sind frei wählbar und unterscheiden sich daher wahrscheinlich von der Abbildung. Auch Aussehen, Anzahl und Position der Symbole vor dem Hintergrundbild sind benutzerabhängig und dürften auf Ihrem Gerät von der Abbildung abweichen. Die Symbole dienen zum schnelleren Starten von Apps, auf ihre Bedeutung wird in diesem Buch später näher eingegangen. Standardmäßig finden Sie hier zunächst nur ein einziges Symbol vor, den Papierkorb ❷.

- **Taskleiste** ❸
  Am unteren Rand des Bildschirms befindet sich die Taskleiste. Sie erfüllt gleich mehrere Funktionen, dazu gehören das Starten von Apps, ein Überblick über geöffnete Apps und die Anzeige von Statusinformationen.

Die Taskleiste muss sich nicht zwingend hier befinden, sondern kann beispielsweise auch am oberen Bildschirmrand erscheinen. Näheres hierzu im nächsten Kapitel.

- **Startmenü öffnen** ❹
  In der Taskleiste finden Sie ganz links auch das Startsymbol. Ein Klick auf dieses Symbol öffnet das Startmenü mit allen verfügbaren Apps.

Das Startmenü

Das Startmenü ist die wichtigste Anlaufstelle zum Starten von Apps und Anwendungen. Es enthält alle Apps, die auf Ihrem Gerät installiert sind.

- Zum Öffnen des Startmenüs klicken oder tippen Sie ganz links in der Taskleiste auf das Symbol mit dem Windows-Logo.
- Alternativ drücken Sie zum Öffnen des Startmenüs auf der Tastatur die Taste mit dem Windows-Logo.

Falls Sie das Startmenü versehentlich geöffnet haben, so klicken oder tippen Sie entweder an eine beliebige Stelle außerhalb des Startmenüs oder drücken die Esc-Taste der Tastatur. Auch die Windows-Taste schließt das geöffnete Startmenü wieder.

Bild 2.5 Das Startmenü

Da das Startmenü beliebig angepasst werden kann, unterscheidet es sich auf Ihrem Gerät wahrscheinlich inhaltlich von dieser Abbldung.

Das Startmenü im Überblick:

Wie Sie das Startmenü an Ihre Bedürfnisse anpassen, lesen Sie in Kap. 4.2.

- Der größte Teil des Startmenüs ❶ wird von Kacheln unterschiedlicher Größe eingenommen. Hierbei handelt es sich um Apps, die Sie mit einem Mausklick bzw. Antippen starten können. Einige davon zeigen anstelle eines Symbols auch eine Live-Vorschau an, z. B. die App *Nachrichten*. Diesen Bereich können Sie nach Belieben vergrößern und verkleinern, sowie weitere Apps hinzufügen und nicht benötigte entfernen. Näheres hierzu lesen Sie in Kapitel 4.2.
- Links davon listet Windows unter *Meistverwendet* ❷ häufig verwendete Programme und Apps auf. Diese sind mit kleinen Kachelsymbolen versehen.
- Unterhalb finden Sie die alphabetisch sortierte Liste aller vorhandenen Apps (*Alle Apps*) ❸. Zeigen Sie in diesen Bereich und drehen Sie das Mausrad, um durch die gesamte Liste nach unten zu scrollen.
- Neu hinzugekommene Apps werden dem Startmenü automatisch hinzugefügt und normalerweise unter *Zuletzt hinzugefügt* aufgelistet.

- Ganz links finden Sie verschiedene Symbole ❹: Ihr Profilbild (falls vorhanden), Datei-Explorer, Einstellungen und den Schalter *Ein/Aus* über den Sie das Gerät herunterfahren oder in Energiesparmodus versetzen.

  Tipp: Ein Klick auf das Symbol *Erweitern* ❺ zeigt neben den Symbolen auch die Beschriftung an.

Task, dt. Anwendung

Die Taskleiste

Am unteren Rand des Bildschirms befindet sich die Taskleiste. Sie erfüllt gleich mehrere wichtige Funktionen:

Bild 2.6 Elemente der Taskleiste

- Ganz links befindet sich die Schaltfläche *Start*, am Windows-Logo leicht zu erkennen ❶. Durch Anklicken oder Antippen der Schaltfläche öffnen Sie das Startmenü, um Programme und Apps zu starten.
- Über das Suchfeld ❷ durchsuchen Sie das Web und Ihren Computer nach einem Suchbegriff. Im Tabletmodus befindet sich hier statt des Eingabefeldes das Symbol einer Lupe und das Feld erscheint erst, wenn Sie auf die Lupe klicken.
- Ein weiterer Bereich enthält Symbole, über die Sie per Mausklick schnell häufig benötigte Apps starten können ❸. Standardmäßig finden Sie hier die Symbole *Taskansicht*, *Microsoft Edge*, *Datei-Explorer* und *Windows-Store*. Weitere Symbole können jederzeit hinzugefügt werden.
- Auch aktuell geöffnete Programme und Apps werden in der Taskleiste angezeigt. Diese sind, im Gegensatz zu den fest angehefteten, unterstrichen hervorgehoben ❹ (im Bild oben Microsoft Word und Excel).
- Ganz rechts in der Taskleiste befindet sich der Infobereich mit Datum und Uhrzeit ❺. Ein Klick auf das Datum öffnet ein Kalenderblatt mit dem aktuellen Monat.

Ist die Sprachassistentin Cortana aktiviert, können Sie Ihre Suchanfrage auch mündlich formulieren. Näheres dazu weiter unten.

Siehe Kap. 4.3.

Hinweis: In der Standardeinstellung befindet sich die Taskleiste am unteren Bildschirmrand. Sollte sich auf Ihrem PC die Taskleiste an einer anderen Stelle, d.h. am oberen, linken oder rechten Bildschirmrand befinden, so ist dies kein Problem. Die Position lässt sich in den Einstellungen jederzeit ändern.

Die Symbole des Info-Bereichs

Im Info-Bereich finden Sie neben Datum und Uhrzeit eine Reihe verschiedener Symbole. Diese können, je nach Computer, recht unterschiedlich sein. Sollten hier nicht alle Symbole Platz finden, so öffnet ein Mausklick auf den kleinen, nach oben weisenden Pfeil ein Feld mit den restlichen Symbolen. Die wichtigsten Symbole:

	Dieses Symbol zeigt bei mobilen Geräten den Ladezustand des Akkus an. Details erhalten Sie, wenn Sie auf das Symbol klicken.
	Dieses Symbol zeigt an, ob Ihr PC mit einem WLAN und mit dem Internet verbunden ist. Mit einem Klick auf das Symbol erhalten Sie Informationen zum verbundenen WLAN und können schnell in den Flugzeugmodus wechseln. Bei einer Netzwerkverbindung per Kabel sehen Sie an dieser Stelle ein anderes Symbol.
	Lautstärke: Klicken Sie auf dieses Symbol, um einen Regler einzublenden, über den Sie die Lautstärke der Lautsprecher regeln.
	Das Tastatursymbol finden Sie standardmäßig auf Geräten mit Touchbedienung und durch Antippen blenden Sie die Bildschirmtastatur ein.
	Über dieses Symbol erhalten Sie Zugriff auf Ihren Cloud-Speicher *OneDrive*, allerdings nur, wenn Sie mit einem Microsoft-Konto angemeldet sind.
	Dieses Symbol erscheint nur, wenn Sie gerade eine App nutzen, die Ihren Standort automatisch ermittelt und verwendet (siehe Kap. 5.1, Automatische Positionserkennung).
	Mit Klick auf das Symbol *Benachrichtigungen* öffnen Sie das Info-Center, Näheres hierzu weiter unten. Eine eventuell angezeigte Zahl verrät die Anzahl der Benachrichtigungen.

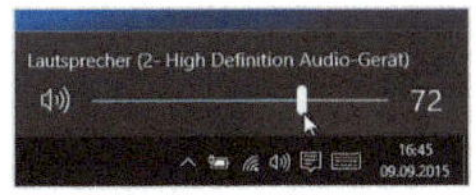

Eventuelle weitere Symbole stehen für installierte Antivirensoftware, Eingabegeräte und Grafik- bzw. Bildschirmanzeige.

2.3 Apps starten und beenden

App oder Anwendung?

Apps im engeren Sinne sind kleine Programme, die für die Fingersteuerung optimiert sind. Sie sind sehr einfach zu bedienen, da sie nur für bestimmte Aufgaben konzipiert sind und über einen eingeschränkten Befehlsumfang verfügen. Im Gegensatz dazu werden klassische Büroanwendungen, wie etwa Microsoft Word oder Excel, häufig auch als Anwendungen bezeichnet.

Windows 10 verwendet den Begriff App einheitlich für alle Programme, egal ob es sich um typische Apps, wie beispielsweise den Kalender, oder um komplexe Anwendungen handelt. Dieses Buch schließt sich dem an und verwendet, unabhängig von Funktion und Umfang, den Begriff App. Auf Ausnahmen wird gesondert hingewiesen.

App ist eine Abkkürzung von Application, dt. Anwendung.

Zum Starten bzw. Öffnen von Apps stehen Ihnen verschiedene Möglichkeiten offen.

Eine App im Startmenü öffnen

1 Öffnen Sie das Startmenü, entweder mit Klick auf das Symbol *Start* oder mit der Windows-Taste der Tastatur.

2 Ist sich die gesuchte App als Kachel verfügbar, dann klicken oder tippen Sie auf die Kachel. Dasselbe gilt auch, wenn sich die App unter den meistverwendeten Apps befindet.

3 Andernfalls zeigen Sie in die alphabetische Liste und scrollen durch Drehen des Mausrads oder Wischen nach unten, bis die gesuchte App erscheint. Dann starten Sie die App ebenfalls durch Anklicken bzw. Antippen.

Bild 2.7 Kacheln und alphabetische App-Liste im Startmenü

Im Tabletmodus benutzen Sie die Symbole oben links, um zwischen der Ansicht *Angeheftete Kacheln* ❶ und *Alle Apps* ❷ umzuschalten.

Apps in Gruppen

Wenn die gesuchte App nicht sofort in der Liste *Alle Apps* angezeigt wird, dann gehört sie möglicherweise zu einer Gruppe. So finden Sie beispielsweise die beliebten Apps *WordPad* und *Paint* in der Gruppe *Windows-Zubehör*. Gruppen haben ein einheitliches Ordnersymbol und sind mit einem kleinen, nach unten weisenden Pfeil versehen. Ein Klick auf das Gruppensymbol startet keine App, sondern blendet unterhalb und etwas eingerückt die dazugehörigen Apps ein und bei Bedarf auch wieder aus.

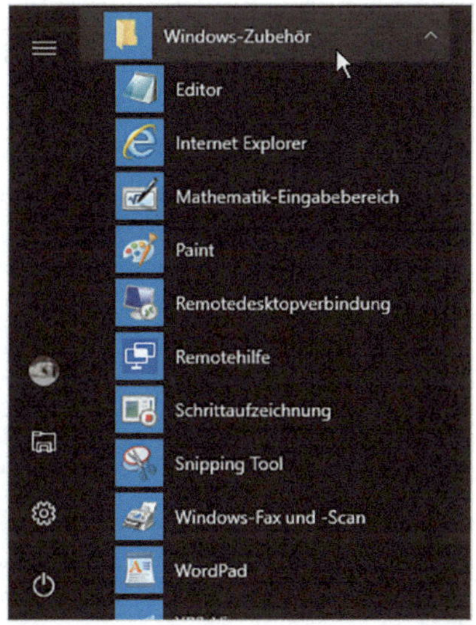

Bild 2.8 Die Gruppe Windows-Zubehör

Tipp: Apps über den Index suchen

Um in der Liste *Alle Apps* schneller zu einem bestimmten Buchstaben zu gelangen, klicken Sie einfach auf eine beliebige Überschrift der alphabetischen Liste, z. B. den Buchstaben A. Statt der Liste erscheint nun ein alphabetischer Index. Klicken Sie hier auf den Anfangsbuchstaben der gesuchten App.

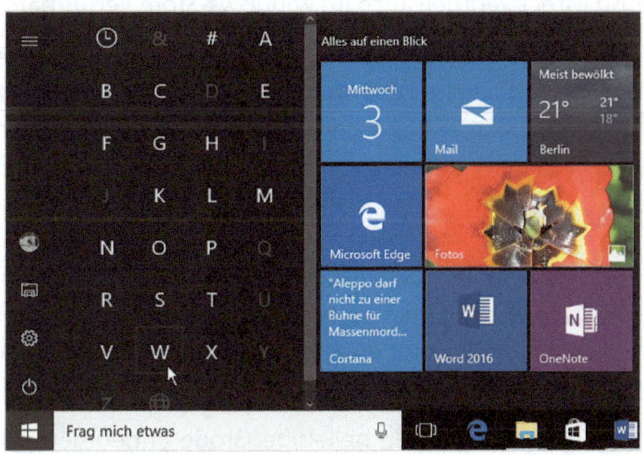

Bild 2.9 Klicken Sie zum Anzeigen des Index auf einen beliebigen Buchstaben

Bild 2.10 Klicken Sie im Index auf den gewünschten Buchstaben

Nach Apps suchen

Die schnellste und komfortabelste Alternative zum Startmenü ist die Suche.

- Klicken Sie in das Suchfeld der Taskleiste ❶ und tippen Sie die ersten Zeichen der gesuchten App, z. B. „word" ❷ ein, wenn Sie Microsoft Word benötigen.
- Statt eines Mausklicks aktivieren Sie das Suchfeld auch mit der Tastenkombination Windows+S.

Im Tabletmodus öffnen Sie das Suchfeld, indem Sie in der Taskleiste auf das Symbol für Cortana (Kreis) tippen.

- Ist das Startmenü geöffnet, so befindet sich der Cursor automatisch im Suchfeld und Sie können den Suchbegriff auch ohne vorheriges Anklicken eintippen.

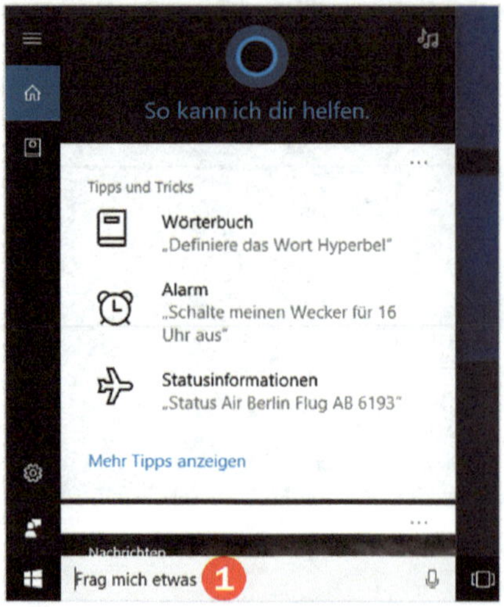

Bild 2.11 Tippen Sie einen Suchbegriff ein

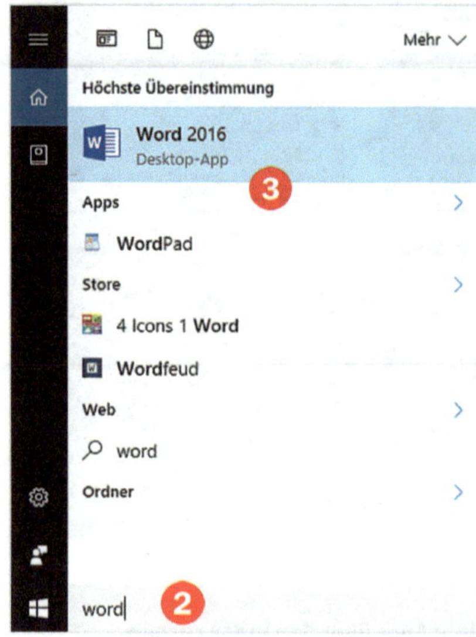

Bild 2.12 Klicken Sie in den Suchergebnissen auf die gewünschte App

Mehr zur Suche und Cortana lesen Sie im nächsten Punkt.

Bereits während der Eingabe erscheinen die ersten Ergebnisse. Dabei berücksichtigt Windows bzw. die digitale Assistentin Cortana nicht nur installierte Apps ❸, Ordner und Dateien, sondern liefert außerdem unter *Web* Vorschläge zur Suche im Internet und listet eventuell auch im Windows-Store verfügbare Apps auf.

Zum Starten klicken Sie auch hier auf die gewünschte App. Ein Klick auf einen der Suchvorschläge im Web öffnet dagegen den Standardbrowser, in der Regel Microsoft Edge und zeigt entsprechende Ergebnisse des Suchdienstes Bing an.

App beenden

Windows, dt. Fenster

Für jede App, die Sie starten, öffnet Windows ein eigenes Fenster auf dem Desktop ❶. Daher spricht man auch vom Öffnen einer App und beim Beenden vom Schließen. Gleichzeitig erscheint auch in der Taskleiste das Symbol der geöffneten App ❷, im Bild die App *WordPad*.

Achtung: Im Tabletmodus mit Fingerbedienung können Fenster etwas anders aussehen und sich auch geringfügig anders verhalten.

Ein Fenster kann jede beliebige Größe annehmen oder gleich den gesamten Bildschirm ausfüllen (Vollbild). Hingegen sind Aufbau und Bedienung der Fenster immer gleich. In der rechten oberen Ecke jedes Fensters befindet sich ein x-Symbol ❸, dieses Symbol steht für Schließen des Fensters und damit das Beenden der App. Verwenden Sie eine Maus, so ändert die dazugehörige Schaltfläche ihre Farbe und wird rot, wenn Sie mit der Maus darauf zeigen.

- Klicken oder tippen Sie zum Beenden der App auf das Symbol ❸. Eventuell erscheint vor dem eigentlichen Beenden noch eine Rückfrage, ob Sie nicht gespeicherte Daten speichern möchten.

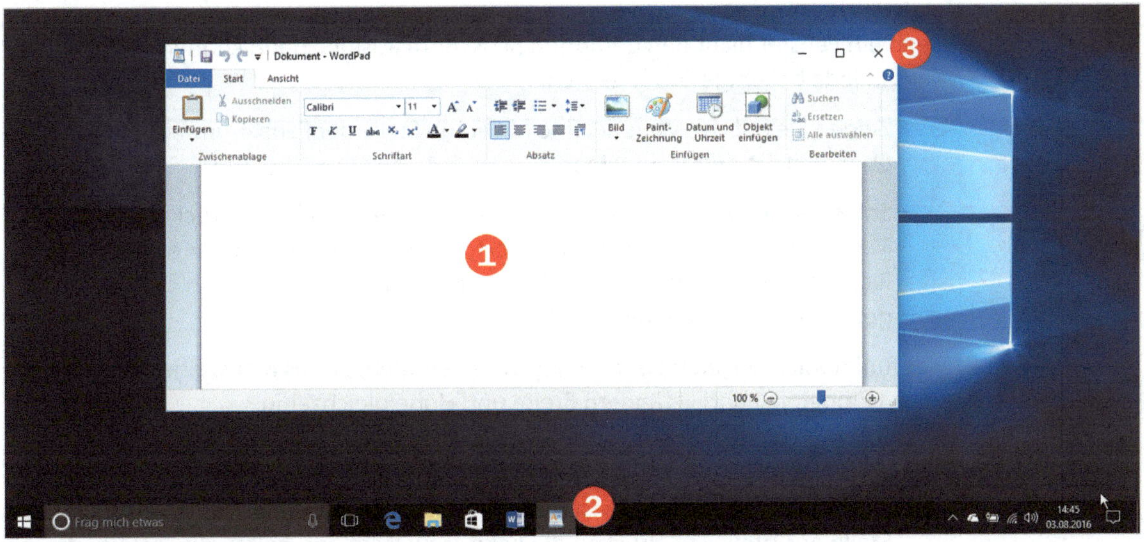

Bild 2.13 Beispiel: Die App WordPad beenden

Fenstertechniken

Jedes Fenster besitzt an seinem oberen Rand eine Titelleiste mit dem Namen der geöffneten App und gegebenenfalls dem Namen der geöffneten Datei. Ganz rechts befinden sich in dieser Leiste drei Schaltflächen, mit denen Sie nicht nur das Fenster schließen, sondern auch die Fenstergröße steuern.

Fenster schließen, App beenden

- Klicken Sie auf das rechte der drei Symbole (*Schließen*, auch erkennbar am x). Benutzen Sie eine Maus, so wird die Schaltfläche rot, wenn Sie darauf zeigen. Mit dem Schließen des Fensters wird die App beendet.

Fenster verkleinern und vergrößern

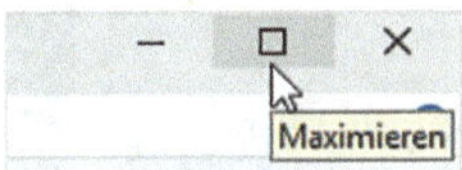

- Wenn das Fenster den gesamten Bildschirm ausfüllen soll, dann klicken Sie auf das mittlere der drei Symbole (*Maximieren*).

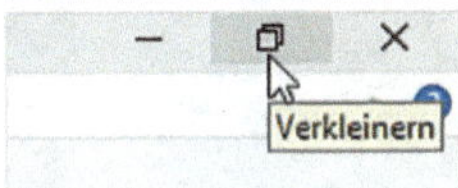

- Ist dagegen das Fenster bereits maximiert, dann sieht dieses Symbol etwas anders aus und beim Zeigen erscheint der Hinweis *Verkleinern*. Damit stellen Sie die vorherige Fenstergröße wieder her.

Fenster minimieren

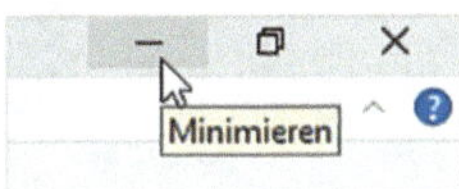

- Mit Klick auf *Minimieren* wird das Fenster nicht geschlossen, sondern verschwindet nur vom Desktop. Da das Symbol der App weiterhin in der Taskleiste verbleibt, brauchen Sie hier nur auf dieses Symbol klicken, um das Fenster in seiner vorherigen Größe wieder auf den Desktop zu holen.

Fenstergröße ändern

Wenn ein Fenster nicht den gesamten Bildschirm ausfüllt, dann können Sie es mit der Maus in jede beliebige Größe ziehen.

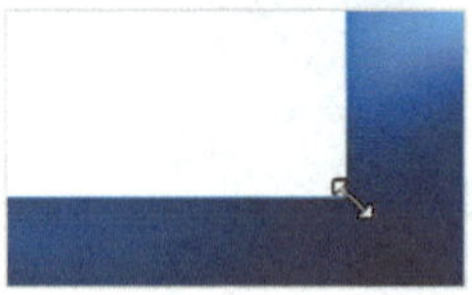

1. Zeigen Sie mit der Maus an eine beliebige Stelle der Fensterumrandung und beobachten Sie den Mauszeiger.
2. Sobald anstelle des Mauszeigers ein Doppelpfeil erscheint, drücken Sie die linke Maustaste und halten diese gedrückt, während Sie die Maus in eine der beiden Richtungen bewegen. Lassen Sie die Maustaste erst los, wenn das Fenster die gewünschte Größe erreicht hat.

Dies funktioniert an jeder Seite. In den Ecken erhalten Sie als Mauszeiger einen diagonalen Doppelpfeil und verändern Breite und Höhe gleichzeitig.

Fenster verschieben

- ▶ Zum Verschieben eines Fensters positionieren Sie den Mauszeiger an einer freien Stelle der Titelleiste, drücken die linke Maustaste und halten die Taste gedrückt, während Sie die Maus bewegen und so das Fenster an die gewünschte Stelle ziehen.

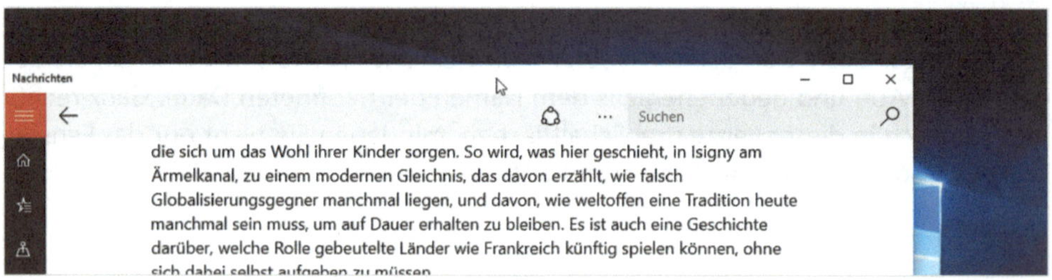

Bild 2.14 Verschieben Sie das Fenster anhand der Titelleiste

Durch den Fensterinhalt scrollen

Nicht immer reicht die Größe des Bildschirms oder eines Fensters aus, um den Inhalt, beispielsweise Seiten im Internet, vollständig anzuzeigen. In diesem Fall sehen Sie im Fenster nur einen Teil des Inhalts. Gleichzeitig erscheinen automatisch am rechten und/oder unteren Fensterrand vertikale bzw. horizontale Bildlaufleisten, allerdings nur, wenn Bedarf besteht.

- ▶ Zum Verschieben des sichtbaren Fensterausschnitts zeigen Sie mit der Maus in das Fenster und drehen das Mausrädchen in die gewünschte Richtung. Auf diese Weise verschieben Sie den Fensterinhalt nach oben oder unten. Dies bezeichnet man auch als Scrollen.
- ▶ Alternativ benutzen Sie die Bildlaufleiste: Verschieben Sie mit gedrückter linker Maustaste den Balken der Bildlaufleiste nach oben oder unten bzw. nach links oder rechts. Wenn Sie mit der linken Maustaste auf die Pfeile an den Enden der Bildlaufleiste klicken, dann wird der Fensterinhalt zeilenweise verschoben.

2.4 Benachrichtigungen im Info-Center

Das Info-Center sammelt alle Benachrichtigungen, z. B. über kürzlich erfolgte Updates, Sicherheitswarnungen, Tipps und Systembenachrichtigungen sowie eingegangene E-Mails. Zudem haben Sie hier die Möglichkeit, schnell häufig benötigte Einstellungen zu kontrollieren und zu ändern.

- Sie öffnen das Info Center, indem Sie entweder im Infobereich der Taskleiste auf das Symbol *Info-Center* klicken oder bei Touchbedienung vom rechten Bildschirmrand nach innen wischen.

> Sind neue Benachrichtigungen vorhanden, erkennen Sie dies bereits am Symbol. Es ändert seine Farbe, zeigt die Anzahl neuer Benachrichtigungen an und wenn Sie auf das Symbol zeigen, erscheint eine entsprechende Information.

Meldungen und Hinweise

Das Info-Center öffnet sich in Form einer Leiste am rechten Bildschirmrand. Im oberen Bereich erscheinen alle Meldungen und Benachrichtigungen nach Prioritäten geordnet, die wichtigsten, z. B. kritische Systemmeldungen oder Warnungen ganz oben.

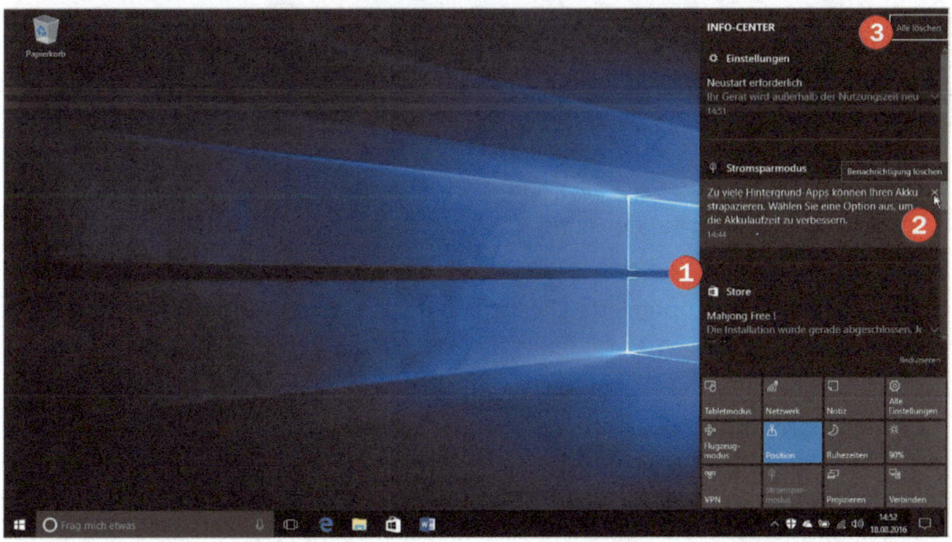

Bild 2.15 Meldungen im Info-Center

Hier finden Sie auch Erinnerungen von Cortana und eingegangene Mails, falls Sie die Mail-App verwenden.

Die Benachrichtigungen sind nach Apps zusammengefasst und zunächst in verkürzter Form sichtbar ❶. Zum Anzeigen des gesamten Inhalts genügt ein Klick direkt auf die Benachrichtigung. Damit springen Sie zu der dazugehörigen App, z. B. *Mail* oder *Einstellungen*. Um eine Benachrichtigung zu löschen, klicken Sie auf das x-Symbol. Dieses erscheint, wenn Sie auf eine Nachricht zeigen ❷. Mit dem Befehl *Alle löschen* ❸ können Sie bei Bedarf auch alle angezeigten Benachrichtigungen löschen.

Näheres hierzu lesen Sie in Kapitel 44.3, Anpassungsmöglichkeiten der Taskleiste.

Falls Sie die hier ebenfalls erscheinenden Tipps zu Windows als störend empfinden, können Sie diese in den Einstellungen unter *System* und *Benachrichtigungen und Aktionen* deaktivieren. Hier können Sie auch detailliert festlegen, welche Benachrichtigungen angezeigt werden und bei Bedarf deren Priorität ändern.

Schnelle Einstellungen

Der Umfang der angezeigten Schaltflächen ist abhängig vom Gerät. Bei einem mobilen Gerät, z. B. Notebook finden Sie hier mehr Schaltflächen als auf einem normalen PC.

Im unteren Teil des Info-Centers finden Sie Schaltflächen mit Symbolen vor, über die Sie schnell häufig benötigte Einstellungen vornehmen können, z. B. *Flugzeugmodus*, *WLAN* bzw. *Netzwerk*, *Bildschirmhelligkeit* und *Tabletmodus*. Sollten hier nur vier Schaltflächen angezeigt werden, so klicken Sie auf *Erweitern*, mit *Reduzieren* hingegen blenden Sie die übrigen wieder aus.

Die meisten Schaltflächen besitzen Ein-/Ausschaltfunktion, z. B. *Position*. Eingeschaltete Funktionen sind farbig hervorgehoben und so leicht zu erkennen.

Bild 2.16 Schnelle Aktionen über die Schaltflächen des Info-Centers

- Ein Klick auf *Alle Einstellungen* öffnet die Einstellungen von Windows 10. Details hierzu lesen Sie in Kapitel 3 und 5.
- Die Schaltfläche *Tabletmodus* ❶ wechselt in eine für Touchbedienung und kleinere Bildschirme optimierte Darstellung. Nochmaliges Anklicken dieser Schaltfläche zeigt Windows 10 wieder im Desktopmodus an.
- Die Schaltfläche *Flugzeugmodus* ❷ schaltet bei mobilen Geräten den sogenannten Flugzeugmodus ein und auch wieder aus. Im Flugzeugmodus werden sämtliche Funkverbindungen, also auch Ihr WLAN und die Verbindung zum Internet, deaktiviert.
- Mit Klick auf *Netzwerk* ❸ sehen Sie, mit welchem WLAN Ihr Gerät verbunden ist und erhalten Zugriff auf die Netzwerkeinstellungen.
- Mit *Position* schalten Sie die automatische Positionserkennung aus bzw. ein, die z. B. von Cortana und der App *Karten* genutzt wird.

- Die Bildschirmhelligkeit regeln Sie in mehreren Stufen: der erste Klick auf die Schaltfläche ❹ setzt die Helligkeit auf 25% herab, weitere Klicks erhöhen sie schrittweise um jeweils 25% bis auf 100%.

2.5 Besonderheiten im Tabletmodus

Windows 10 erkennt, ob Maus und Tastatur angeschlossen sind oder ob die Eingabe per Touchscreen erfolgt und wechselt automatisch in den entsprechenden Modus.

Falls Sie selbst zwischen Desktop- und Tabletmodus wechseln möchten, so klicken oder tippen Sie rechts in der Taskleiste auf das Symbol und aktivieren bzw. deaktivieren im Info-Center die Schaltfläche *Tabletmodus*. Der Tabletmodus vereinfacht und erleichtert die Toucheingabe und weicht daher im Aussehen etwas vom normalen Modus ab.

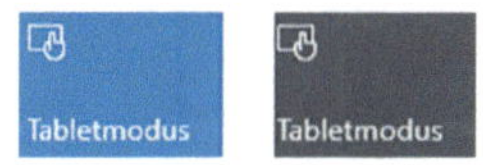

Startmenü und Taskleiste

Bild 2.17 Das Startmenü des Tabletmodus füllt den gesamten Bildschirm aus

- Das Startmenü füllt im Tabletmodus automatisch des gesamten Bildschirm aus (Vollbild) und bleibt dauerhaft geöffnet.
- Die meistverwendeten Apps sowie die Liste aller Apps werden zunächst nicht angezeigt sondern erscheinen erst, wenn Sie auf das Symbol *Alle Apps* ❷ tippen. Mit dem Symbol *Angeheftete Kacheln* ❶ wechseln Sie wieder zurück.

Bild 2.18 Wechsel zwischen angehefteten Kacheln und Alle Apps

- Genau wie im Startmenü des Desktopmodus können Sie außerdem mit Klick auf das Symbol *Erweitern* die Beschriftung zu den Symbolen einblenden.

- In der Taskleiste werden die Abstände zwischen den Symbolen vergrößert und anstelle des Suchfeldes erscheint das Symbol für Cortana ❸. Klicken Sie auf das Symbol, um das Suchfeld anzuzeigen.
- Geöffnete Apps werden standardmäßig nicht in der Taskleiste angezeigt, sondern erscheinen erst, wenn Sie vom linken Bildschirmrand nach innen wischen oder in der Taskleiste auf das Symbol *Taskansicht* ❹ tippen.
- Im Tabletmodus finden Sie in der Taskleiste auch den Pfeil *Zurück*, mit dem Sie, ähnlich wie im Browser, zur letzen verwendeten App zurückkehren.
- Im rechten Bereich der Taskleiste erscheint außerdem automatisch das Symbol *Bildschirmtastatur* ❺, über das Sie die Bildschirmtastatur einblenden können.

Tipp: Damit geöffnete Apps trotzdem in der Taskleiste angezeigt werden, tippen Sie an eine freie Stelle der Taskleiste und verweilen hier kurz (Rechtsklick), tippen Sie dann im Kontextmenü auf den Befehl *App-Symbole anzeigen*.

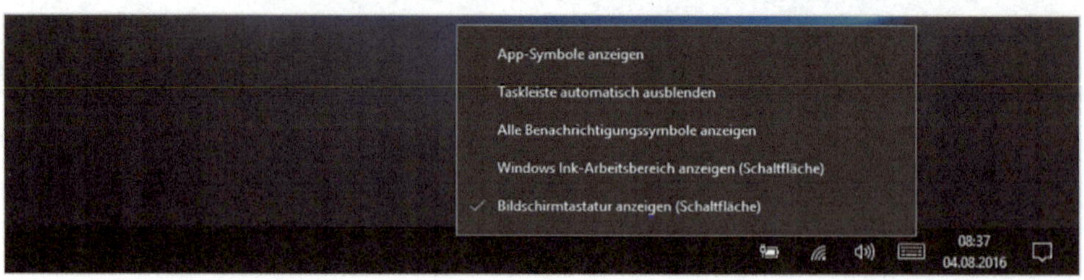

Bild 2.19 Geöffnete Apps in der Taskleiste anzeigen

Aussehen und Verhalten von Apps

- Apps werden im Tabletmodus ausschließlich im Vollbildmodus angezeigt, Sie haben also mehr Platz zum Arbeiten zur Verfügung. Dies gilt auch für klassische Anwendungen wie beispielsweise Microsoft Word oder Excel.
- Falls die Titelleiste mit dem *Schließen*-Symbol nicht angezeigt wird, so zeigen Sie an den oberen Rand des Bildschirms oder wischen leicht vom oberen Rand nach unten.
- Die meisten Menüs und Symbole, dies gilt auch für Kontextmenüs der rechten Maustaste, weisen im Tabletmodus vergrößerte Abstände auf.

Der neue Windows Ink-Arbeitsbereich

Mit dem Anniversary-Update von Anfang August 2016 erleichtert Windows 10 die Eingabe per Stift. Im Tabletmodus bzw. auf Geräten mit einem Touchscreen sollte rechts im Infobereich der Taskleiste das Ink-Symbol sichtbar sein, mit dem Sie am rechten Bildschirmrand den neuen Windows Ink-Arbeitsbereich öffnen. Ist dies nicht der Fall oder möchten Sie diese neue Funktion auch auf einem normalen Gerät ausprobieren, so klicken Sie mit der rechten Maustaste in die Taskleiste und auf *Windows Ink-Arbeitsbereich anzeigen (Schaltfläche)*.

Im Ink-Arbeitsbereich erhalten Sie schnellen Zugriff auf Kurznotizen, Skizzen oder Screenshots.

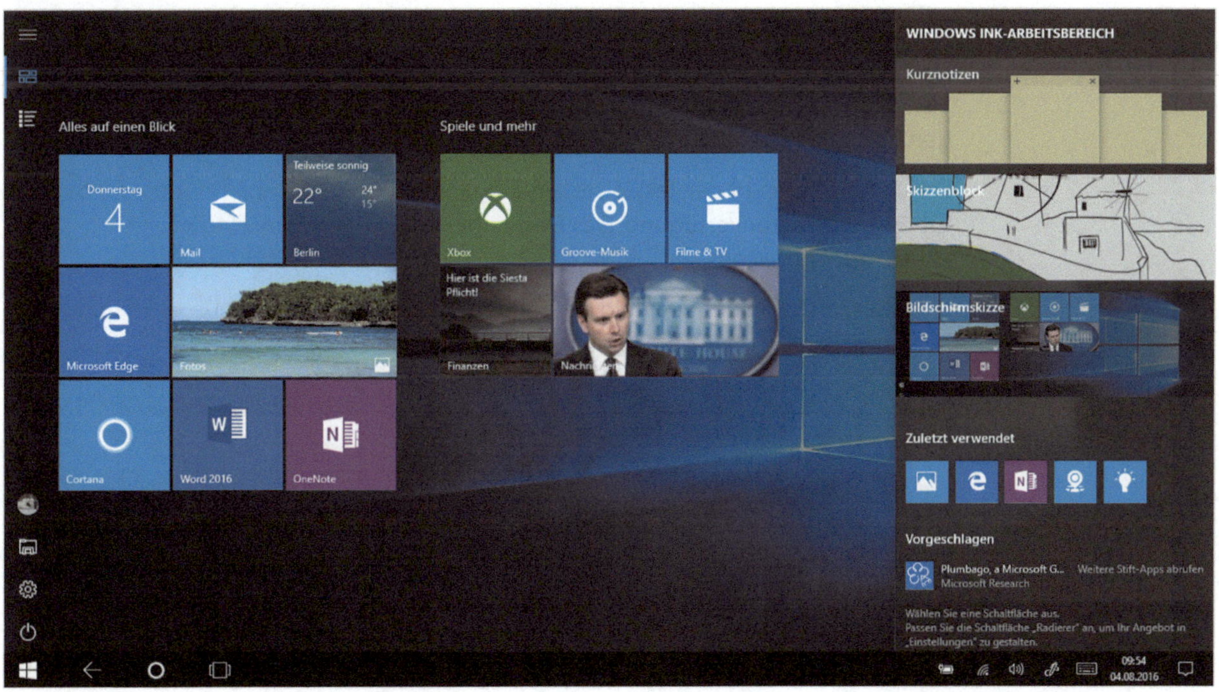

Bild 2.20 Der Ink-Arbeitsbereich

Die wichtigsten Wischgesten

Die Fingergesten zur Bedienung im Touchmodus haben Sie bereits im ersten Kapitel kennengelernt. Hier eine kleine Übersicht, wie Sie wichtige Elemente per Wischgeste anzeigen.

- **Taskleiste anzeigen (falls nicht sichtbar)**
  Wischen Sie vom unteren Bildschirmrand.
- **Info-Center öffnen**
  Wischen Sie vom rechten Bildschirmrand.
- **Alle geöffneten Apps anzeigen (Taskansicht)**
  Wischen Sie vom linken Bildschirmrand.
- **Titeleiste der aktuellen App einblenden**
  Wischen Sie von oben.
- **App beenden**
  Wischen Sie vom oberen Bildschirmrand ganz nach unten.

2.6 Cortana und die Windows-Suche nutzen

Neu bei Windows 10 ist die digitale Assistentin Cortana, die gleichzeitig als zentrale Suchfunktion fungiert. Sie erlaubt nicht nur die Suche per Tastatureingabe, sondern Sie können Ihre Suchanfrage auch mündlich formulieren, Termine im Kalender eintragen und Apps starten.

Dazu steht Ihnen in der Taskleiste ein Eingabefeld bzw. im Tabletmodus das Symbol für Cortana zur Verfügung. Das Feld zeigt in der Regel die Aufforderung *„Frag mich etwas"* oder Ähnliches an.

- Klicken Sie in das Suchfeld der Taskleiste bzw. auf das Symbol *Cortana* bzw. oder drücken Sie die Tasten Windows +S.

So funktioniert die Suche

Wie Sie bereits unter Punkt 2.3 gesehen haben, lässt sich über die Suche bzw. Cortana schnell eine bestimmte App suchen und anschließend starten. Dazu genügt es, wenn Sie einfach die ersten Buchstaben der App in das Suchfeld eintippen.

- Möglichkeiten, die Suche einzugrenzen, erhalten Sie, wenn Sie während oder nach Eingabe der ersten Zeichen in der Symbolleiste auf den gewünschten

Suchmodus ❶, z. B. *Ergebnisse suchen im Web* oder *Apps* klicken. Weitere Suchkategorien erhalten Sie mit Klick auf den Pfeil *Mehr*.

- Wenn Sie ohne Eingabe eines Suchbegriffs in das Suchfeld klicken, dann erscheint die Startseite von Cortana, auch hier können Sie wählen ❷, wo die Suche erfolgen soll. Oder Sie lassen sich mit Klick auf *Tipps und Tricks* bzw. *Alle Tipps anzeigen* Vorschläge unterbreiten.

  Neben den Tipps und Tricks, z. B. Musik spielen, kann Cortana auch Witze erzählen („Erzähle mir einen Witz") oder Ihnen ein Lied vorsingen.

- In der linken Spalte bringt Cortana verschiedene Symbole ❸ mit, über die Sie Cortanas Notizbuch oder ihre Einstellungen öffnen und jederzeit die Startseite anzeigen können. **Tipp:** Ein Klick auf das Symbol ☰ erweitert die Leiste und zeigt zu den Symbolen auch die Beschriftung an.

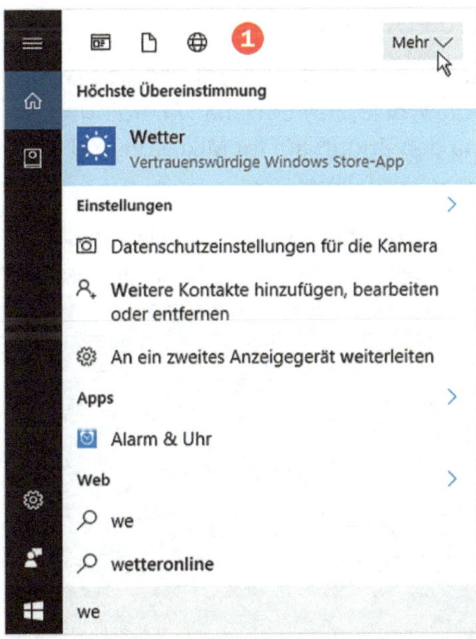

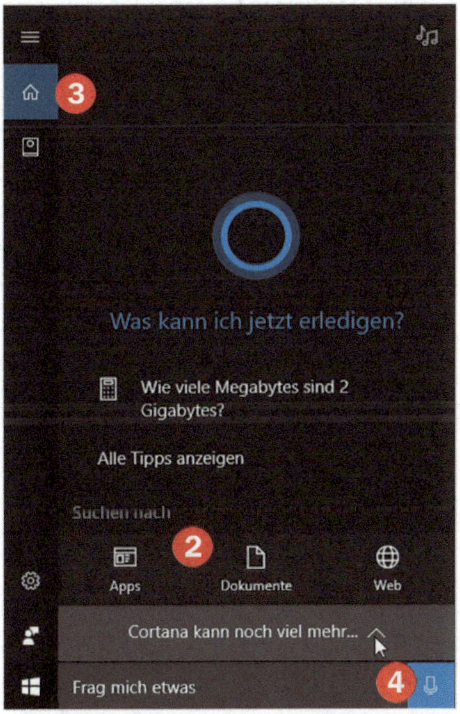

Bild 2.21 Suche über Symbole eingrenzen

Bild 2.22 Startseite Cortana

Wenn Sie Cortana den Zugriff auf verschiedene Dienste gestattet haben und sich entsprechend angemeldet haben, dann sieht die Startseite anders als im Bild oben aus und Sie erhalten hier persönliche Tipps, Tricks, News und andere Informationen. Die Startseite können Sie auch über das Symbol ❸ anzeigen.

Zur Sprachsteuerung muss Ihr Gerät selbstverständlich über ein eingebautes oder angeschlossenes Mikrofon verfügen.

Spracheingabe

- Wenn Sie an Cortana eine mündliche Suchanfrage richten möchten, dann müssen Sie in der Standardeinstellung zuvor im Eingabefeld auf das Mikrofon-Symbol ❹ klicken, bevor Sie Ihre Frage formulieren. Sie können beispielsweise nach dem aktuellen Wetter eines beliebigen Ortes fragen, z. B. „wie ist das Wetter in München" oder nach Restaurants, etwa „Pizza in Passau".
- Auch Apps und Ordner lassen sich bequem per Spracheingabe öffnen bzw. starten z. B. mit der Anweisung „starte Excel" oder „öffne den Ordner Bilder".

Spracheingabe einrichten

Wenn Cortana nicht auf mündliche Aufforderungen reagiert oder Sie Cortana ohne Klick auf das Mikrofonsymbol direkt mit „Hey Cortana" ansprechen möchten, dann nehmen Sie dies in Cortanas Einstellungen vor. Dazu öffnen Sie Cortana und klicken in der linken Symbolleiste auf das Symbol *Einstellungen* ❶.

- Sollte das Mikrofon Ihres Geräts noch nicht eingerichtet sein, so klicken Sie unter *Mikrofon* auf *Erste Schritte* ❷ und folgen den Anweisungen.
- Wenn Sie den Schalter *Hey Cortana* ❸ auf *Ein* setzen, dann reagiert Cortana auch ohne Klick auf das Mikrofonsymbol auf die Worte „Hey Cortana". Allerdings müssen Sie dann im nächsten Schritt Cortana den Zugriff auf Ihr Mikrofon und Spracheingaben erlauben. Klicken Sie auf die Schaltfläche *Sicher*.

  Soll Cortana ausschließlich auf Sie bzw. Ihre Stimme reagieren, so klicken Sie auf *Lerne, wie ich „Hey Cortana" sage* ❹ und folgen den weiteren Anweisungen.

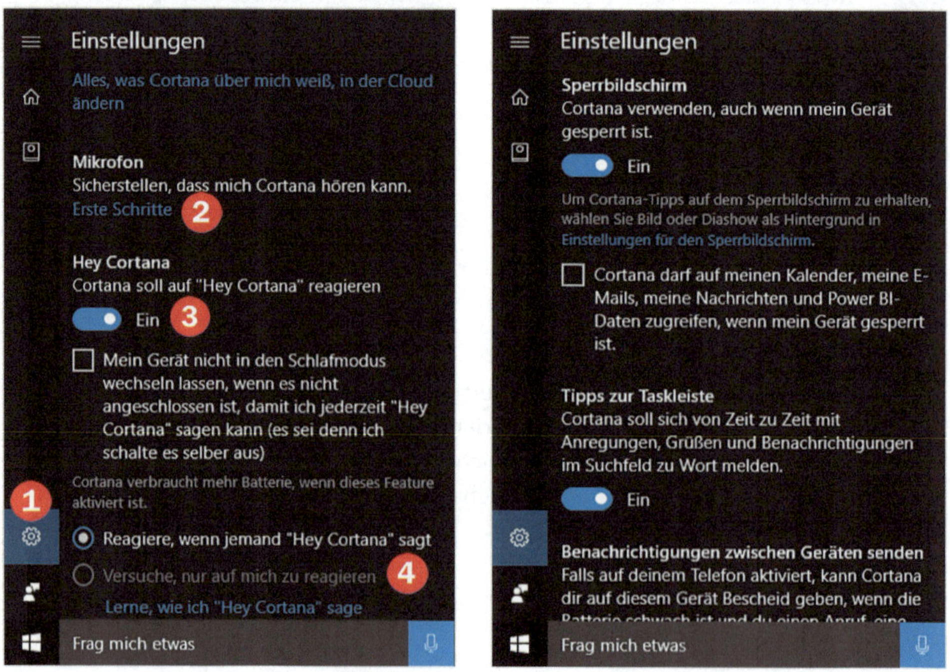

Bild 2.23 Cortana einrichten, Einstellungen

- Scrollen Sie nach unten, um noch weitere Einstellungen zu kontrollieren oder zu ändern. Hier können Sie unter anderem festlegen, ob Cortana auch auf dem Sperrbildschirm verwendet werden kann, d.h. wenn das Gerät gesperrt ist.
- Weitere Einstellungen betreffen Suchverlauf, und Synchronisierung, falls Sie mehrere Geräte benutzen. Detaillierte Informationen erhalten Sie, wenn Sie am Ende der Liste auf den Link *Weitere Informationen zu Cortana und Suche* klicken.

Cortana personalisieren

Wenn Sie Cortana nicht nur zur Suche einsetzen, sondern alle Funktionen nutzen möchten, z. B. Termine im Kalender eintragen, Erinnerungen oder persönliche Informationen anzeigen, dann ist dazu eine Anmeldung erforderlich.

1 Klicken Sie auf der Startseite von Cortana auf *Cortana kann noch viel mehr* ❶. Falls diese Aufforderung nicht sichtbar sein sollte, so klicken Sie links auf das Symbol *Startseite* ❷.

2 Anschließend benötigt Cortana Ihre Erlaubnis, persönliche Informationen wie Standort, Kontakte, Kalender, Nachrichten und Suchverlauf zu sammeln und zu verwenden (siehe Bild unten). Klicken Sie auf die Schaltfläche *Sicher* ❸, um Cortana den Zugriff zu erlauben. Die Datenschutzbestimmungen können über einen Link ❹ eingesehen werden.

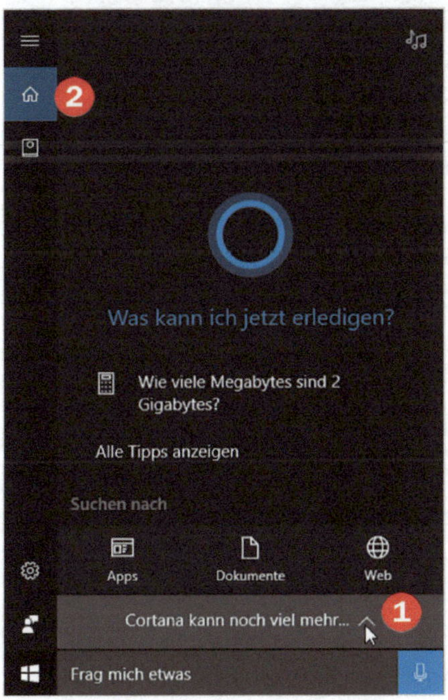

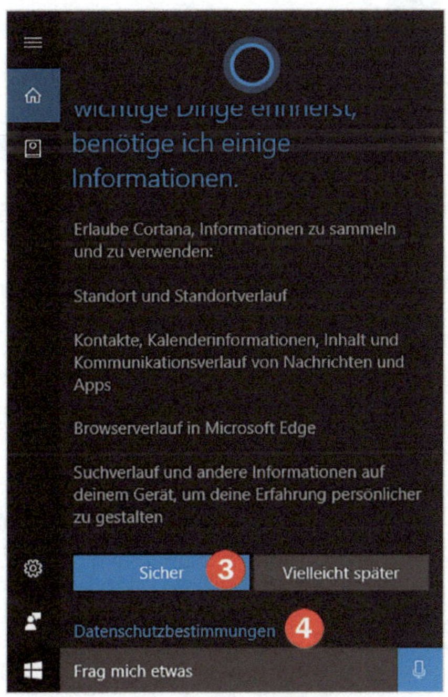

Bild 2.24 Persönliche Einstellungen

Bild 2.25 Darf Cortana persönliche Informationen sammeln und nutzen?

3 Im nächsten Schritt klicken Sie auf die Schaltfläche *Anmelden*. Damit Sie aktuelle Verkehrsinformationen erhalten, benötigt Cortana die Adresse Ihrer Arbeitsstel-

le. Geben Sie diese ein und klicken Sie auf *OK*. Wenn Sie diese nicht angeben möchten oder keine Verkehrsinformationen benötigen, dann klicken Sie rechts oben auf die drei Punkte und auf *Nicht mehr nachfragen*.

Tipp: Falls Cortana Sie persönlich mit Namen ansprechen soll, dann öffnen Sie Cortana, klicken auf *Notizbuch* ❶ und anschließend auf *Über mich* ❷. Klicken Sie dann auf die Schaltfläche *Meinen Namen ändern*, tippen Sie den gewünschten Namen in das Eingabefeld ein und klicken Sie auf *OK*.

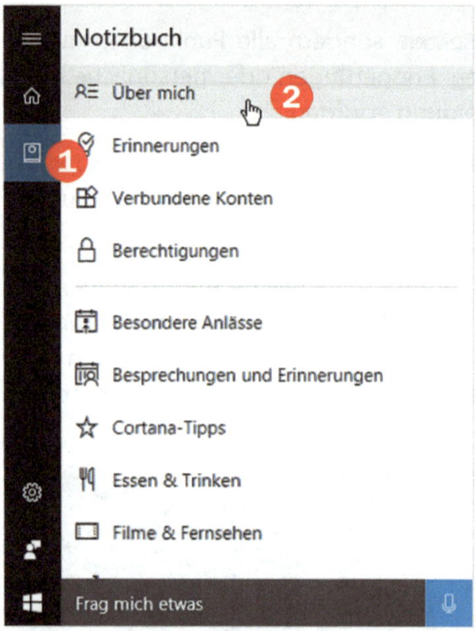

Bild 2.26 Cortanas Notizbuch

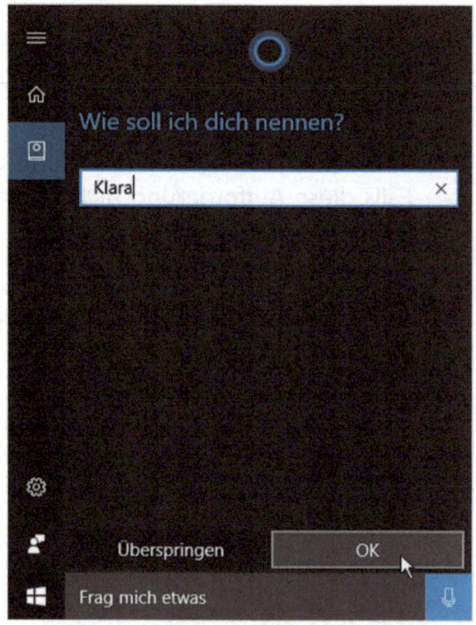

Bild 2.27 Geben Sie Ihren Namen ein

In Cortanas Notizbuch können Sie auch Ihre persönlichen Interessen angeben bzw. uninteressante Themen deaktivieren: Klicken Sie dazu auf ein Thema, z. B. *Finanzen*, benutzen Sie den Schalter und klicken Sie auf *Speichern*. Mit dem Pfeil gelangen Sie wieder zurück zur Übersicht.

Zugriff auf persönliche Daten kontrollieren oder einschränken

- Öffnen Sie Cortana und klicken Sie auf *Notizbuch*. Klicken Sie anschließend auf *Berechtigungen* und legen Sie über Schalter fest, ob Cortana Ihren Standort (*Position*) erfassen und verwenden darf, Zugriff auf Kontakte, E-Mails und den Kalender erhält und den Browserverlauf nutzen darf.

Siehe auch Kap. 5.1

- Am Ende der Liste gelangen Sie mit Klick auf *Datenschutzeinstellungen für Sprache, Freihand und Eingabe* in die Einstellungen und können hier mit Klick auf die Schaltfläche *Kennenlernen beenden* die Analyse Ihrer Stimm- und Handschrifteingaben deaktivieren. Bereits vorhandene Informationen werden gelöscht.

  Achtung: Die Funktion *Hey Cortana* wird dadurch deaktiviert!

Bild 2.28 Berechtigungen festlegen

Abmelden

Cortana lässt sich mit normalen Befehlen nicht vollständig deaktivieren, denn dann müssten Sie auch auf die Windows-Suche verzichten. Sie können aber jederzeit die Personalisierung durch Abmelden wieder beenden.

1 Öffnen Sie dazu Cortana, klicken Sie auf *Notizbuch* und wählen Sie *Über mich*.

2 Klicken Sie dann auf Ihr Microsoft-Konto ❶.

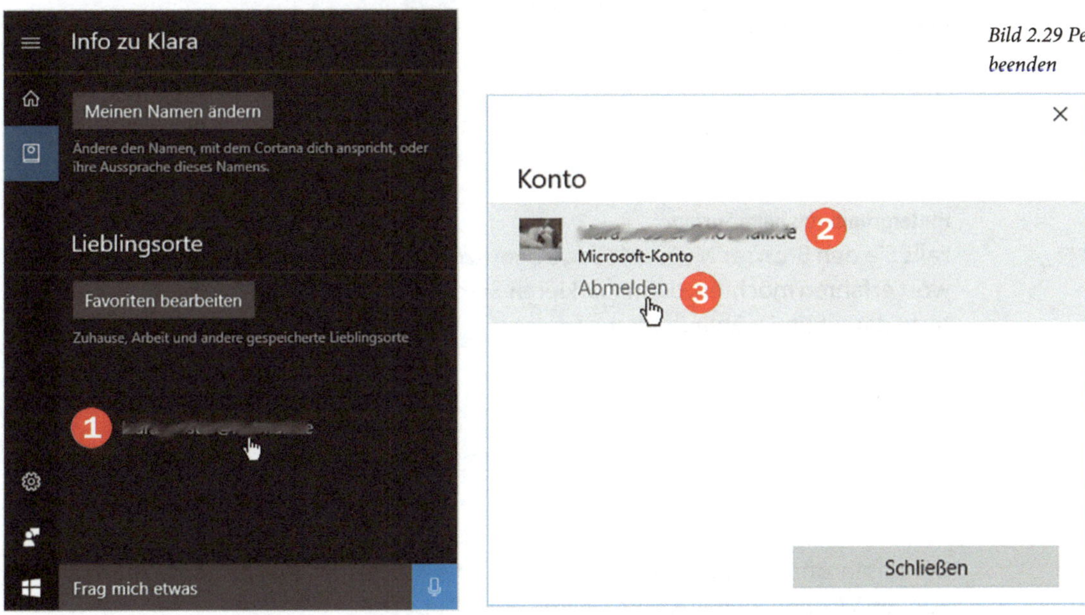

Bild 2.29 Personalisierung beenden

3 Im nachfolgenden Fenster klicken Sie nochmals auf Ihr Microsoft-Konto ❷ und dann auf *Abmelden* ❸. Schließen Sie dann das Fenster wieder.

Gesammelte und online gespeicherte Informationen löschen

1 Um alle bereits online gespeicherten Informationen zu löschen, öffnen Sie Cortana und klicken hier auf *Einstellungen*. Klicken Sie dann auf den Link *Alles, was Cortana über mich weiß, in der Cloud löschen* ❶.

2 Sie werden anschließend über die zu löschenden Daten und eventuelle Auswirkungen auf andere Dienste informiert. Über Links können Sie Details dazu anzeigen oder verwalten. Klicken Sie am Ende der Liste auf *Löschen* ❷.

Bild 2.30 Informationen in der Cloud löschen

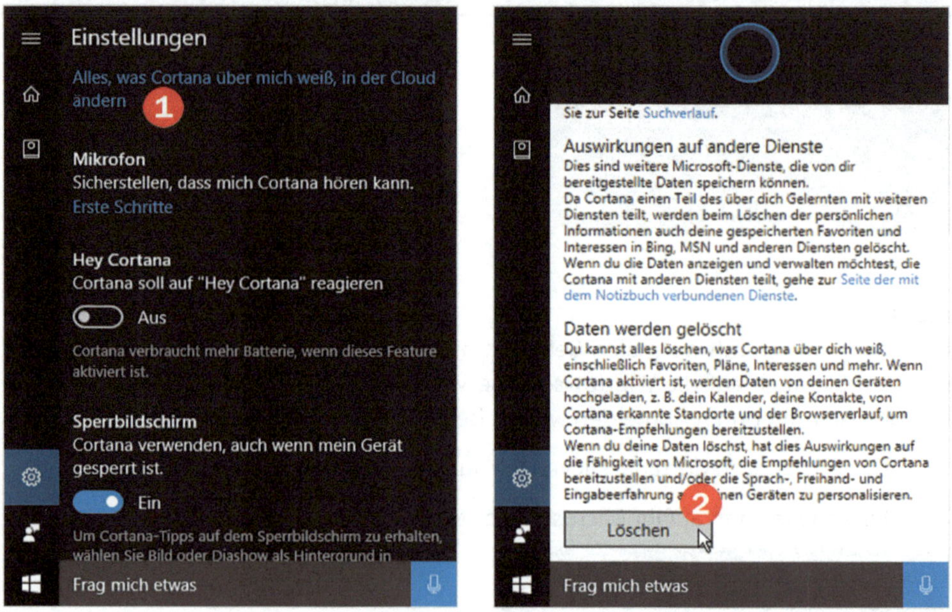

Tipps, wie Sie Cortana sonst noch nutzen können

Hintergrundinfos beim Surfen

Falls Sie den Browser Microsoft Edge benutzen und beim Surfen mehr zu einem Stichwort erfahren möchten, dann markieren Sie dieses Wort, klicken mit der rechten Maustaste darauf und wählen *Cortana fragen*.

Bild 2.31 Hintergrundinfos erhalten

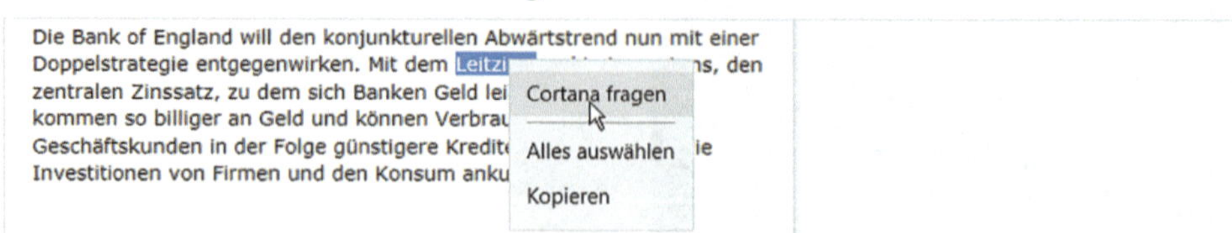

Daraufhin öffnet sich rechts im Browser eine Spalte mit Zusatzinformationen. Dies können Wikipediainhalte, Fotos, Filme usw. sein.

Kalender und E-Mail mit Cortana nutzen

Cortana unterstützt Sie auch beim Eintragen von Terminen und Senden von E-Mails mit den Apps *Mail* und *Kalender*, leider nicht in Verbindung mit Microsoft Outlook.

- Wenn Sie beispielsweise Ihre Termine nicht selbst eintragen möchten, dann beauftragen Sie einfach Cortana damit. Beginnen Sie z. B. mit „Termin am ...", so fragt Sie Cortana anschließend nach weiteren Einzelheiten wie Uhrzeit und Betreff und versteht als Datumsangabe auch gebräuchliche Ausdrücke wie „heute", „morgen" oder „nächsten Montag". Sie können also auch beispielsweise sagen „Termin am Montag um 10 Uhr".

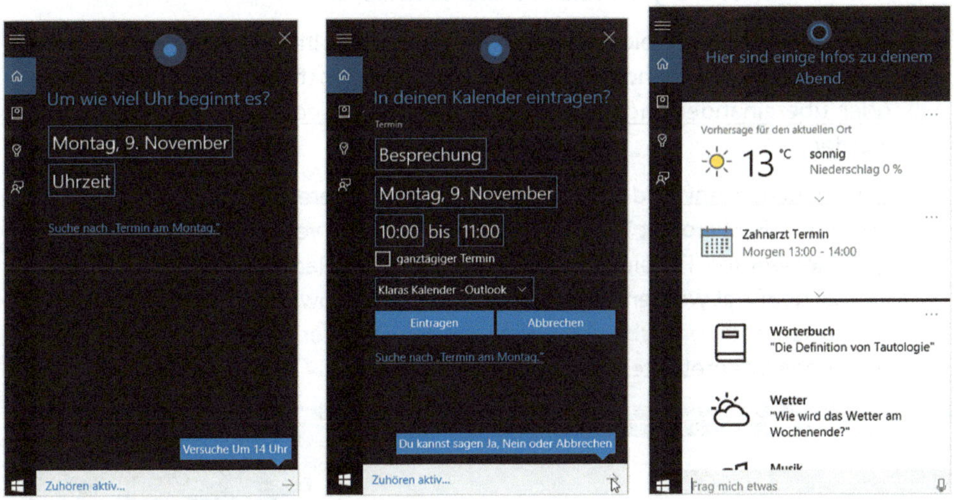

Bild 2.32 Termin mit Cortana im Kalender eintragen

- Mit Klick in das Suchfeld zeigt Ihnen Cortana die nächsten Termine Ihres Kalenders zusammen mit den aktuellen Nachrichten an.
- Oder fragen Sie Cortana nach allen aktuellen Terminen bzw. „Wann ist mein nächster Termin?".
- Sie können auch nach einem bestimmten Termim fragen, z. B. „Wann ist der nächste Zahnarzttermin?".

Erinnerungen

Wenn Sie möchten, können Sie auch Erinnerungen einrichten, geben Sie z. B. ein: „erinnere mich daran, heute um 14 Uhr Eva anzurufen". Erinnerungen werden ebenfalls im Kalender eingetragen, werden aber auch angezeigt, wenn Sie Cortanas Notizbuch öffnen und auf das Symbol *Erinnerungen* klicken. Die Erinnerungen erscheinen zur vereinbarten Zeit auf dem Desktop und können im Info-Center eingesehen werden.

2.7 Mit mehreren Apps gleichzeitig arbeiten

Meist sind gleich mehrere Apps gleichzeitig geöffnet, um das zeitraubende Beenden und Öffnen von häufig benötigten Apps zu vermeiden. Damit Sie auch bei einer Vielzahl geöffneter Fenster den Überblick behalten und um schnell zwischen den Fenstern zu wechseln, stehen Ihnen Taskleiste und Taskansicht zur Verfügung.

Grundsätzlich gilt für alle geöffneten Fenster bzw. Apps:

- Auch bei mehreren gleichzeitig geöffneten Apps ist immer nur eine App bzw. ein Fenster aktiv und befindet sich im Vordergrund. Fenster können beliebig neben- oder übereinander angeordnet, sowie auf verschiedenen Desktops gruppiert werden.
- Von manchen Anwendungen können auch mehrere Fenster geöffnet werden. So kann z. B. Microsoft Word mehrmals mit jeweils verschiedenen Dokumenten geöffnet werden. Für einfache Apps gilt das in der Regel nicht, diese können nur einmal geöffnet werden. Eine Ausnahme bilden Browser, mit denen Sie im Internet surfen, z. B. *Microsoft Edge*. Hier werden Register benutzt, um mehrere verschiedene Internetseiten gleichzeitig zu öffnen.

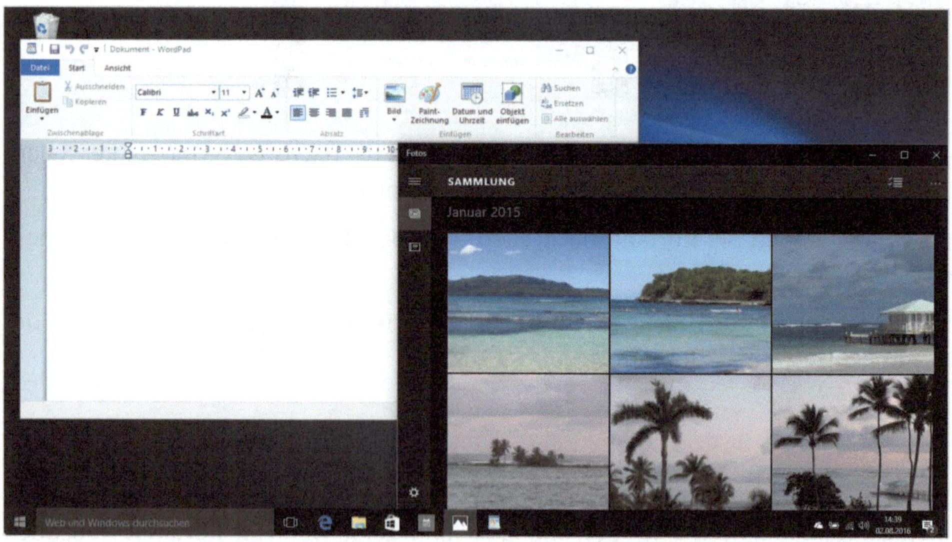

Bild 2.33 Zwei überlappende Fenster auf dem Desktop

Zwischen Apps wechseln

Sind die geöffneten Apps, wie im Bild oben, nebeneinander oder überlappend auf dem Desktop angeordnet, genügt einfaches Antippen oder ein Mausklick, um ein Fenster zu aktivieren bzw. in den Vordergrund zu holen.

Schneller Wechsel über die Taskleiste

In der Taskleiste finden Sie für jedes geöffnete Fenster ein Symbol. Im Gegensatz zu den fest angehefteten Symbolen sind die Symbole geöffneter Fenster unterstrichen gekennzeichnet und das der aktiven App im Vordergrund ist zudem heller hervorgehoben. Klicken Sie einfach auf das Symbol der gewünschten App, damit diese in den Vordergrund geholt und aktiviert wird. Wenn Sie eine Vorschau auf die App erhalten möchten, dann zeigen Sie nur auf das Symbol. Sind von einer Anwendung mehrere Fenster gleichzeitig geöffnet, dann erkennen Sie dies am gestapelten Symbol. Zudem erhalten Sie beim Zeigen eine Vorschau auf alle Fenster dieser Anwendung.

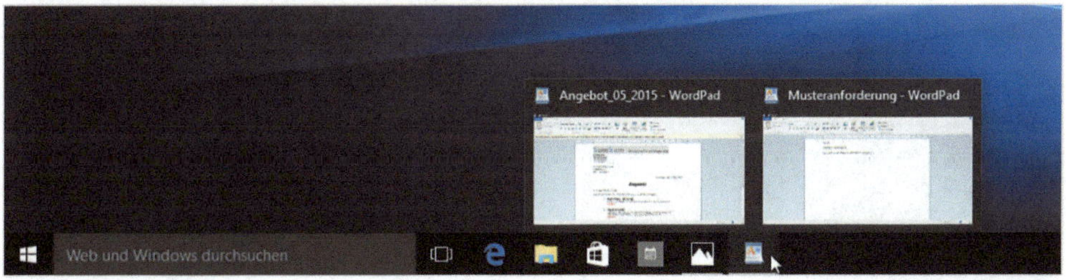

Bild 2.34 Klicken Sie auf die Vorschau der gewünschten App

Tipp: Sie können über die Taskleiste auch eine Anwendung schließen bzw. beenden, indem Sie mit der rechten Maustaste auf das Symbol der Anwendung und dann auf das Symbol *Schließen* klicken.

Desktop anzeigen

Eine nützliche Schaltfläche mit der Sie, unabhängig von Größe und Anzahl der geöffneten Fenster, alle Fenster minimieren und den leeren Desktop anzeigen, finden Sie etwas versteckt am äußersten rechten Rand der Taskleiste. Ein Mausklick auf diese Schaltfläche minimiert alle Fenster und ein weiterer Mausklick auf die Schaltfläche stellt die ursprüngliche Anordnung der Fenster wieder her.

Vorsicht: Wenn Sie auf diese Schaltfläche zeigen, erhalten Sie eine Vorschau, d.h. alle Fenster auf dem Desktop werden transparent.

Dies passiert in der Praxis relativ häufig, kein Problem also, wenn plötzlich auf dem Desktop merkwürdige „Umrisse" erscheinen.

Bild 2.35 Desktop anzeigen

Alternativ erhalten Sie diese Funktion auch, wenn Sie mit der rechten Maustaste an eine freie Stelle der Taskleiste klicken.

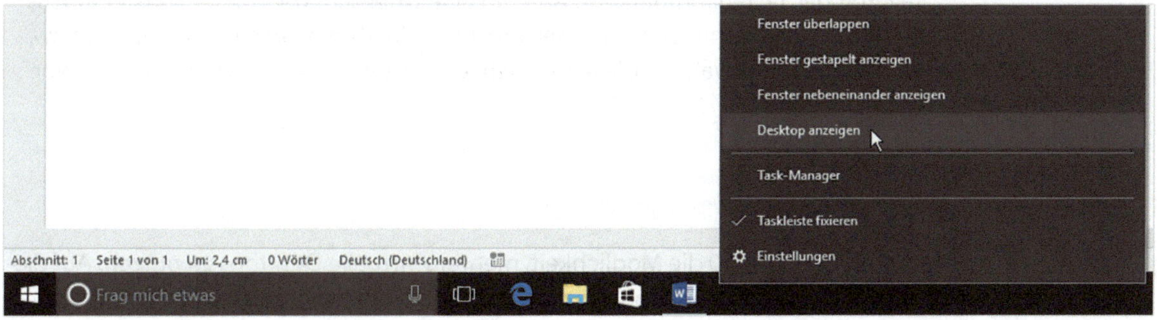

Die Taskansicht nutzen

Wischen Sie vom linken Bildschirmrand nach innen oder benutzen Sie die Tasten Windows +Tab.

Als Alternative zur Taskleiste benutzen Sie die Taskansicht von Windows 10. Dazu klicken Sie in der Taskleiste auf das Symbol *Taskansicht* oder verwenden die Tastenkombination Windows+Tab. Auf Geräten mit Touchbedienung erhalten Sie die Taskansicht auch, wenn Sie vom linken Bildschirmrand nach innen wischen.

In der Taskansicht werden vor dem inaktiven (abgedunkelten) Desktophintergrund sämtliche geöffneten Fenster verkleinert angeordnet und durch Antippen oder mit einem Klick holen Sie das gewünschte Fenster in den Vordergrund. Auf der Tastatur benutzen Sie stattdessen die Pfeiltasten nach rechts/nach links, um ein Fenster auszuwählen und die Eingabe-Taste, um zum markierten Fenster zu wechseln.

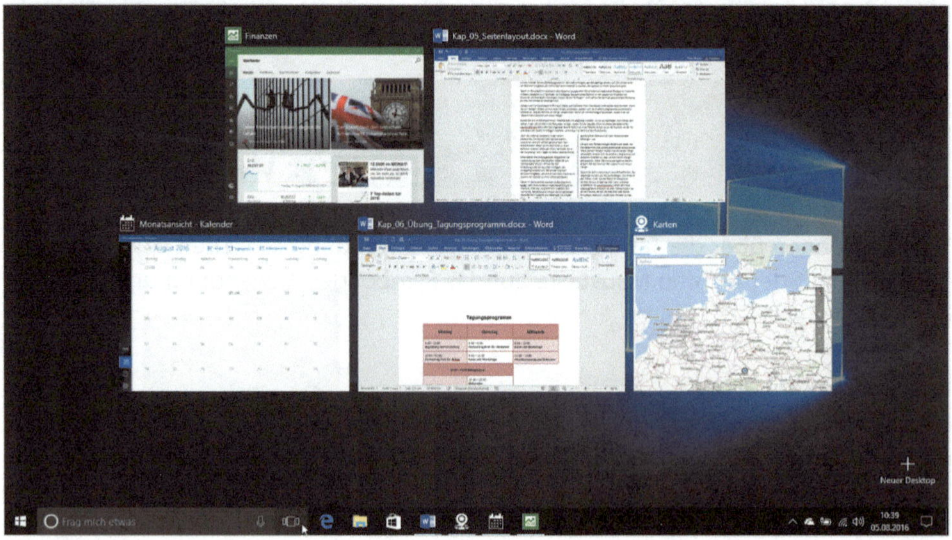

Bild 2.36 Alle geöffneten Apps in der Taskansicht: Klicken Sie auf die gewünschte App

Falls Sie in der Taskansicht ein einzelnes Fenster schließen möchten, so klicken Sie auf das Symbol *Schließen* des entsprechenden Fensters. Achtung, das Symbol erscheint erst, wenn Sie in das Vorschaufenster zeigen.

Anwender älterer Windows-Versionen kennen wahrscheinlich die Möglichkeit, mit der Tastenkombination Alt+Tab eine Übersicht geöffneter Fenster einzublenden und anschließend mit der Tab-Taste durch die Fenster zu blättern bzw. ein Fenster auszuwählen. Diese Möglichkeit existiert in Windows 10 nach wie vor.

Fenster auf mehreren Desktops anordnen

Neu ist in Windows 10 die Möglichkeit, mehrere virtuelle Desktops zu nutzen. Auf diesen können Sie Apps öffnen und zwischen den Desktops verschieben. Damit behalten Sie auch bei einer Vielzahl geöffneter Fenster den Überblick und können zudem die Apps nach Einsatzzweck, z. B. Büroanwendungen und Kommunikation, anordnen. Eine Übersicht über die verwendeten Desktops liefert ebenfalls die Taskansicht.

Desktop hinzufügen und anzeigen

Klicken Sie in der Taskleiste auf das Symbol *Taskansicht* . Unmittelbar oberhalb der Taskleiste erscheint eine Leiste mit allen derzeit verwendeten Desktops. Klicken Sie ganz rechts auf *+ Neuer Desktop*. Der Desktop erscheint sofort unter dem Namen *Desktop 2* in der Leiste. Wenn Sie in der Taskansicht auf einen Desktop zeigen, erhalten Sie eine Vorschau und durch Anklicken wechseln Sie zwischen den Desktops.

Bild 2.37 Desktop auswählen

Mit diesem Symbol können Sie noch beliebig viele weitere Desktops hinzufügen, deren Anzahl ist nur durch die Bildschirmauflösung begrenzt.

App zwischen Desktops verschieben

Sie können auf den Desktops nicht nur Apps öffnen, sondern geöffnete Apps auch zwischen den Desktops verschieben, entweder über das Kontextmenü der rechten Maustaste oder durch Ziehen mit der Maus. Beim Verschieben mit der Maus gehen Sie so vor:

1 Wechseln Sie zum Desktop mit der App, die Sie verschieben möchten.

2 Klicken Sie auf das Symbol *Taskansicht*.

3 Ziehen Sie die betreffende App mit gedrückter linker Maustaste auf den zweiten Desktop. Lassen Sie die Maustaste erst los, wenn auf diesem Desktop die Vorschau der App verkleinert wird.

Bild 2.38 App zwischen den Desktops verschieben

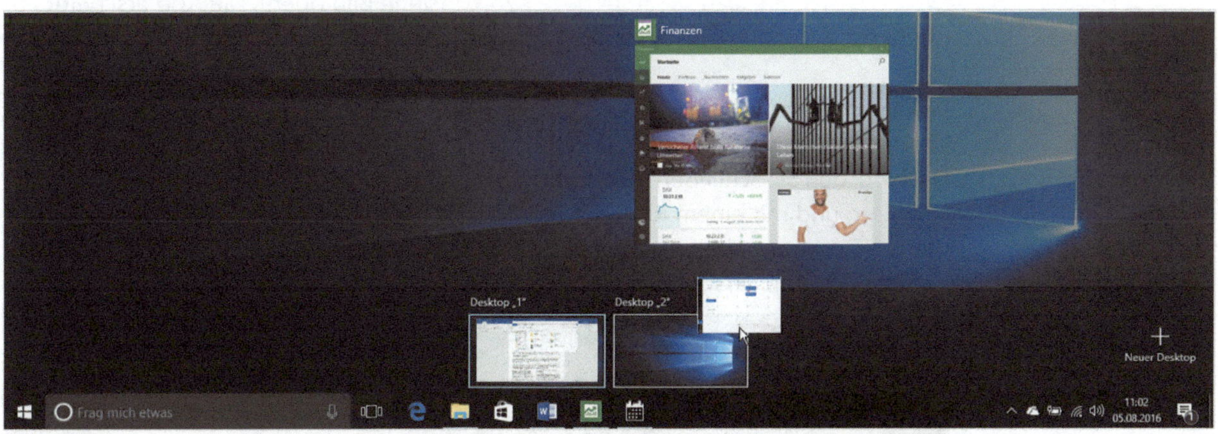

Tipp: Sie können eine App auch direkt auf das Symbol *Neuer Desktop* ziehen, dann legt Windows einen neuen Desktop für diese App an.

Alternativ verwenden Sie das Kontextmenü der rechten Maustaste:

1 Dazu öffnen Sie die Taskansicht und klicken mit der rechten Maustaste auf die zu verschiebende App.

2 Zeigen Sie im Kontextmenü auf *Verschieben nach* ❶ und klicken Sie auf den gewünschten Desktop oder auf *Neuer Desktop*, falls dieser noch nicht existiert.

Bild 2.39 App über das Kontextmenü verschieben

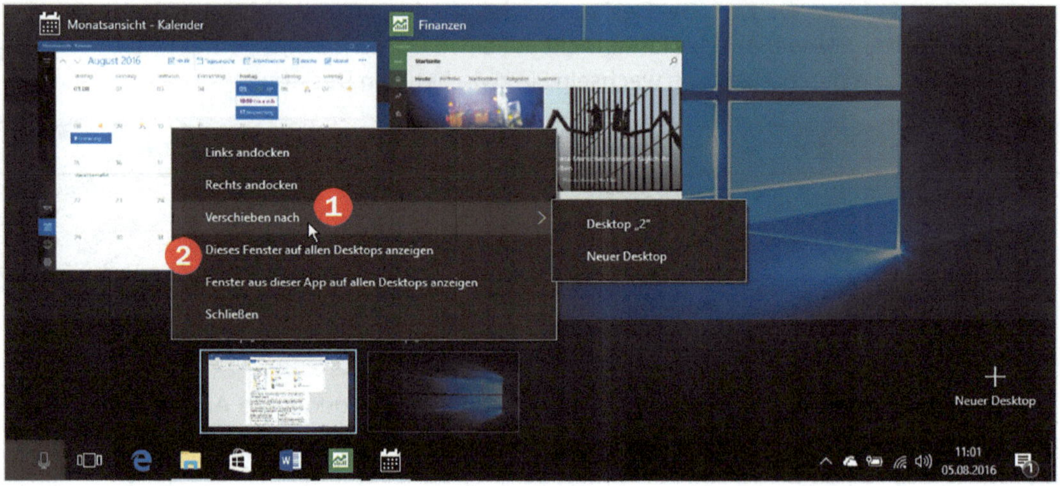

Eine App auf allen Desktops anzeigen

Wenn Sie mit mehreren Desktops arbeiten und bestimmte häufig benötigte Apps, z. B. *Mail* oder *Kalender* ständig im Blick haben bzw. dazu nicht zwischen den Desktops wechseln möchten, dann können Sie diese auf allen Desktops anzeigen.

Klicken Sie dazu in der Taskansicht mit der rechten Maustaste auf die App und auf *Dieses Fenster auf allen Desktops anzeigen* ❷ (siehe Bild oben). Die App erscheint außerdem automatisch auf allen neu hinzugefügten Desktops.

Desktop schließen

Klicken Sie auf das Symbol *Taskansicht* und zeigen Sie in der Desktop-Leiste auf den Desktop, den Sie schließen möchten. In der rechten oberen Ecke erscheint das Symbol *Schließen* und mit einem Klick auf das Symbol verschwindet der Desktop wieder. Auf diesem Desktop geöffnete Apps werden nicht geschlossen, sondern auf den verbleibenden Desktop verschoben.

Bild 2.40 Desktop schließen

Folgende Tastenkombinationen können Sie in Verbindung mit der Windows-Taste zur Steuerung von Desktops verwenden:

Tasten	Bedeutung
Win + Strg + D	Neuen Desktop erstellen
Win + Strg + Pfeil nach links/rechts	Zum vorherigen/nächsten Desktop wechseln
Win + Strg + F4	Aktuellen Desktop schließen
Win + Tab	Aktive (ausgewählte Anwendung) öffnen

Fenster automatisch andocken (Snap)

Windows 10 verfügt über eine Funktion, die ein Fenster automatisch am rechten oder linken Bildschirmrand einrasten lässt und dessen Größe exakt auf die Hälfte des Bildschirms bringt. Anschließend können Sie angeben, welches geöffnete Fenster die zweite Bildschirmhälfte ausfüllen soll.

Dies wird von Windows auch als snapping bezeichnet.

Sollten die hier beschriebenen Methoden auf Ihrem PC nicht funktionieren, so lesen Sie auf Seite 169, wie Sie die Einstellungen entsprechend ändern.

1 Zeigen Sie in die Titelleiste des ersten Fensters und ziehen Sie das Fenster ganz an den linken oder rechten Bildschirmrand.

2 Lassen Sie die Maustaste erst los, wenn auf dem Desktop Umrisse erscheinen und anzeigen, wo das Fenster angeheftet wird.

   Das erste Fenster füllt jetzt die Bildschirmhälfte aus. In der anderen Hälfte erscheinen die übrigen geöffneten Fenster in einer Miniaturvorschau.

3 Klicken Sie auf das Fenster, das die zweite Bildschirmhälfte ausfüllen soll.

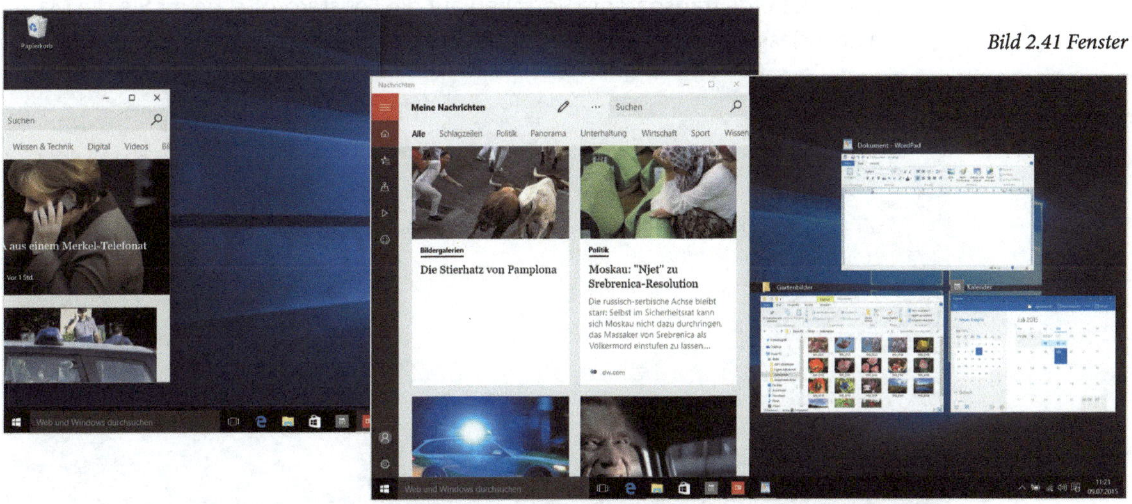

Bild 2.41 Fenster andocken

Anschließend lassen sich die Fenster wieder beliebig vergrößern und verkleinern oder verschieben. Mit der Tastenkombination Windows+Pfeil rechts (am linken Bildschirmrand) bzw. Windows+Pfeil links erhält das Fenster seine alte Größe und Position zurück.

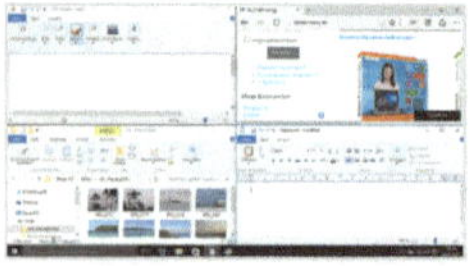

Um vier Fenster anzuordnen ziehen Sie die Fenster nacheinander in die Ecken des Bildschirms. Da diese Funktion von Monitorgröße und Bildschirmauflösung abhängig ist, steht sie aber nicht auf jedem Gerät zur Verfügung.

Fenster in der Taskansicht andocken

Eine zweite Möglichkeit zum Andocken der Fenster erhalten Sie in der Taskansicht. Klicken Sie mit der rechten Maustaste auf eines der Fenster und wählen Sie im Kontextmenü zwischen *Links andocken* und *Rechts andocken*.

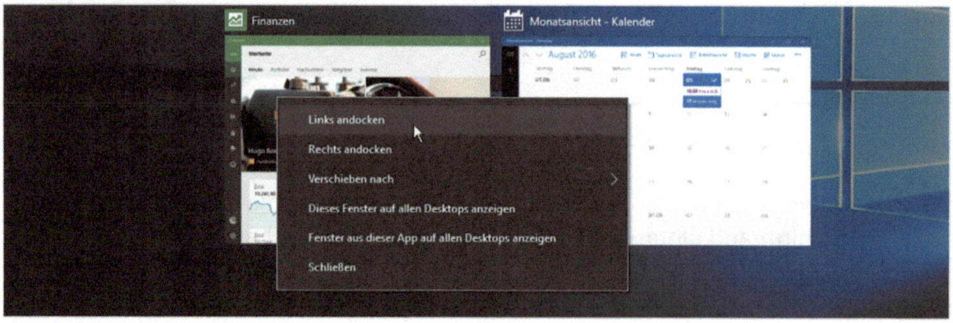

Bild 2.42 Taskansicht: Fenster links oder rechts andocken

Fenstergröße anpassen

Mit folgender Methode können Sie die Höhe eines nicht maximierten Fensters an die Bildschirmhöhe anpassen.

1 Zeigen Sie mit der Maus auf den oberen oder unteren Rand des Fensters.

2 Wenn der Mauszeiger als Doppelpfeil erscheint, dann vergrößern Sie durch Ziehen das Fenster bis zum oberen bzw. unteren Rand des Bildschirms. Auch hier erhalten Sie eine transparente Vorschau auf die Fenstergröße, bevor Sie die Maustaste loslassen.

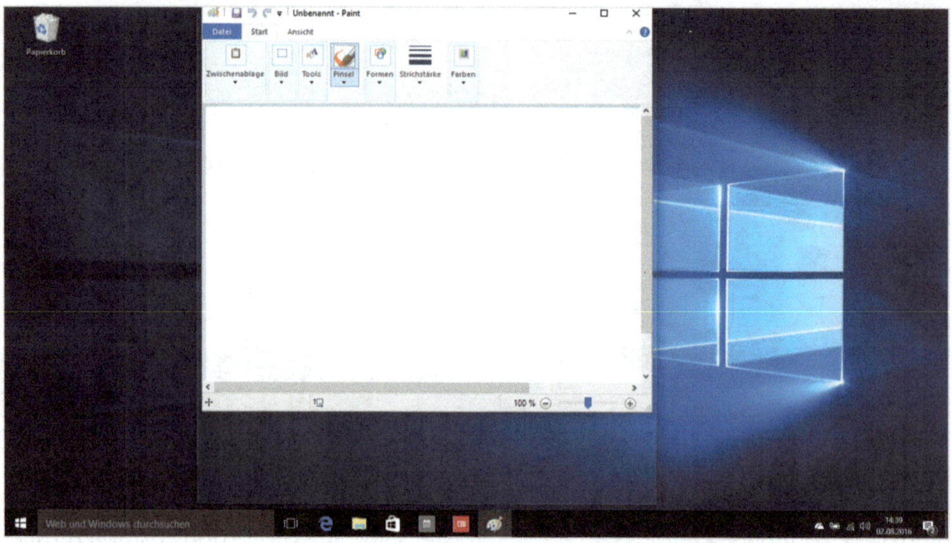

Bild 2.43 Fenstergröße an die Höhe des Bildschirms anpassen

Fenster mithilfe der Taskleiste anordnen

Über die Taskleiste können Sie ebenfalls mehrere geöffnete Fenster automatisch auf dem Desktop anordnen lassen. Klicken Sie dazu mit der rechten Maustaste an eine freie Stelle der Taskleiste. Im Kontextmenü finden Sie verschiedene Möglichkeiten, mit dem Befehl *Desktop anzeigen* minimieren Sie alle geöffneten Fenster.

Bild 2.44 Kontextmenü der Taskleiste: Fenster anordnen

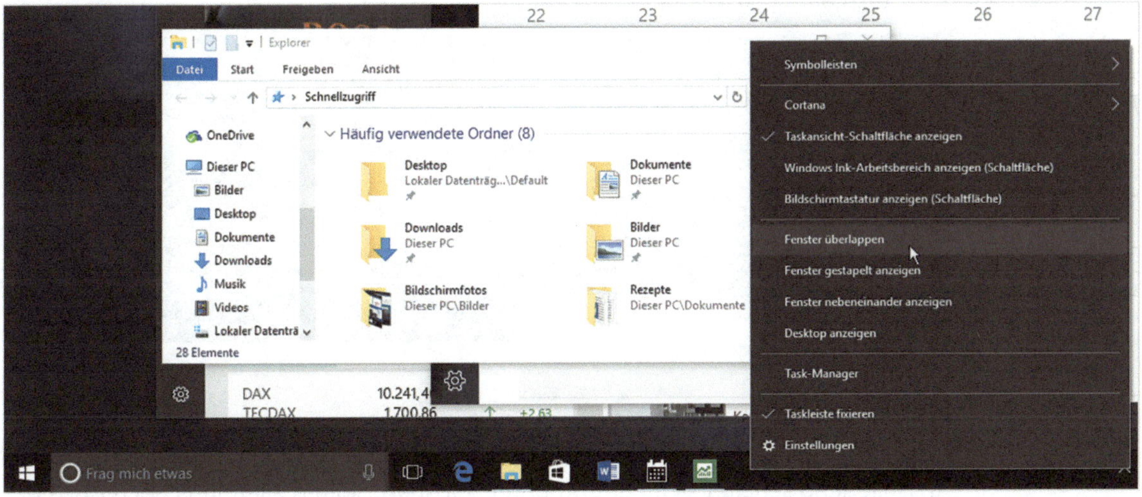

2.8 Tätigkeit am PC beenden

Herunterfahren oder Energiesparmodus?

Wenn Sie die Tätigkeit am PC beenden möchten, dann können Sie das Gerät entweder in den Energiesparmodus versetzen oder Windows herunterfahren. Im letzteren Fall wird der PC anschließend auch automatisch ausgeschaltet. Damit Windows beim nächsten Mal wieder korrekt gestartet wird und um den Verlust wichtiger Daten zu vermeiden, sollten Sie in jedem Fall die folgenden Punkte beachten:

- Speichern Sie grundsätzlich alle wichtigen Daten, bevor Sie den Computer verlassen!
- Wenn Sie Windows beenden und den PC anschließend ganz ausschalten möchten, dann beenden Sie zuvor alle geöffneten Apps.
- Benutzen Sie zum Ausschalten nicht den Schalter am Gerät.

Falls Sie trotzdem einmal den PC über den Schalter am Gerät ausschalten müssen, weil Windows nicht mehr reagiert, dann halten Sie den Schalter am Gerät einige Sekunden lang gedrückt.

So gehen Sie vor

1 Öffnen Sie das Startmenü, indem Sie links in der Taskleiste auf das Symbol mit dem Windows-Logo klicken.

2 Klicken Sie dann auf das Symbol *Ein/Aus*.

3 Wählen Sie zwischen *Energie sparen*, *Herunterfahren* und *Neu starten*.

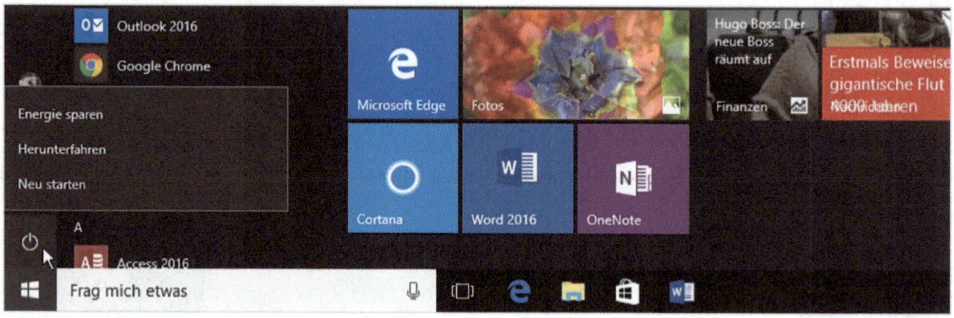

Bild 2.45 Wählen Sie zwischen Energie sparen, Herunterfahren und Neu starten

Herunterfahren/Gerät ausschalten

Haben Sie *Herunterfahren* gewählt, so dauert dieser Vorgang nur wenige Sekunden. Anschließend schaltet sich der Computer selbst ab. Sollten allerdings noch Apps geöffnet sein, wird das Herunterfahren unterbrochen. Klicken Sie in diesem Fall auf *Abbrechen* und beenden Sie die betreffende Anwendung bzw. speichern Sie eventuell noch nicht gespeicherte Daten und Änderungen.

Computer neu starten

Mit der Option *Neu starten* wird der Computer heruntergefahren und anschließend sofort wieder automatisch gestartet. Dies kann z. B. erforderlich sein nach der Installation von Updates oder Apps, oder wenn das System aufgrund von Fehlern nicht mehr stabil läuft.

Energiesparmodus

Wenn Sie bei häufigen Unterbrechungen die erneute Anmeldung als lästig empfinden, dann können Sie dies deaktivieren. Die genaue Vorgehensweise lesen Sie in Kap. 4.5.

Im Energiesparmodus können sämtliche Apps geöffnet bleiben. Einstellungen und Daten werden zwischengespeichert, nicht benötigte Geräte wie Bildschirm und Lüfter abgeschaltet und so der Stromverbrauch auf ein Minimum reduziert. Ein Laptop wird beim Schließen des Deckels automatisch in den Energiesparmodus versetzt.

Um den Computer aus dem Energiesparmodus heraus wieder in Betrieb zu nehmen, betätigen Sie die Einschalttaste am Gerät. In der Standardeinstellung wird anschließend der Sperrbildschirm angezeigt und Sie müssen sich erneut anmelden. Anschließend können Sie dort fortfahren, wo Sie zuletzt aufgehört haben.

Herunterfahren über das Kontextmenü der rechten Maustaste

Alternativ können Sie Windows auch beenden, indem Sie mit der rechten Maustaste auf die Schaltfläche mit dem Windows-Logo klicken. Es erscheint ein Kontextmenü, zeigen Sie auf *Herunterfahren oder abmelden* und wählen Sie dann zwischen *Herunterfahren*, *Energie sparen* oder *Neu starten*. Hier finden Sie zusätzlich die Möglichkeit *Abmelden*, siehe weiter unten.

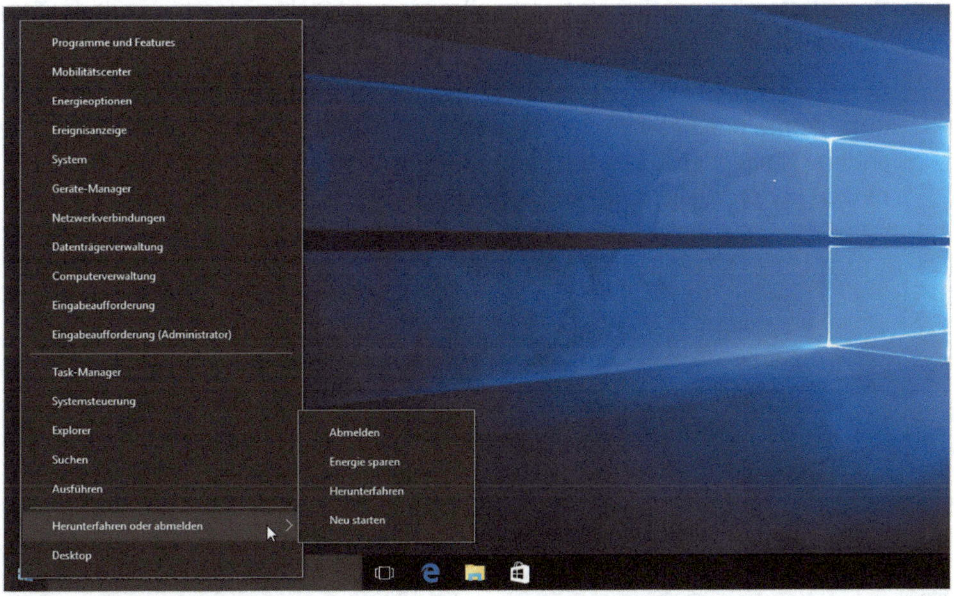

Bild 2.46 Das Kontextmenü des Start-Logos

Automatisch Energie sparen

Erfolgt über einen längeren Zeitraum keine Eingabe bzw. Mausbewegung, dann wird, abhängig vom Betriebsmodus, der Energieverbrauch automatisch verringert. Im ersten Schritt wird nach 5 bzw. 10 Minuten der Bildschirm dunkler bzw. schaltet sich automatisch aus. In diesem Fall bewegen Sie einfach die Maus oder betätigen eine Taste der Tastatur und die vorherige Anzeige wird wiederhergestellt. Nach längerer Dauer (15 Minuten) versetzt sich der PC in den Energiesparmodus, siehe oben.

Wie Sie die Energiespareinstellungen Ihres Geräts einsehen und ändern, lesen Sie in Kap. 4.5

Abmelden und Benutzer wechseln

Benutzen mehrere Personen denselben Computer und melden sich mit ihrem jeweiligen Benutzerkonto an, dann kann jederzeit zwischen den verschiedenen Benutzern gewechselt werden.

Dazu klicken Sie links im Startmenü auf Ihr Profilbild ❶. Es erscheint ein kleines Menü zusammen mit einer Liste der vorhandenen Benutzerkonten. Die folgenden Möglichkeiten sind verfügbar:

- Mit der Auswahl *Abmelden* ❷ werden alle zu Ihrem Benutzerkonto gehörenden Einstellungen gespeichert, der Sperrbildschirm erscheint wieder und ein anderer Benutzer kann sich nun anmelden.

- Mit der Option *Sperren* lässt sich der Computer vorübergehend sperren, z. B. während einer Kaffeepause. Der Sperrbildschirm wird angezeigt und erst nach Eingabe Ihres Kennworts finden Sie die Arbeitsoberfläche wieder so vor, wie Sie sie verlassen haben. **Tipp:** Noch schneller sperren Sie den Bildschirm mit der Tastenkombination Windows+L (engl. Lock).
- Durch Anklicken eines anderen Benutzernamens kann schnell zu diesem Benutzerkonto ohne vorheriges Abmelden gewechselt werden. Nachteil: Fährt ein anderer Nutzer den Computer herunter, gehen nicht gespeicherte Daten des Benutzers verloren, allerdings erst nach einer entsprechenden Warnung.

Bild 2.47 Klicken Sie im Startmenü auf Ihr Profilbild

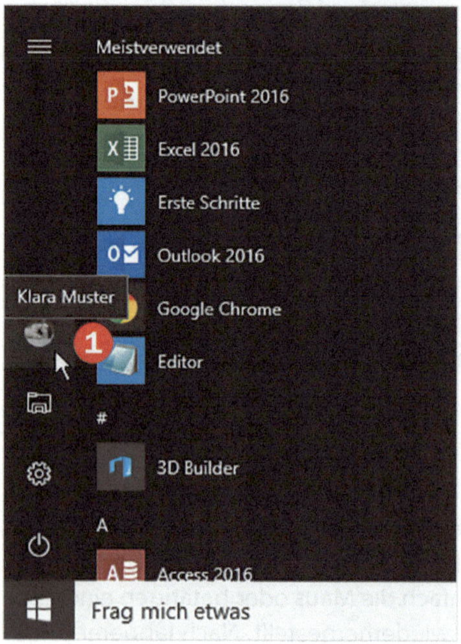

Bild 2.48 Klicken Sie auf Abmelden

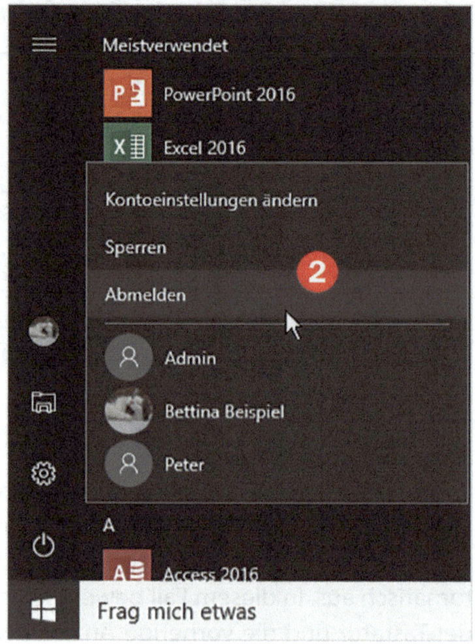

Mit der Auswahl *Kontoeinstellungen ändern* können Sie beispielsweise ein Bild als Profilbild hinzufügen oder die Art der Anmeldung ändern. Näheres dazu lesen Sie in Kapitel 4.7.

3 Laufwerke, Ordner und Dateien

3.1 Grundlagen für Einsteiger

Grundbegriffe

Dateien

Dateien sind zusammengehörende, gespeicherte Daten. Dies kann ein Brief, ein Foto, ein Musikstück oder ein Video sein. Von Ihnen gespeicherte Textinhalte werden von Windows pauschal auch als Dokumente bezeichnet. Jede Datei muss beim Speichern einen eindeutigen Namen erhalten. Außerdem erhält der Dateiname beim Speichern automatisch einen Zusatz (Dateinamenerweiterung), der den Dateityp kennzeichnet. Der Dateityp ist auch am Symbol erkennbar, meist ist dies das Symbol derjenigen App, mit der die Datei erstellt wurde, hier einige Beispiele.

Laufwerke

Datenträger wie Festplatte, CD/DVD und USB-Stick werden von Windows pauschal als Laufwerke bezeichnet. Alle Laufwerke eines PCs werden mit Buchstaben, gefolgt von einem Doppelpunkt, durchnummeriert. In der Regel beginnt die Nummerierung bei der Festplatte (*Lokaler Datenträger*) mit dem Buchstaben C:, dann folgen die restlichen Laufwerke, wie DVD oder USB-Stick, auch als Wechseldatenträger bezeichnet. Ihre Nummerierung entspricht der Reihenfolge, in der sie angeschlossen wurden und ist daher nicht immer identisch. Darüber hinaus kann Datenträgern optional ein Name zugewiesen werden, andernfalls wird die Bezeichnung automatisch gewählt.

Eine Festplatte lässt sich auch in mehrere Bereiche, sogenannte Partitionen aufteilen. Dann entspricht jede Partition einem gesonderten Laufwerk mit Laufwerksbuchstabe und Bezeichnung.

Bild 3.1 Verschiedene Laufwerke

Ordner

Auf einem Laufwerk finden in der Regel große Datenmengen Platz, daher werden zur besseren Übersicht Ordner zum Ablegen von Dateien verwendet. Ordner sind anhand ihres Symbols leicht von Dateien zu unterscheiden.

> Bei Ihrer ersten Anmeldung am PC wurden von Windows auf der Festplatte automatisch einige Ordner angelegt, unter anderem die Ordner *Dokumente* zum Speichern von Texten und *Bilder* für Ihre Fotos. Diese Ordner sind persönliche Ordner und gehören zu Ihrem Benutzerkonto, das bedeutet, auf ihren Inhalt haben ausschließlich Sie Zugriff.

Benutzen mehrere Personen denselben Computer, melden sich aber unter anderem Namen an, so besitzt jeder Benutzer seine persönlichen Ordner. Ausnahme: Administratoren verfügen in der Regel über alle Rechte am PC, können also auch auf die persönlichen Ordner aller Benutzer zugreifen.

Ordner und Dateien können in unterschiedlicher Größe angezeigt werden.

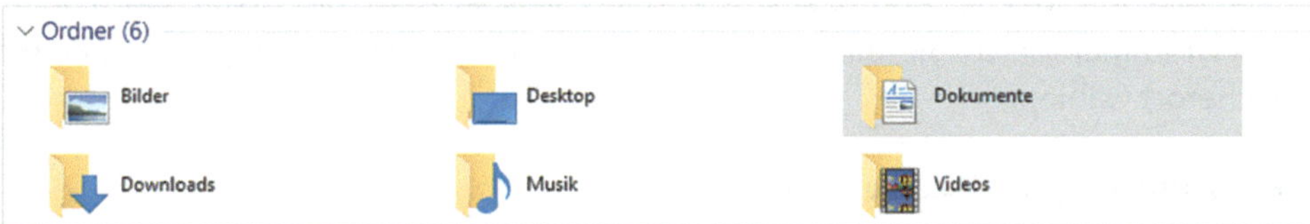

Bild 3.2 Die persönlichen Ordner

Weitere Ordner können Sie jederzeit unter beliebigem Namen anlegen und Dateien zwischen den Ordnern verschieben. Besonders umfangreiche Ordner lassen sich unterteilen. Im Gegensatz zu normalen Ordnern verwenden Sie dazu aber keine Registerblätter, sondern legen im Ordner einfach Unterordner an. Theoretisch lassen sich fast beliebig viele Ordner verschachteln. Das ist allerdings nicht zu empfehlen, da Sie schnell den Überblick verlieren.

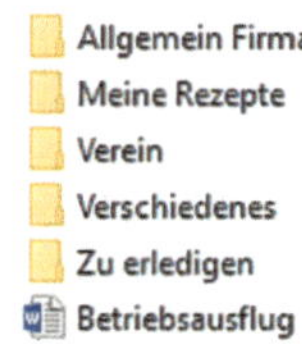

Der Cloudspeicher OneDrive

In Verbindung mit einem Microsoft-Konto ist mit *OneDrive* ein weiterer Speicherort, vergleichbar mit einer weiteren Festplatte, verfügbar. Dieser befindet sich allerdings nicht lokal auf Ihrem Gerät, sondern in der Cloud und ist somit über das Internet erreichbar. Im Umgang allerdings unterscheidet sich *OneDrive* nicht von anderen Laufwerken. Auch auf *OneDrive* sind evtl. bereits Ordner vorhanden. Achtung: *OneDrive* ist nur verfügbar, wenn Sie mit einem Microsoft-Konto am PC angemeldet sind.

Cloud, zu deutsch „Wolke", daher auch das Symbol einer Wolke für OneDrive.

In der Standardeinstellung werden alle auf *OneDrive* gespeicherten Daten mit der Festplatte Ihres Laptops synchronisiert. Das bedeutet, Sie haben auch dann Zugriff auf Ihre Daten, wenn einmal keine Internetverbindung verfügbar sein sollte. Ein grünes Häkchen am Ordner- oder Dateisymbol signalisiert, dieses Element ist aktuell, ein kreisförmiges Symbol gibt dagegen an, dass die Aktualisierung gerade im Gange ist.

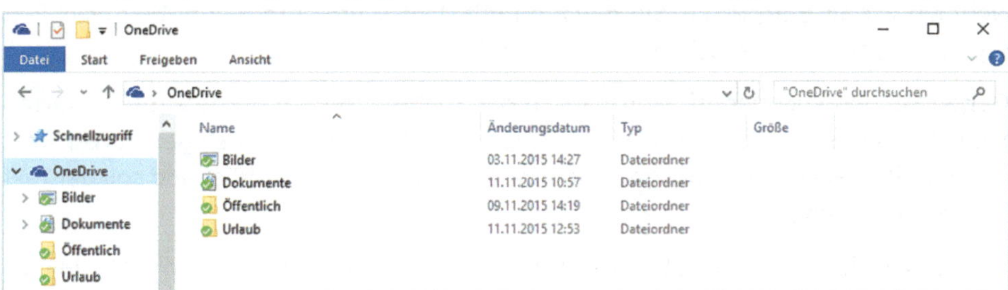

Bild 3.3 Ordner und Dateien auf OneDrive

Windows unterscheidet bei der Auswahl, Anzeige und Verwendung von Speicherorten nicht zwischen Ordnern, Wechseldatenträgern und *OneDrive*.

Eine Datei speichern

Bei klassischen Büroanwendungen, z. B. Microsoft Word, ist es erforderlich, die Eingaben zu speichern, damit diese dauerhaft erhalten bleiben. Es spielt dabei eigentlich keine Rolle, mit welcher App bzw. Anwendung Sie speichern, der Ablauf beim Speichern ist immer gleich: Sie müssen einen Namen für die Datei festlegen und einen Speicherort wählen.

Für Dateinamen gelten folgende Regeln

- Der Dateiname muss eindeutig sein, das bedeutet, er darf am selben Speicherort nicht bereits anderweitig vergeben sein.
- Ein Dateiname darf bis zu 255 Zeichen lang sein, Laufwerksbuchstabe und Ordnernamen mit eingerechnet. In der Praxis sollten Sie sich auf kurze aussagefähige Namen beschränken.
- Dateinamen dürfen Groß- und Kleinbuchstaben, Ziffern und die meisten Sonderzeichen enthalten. Nur die folgenden Zeichen sind für interne Zwecke reserviert und dürfen nicht verwendet werden: / \ : ? * < > |

Speicherort

- Als Speicherort wählen Sie in der Regel einen Ordner. Dieser kann sich auf der Festplatte, einem Wechseldatenträger (USB-Speicherstift) oder auf *OneDrive* befinden.
- Viele Apps schlagen beim Speichern automatisch einen passenden Ordner vor, z. B. den Ordner *Dokumente* beim Speichern von Text. Sie können trotzdem jederzeit einen anderen Ordner auswählen.

Beispiel: Text im Ordner Dokumente speichern

Nehmen wir als Beispiel an, Sie möchten mit dem Schreibprogramm WordPad Text schreiben und diesen anschließend dauerhaft speichern.

Geben Sie den Suchbegriff „Wordpad" in das Suchfeld der Taskleiste ein und starten Sie mit einem Klick die App *WordPad*. Tippen Sie dann einen beliebigen kurzen Text ein, zum Beispiel Ihr Lieblingsgedicht oder einem Liedtext. Anschließend soll der Text gespeichert werden:

1 Dazu klicken Sie im ersten Schritt in der linken oberen Ecke des WordPad-Fensters auf das Symbol *Speichern*.

Alternativ klicken Sie auf *Datei* und auf *Speichern*. Eine weitere Möglichkeit: Verwenden Sie zum Speichern die Tastenkombination Strg+S.

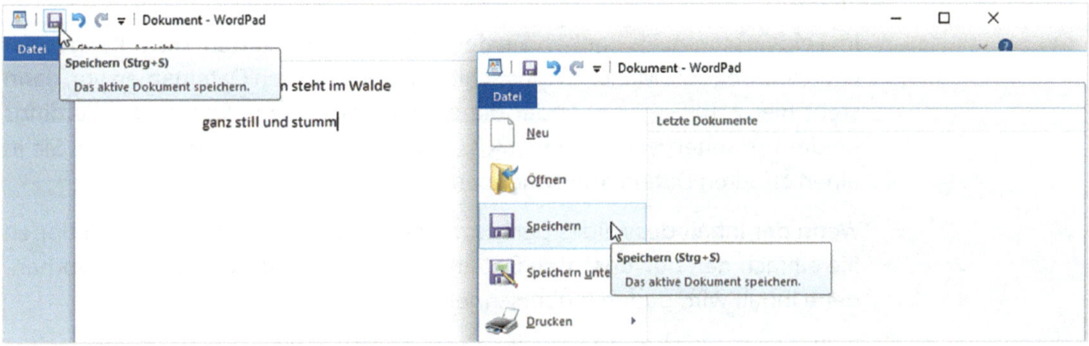

Bild 3.4 *Beispiel: Eine Datei mit WordPad speichern*

Das Fenster *Speichern unter* erscheint auf dem Bildschirm.

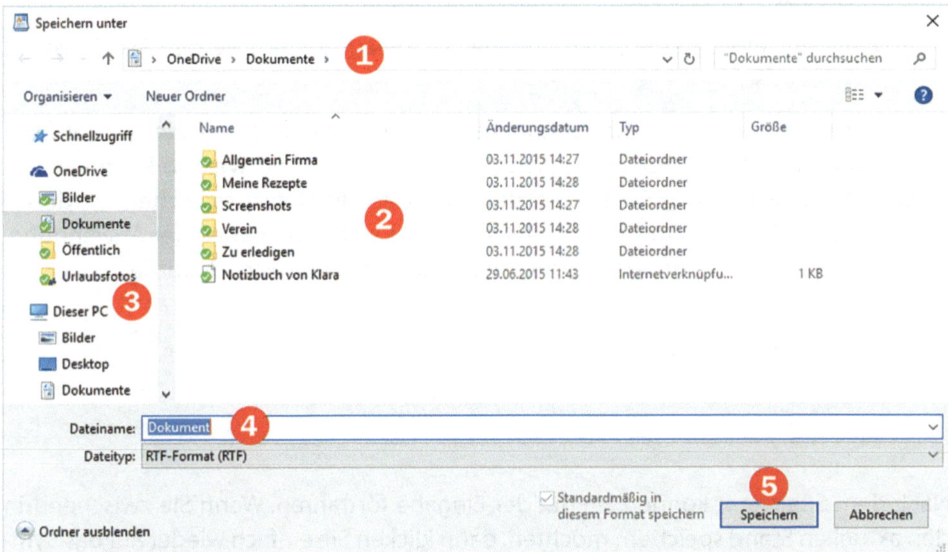

Bild 3.5 *Geben Sie im Fenster Speichern unter einen Dateinamen ein und wählen Sie den Speicherort*

2 Speicherort wählen

- Im Adressfeld ❶ unmittelbar unterhalb des Fenstertitels sehen Sie den ausgewählten Speicherort. *OneDrive* > *Dokumente* wie im Bild oben bedeutet, Sie haben den Inhalt des Ordners *Dokumente* vor sich und dieser befindet sich im Cloudspeicher *OneDrive*. Wenn Sie nicht mit einem Microsoft-Konto angemeldet sind, so wird der Ordner *Dokumente* auf der Festplatte (*Dieser PC*) vorgeschlagen.
- Wenn Sie statt *OneDrive* lieber auf der Festplatte speichern möchten, dann klicken Sie in der linken Spalte des Speichern-Fensters unter *Dieser PC* ❸ auf den Ordner *Dokumente*. Damit ändert sich die Anzeige im Adressfeld ❶ und zeigt nun *Dieser PC* > *Dokumente* an.
- Den größten Teil des Speichern-Fensters nimmt der Inhaltsbereich ❷ ein. Hier sehen Sie alle am ausgewählten Speicherort bereits vorhandenen Dateien und Ordner.

Wenn Sie mit einem Schreibprogramm Text speichern möchten, dann wird als passender Ordner meist der Ordner Dokumente automatisch vorgeschlagen.

3 **Dateiname**

- Im Feld *Dateiname* ❹ geben Sie den Namen ein, unter dem die Datei gespeichert werden soll. Manche Apps schlagen bereits einen Dateinamen vor, dann steht hier z. B. *Dokument* oder die ersten Wörter Ihres Textes. Da allerdings beides nur selten einen Rückschluss auf den Dateiinhalt zulässt, sollten Sie in einen anderen Dateinamen angeben.

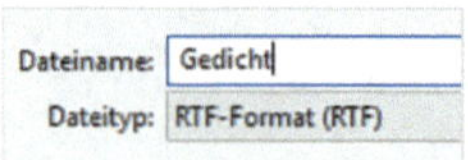

Der Dateityp im Feld darunter ist bereits vorgegeben, hier sind keine Änderungen erforderlich.

- Wenn der Inhalt des Feldes bereits markiert (blau hinterlegt) ist, dann tippen Sie einfach den gewünschten Dateinamen über die Tastatur ein. Der vorhandene Inhalt wird dadurch überschrieben.
- Sollte der Feldinhalt nicht markiert sein, so klicken Sie im Feld einmal auf den Dateinamen. Dieser wird markiert und durch die anschließende Tastatureingabe überschrieben.

4 Damit sind alle erforderlichen Angaben festgelegt. Klicken Sie zum Abschluss auf *Speichern* ❺.

Das Fenster *Speichern unter* wird automatisch geschlossen und die Datei gespeichert. Eine Meldung erscheint nur, wenn die Datei nicht gespeichert werden konnte, meist ist dann die Ursache ein fehlerhafter Dateiname. Dass die Datei gespeichert wurde, erkennen Sie am Titel des Anwendungsfensters. Hier steht nun neben der Anwendung, im Bild unten *WordPad*, der Name, unter dem die Datei gespeichert wurde.

Bild 3.6 Der Dateiname erscheint in der Titelleiste der Anwendung

Nach dem Speichern können Sie mit der Eingabe fortfahren. Wenn Sie zwischendrin den aktuellen Stand speichern möchten, dann klicken Sie einfach wieder auf das Symbol *Speichern*, am besten in regelmäßigen Abständen.

Falls Speicherorte und Ordnerinhalte nicht sichtbar sind

Möglicherweise sind im Fenster *Speichern unter* Ordner und Ordnerinhalte ausgeblendet. Dann klicken Sie auf *Ordner durchsuchen*, um den Rest anzuzeigen.

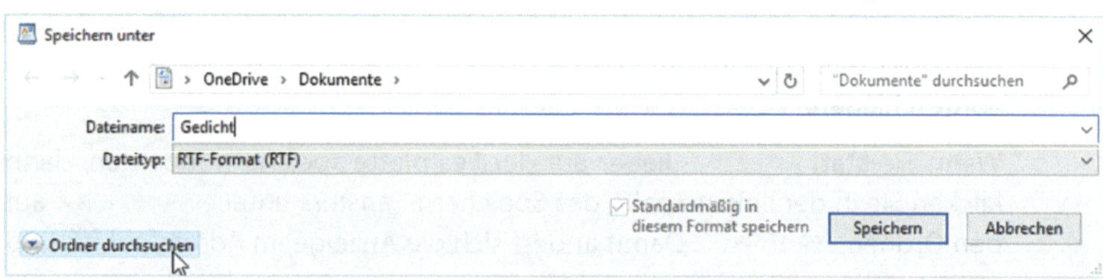

Bild 3.7 Das Fenster Speichern unter mit ausgeblendeten Ordnern

Speichern und Speichern unter

- Beim ersten Speichern erhält die Datei einen Namen und ihr Speicherort wird festgelegt. Diese Angaben werden beim späteren Speichern von Änderungen in dieser Datei nicht mehr benötigt, daher erscheint beim Klick auf das Symbol das Fenster *Speichern unter* nicht mehr, Ihre Änderungen werden aber trotzdem gespeichert.

- Sie finden allerdings im Register *Datei* auch noch den Befehl *Speichern unter*. Damit öffnen Sie in jedem Fall wieder das Fenster *Speichern unter* und erhalten so die Möglichkeit, eine bereits gespeicherte Datei an einem anderen Ort und/oder unter anderem Namen zu speichern.

Einen Speicherort gezielt auswählen

Ist der gesuchte Ordner im Inhaltsbereich ❶ sichtbar, dann öffnen Sie hier diesen Ordner mit Doppelklick auf das Ordnersymbol oder markieren diesen Ordner und klicken rechts unten auf die Schaltfläche *Öffnen*. Wenn Sie dagegen beim Speichern einen völlig anderen Ordner auswählen möchten, dann benutzen Sie zur Navigation und Auswahl die Navigationsleiste ❷ des Fensters *Speichern unter*. Über diese haben Sie Zugriff auf alle verfügbaren Speicherorte, also auch angeschlossene Datenträger.

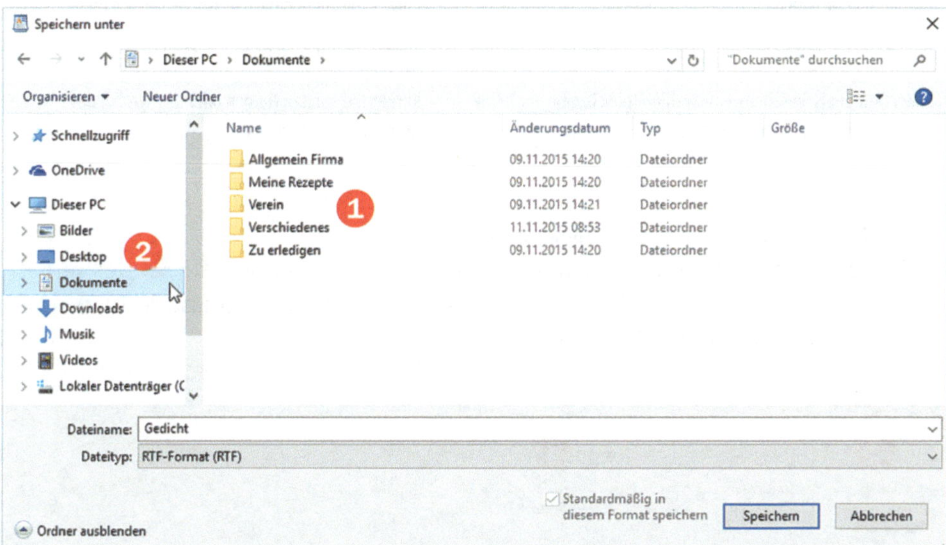

Bild 3.8 Speicherort auswählen

Anzeige und Navigation sind identisch mit dem Datei-Explorer. Näheres hierzu lesen Sie unter Punkt 3.2.

Hier befinden sich die folgenden Abschnitte. Beachten Sie aber, dass Sie unter Umständen zur vollständigen Anzeige mit dem Mausrädchen scrollen oder die Bildlaufleiste benutzen müssen.

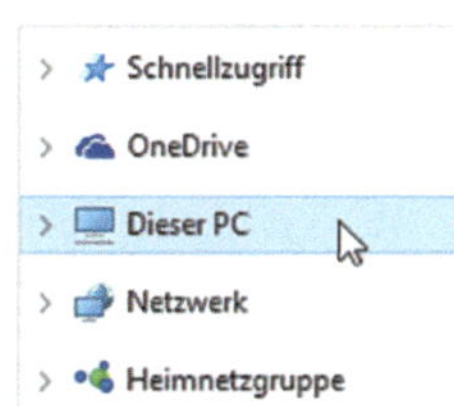

- Unter *Schnellzugriff* finden Sie häufig benötigte Speicherorte. Standardmäßig sind dies Ihre persönlichen Ordner, z. B. *Dokumente*, *Bilder*, *Downloads* und *Desktop*, sowie häufig besuchte Speicherorte.

- Unter *OneDrive* werden alle Ordner angezeigt, die sich in der Cloud befinden, allerdings nur, wenn Sie mit einem Microsoft-Konto angemeldet sind.
- *Dieser PC* fasst Ihre persönlichen Ordner und alle Laufwerke zusammen, die sich auf Ihrem PC befinden bzw. daran angeschlossen sind, also zum Beispiel auch einen USB-Speicherstift.
- Über *Netzwerk* haben Sie eventuell Zugriff auf zentrale freigegebene Laufwerke und Ordner innerhalb der Firma.

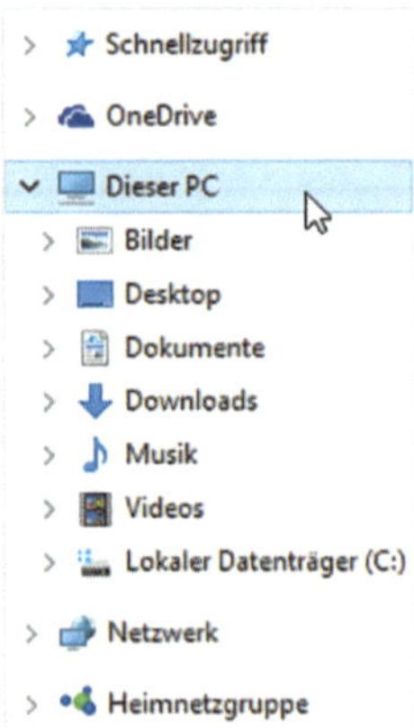

Um die Anzeige übersichtlich zu halten, sind die meisten Elemente der Navigationsleiste ausgeblendet. Links von den meisten Symbolen werden kleine Pfeile sichtbar, sobald Sie in die Navigationsleiste zeigen, bzw. sich hier der Mauszeiger befindet. Diese Pfeile benutzen Sie zum Ein- und Ausblenden untergeordneter Elemente, es gilt:

- Ein nach rechts weisender Pfeil signalisiert, die dazugehörigen untergeordneten Speicherorte sind ausgeblendet.
- Weist dieser Pfeil nach unten, dann sind die untergeordneten Speicherorte unterhalb und etwas eingerückt sichtbar und können per Mausklick auf den Pfeil wieder ausgeblendet werden.

Sie möchten...	Aktion
Unterordner anzeigen	Klicken Sie auf den nach rechts weisenden Pfeil
Unterordner ausblenden	Klicken Sie auf nach unten weisenden Pfeil
Einen Ordner als Speicherort auswählen (gleichzeitig erscheint der Inhalt dieses Ordners rechts im Inhaltsbereich)	Klicken Sie auf den Namen oder das Symbol des Ordners oder Laufwerks

Beachten Sie bei der Auswahl eines Speicherortes

Der aktuelle Speicherort ist immer derjenige, der im Adressfeld ❶ des Fensters angezeigt wird, im Bild unten der Ordner *Verein*. Es genügt also nicht, wenn Sie einen Ordner nur markiert haben.

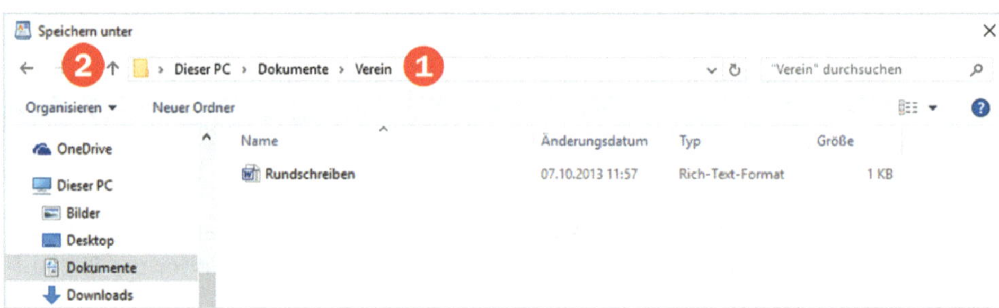

Bild 3.9 Der aktuelle Speicherort ist im Adressfeld sichtbar

Falls Sie einen Unterordner versehentlich geöffnet haben, dann klicken Sie einfach in der Adressleiste auf den Namen des übergeordneten Ordners, in unserem Beispiel *Do-*

kumente. Oder klicken Sie links neben dem Adressfeld auf den nach oben weisenden Pfeil ❷. In beiden Fällen gelangen Sie dadurch zurück zum Ausgangsordner.

Dateien öffnen

Die Vorgehensweise beim Öffnen von Dateien aus einer Anwendung heraus unterscheidet sich nur wenig vom Speichern, hier wieder das Beispiel WordPad.

Im Datei-Explorer öffnen Sie dagegen eine Datei mit Doppelklick ohne vorheriges Starten der App. Die Datei wird automatisch mit der dazugehörigen Standard-App geöffnet.

1 Klicken Sie links oben auf *Datei*.

- Befindet sich der gesuchte Text in der Liste *Letzte Dokumente* ❶, so genügt zum Öffnen ein Mausklick auf den Dateinamen.
- Wenn die letzte Bearbeitung länger zurückliegt, wird die Datei hier nicht mehr angezeigt. Dann klicken Sie stattdessen auf *Öffnen* ❷.

Bild 3.10 Zuletzt verwendete Dokumente, Beispiel WordPad

2 Das Fenster *Öffnen* ❸ erscheint. Wie beim Speichern wird meist automatisch der Inhalt des passenden persönlichen Standardordners angezeigt, beim Beispiel WordPad ist dies der Ordner *Dokumente*.

3 Wenn sich die gesuchte Datei hier befindet, dann klicken Sie im Inhaltsbereich auf den Dateinamen ❹. Dieser erscheint nun im Feld *Dateiname* und braucht im Gegensatz zum Speichern nicht eingegeben werden.

Achtung: Bis auf den Titel unterscheidet sich das Fenster *Öffnen* kaum vom Fenster *Speichern unter*, Sie sollten daher die Fenster nicht verwechseln!

4 Klicken Sie dann auf *Öffnen* ❺.

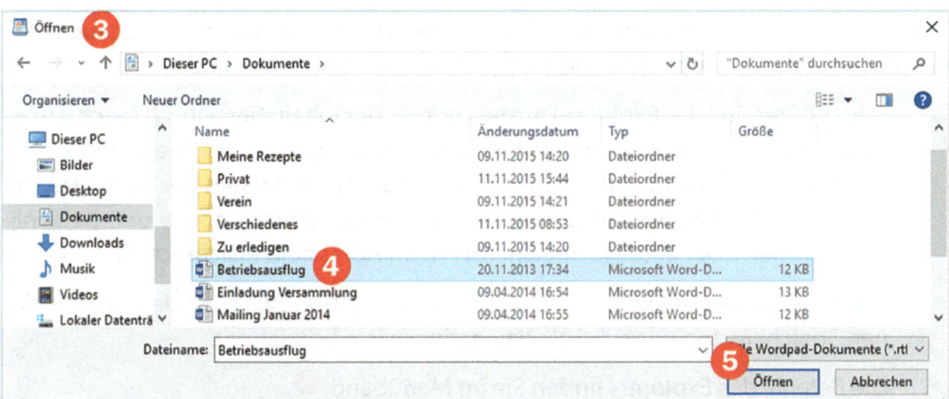

Bild 3.11 Datei auswählen und öffnen

Tipp: Auch hier können Sie die Datei mit Doppelklick auf den Dateinamen schneller öffnen.

Falls sich die gesuchte Datei in einem Unterordner des Ordners *Dokumente* befindet, dann müssen Sie zuvor diesen Ordner öffnen: Entweder im Inhaltsbereich mit Doppelklick auf das Ordnersymbol oder über die Navigationsleiste, hier genügt ein einfacher Mausklick auf das Symbol. Die Navigationsleiste benötigen Sie auch, wenn sich die Datei an völlig anderer Stelle befindet, zum Beispiel in einem *OneDrive* Ordner. Die Vorgehensweise ist dieselbe wie beim Speichern.

3.2 Der Datei-Explorer

Mit dem *Datei-Explorer* stellt Windows 10 eine App zur Verfügung, mit der Sie nicht nur einen Überblick über Laufwerke, Dateien und Ordner erhalten, sondern auch die gesamte Verwaltung von Dateien und Ordnern erledigen. Dazu gehört zum Beispiel das Kopieren, Verschieben oder Löschen von Dateien.

Den Explorer starten

- Öffnen Sie das Startmenü und klicken Sie auf *Explorer* .
- Oder klicken Sie in der Taskleiste auf das Explorer-Symbol (standardmäßig hier zu finden).
- Oder starten Sie den Explorer mit der Tastenkombination Windows+E.
- Oder beauftragen Sie Cortana, bzw. geben die ersten Zeichen in das Suchfeld der Taskleiste ein.

Elemente des Explorer-Fensters

Betrachten wir zunächst die wesentlichen Elemente des Datei-Explorers genauer. Einige dürften Sie bereits vom Speichern und Öffnen von Dateien her kennen.

- Den größten Teil des Explorer-Fensters nimmt der Inhaltsbereich ❶ (auch Anzeigebereich) ein. Hier werden alle Elemente des ausgewählten Speicherortes angezeigt, nach dem Start des Explorers ist dies standardmäßig der Schnellzugriff mit allen zuletzt verwendeten Dateien und Speicherorten, sowie den persönlichen Ordnern. Der aktuelle Speicherort ist im Adressfeld ersichtlich ❸.
- Die linke Spalte des Explorers ❷ dient zur Navigation zwischen den verschiedenen Speicherorten und wird als Navigationsleiste bezeichnet.
- Die Befehle des Explorers finden Sie im Menüband ❹.

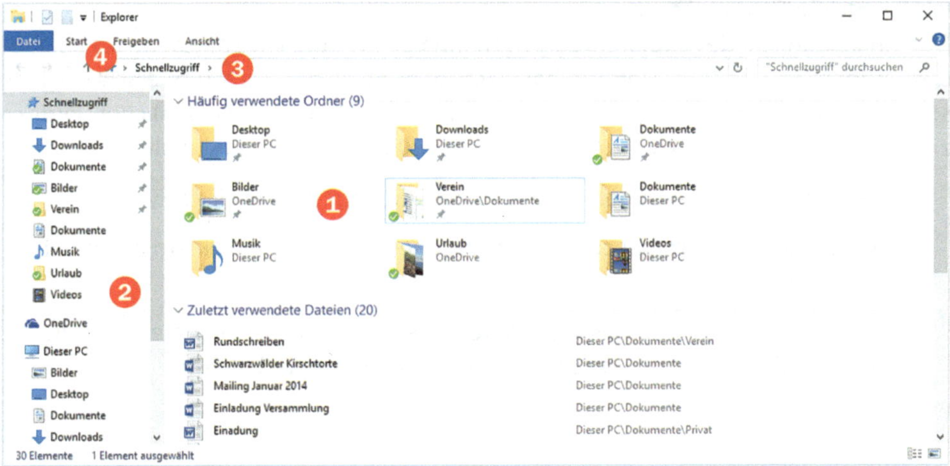

Bild 3.12 Die Elemente des Datei-Explorers

Das Menüband

Das Menüband des Explorers fasst, genau wie die Microsoft Office-Anwendungen, zusammengehörige Befehle in Registern, z. B. *Start* ❶ zusammen. Von diesen sind allerdings in der Standardeinstellung nur die Namen sichtbar. Die dazugehörigen Schaltflächen und Symbole erscheinen erst, wenn Sie auf ein Register klicken und verschwinden sofort wieder, nachdem Sie auf eine Schaltfläche oder eine beliebige andere Stelle geklickt haben.

Innerhalb der Register finden Sie zur besseren Übersicht nochmals Gruppen vor, z. B. die Gruppe Organisieren im Register Start.

Bild 3.13 Das Menüband

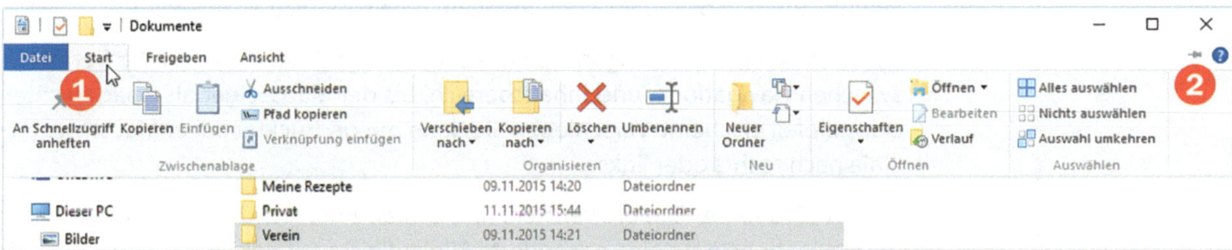

Die verfügbaren Register sind davon abhängig, welcher Speicherort gerade ausgewählt ist. So erscheint zum Beispiel das Register *Bildtools* - *Verwalten* nur dann, wenn ein Bilderordner ausgewählt ist bzw. dessen Inhalt im Inhaltsbereich angezeigt wird.

Soll das Menüband dauerhaft vollständig sichtbar sein, so klicken Sie mit der Maus auf das kleine Symbol am rechten Rand ❷, je nach Einstellung kann dies ein Pin-Symbol oder ein Pfeil sein. Ein weiterer Mausklick an dieser Stelle reduziert die Anzeige wieder.

Achtung: Auch ein Doppelklick auf einen Reiter blendet das Menüband aus und wieder ein!

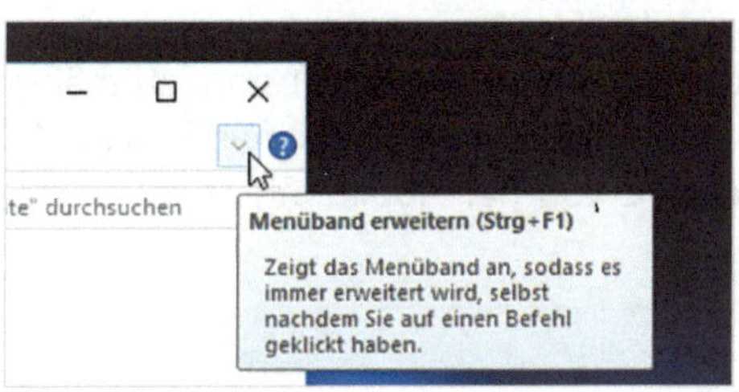

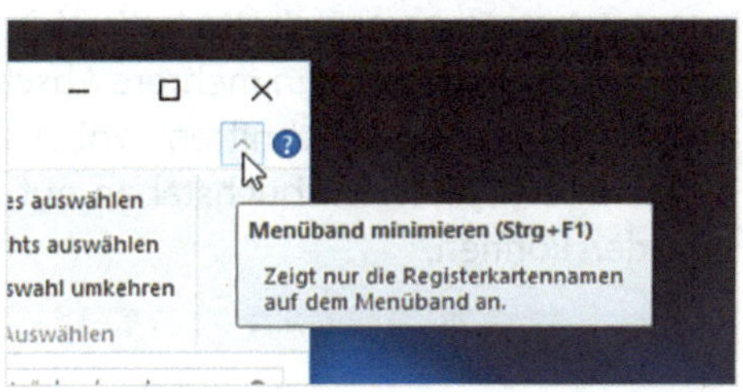

Bild 3.14 Menüband erweitern

Bild 3.15 Menüband minimieren (ausblenden)

Inhalte anzeigen/Elemente öffnen

Der Inhaltsbereich des Explorers zeigt den Inhalt des aktuellen Speicherortes an, z. B. des Ordners *Dokumente*. Unmittelbar nach dem Start des Explorers erscheint hier standardmäßig der *Schnellzugriff,* eine Zusammenstellung der persönlichen Ordner zusammen mit häufig verwendeten Ordnern und Dateien. Für den Inhaltsbereich gilt:

- Dateien und Ordner öffnen Sie mit Doppelklick auf das jeweilige Symbol.
- Eine Datei wird automatisch mit der dazugehörigen App in einem gesonderten Fenster geöffnet.
- Nach dem Öffnen eines Ordners dagegen erscheint im Inhaltsbereich der Inhalt dieses Ordners in Form von Dateien und/oder weiteren Ordnern.

Speicherorte anzeigen

Navigationsleiste

Welche Methode Sie im Explorer zur Navigation bzw. zur Auswahl eines Speicherortes verwenden, hängt auch davon ab, welcher Speicherort aktuell angezeigt wird.

Die Navigationsleiste dürfte Ihnen ebenfalls vom Speichern her bekannt sein. Über diese haben Sie Zugriff auf alle Inhalte Ihres Computers, sowie auf angeschlossene externe Speichermedien, einschließlich der Cloud und verbundene Netzlaufwerke. Im Gegensatz zum Inhaltsbereich zeigt dieser Bereich keine Dateien, sondern ausschließlich Laufwerke und Ordner an.

- In der Navigationsleiste genügt ein einfacher Mausklick auf den Namen oder das Symbol, um den dazugehörigen Inhalt im Inhaltsbereich anzuzeigen.
- Zum Verbreitern der Navigationsleiste zeigen Sie mit der Maus auf die Trennlinie zwischen Navigations- und Inhaltsbereich, bis der Mauszeiger als waagerechter Doppelpfeil erscheint. Verschieben Sie dann mit gedrückter linker Maustaste die Linie nach rechts oder links.
- Je nach Größe des Explorerfensters und Umfang der sichtbaren Elemente kann die Navigationsleiste eine gesonderte Bildlaufleiste aufweisen.

Navigationsleisteanzeigen

Sollte die Navigationsleiste nicht sichtbar sein, so klicken Sie im Menüband auf das Register *Ansicht* und auf die Schaltfläche *Navigationsbereich*. Ein fehlendes Häkchen vor *Navigationsbereich* bedeutet, dieser ist ausgeblendet und ein Klick darauf blendet diesen ein. Die übrigen Einstellungen dieser Schaltfläche werden nicht benötigt.

Untergeordnete Elemente in der Navigationsleiste ein- und ausblenden

Die Navigationsleiste ist in mehrere Abschnitte aufgeteilt und besteht standardmäßig aus den folgenden Abschnitten, wobei sich die Anzeige und die Laufwerksbezeichnungen bzw. Laufwerksbuchstaben auf Ihrem PC von der Abbildung etwas unterscheiden können.

Abschnitt	Enthält...
Schnellzugriff	Hier finden Sie standardmäßig Ihre persönlichen Ordner z. B. Dokumente, Bilder, Downloads, sowie den Desktop zusammen mit häufig verwendeten Ordnern. Weitere häufig benötigten Speicherorte können hier fest angeheftet werden.
OneDrive	Unter OneDrive werden alle Ordner angezeigt, die sich in der Cloud (Internet) befinden, natürlich nur in Verbindung mit einem Microsoft-Konto.
Dieser PC	Dieser PC (früher Arbeitsplatz, bzw. Computer) fasst die persönlichen Ordner und alle Laufwerke zusammen, die sich auf Ihrem PC befinden bzw. daran angeschlossen sind.
Netzwerk	Über Netzwerk haben Sie, falls vorhanden, Zugriff auf zentrale freigegebene Laufwerke und Ordner innerhalb der Firma.
Heimnetzgruppe	Falls eine Heimnetzgruppe eingerichtet wurde, können Sie hier auf freigegebene Ordner anderer PCs in dieser Gruppe zugreifen.

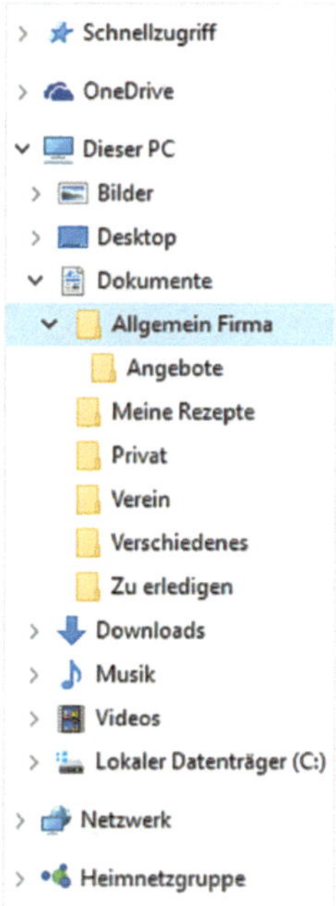

Wenn sich der Mauszeiger im Navigationsbereich befindet, werden links von den Symbolen kleine, nach rechts oder unten weisende Pfeile sichtbar. Diese bedeuten, dass zu einem Abschnitt, Ordner oder Laufwerk weitere untergeordnete Elemente gehören.

- Ein nach rechts weisender Pfeil signalisiert, die dazugehörigen untergeordneten Speicherorte sind ausgeblendet und werden mit einem einfachen Mausklick auf den Pfeil eingeblendet. Diese erscheinen dann unterhalb und etwas eingerückt.
- Ein nach unten weisender Pfeil bedeutet, die untergeordneten Speicherorte sind sichtbar und werden per Mausklick auf den Pfeil wieder ausgeblendet.
- Klicken Sie hingegen auf den Namen oder das Symbol eines untergeordneten Speicherorts, so erscheinen die Inhalte rechts im Anzeigebereich.

Die Adressleiste des Explorers

Die Adressleiste zeigt nicht nur den aktuellen Speicherort an ❶, sondern enthält im linken Bereich auch Pfeile ❷ zur schnellen Navigation zwischen Speicherorten.

Bild 3.16 Navigation über die Adressleiste des Explorers

- Mit dem Pfeil nach links, *Zurück*, gelangen Sie zurück an den zuletzt ausgewählten Speicherort und mit jedem weiteren Mausklick auf diese Schaltfläche blättern Sie weiter zurück in der Liste der zuletzt besuchten Speicherorte.

Beachten Sie, dass unmittelbar nach dem Start des Explorers die Symbole Zurück und Vorwärts grau, also inaktiv, sind, da zuvor noch keine anderen Speicherorte besucht wurden.

- Der Pfeil nach rechts, *Vorwärts*, bringt Sie wieder zu dem Speicherort, den Sie mit *Zurück* verlassen haben, bzw. blättert durch die besuchten Speicherorte vorwärts.
- Die Liste zuletzt besuchter Speicherorte öffnen Sie mit einem Klick auf das kleine, nach unten weisende Dreieck. Klicken Sie hier auf den benötigten Speicherort.
- Der nach oben weisende Pfeil führt zum übergeordneten Speicherort.

Navigation im Adressfeld

Speicherorte folgen einer Hierarchie.

Auch das Adressfeld selbst kann zur Navigation benutzt werden. Es zeigt den aktuellen Speicherort an, zusammen mit der Angabe, wo dieser zu finden ist. Solche Adressen werden auch als Suchpfade oder einfach nur Pfade bezeichnet. Die Adresse *Dieser PC > Dokumente > Verein* bedeutet beispielsweise, dass *Verein* der aktuelle Ordner ist und sein Inhalt im Inhaltsbereich angezeigt wird. Der Ordner *Verein* befindet sich im Ordner *Dokumente*. Der Ordner *Dokumente* ist wiederum Bestandteil von *Dieser PC* als übergeordnetem Speicherort.

- Um zu einem der übergeordneten Speicherorte zu wechseln, z. B. *Dokumente*, klicken Sie im Adressfeld einfach auf den betreffenden Ordner.
- Rechts von jedem der übergeordneten Speicherorte befindet sich ein kleines Dreieck. Ein Klick auf dieses Dreieck öffnet eine Liste der Ordner bzw. Speicherorte, die sich ebenfalls am selben Ort, im Bild unten im Ordner *Dokumente* befinden. Der aktuelle Ordner ist fett gekennzeichnet und Sie können durch Anklicken schnell zu einem der anderen Ordner wechseln.

Bild 3.17 Ordner wechseln

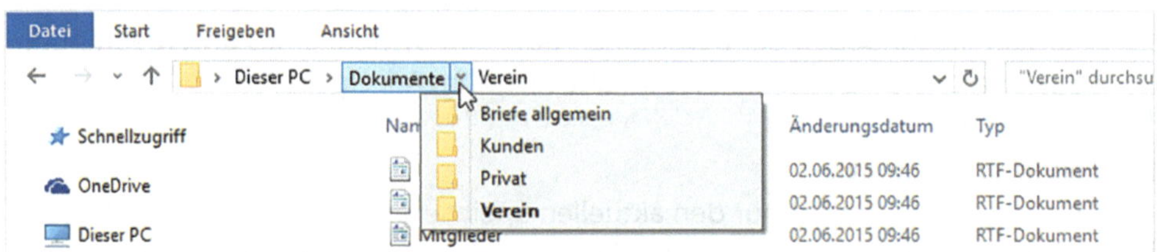

Tipp: Wenn Sie den Namen eines Ordners kennen, dann können Sie auch seinen Namen einfach in das Adressfeld eintippen. Es spielt dabei keine Rolle, wo Sie sich gerade befinden, bzw. welcher Ort gerade angezeigt wird.

1. Klicken Sie in einen freien Bereich des Adressfeldes, der Name des aktuellen Ordners wird markiert ❶.

Bild 3.18 Ordnernamen eingeben

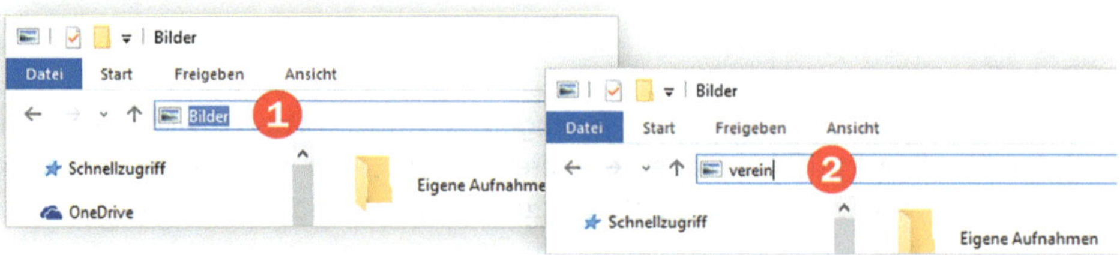

2 Tippen Sie nun den Namen des Ordners ein ❷, die Markierung wird durch die Eingabe automatisch überschrieben, und drücken Sie abschließend die Eingabe-Taste.

Dateipfade

Datei- oder Suchpfade beschreiben den genauen Speicherort von Ordnern und Dateien. Ein vollständiger Dateipfad enthält den Laufwerksbuchstaben einschließlich Doppelpunkt, die Namen aller übergeordneten Ordner und den Dateinamen. Die einzelnen Elemente werden durch einen rückwärts gewandten Schrägstrich, den Backslash (\), getrennt. So bedeutet beispielsweise der Pfad *H:\Daten\Kunden\Mailing\Anschreiben.docx*, dass sich die Datei *Anschreiben.docx* auf dem Laufwerk *H:* im Unterordner *Mailing* des Ordners *Kunden* befindet, dieser ist wiederum Inhalt des Ordners *Daten*.

Der Backslash (\) wird mit der Tastenkombination Alt Gr+ß erzeugt. Nicht mit dem normalen Schrägstrich verwechseln!

Das Adressfeld des Explorers zeigt allerdings den Pfad standardmäßig in der oben beschriebenen Form ohne Backslash an. Damit der tatsächliche Pfad sichtbar wird, klicken Sie an eine freie Stelle des Adressfeldes. Diese Schreibweise verschwindet wieder, wenn Sie die Esc-Taste drücken oder an eine beliebige Stelle im Explorer-Fenster klicken.

Bild 3.19 Die sichtbare Adresse

Bild 3.20 Der vollständige Suchpfad

Tipp: Im Register *Start*, Gruppe *Zwischenablage*, finden Sie die Schaltfläche *Pfad kopieren*. Mit dieser kopieren Sie den vollständigen Pfad des markierten Elements in die Zwischenablage und können diesen anschließend, z. B. in einem Dokument oder einer E-Mail, mit Strg+V wieder einfügen.

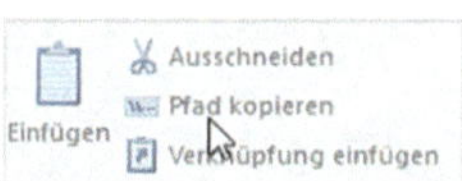

Anzeigeeinstellungen und Ansichten

Ansichten und Symboldarstellung

Der Datei-Explorer verfügt über mehrere Ansichten, die Dateien und Ordner im Inhaltsbereich in unterschiedlicher Größe und Anordnung darstellen. Diese Ansichten finden Sie im Register *Ansicht* in der Gruppe *Layout*. Sollten hier nicht alle verfügbaren Ansichten Platz finden, so benutzen Sie den kleinen Pfeil zur Anzeige weiterer. Einige Beispiele sehen Sie im Bild unten, am besten probieren Sie die Ansichten einfach selbst aus.

Wenn Sie mit der Maus auf eine Ansicht zeigen, so erhalten Sie im Inhaltsbereich bereits eine Vorschau. Erst mit einem Klick wird die Ansicht übernommen.

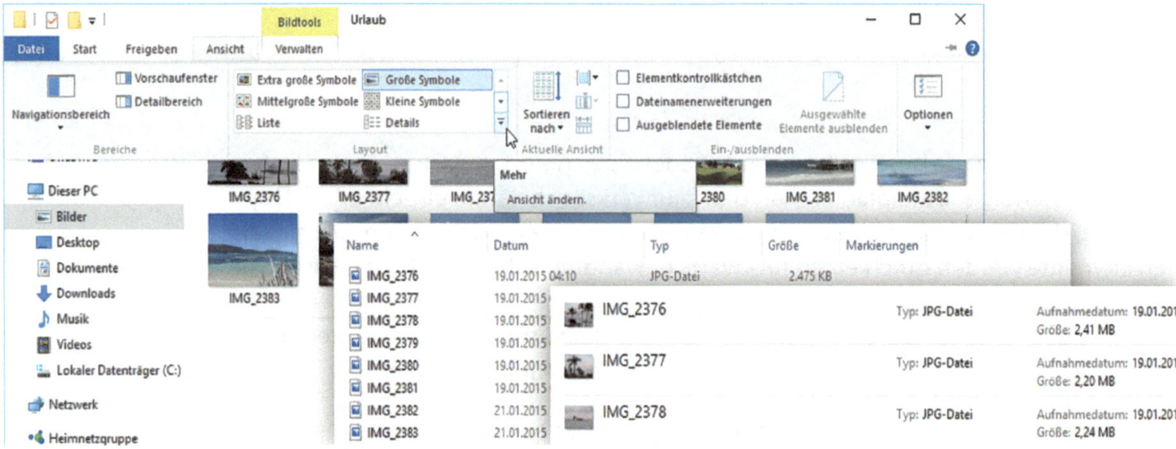

Bild 3.21 Große Symbole, Details, Inhalt

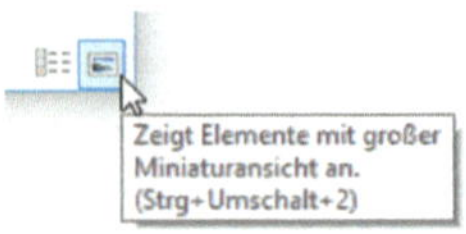

Zwei der am häufigsten benötigten Ansichten, nämlich *Details* und *Große Symbole*, finden Sie zusätzlich in der rechten unteren Ecke des Explorer-Fensters.

Die ausgewählte Ansicht gilt, falls keine anderen Einstellungen festgelegt wurden, immer nur für den aktuellen Ordner bzw. Speicherort. Windows „merkt" sich für jeden Ordner die Ansicht, sodass Sie, z. B. in einem Ordner mit Urlaubsfotos, beim jedem Anzeigen immer dieselbe Ansicht vorfinden. Nicht jede Ansicht eignet sich für jeden Ordnerinhalt, Sie können also jedem Ordner seine Ansicht zuweisen und so die Vorteile jeder Ansicht nutzen.

Ansichten über das Kontextmenü ändern

Als Alternative ändern Sie die Ansicht über das Kontextmenü: Klicken Sie dazu mit der rechten Maustaste an eine freie Stelle des Inhaltsbereichs, das Kontextmenü erscheint. Zeigen Sie auf *Ansicht*, so erhalten Sie ebenfalls eine Liste der verfügbaren Ansichten. Die aktuelle Ansicht ist mit einem Punkt versehen.

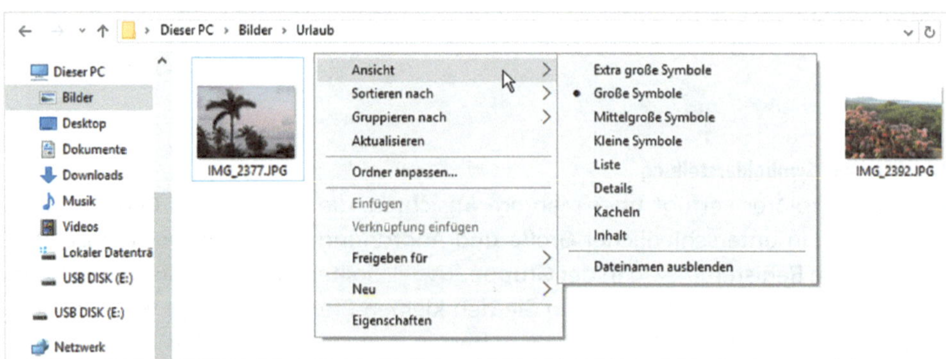

Bild 3.22 Die Ansichten im Kontextmenü der rechten Maustaste

Tipps zur Verwendung der Ansichten

- Für Bilder eignen sich in erster Linie die Ansichten *Extra große Symbole*, *große* und *Mittelgroße Symbole*, da hier anstelle eines einheitlichen Symbols eine Miniaturansicht des Inhalts angezeigt wird. Beachten Sie aber, dass bei einer Vielzahl von Bildern im Ordner in Verbindung mit der Ansicht *Extra große Symbole* die Anzeige unter Umständen sehr langsam sein kann.
- Enthält ein Speicherort zahlreiche Dateien, dann wählen Sie besser eine Ansicht mit kleineren Symbolen. Die Ansichten *Details*, *Kacheln* und *Inhalt* liefern zusätzlich nützliche Details wie Dateityp, Speichergröße, letztes Änderungsdatum (*Details*) oder Abmessungen von Bildern (*Inhalt*) und erleichtern so das Auffinden bestimmter Dateien.
- Um lediglich eine Liste von Dateien zu erhalten, wählen Sie die Ansichten *Kleine Symbole* oder *Liste*. Diese verwenden dieselbe Symbolgröße wie die Ansicht *Details*, aber ohne Zusatzinformationen. Die Ansicht *Liste* ordnet die Symbole ausschließlich untereinander an, während mit der Darstellung *Kleine Symbole* die Symbole auch noch in Zeilen angezeigt werden.

Dateiinhalt in der Vorschau anzeigen

Eine Vorschau auf den Inhalt erhalten Sie bei Bilddateien in Verbindung mit den Ansichten *Große Symbole* und *Mittelgroße Symbole*. Enthält eine Datei dagegen Text, so vergrößern diese Ansichten nur das Symbol. Dann benutzen Sie das Vorschaufenster: Das Vorschaufenster wird als zusätzliche Spalte am rechten Rand des Explorer-Fensters geöffnet, und erspart in vielen Fällen das Öffnen der Datei. Leider funktioniert die Vorschau nicht bei allen Dateitypen.

- Klicken Sie im Menüband auf das Register *Ansicht* und hier in der Gruppe *Bereiche* auf *Vorschaufenster*. Mit derselben Schaltfläche schalten Sie das Vorschaufenster auch wieder aus.

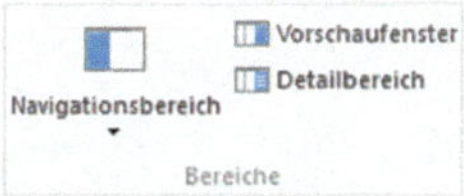

Das Vorschaufenster liefert immer nur eine Vorschau auf die jeweils markierte Datei, vergessen Sie also nicht die Datei mit einem Klick zu markieren!

- Die Breite des Bereichs können Sie mit der Maus ändern. Zeigen Sie auf die Trennlinie zwischen Anzeige- und Vorschaubereich: Als Mauszeiger erscheint ein waagrechter Doppelpfeil und Sie verschieben nun die Linie mit gedrückter linker Maustaste in die gewünschte Richtung.

Bild 3.23 Beispiel Vorschaufenster

Detailbereich

In der Gruppe *Bereiche* (Register *Ansicht*) finden Sie auch die Schaltfläche *Detailbereich*. Der Detailbereich erscheint an derselben Stelle wie das Vorschaufenster und enthält Detailinformationen zur markierten Datei.

Ordnerinhalte sortieren

Die Elemente im Navigationsbereich werden automatisch nach Namen sortiert, hier ist eine Änderung der Sortierung nicht möglich!

Standardmäßig werden im Inhaltsbereich die Inhalte aufsteigend nach Dateinamen sortiert angezeigt. Dateien und Ordner bilden je eine eigene Gruppe. Zum schnellen Auffinden kann es sinnvoll sein, eine andere Sortierung, zum Beispiel nach Änderungsdatum zu verwenden.

1. Klicken Sie im Menüband auf das Register *Ansicht* und auf die Schaltfläche *Sortieren nach*.
2. Es öffnet sich eine Liste von Dateimerkmalen. Klicken Sie auf das gewünschte Sortierkriterium, z. B. *Änderungsdatum*.

Alternativ klicken Sie mit der rechten Maustaste an eine freie Stelle des Inhaltsbereichs, zeigen auf *Sortieren nach* und wählen hier das gewünschte Sortierkriterium. In beiden Fällen können Sie zwischen aufsteigender und absteigender Sortierreihenfolge wählen.

Bild 3.24 Ordnerinhalt sortieren

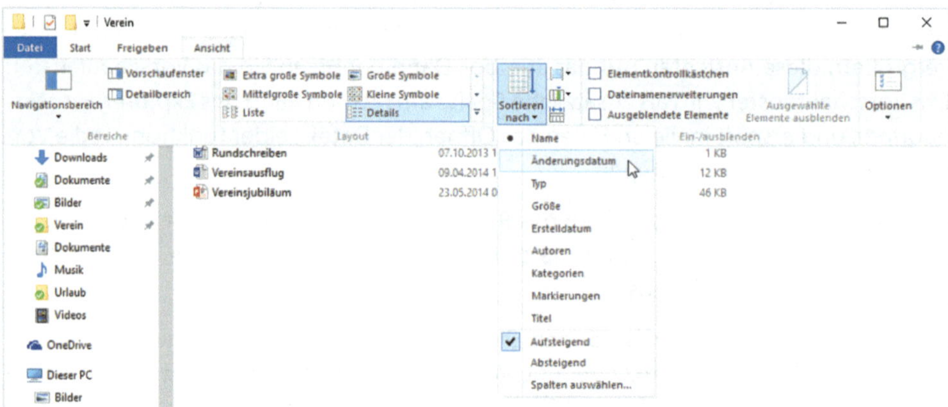

Elemente gruppieren

Als weitere Möglichkeit können Sie Elemente des Inhaltsbereichs in Gruppen zusammenfassen (gruppieren). Nach Namen gruppierte Dateien werden nach Anfangsbuchstaben des Dateinamens zusammengefasst. Enthält ein Ordner unterschiedliche Dateitypen, kann auch eine Gruppierung nach Dateityp, wie im Bild unten, sinnvoll sein.

Den Befehl *Gruppieren nach* finden Sie im Menüband, Register *Ansicht* oder im Kontextmenü der rechten Maustaste. Zum Aufheben einer Gruppierung klicken Sie erneut auf *Gruppieren nach* und wählen den Eintrag *(Keine)*.

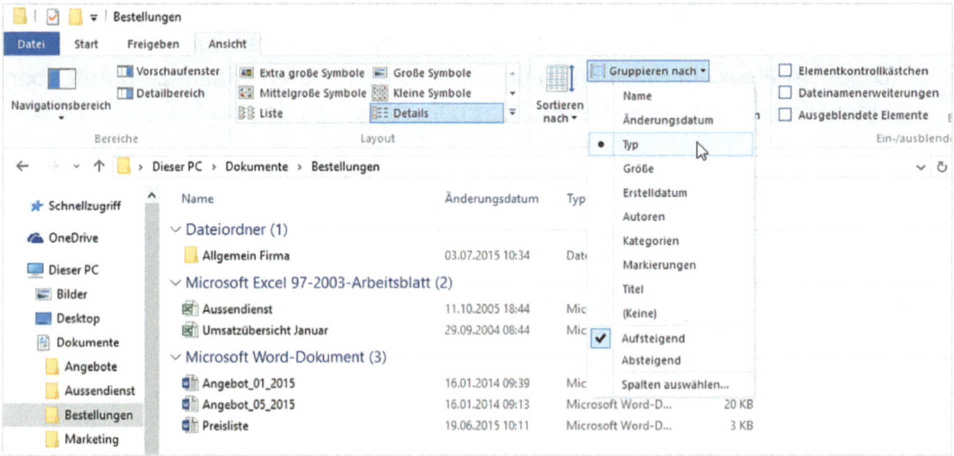

Bild 3.25 Ordnerinhalt nach Typ zusammenfassen (Gruppieren)

Besonderheiten der Detailansicht des Explorers

Die Detailansicht des Explorers benutzt Spalten zur Anzeige. Diese enthalten nicht nur nützliche Informationen zu jedem Element, sondern erlauben auch schnelles Sortieren und Filtern. Achtung, die folgenden Möglichkeiten sind ausschließlich in der Ansicht *Details* verfügbar!

- **Sortieren**
  Zum Sortieren klicken Sie einfach auf die Überschrift der betreffenden Spalte, z. B. *Name* oder *Änderungsdatum*. Die aktuelle Sortierung und Sortierrichtung erkennen Sie am Pfeil in der Spaltenüberschrift und ein weiterer Klick in die Spaltenüberschrift kehrt die Sortierreihenfolge um.

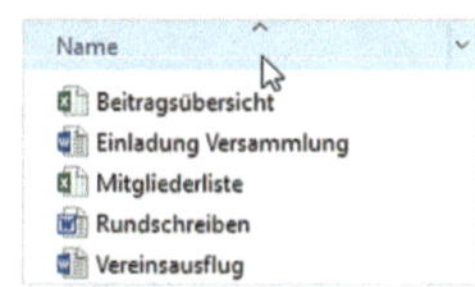

- **Spaltenbreite**
  Um die Spaltenbreite zu ändern, zeigen Sie auf die rechte Begrenzung der Spaltenüberschrift und ziehen bei gedrückter linker Maustaste in die gewünschte Richtung.

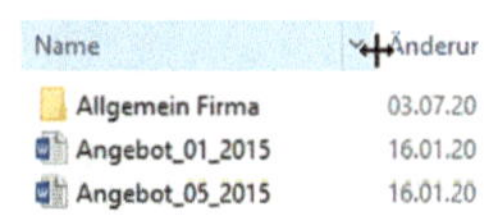

  Tipp: Möchten Sie schnell alle Spaltenbreiten automatisch an den Inhalt anpassen, dann verwenden Sie dazu die Schaltfläche *Größe aller Spalten anpassen*, zu finden im Register *Start*, Gruppe *Aktuelle Ansicht*.

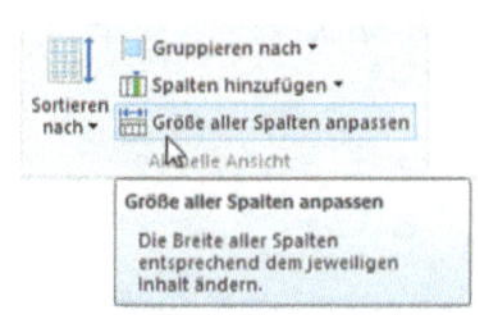

- **Weitere Spalten anzeigen**
  Möchten Sie neben den bereits vorhandenen Spalten, z. B. *Änderungsdatum*, *Typ* und *Größe*, noch weitere Informationen anzeigen, so klicken Sie im Register *Ansicht*, Gruppe *Aktuelle Ansicht*, auf *Spalten hinzufügen* und aktiveren bzw. deaktivieren durch Anklicken die gewünschten Spalten. Diese Möglichkeit erhalten Sie auch im Kontextmenü, wenn Sie mit der rechten Maustaste in den Bereich der Spaltenüberschriften klicken.

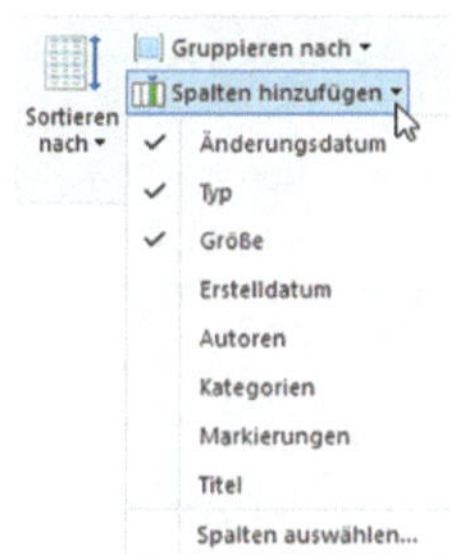

- **Filtern**
  Eine weitere Möglichkeit bietet der kleine, nach unten weisende Pfeil (Dropdown-Pfeil) neben jeder Spaltenüberschrift. Hier können Sie durch Aktivieren

der Kontrollkästchen die Inhalte nach bestimmten Anfangsbuchstaben oder nach einem bestimmten Datum filtern. Gefilterte Spalten zeigen anstelle des Drodown-Pfeils ein Häkchen an und sind so leicht zu erkennen. Zum Aufheben eines Filters deaktivieren Sie das Kontrollkästchen wieder.

Bild 3.26 Filter nach Dateiname und Datum

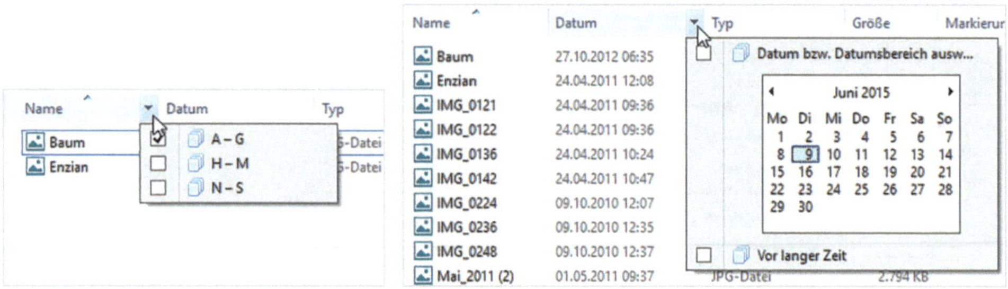

3.3 Wechseldatenträger und externe Laufwerke

Den Inhalt von CD, DVD oder USB-Stick anzeigen

Legen Sie eine CD oder DVD in das Laufwerk ein und warten Sie nach dem Schließen des Laufwerks einige Sekunden, bis der Inhalt gelesen wurde. Einen USB-Speicherstick stecken Sie in einen freien USB-Anschluss. Wurde der Datenträger erkannt, so erscheint beim ersten Mal in der rechten unteren Ecke des Bildschirms eine kurze Meldung ❶, als Beispiel im Bild unten die Meldung nach dem Anschließen eines USB-Speicherstifts.

Bild 3.27 Meldung nach dem Anschließen eines USB-Sticks

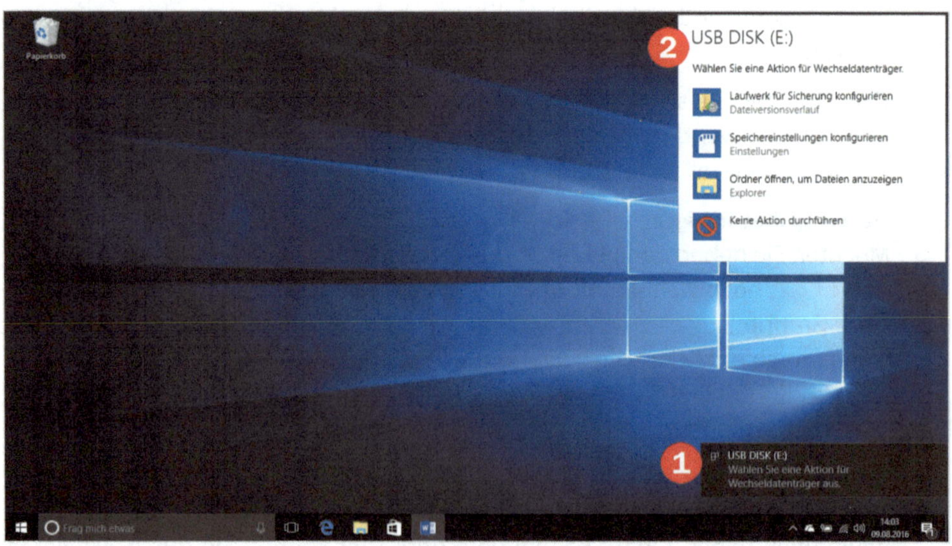

Achtung: Beide Meldungen verschwinden nach einigen Sekunden wieder. Dann öffnen Sie zum Anzeigen des Inhalts einfach den Datei-Explorer.

Klicken Sie auf die Meldung, abhängig vom Datenträgertyp schlägt Windows anschließend verschiedene Aktionen vor ❷.

- Mit Klick auf *Ordner öffnen, um Dateien anzuzeigen* wird der Explorer gestartet und zeigt den Inhalt des Datenträgers an. Er erscheint unter *Dieser PC* mit dem automatisch zugewiesenen Laufwerksbuchstaben, unten als Beispiel eine CD.

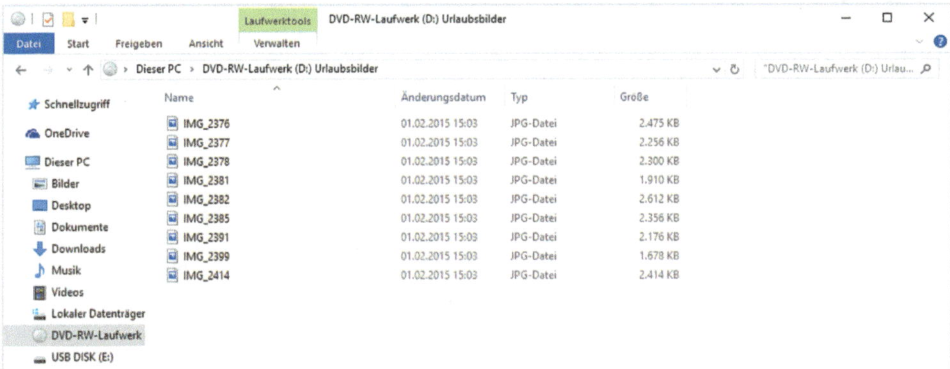

Bild 3.28 Inhalt einer CD im Datei-Explorer

- Die Auswahl *Speichereinstellungen konfigurieren* öffnet die Einstellungen von Windows 10 und Sie erhalten eine Übersicht über den genutzten Speicherplatz.

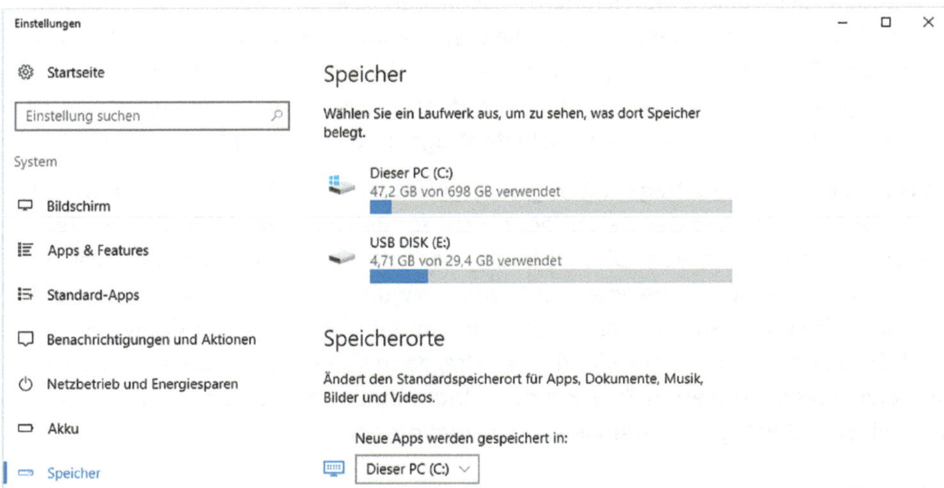

Bild 3.29 Verfügbaren Speicherplatz anzeigen

Näheres zur Verwaltung von Laufwerken und Speicher lesen Sie in Kap. 6.4

- Beim Anschließen einer externen Festplatte oder eines USB-Sticks bietet Windows eine weitere Option an: *Laufwerk für Sicherung konfigurieren (Dateiversionsverlauf)*. Damit können Sie das Laufwerk als Sicherungslaufwerk zur Datensicherung konfigurieren. Näheres hierzu erfahren Sie in Kapitel 5.4.

Alles zum Thema Datensicherung erfahren Sie in Kap. 5.4.

> Egal, welche Auswahl Sie getroffen haben, Windows speichert Ihre Auswahl und führt diese beim nächsten Mal nach dem Anschließen bzw. Einlegen eines Datenträgers dieses Typs automatisch aus. Wie Sie die Einstellungen zur automatischen Wiedergabe nachträglich ändern, lesen Sie weiter unten.

Meldung verpasst?

Kein Problem, wenn Sie die Meldung verpasst haben. Dann öffnen Sie einfach den Datei-Explorer und zeigen des Inhalt des Datenträgers mit Doppelklick auf das Laufwerksymbol an. In der Navigationsleiste finden Sie das Laufwerk unter *Dieser PC*, eventuell müssen Sie zuvor mit Klick auf den, nach unten weisenden Pfeil die Elemente einblenden.

USB-Stick und externe Festplatte werden sowohl unter Dieser PC als auch in einem eigenen Abschnitt aufgeführt.

Windows behandelt Laufwerke wie Ordner, d.h. öffnen Sie das Laufwerk per Doppelklick oder klicken Sie in der Navigationsleiste auf das Laufwerkssymbol.

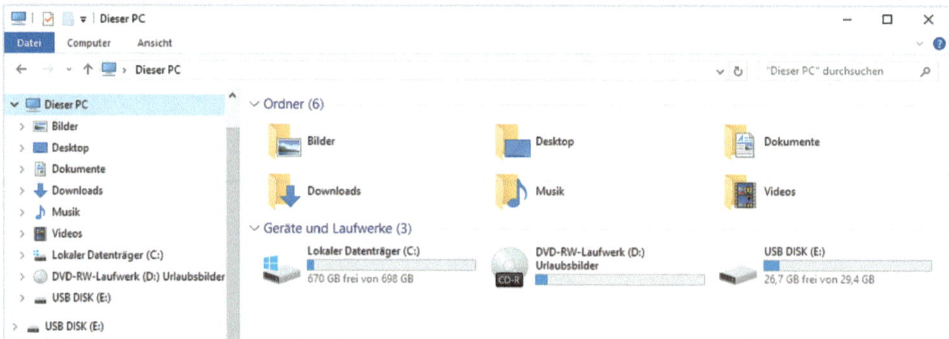

Falls DVD/CD oder USB-Stick nicht erkannt werden

In seltenen Fällen erscheint nach dem Anschließen bzw. Einlegen eine Meldung, dass der Datenträger nicht erkannt wurde. Die Ursache kann vielfältig sein: Manchmal wird ein USB-Stick nicht richtig eingesteckt oder eine CD oder DVD nicht korrekt ins Laufwerk eingelegt; eine CD/DVD kann auch zerkratzt, verschmutzt oder anderweitig defekt sein. Entnehmen Sie den Wechseldatenträger und probieren Sie es nochmals.

Achtung: Kann der Datenträger nicht gelesen werden, so erscheint in manchen Fällen auch der Hinweis, dass der Datenträger nicht formatiert ist und Windows bietet an, diesen jetzt zu formatieren. Dies ist häufig der Fall, wenn ein USB-Stick zuvor ohne vorheriges Abmelden (siehe unten) entnommen wurde. Dies sollten Sie auf keinen Fall tun, bzw. klicken Sie auf *Nein*, da sonst der Inhalt des Datenträgers endgültig gelöscht wird. Enthält der Datenträger wichtige Inhalte, dann können Sie versuchen, diese wiederherzustellen. Zu diesem Zweck gibt im Internet eine Reihe von Tools zum Download, einschließlich genauer Anweisungen zur Vorgehensweise.

Leider funktioniert das Wiederherstellen von Datenträgern nicht mit Bordmitteln von Windows 10.

Melden Sie den Datenträger vor dem Entnehmen ab

Beim Umgang mit Wechseldatenträgern sollten Sie darauf achten, den Datenträger nicht während eines Schreib- oder Lesevorgangs zu entnehmen, da sonst häufig ein Datenverlust die Folge ist. In vielen Fällen kann der Datenträger sogar anschließend nicht mehr gelesen werden, siehe oben. Besonders bei externen Festplatten, USB-Speichersticks und Speicherkarten sollten Sie daher den Datenträger vor dem Entnehmen abmelden und somit sicherstellen, dass kein Zugriff mehr auf den Datenträger erfolgt. So gehen Sie dabei vor:

1 Bei angeschlossenen USB-Speichergeräten zeigt der Infobereich der Taskleiste das Symbol *Hardware sicher entfernen und Medium auswerfen* an. Klicken Sie auf das Symbol, um alle angeschlossenen Geräte zu sehen, die Sie auf diese Weise abmelden können.

2 Klicken Sie dann auf das Laufwerk, das Sie entfernen möchten. Anschließend erscheint eine Meldung, dass der Datenträger entnommen werden kann. Wird der Datenträger noch verwendet, so macht Sie Windows ebenfalls darauf aufmerksam. In diesem Fall müssen Sie zuerst Dateien und Ordner schließen, bzw. die Anwendung beenden.

Bei einer Vielzahl von Symbolen im Infobereich müssen Sie eventuell zuerst ausgeblendete Symbole einblenden, damit dieses Symbol erscheint.

Bild 3.30 Klicken Sie auf das Symbol der Taskleiste

Bild 3.31 Laufwerk abmelden

Die automatische Wiedergabe steuern

Die Aufforderung, eine Aktion für den Wechseldatenträger auszuwählen, erscheint in der Regel nur beim ersten Mal: Windows speichert die getroffene Auswahl und führt diese beim nächsten Anschließen des Datenträgers automatisch aus (Automatische Wiedergabe). Wenn Sie die Einstellungen für die automatische Wiedergabe kontrollieren und ggfs. ändern möchten, dann gehen Sie so vor:

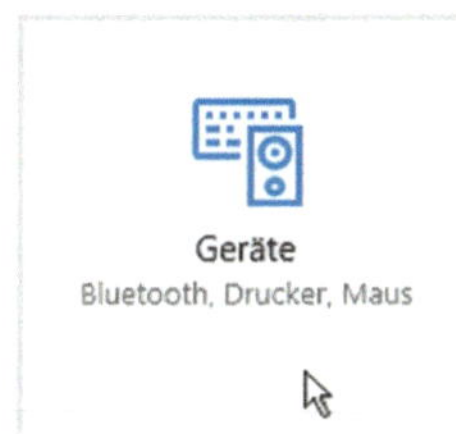

1 Klicken Sie im Startmenü auf das Symbol *Einstellungen* und anschließend auf *Geräte*. Wählen Sie dann links *Automatische Wiedergabe*. Alternativ können Sie auch im Suchfeld der Taskleiste den Begriff „Wiedergabe" eintippen.

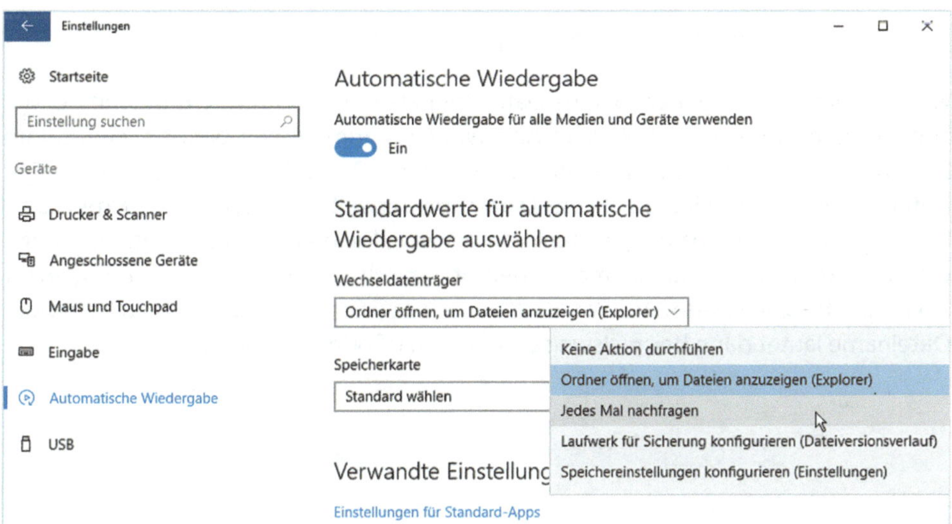

Bild 3.32 Einstellungen zur Automatischen Wiedergabe

2 Rechts können Sie nun Wechseldatenträgern eine Aktion zuweisen: Klicken Sie auf den Dropdown-Pfeil *Wechseldatenträger* und wählen Sie eine Aktion aus. Unterhalb können Sie auch noch eine Aktion für das Einlegen bzw. Anschließen einer Speicherkarte auswählen. Bei Bedarf lässt sich mit dem Schalter *Automatische Wiedergabe für alle Medien und Geräte verwenden* die automatische Wiedergabe auch komplett ausschalten.

3 Schließen Sie das Fenster *Einstellungen*, Ihre Änderungen werden automatisch übernommen.

Verbundene Netzlaufwerke

In Firmen bzw. am Arbeitsplatz ist Ihr Computer meist Teil eines größeren Netzwerks. In diesem Fall stehen Ihnen ein oder mehrere Netzlaufwerke zum Speichern und zur gemeinsamen Nutzung von Daten zur Verfügung. Diese befinden sich auf einem zentralen Server und deren Freigabe und Nutzung wird durch den Systemadministrator geregelt. Die verfügbaren Netzlaufwerke finden Sie zusammen mit Wechseldatenträgern in der Navigationsleiste des Explorers unter *Dieser PC*. Wie alle Laufwerke verfügen auch Netzlaufwerke über einen Laufwerksbuchstaben und einen Namen. Speichern und Öffnen von Dateien sowie das Anlegen von Ordnern auf einem Netzlaufwerk unterscheiden sich nicht vom Umgang mit der lokalen Festplatte, es sei denn, das Laufwerk wurde vom Systemadministrator mit Einschränkungen versehen.

3.4 Dateien im Explorer öffnen

Das sollten Sie über Dateitypen und Dateinamenerweiterungen wissen

Der Dateityp bestimmt, mit welcher App die Datei geöffnet wird.

Wenn Sie im Datei-Explorer auf eine Datei doppelklicken, dann wird diese mit der dazugehörigen App geöffnet. Welche App Windows zum Öffnen benutzt, hängt vom Dateityp ab, also ob es sich z. B. um einen Text, ein Bild oder ein Video handelt. Der Dateityp wiederum wird durch die Dateinamenerweiterung (englisch: „Extension") festgelegt. Diese wird beim Speichern von der jeweiligen Anwendung, getrennt durch einen Punkt (.), an den Dateinamen angefügt. Typische Dateinamenerweiterungen für Texte sind beispielsweise .rtf (WordPad) und .docx (Microsoft Word). Ein vollständiger Dateiname lautet dann beispielsweise Einladung.rtf oder Einladung.docx.

Bild 3.33 Dateityp beim Speichern auswählen

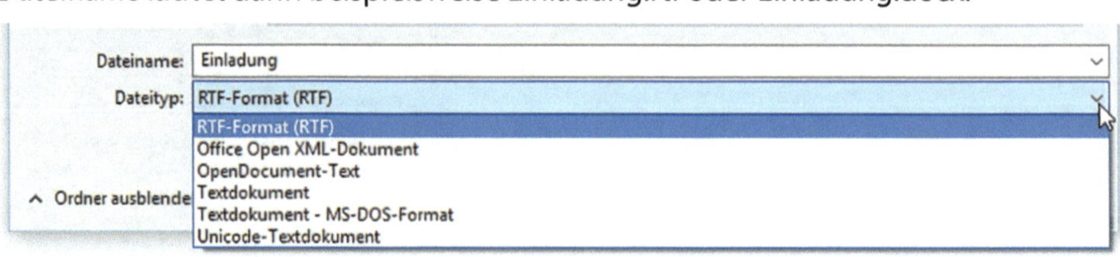

Viele Apps unterstützen beim Speichern mehrere Dateitypen. Um einen anderen Dateityp auszuwählen, brauchen Sie im *Speichern*-Dialogfenster nur, wie im Bild oben, im Feld *Dateityp* auf den Dropdown-Pfeil klicken.

Einige Beispiele für gebräuchliche Dateinamenerweiterungen:

Erweiterung	Wird verwendet für..	App Beispiel
.doc, .docx	„Document", Textdokumente, die auch Bilder enthalten können	Microsoft Word
.rtf	„Rich Text Format", Textdateien mit einfachen Formaten	WordPad
.xls, .xlsx	Tabellen und Berechnungen	Microsoft Excel
.jpg	„Joint Photographic Experts Group", ein häufig verwendetes Grafikformat für Fotos	Fotos
.gif	„Graphics Interchange Format", ein Format für Bilder mit geringer Farbtiefe	Fotos
.png	„Portable Network Graphics", ein weiteres häufiges Grafikformat	Fotos
.pdf	„Portable document format", ein Dateiformat, das Texte und Bilder enthalten kann, wird standardmäßig nur zum Lesen geöffnet	Adobe Reader (Lesen bzw. Anzeigen), ist dieser nicht installiert, so öffnet Windows 10 pdf-Dateien im Browser
.htm, .html	„Hypertext Markup Language", dieses Dateiformat wird für Webseiten verwendet	Alle Webbrowser, z. B. Microsoft Edge, Google Chrome, Firefox, u.a.
.exe	„Executable", eine ausführbare Datei bzw. ein Programm; ein Doppelklick auf das Dateisymbol zeigt nicht den Inhalt an, sondern führt den Programmcode aus	
.mp3	Ein gängiges Dateiformat für Musikdateien	Media Player

Dateinamenerweiterungen einblenden

In der Standardeinstellung sind im Datei-Explorer die Dateinamenerweiterungen nicht sichtbar. Falls Sie diese trotzdem anzeigen möchten, so klicken Sie im Menüband des Explorers auf das Register *Ansicht* und aktivieren hier mit einem Mausklick das Kontrollkästchen *Dateinamenerweiterungen*. Durch Deaktivieren des Kontrollkästchens blenden Sie die Erweiterungen wieder aus.

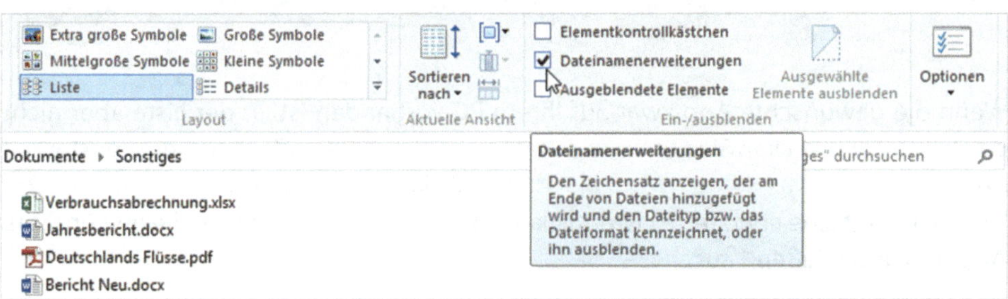

Bild 3.34 Dateinamenerweiterung im Explorer ein- und ausblenden

Siehe Seite 97, Dateien umbenennen.

Vor- und Nachteile sichtbarer Dateinamenerweiterungen

Eingeblendete Dateinamenerweiterungen erscheinen nicht nur im Explorer, sondern auch im Fenstertitel von Apps sowie beim Speichern und Öffnen. Auch Dateianlagen von E-Mails sind mit ihrem vollständigen Namen sichtbar und eine Anlage beispielsweise mit dem Namen Rechnung.pdf.exe ist so schnell als ausführbare Schadsoftware enttarnt! Nachteil: Eingeblendete Dateinamenerweiterungen dürfen beim Umbenennen der Datei nicht geändert werden, da sonst der Dateityp nicht erkannt wird und die Datei nicht mehr geöffnet werden kann.

App zum Öffnen auswählen

In vielen Fällen kommen mehrere Apps zum Öffnen einer Datei in Frage. Im Explorer wird beim Doppelklick auf das Dateisymbol die Datei immer mit der Standard-App geöffnet. Sind beispielsweise auf einem PC die Apps WordPad und Microsoft Word installiert, so kann nur eine davon die Standard-App sein. In den meisten Fällen ist dies Word. Das bedeutet, dass auch Dokumente, die ursprünglich mit WordPad erstellt wurden, mit Word geöffnet werden. Auch zum Öffnen und Anzeigen von Bildern und Fotos kommen meist mehrere Apps in Frage. Wenn Sie eine Datei mit einer bestimmten App öffnen möchten, dann gehen Sie so vor:

1. Klicken Sie im Explorer auf das Symbol der betreffenden Datei und klicken Sie dann im Register *Start*, Gruppe *Öffnen* auf den Dropdown-Pfeil der Schaltfläche *Öffnen*, wie im Bild unten. Oder klicken Sie mit der rechten Maustaste auf die Datei und zeigen auf *Öffnen mit*

2. Es erscheint eine Liste mit installierten Anwendungen und Apps, die diesen Dateityp öffnen können, im Beispiel unten die Apps *Fotos* und *Paint*, um die markierte Bilddatei zu öffnen. Klicken Sie auf die gewünschte Anwendung.

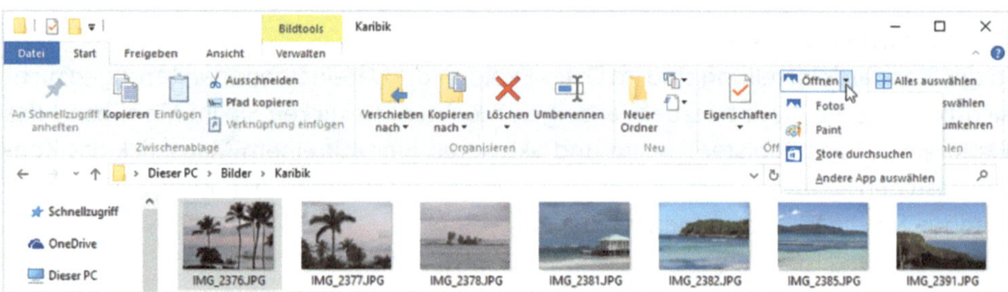

Bild 3.35 Beispiel: Eine App zum Öffnen eines Fotos auswählen

Wenn die gewünschte App zwar auf Ihrem PC vorhanden ist, in der Liste aber nicht erscheint, dann klicken Sie auf *Andere App auswählen* ❶. Es öffnet sich ein Fenster mit der Frage *Wie soll diese Datei geöffnet werden*? Klicken Sie auf den Link *Weitere Apps* ❷. Nun erscheint eine erweiterte Liste. Klicken Sie zum Öffnen wieder auf die gewünschte App und anschließend auf *OK*.

Bild 3.36 Andere App suchen

Im Windows Store nach einer App suchen

Sollte keine geeignete App auf Ihrem Computer vorhanden sein, dann klicken Sie auf *Store durchsuchen* bzw. *Im Store nach einer App suchen*. Nun können Sie den Windows Store nach einer entsprechenden App durchsuchen. Beachten Sie aber, dass die ausgewählte App zunächst installiert werden muss und einige Apps auch kostenpflichtig sind.

Näheres zum Windows Store und zur Installation von Apps lesen Sie in Kapitel 6.3 dieses Buches.

Die Standard-App ändern

Soll ein bestimmter Dateityp ab sofort immer mit der gewünschten App geöffnet werden, dann müssen Sie diese als Standard-App festlegen. Als Beispiel sollen pdf-Dateien ab sofort nicht mehr mit Microsoft Edge, sondern mit Adobe Acrobat Reader geöffnet werden. Dazu markieren Sie eine Datei dieses Typs und klicken, wie oben beschrieben auf den Dropdown-Pfeil der Schaltfläche *Öffnen*. Klicken Sie dann auf *Andere App auswählen*.

In den Einstellungen existiert noch eine weitere Möglichkeit, Standard-Apps von Dateitypen einzusehen bzw. zu ändern. Näheres hierzu lesen Sie in Kapitel 6.3.

1 Auch hier erscheint das Fenster *Wie soll diese Datei geöffnet werden*?

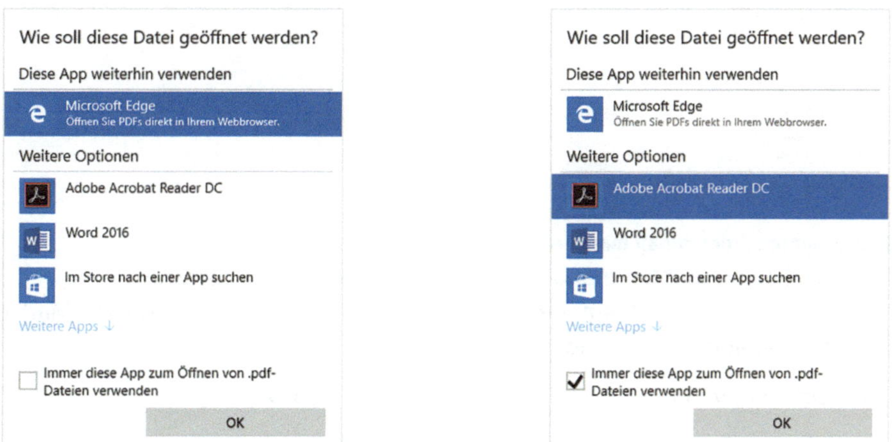

Bild 3.37 Beispiel: Adobe Reader als Standard-App zum Öffnen von PDF-Dateien auswählen

2 Unter *Diese App weiterhin verwenden* sehen Sie die bisherige Standard-App. Klicken Sie auf die gewünschte App und aktivieren Sie das Kontrollkästchen *Immer diese App zum Öffnen von ... Dateien verwenden*.

3 Klicken Sie auf *OK*, um die Änderung zu übernehmen.

Mit der Standard-App ändert sich natürlich auch das Symbol für diesen Dateityp!

3.5 Dateien und Ordner im Explorer verwalten

Markierungstechniken

Wie Sie in diesem Kapitel bereits gesehen haben, müssen Sie vor jeder Bearbeitung das betreffende Element mit einem Mausklick markieren. Einige Arbeitsschritte zur Verwaltung von Dateien und Ordnern, z. B. Kopieren und Verschieben, lassen sich auch gleich für mehrere markierte Elemente ausführen. Aus diesem Grund wollen wir kurz die verschiedenen Markierungstechniken im Explorer detaillierter vorstellen, gemeint ist das Markieren von Dateien und Ordnern im Anzeigebereich des Explorers.

Ein einzelnes Element markieren Sie, indem Sie im Anzeigebereich einmal auf das Datei- oder Ordnersymbol klicken. Markierte Elemente werden farbig hinterlegt ❶ und sind so schnell zu erkennen. **Achtung:** Wenn Sie mit der Maus auf ein Element zeigen, wird dieses nur vorübergehend farbig hervorgehoben ❷.

Egal, wie Sie ein Element markiert haben: Die Markierung bleibt nur solange erhalten, bis Sie an eine andere Stelle klicken.

Bild 3.38 Zeigen und Element markieren

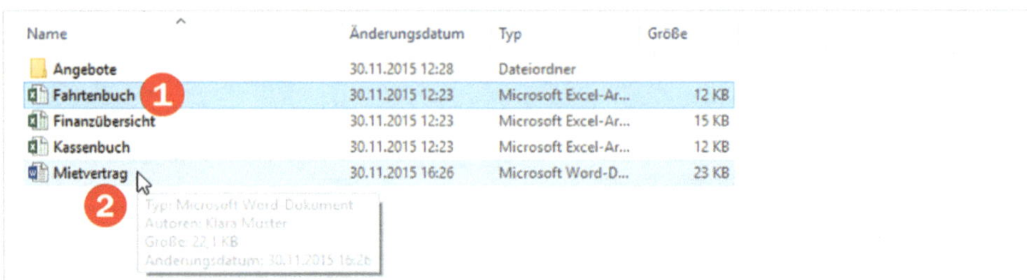

Beim Zeigen auf eine Datei erscheint ein kleines Feld mit zusätzlichen Dateiinfos.

Den gesamten Ordnerinhalt markieren

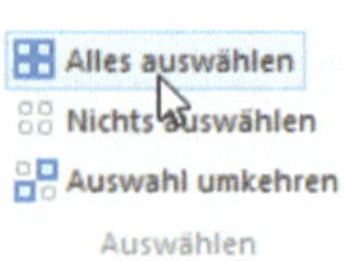

- Klicken Sie im Menüband auf das Register *Start* und in der Gruppe *Auswählen* auf *Alles auswählen*. Hier finden Sie auch noch *Nichts auswählen*, um die Markierung wieder aufzuheben und *Auswahl umkehren*.
- Oder verwenden Sie die Tastenkombination Strg+A.

Mehrere zusammenhängende Elemente markieren

- Markieren Sie mit einem Klick das erste zu markierende Element. Drücken Sie dann die Umschalt-(Shift)Taste und halten Sie die Taste gedrückt, während Sie gleichzeitig auf das letzte zu markierende Element klicken. Danach lassen Sie die Taste wieder los.
- Oder ziehen Sie mit der Maus einen Rahmen um die Elemente: Dazu beginnen Sie an einer freien Stelle neben dem ersten Element, drücken die linke Maustaste und halten die Taste gedrückt, während Sie diagonal ein Rechteck um die Elemente ziehen. Dabei werden auch Elemente in die Markierung einbezogen, die sich nicht vollständig innerhalb des Rahmens befinden.

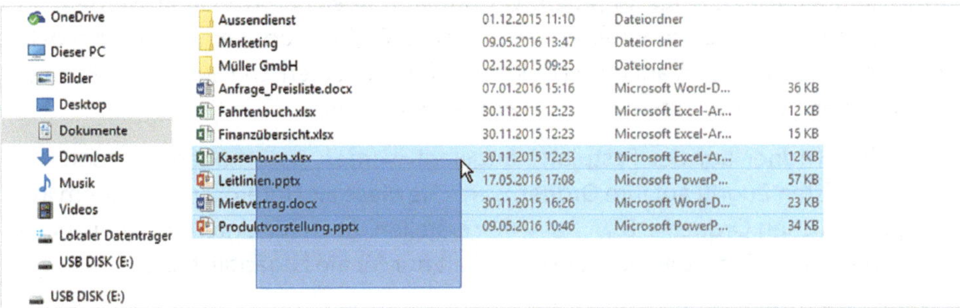

Bild 3.39 Mehrere zusammenhängende Elemente mit der Maus markieren

Nicht zusammenhängende Elemente auswählen

Mehrere Elemente lassen sich am einfachsten markieren, wenn Sie zuvor im Register *Ansicht* das Kontrollkästchen *Elementkontrollkästchen* aktivieren ❶. Dadurch erscheint beim Zeigen auf ein Dateisymbol links davon ein kleines Kästchen ❷. Mit einem Klick in das Kästchen setzen Sie ein Häkchen, das Element ist markiert und Sie können nun weitere markieren. Um ein Häkchen wieder zu entfernen klicken einfach erneut in das Kästchen.

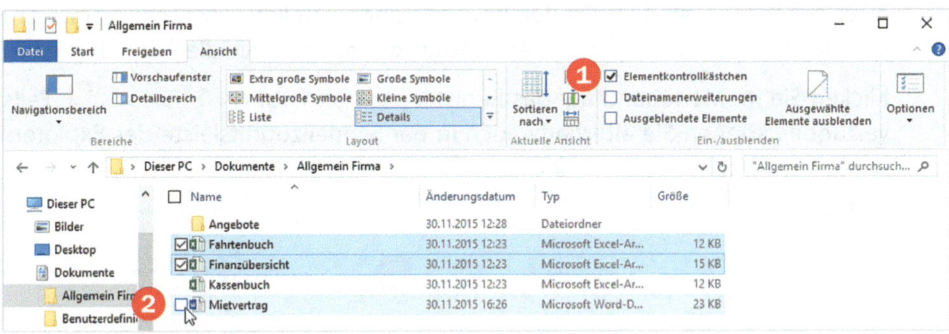

Bild 3.40 Mehrere Elemente mit Hilfe des Elementkontrollkästchens markieren

Alternativ markieren Sie mehrere Elemente durch Anklicken mit gleichzeitig gedrückter Strg-Taste.

Vorsicht: Die Methode „Anklicken mit gleichzeitig gedrückter Strg-Taste" hat in der Praxis manchmal zur Folge, dass die markierten Elemente unbeabsichtigt kopiert werden und anschließend doppelt vorhanden sind. Dies passiert, wenn Sie beim Anklicken die Maus versehentlich bewegen. Ziehen mit gleichzeitig gedrückter Maustaste bedeutet nämlich, das Element wird kopiert.

Neuen Ordner erstellen

Ordner können im Explorer an jedem verfügbaren Speicherort erstellt werden, also beispielsweise als Unterordner eines persönlichen Ordners oder eines anderen beliebigen Ordners, außerdem auf dem Desktop, auf einem externen Laufwerk, z. B. einem USB-Speicherstick oder auf *OneDrive*. Hierzu einige Tipps:

- Sollen Ordner auf der Festplatte angelegt werden, so erhalten Sie später am schnellsten Zugriff auf Ihre Ordner, wenn Sie diese als Unterordner in einem Ihrer persönlichen Ordner, z. B. *Dokumente*, erstellen. Auch für Unterordner eines persönlichen Ordners gilt, dass dessen Inhalt nur für Sie zugänglich ist.
- Legen Sie dagegen möglichst keine Ordner direkt auf dem lokalen Datenträger C: (Festplatte) an. Dieser Ort sollte ausschließlich dem Betriebssystem Windows und den installierten Programmen vorbehalten bleiben, da ein versehentliches Löschen wichtiger Ordner dazu führen kann, dass einige Programme nicht mehr korrekt funktionieren.

Genauso gehen Sie auch vor, wenn Sie auf OneDrive einen Ordner anlegen möchten.

Die Vorgehensweise beim Anlegen eines Ordners ist immer gleich, als Beispiel erstellen wir einen neuen Ordner im Ordner *Dokumente*.

1. Sorgen Sie dafür, dass im Anzeigebereich des Explorers der Inhalt des Speicherortes sichtbar ist, an dem Sie den neuen Ordner erstellen möchten, in unserem Beispiel der Ordner *Dokumente*. Am besten kontrollieren Sie die Adressleiste ❶.
2. Klicken Sie im Menüband auf das Register *Start* und auf *Neuer Ordner* ❷. Falls verfügbar, können Sie alternativ auch in der Schnellzugriffsleiste des Explorers auf das Symbol *Neuer Ordner* klicken ❸.

Bild 3.41 Neuen Ordner anlegen

3 Der neue Ordner erscheint sofort im Inhaltsbereich, sein vorläufiger Name *Neuer Ordner* befindet sich im Textmodus bzw. in einem kleinen Eingabefeld und ist markiert. Er braucht nur noch durch Ihre Tastatureingabe mit einem aussagefähigen Namen überschrieben werden. Beachten Sie, dass die Position des Ordnernamens abhängig ist von der verwendeten Anzeigegröße, dieser kann sich daher rechts neben oder unter dem Ordnersymbol befinden.

Wenn Sie nach dem Erstellen eines neuen Ordners versehentlich geklickt haben, dann ist ein anschließendes Überschreiben des Namens nicht mehr möglich. In diesem Fall benennen Sie den Ordner einfach nachträglich um, siehe weiter unten.

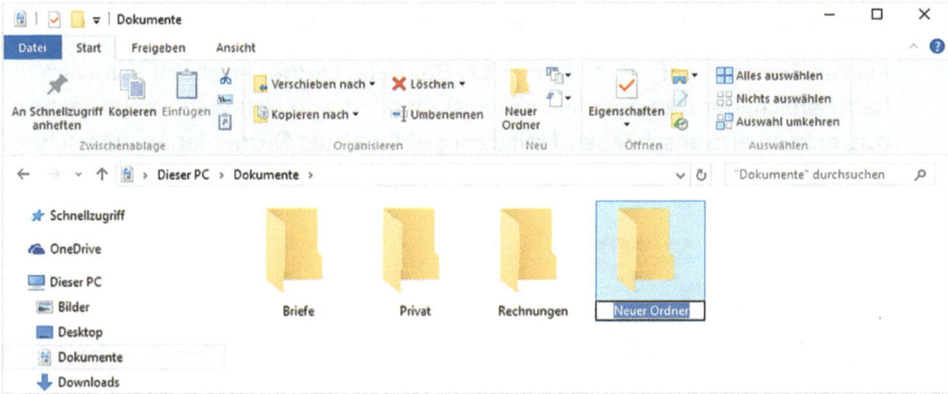

Bild 3.42 Neuen Ordner benennen

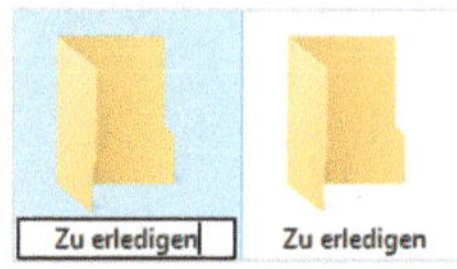

4 Zum Abschluss betätigen Sie die Eingabe-Taste oder klicken mit der Maus an eine beliebige Stelle des Anzeigebereichs.

Hinweis: Sind an dieser Stelle bereits mehrere Ordner vorhanden, so erscheint bei einer alphabetischen Sortierung nach Name der neue Ordner im Anzeigebereich zunächst unter dem Buchstaben *N* (*Neuer Ordner*). Nachdem er einen Namen erhalten hat, ändert sich seine Position automatisch wieder.

Was Sie bei Ordnernamen beachten müssen

Für die Namen von Ordnern gelten dieselben Regeln wie für Dateinamen:

- Ein vollständiger Suchpfad, d.h. Laufwerksbuchstabe, übergeordnete Ordner und Dateiname einschließlich der Dateinamenerweiterung, darf maximal 255 Zeichen umfassen.
- Ordnernamen dürfen alle Zeichen enthalten, mit Ausnahme der folgenden Sonderzeichen: / \ : ? * < > |
- Ein Ordnername muss eindeutig sein, darf also am selben Speicherort nicht bereits vorhanden sein.

Und noch ein Tipp: In der Navigationsleiste des Explorers werden Ordner automatisch nach Namen sortiert angezeigt. Wenn Sie eine andere Reihenfolge benötigen, z. B. bei Monatsnamen, dann stellen Sie dem Ordnernamen am besten eine Ziffer voran, also beispielsweise *01 Januar*.

Tipp: Neuen Ordner beim Speichern anlegen
Wenn noch kein geeigneter Ordner existiert, dann können Sie diesen auch beim Speichern anlegen, dazu finden Sie auch im Fenster *Speichern unter* die Schaltfläche *Neuer Ordner*.

1 Geben Sie, wie gewohnt, einen Dateinamen ein ❶ und navigieren Sie zu dem Speicherort, an dem Sie den neuen Ordner anlegen möchten. Dieser muss im Adressfeld sichtbar sein ❷, im Beispiel unten der Ordner *Dokumente*.

2 Klicken Sie dann auf *Neuer Ordner* ❸. Der neue Ordner erscheint sofort im Inhaltsbereich, der Name *Neuer Ordner* ist markiert und befindet sich im Textmodus, er kann also anschließend mit dem gewünschten Ordnernamen überschrieben werden.

Bild 3.43 Neuen Ordner beim Speichern anlegen

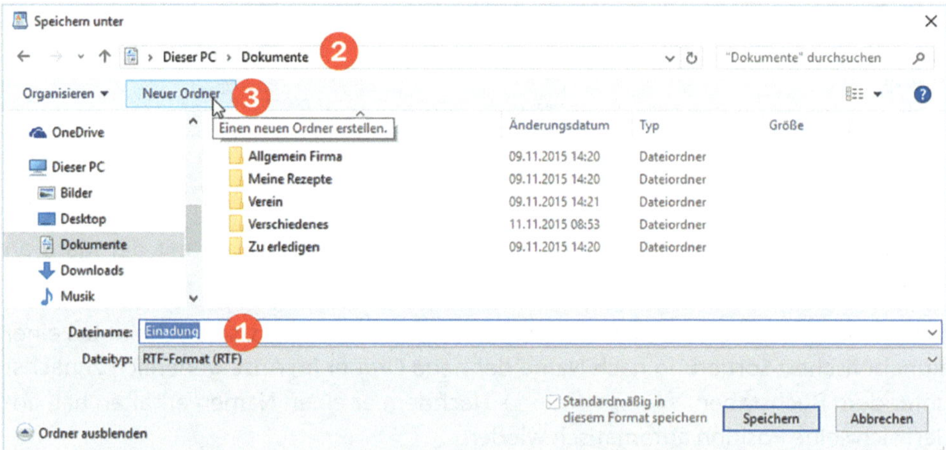

3 Im nächsten Schritt müssen Sie den soeben erstellten Ordner vor dem Speichern öffnen. Klicken Sie im Inhaltsbereich auf diesen Ordner ❶, dieser ist nun markiert. Klicken Sie dann auf die Schaltfläche *Öffnen* ❷. Schneller geht das Öffnen mit Doppelklick auf das Ordnersymbol.

Bild 3.44 Den neuen Ordner markieren und öffnen

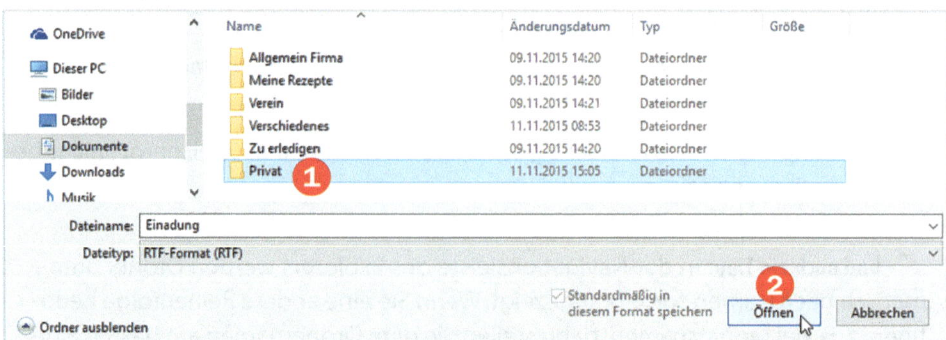

4 Im Inhaltsbereich erscheint der Inhalt des neuen Ordners, dieser ist vorerst noch leer. Kontrollieren Sie nochmals im Adressfeld, ob der richtige Ordner ausgewählt ist und klicken Sie zum Abschluss auf *Speichern*.

Ordner- und Dateinamen ändern

Namen von Ordnern können jederzeit nachträglich geändert werden, falls z. B. beim Erstellen der Name *Neuer Ordner* versehentlich beibehalten wurde. Eventuell bestehende Verknüpfungen mit diesem Ordner werden dabei von Windows automatisch angepasst. Auch die Namen von Dateien können auf diese Weise geändert werden.

Beachten Sie beim Umbenennen folgendes:

- Falls die Dateinamenerweiterung im Explorer sichtbar ist, darf diese beim Umbenennen nicht geändert werden, da sonst die Datei nicht mehr geöffnet werden kann. Eine ausgeblendete Dateinamenerweiterung wird dagegen beim Umbenennen nicht angetastet.
- Eine Datei darf beim Umbenennen nicht gleichzeitig geöffnet sein. Auch Ordner können nicht umbenannt werden, wenn gleichzeitig eine Datei aus diesem Ordner geöffnet ist.
- Die Namen der persönlichen Ordner, wie *Dokumente*, *Bilder* usw. können und sollten nicht ohne weiteres geändert werden.

So gehen Sie vor:

Die Vorgehensweise beim Umbenennen unterscheidet nicht zwischen Ordnern und Dateien, am einfachsten verwenden Sie dazu folgende Methode:

Umbenennen mit dieser Methode ist nur im Anzeigebereich möglich.

Zum Umbenennen in der Navigationsleiste müssen Sie das Kontextmenü verwenden. Klicken Sie dazu der rechten Maustaste auf den Ordner.

1 Klicken Sie einmal zum Markieren auf das Datei- bzw. Ordnersymbol.

2 Klicken Sie dann auf den Namen des markierten Elements, kein Doppelklick! Nach kurzer Verzögerung wechselt die Beschriftung in den Textmodus. Im Textmodus erscheint der Name wieder im Eingabefeld und ist markiert, kann also überschrieben werden. Im Textmodus können Sie außerdem sämtliche Techniken der Texteingabe und -korrektur anwenden.

3 Beenden Sie anschließend den Textmodus durch Drücken der Eingabe-Taste oder klicken Sie mit der Maus an eine beliebige Stelle.

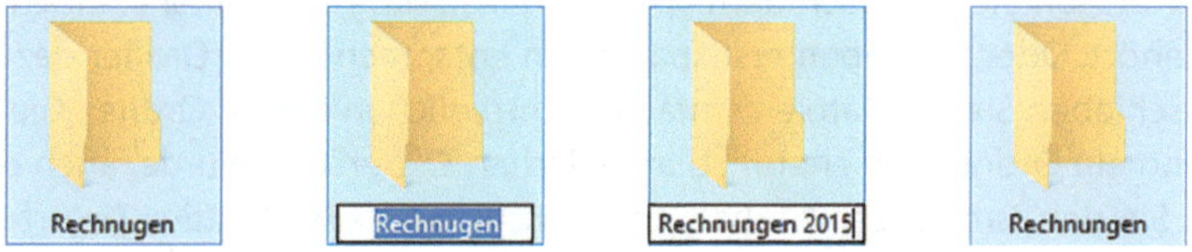

Bild 3.45 Ordner umbenennen

Als Alternative markieren Sie den Ordner ❶ oder die Datei und klicken im Menüband auf das Register *Start*. Hier finden Sie in der Gruppe *Organisieren* den Befehl *Umbenennen* ❷. Mit Drücken der Funktionstaste F2 erscheint der Name des markierten Elements ebenfalls im Textmodus. Auch im Kontextmenü der rechten Maustaste finden Sie den Befehl *Umbenennen*.

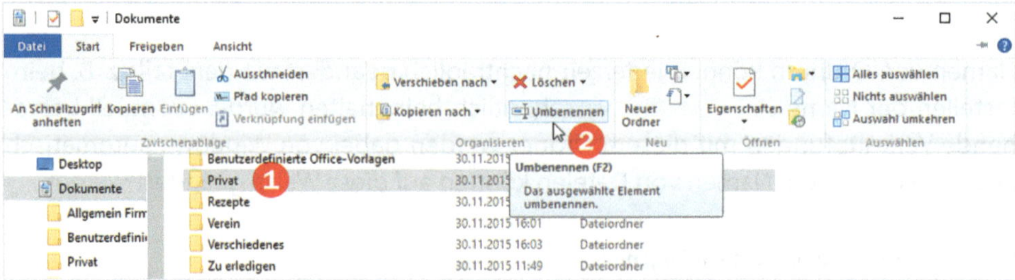

Bild 3.46 Befehl Umbenennen über die Schaltfläche im Menüband

Hinweis: Häufig wechselt die Beschriftung unbeabsichtigt in den Textmodus. Dies passiert, wenn beim Öffnen mit Doppelklick versehentlich auf den Namen geklickt wurde. Mit der Esc-Taste beenden Sie den Textmodus, ohne dass der Name geändert wird.

Mehrere Dateien gleichzeitig umbenennen

Sie können auch mehrere Elemente in einem einzigen Arbeitsschritt umbenennen. Besonders interessant ist dies bei umfangreichen Fotosammlungen, da die Fotos in der Regel mit einem wenig aussagefähigen Namen versehen sind. Markieren Sie hierzu zunächst alle Dateien, die Sie umbenennen möchten. Klicken Sie dann im Menüband, Register *Start*, auf *Umbenennen* und geben Sie einen Dateinamen ein. Nach dem Drücken der Eingabe-Taste erhalten alle markierten Dateien den neuen Namen und werden zusätzlich durchnummeriert.

Bild 3.47 Markierte Dateien gleichzeitig umbenennen

Dateien und Ordner an einen anderen Ort verschieben

Neben der hier beschriebeneb Methode gibt es auch noch die Möglichkeit des Verschiebens bzw. Kopierens über die Zwischenablage. Näheres hierzu weiter unten.

Manchmal stellen Sie erst nach dem Speichern fest, dass eine Datei in einen anderen Ordner gehört. Oder Sie haben erst später den entsprechenden Ordner dazu erstellt. Dann verschieben Sie die Dateien einfach nachträglich in diesen Ordner. Gleiches gilt auch, wenn ein Ordner versehentlich am falschen Ort erstellt wurde, auch dann verschieben Sie den Ordner samt Inhalt an die richtige Stelle. Weitere Zielorte können andere Laufwerke, z. B. CD/DVD-Laufwerk, USB-Speicherstick oder *OneDrive*, sein.

Beispiel: Mit der Maus eine Datei in einen Ordner verschieben

Die einfachste und schnellste Methode zum Verschieben ist das Ziehen eines Elements mit gedrückter linker Maustaste. Dies wird auch als Drag & Drop (dt. „Ziehen und Ablegen") bezeichnet.

Befinden sich die Datei und der Zielordner am selben Speicherort, z. B. im Ordner *Dokumente*, so brauchen Sie eigentlich nur im Anzeigebereich das Dateisymbol mit gedrückter linker Maustaste auf den Zielordner ziehen.

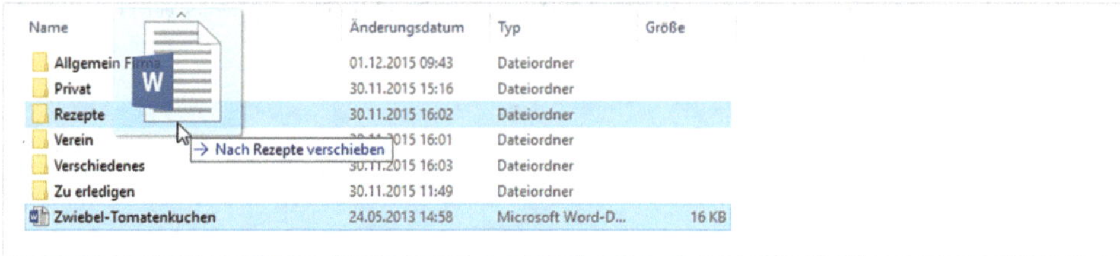

Bild 3.48 Während des Ziehens wandert das Dateisymbol mit dem Mauszeiger mit.

Lassen Sie die Maustaste erst los, wenn ein entsprechender Hinweis auf den Zielort erscheint.

Das Dateisymbol wandert mit dem Mauszeiger über den Bildschirm. Lassen Sie die Maustaste erst wieder los, wenn ein Hinweis auf den richtigen Zielort erscheint. Die Datei verschwindet anschließend aus dem ursprünglichen Ordner und befindet sich nun am Zielort, sie wurde verschoben.

Über die Navigationsleiste verschieben

Befinden sich Datei und Zielordner nicht am selben Ort, bzw. ist der Zielordner nicht im Anzeigebereich des Explorers sichtbar, dann ziehen Sie die Datei aus dem Anzeigebereich heraus und im Navigationsbereich auf den Zielort. Es genügt, wenn die Datei im Anzeigebereich des Explorers sichtbar ist, im Navigationsbereich öffnen sich während des Ziehens die Ordner automatisch und zeigen alle Unterordner an. So gehen Sie vor:

1. Ziehen Sie das zu verschiebende Element aus dem Anzeigebereich in die Navigationsleiste und auf den übergeordneten Ordner, z. B. *Dokumente* ❶. Lassen Sie die Maustaste nicht los und verweilen Sie kurz über dem Ordner *Dokumente*.
2. Die Unterordner werden nach kurzer Verzögerung automatisch unterhalb des Ordners *Dokumente* ❷ sichtbar.
3. Ziehen Sie nun die Datei weiter auf den Zielordner und lassen Sie die Maustaste erst los, wenn wieder ein entsprechender Hinweis am Mauszeiger erscheint.

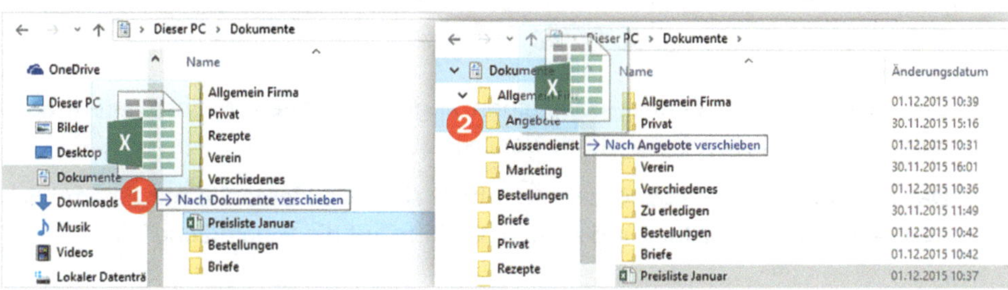

Bild 3.49 Ziehen Sie das Dateisymbol in den Navigationsbereich auf den Zielordner

Dieselbe Vorgehensweise wenden Sie auch an, wenn Sie anstelle einer Datei einen Ordner verschieben möchten.

Mehrere Elemente gleichzeitig verschieben

Zum Verschieben mehrerer markierter Elemente genügt es, wenn Sie auf ein beliebiges markiertes Element zeigen und dieses anschließend mit gedrückter Maustaste auf den Zielort ziehen, die übrigen wandern mit und während des Ziehens wird die Zahl der markierten Elemente angezeigt.

Bild 3.50 Mehrere markierte Elemente verschieben

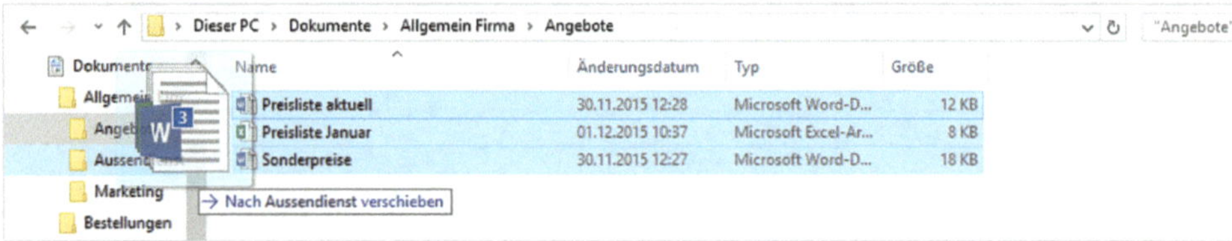

Über Schaltfläche im Menüband verschieben

Eine zweite Möglichkeit zum Verschieben finden Sie im Menüband. Dies dürfte allerdings die umständlichere Methode sein:

1 Markieren Sie das Element bzw. die Elemente ❶, klicken Sie auf das Register *Start* und hier auf *Verschieben nach* ❷.

2 Es erscheint eine Liste mit Ihren persönlichen Standardordnern und zuletzt verwendeten Ordnern. Befindet sich der gewünschte Zielordner darunter, so klicken Sie diesen einfach an.

Bild 3.51 Verschieben über die Schaltfläche im Menüband

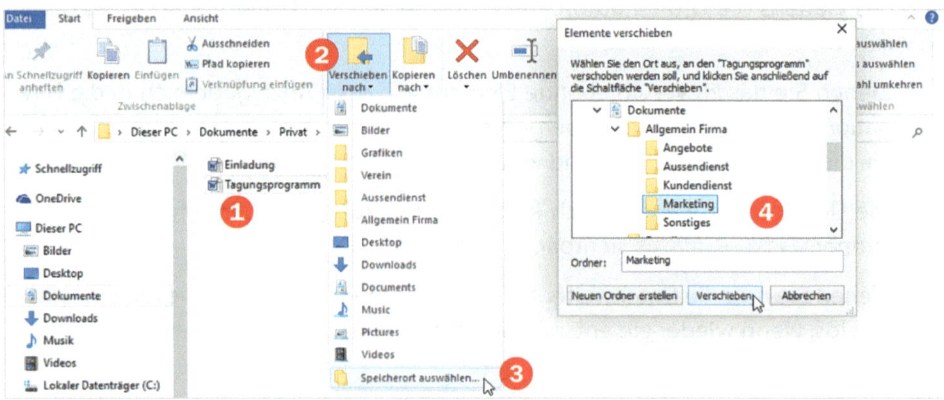

3 Um einen anderen Ordner oder einen angeschlossenen Wechseldatenträger auszuwählen, klicken Sie am Ende der Liste auf *Speicherort auswählen...* ❸.

4 Das Fenster *Elemente verschieben* ❹ öffnet sich. Markieren Sie mit einem Klick den gewünschten Ordner und klicken Sie dann auf die Schaltfläche *Verschieben*.

Dateien und Ordner kopieren

Kopieren wird meist zum Sichern von Daten benutzt. Die Vorgehensweise unterscheidet sich nur wenig vom Verschieben. Zum Kopieren können Sie im Menüband die Schaltfläche *Kopieren* oder die Maus benutzen.

Wenn Sie die Kopie einer Datei im selben Ordner wie die Originaldatei einfügen, dann erhält die Kopie automatisch den Zusatz *Kopie*. Gleiches gilt auch für Ordner.

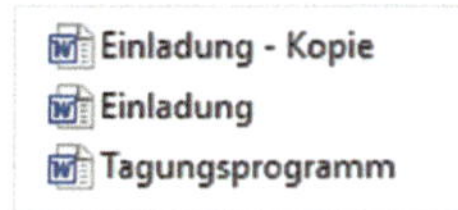

Menüband: Schaltfläche Kopieren

Neben *Verschieben* finden Sie im Menüband auch die Schaltfläche *Kopieren*, die Vorgehensweise ist dieselbe wie oben im Zusammenhang mit Verschieben beschrieben:

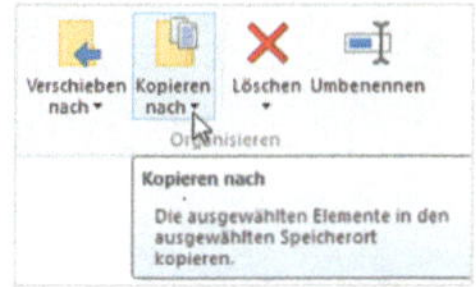

1 Markieren Sie das zu kopierende Element, klicken Sie im Menüband auf *Start* und hier auf *Kopieren nach*.

2 Wie beim Verschieben öffnet sich eine Liste von Ordnern, klicken Sie entweder hier auf den gewünschten Zielort oder auf *Speicherort auswählen...*.

Ziehen mit der Maus

Beim Ziehen mit gedrückter linker Maustaste ❶ (siehe „Mit der Maus verschieben") wird ein Element automatisch kopiert, wenn Sie es auf ein anderes Laufwerk, z. B. einen USB-Stick ziehen. Ob ein Element kopiert wird, erkennen Sie auch am Hinweistext und am Symbol ❷ während des Ziehens. Beim Kopieren erscheint vor dem Hinweis auf den Zielort ein + Zeichen.

Anderes Laufwerk = automatisches Kopieren

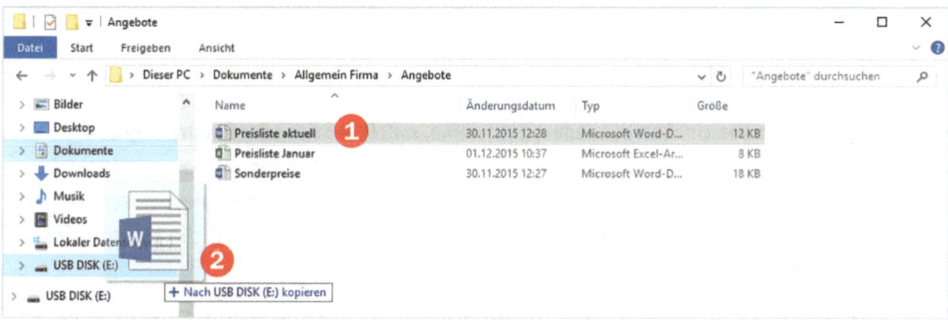

Bild 3.52 Kopieren durch Ziehen mit der Maus und gleichzeitig gedrückter Strg-Taste

Weitere Techniken mit der Maus

Beim Ziehen mit der Maus stehen noch weitere Möglichkeiten zum Kopieren/Verschieben zur Verfügung:

- Halten Sie während des Ziehens die Strg-Taste gedrückt, so wird unabhängig vom Quell- und Zielort immer kopiert. Mit gleichzeitig gedrückter Umschalt-Taste wird dagegen immer verschoben.
- Oder verwenden Sie zum Ziehen die rechte Maustaste: Nach dem Loslassen der Maustaste erscheint am Zielort ein Menü und Sie können zwischen *Verschieben* und *Kopieren* wählen. Als dritte Alternative wird eine Verknüpfung angeboten.

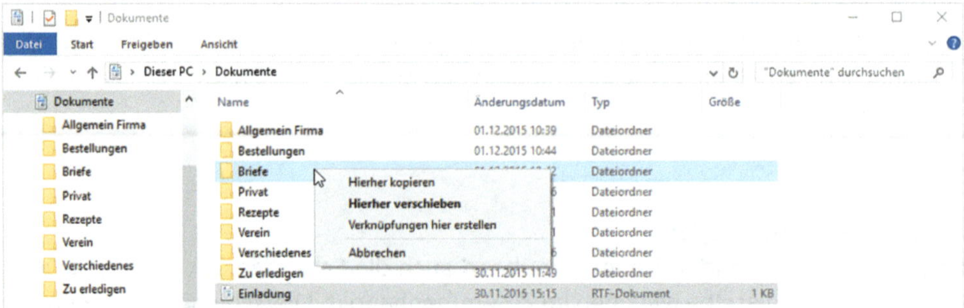

Bild 3.53 Kontextmenü beim Ziehen mit der rechten Maustaste

Wann wird verschoben, wann automatisch kopiert? In der nachfolgenden Tabelle erhalten Sie eine Übersicht über die Standardeinstellungen beim Ziehen mit der Maus.

Am Hinweistext während des Ziehens erkennen Sie schnell, ob ein Element verschoben oder kopiert wird.

Ein Element wird automatisch verschoben, ...	wenn sich Quell- und Zielort auf demselben Datenträger befinden. Ziehen Sie beispielsweise ein Foto aus dem Ordner *Dokumente* in den Ordner *Bilder*, so wird es verschoben.
Ein Element wird automatisch kopiert, ...	wenn sich Quell- und Zielort auf unterschiedlichen Datenträgern befinden. Ziehen Sie ein Foto aus dem Ordner *Bilder* auf einen angeschlossenen USB-Stick, so wird am Zielort automatisch eine Kopie erstellt.
Ausnahme OneDrive	Eine Ausnahme stellt *OneDrive* dar. Wenn Sie eine Datei oder einen Ordner nach *OneDrive*, bzw. in einen *OneDrive* Ordner ziehen, wird das Element automatisch verschoben.

Für das Kopieren und Verschieben auf andere Laufwerke, z. B. USB-Stick oder OneDrive, gilt:

- Der Kopiervorgang, insbesondere umfangreicher Ordner, auf ein anderes Laufwerk dauert in der Regel etwas länger. Dann lässt sich der Kopierfortschritt in einem kleinen Fenster mitverfolgen und hier ggfs. mit Klick auf die beiden Schaltflächen unter- oder ganz abbrechen.

- Das Verschieben oder Kopieren umfangreicher Dateien und Ordner zwischen dem lokalen Laufwerk und *OneDrive* dauert ebenfalls länger, da dieser Vorgang über die vergleichsweise „langsame" Internet-Verbindung erfolgt. Man bezeichnet dies auch als „Upload" (Hochladen), bzw. „Download" (Herunterladen) von Daten. Auf *OneDrive* erkennen Sie an den Datei- und Ordnersymbolen den laufenden Aktualisierungsvorgang.

Bild 3.54 Statusanzeige bei längeren Kopiervorgängen

Die Zwischenablage zum Kopieren und Verschieben nutzen

Windows verfügt über einen temporären Speicher, die sogenannte Zwischenablage. Diese kann ebenfalls zum Kopieren oder Verschieben verwendet werden. Diese Methode dürfte vielen Nutzern bereits geläufig sein.

Kopieren und einfügen

Im Datei-Explorer gehen Sie zum Kopieren von Dateien oder Ordnern über die Zwischenablage wie folgt vor:

Diese Zwischenablage wird auch von Apps zum Kopieren und Verschieben verwendet.

1 Markieren Sie die Datei oder den Ordner ❶ und klicken Sie im Menüband, Register *Start*, in der Gruppe *Zwischenablage* auf *Kopieren* ❷.

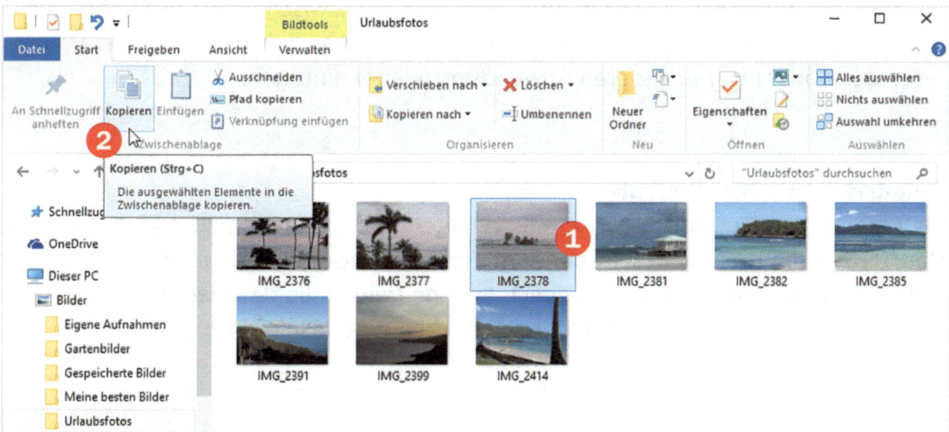

Bild 3.55 Markiertes Element in die Zwischenablage kopieren

2 Klicken Sie in der Navigationsleiste auf den Zielort ❸ bzw. sorgen Sie dafür, dass der Inhalt des Zielortes im Anzeigebereich sichtbar ist.

3 Klicken Sie dann im Menüband auf *Start* und auf *Einfügen* ❹.

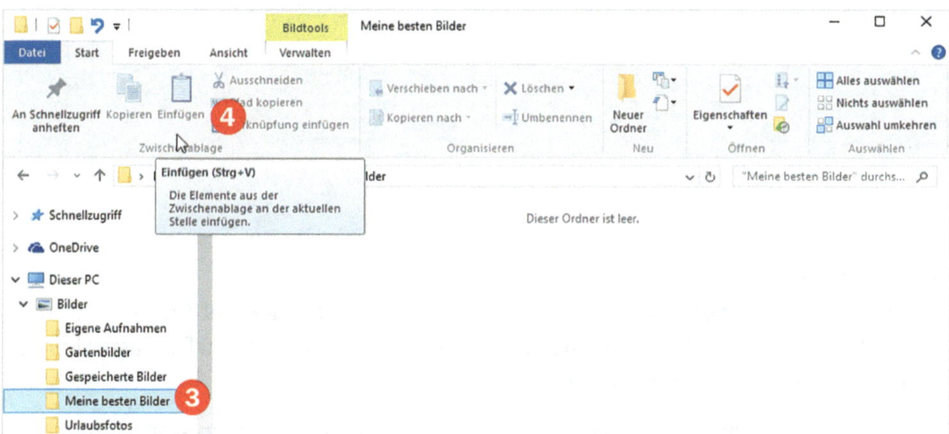

Bild 3.56 Kopiertes Element am Zielort aus der Zwischenablage einfügen

Element verschieben

Zum Verschieben eines Elements gehen Sie genauso vor, verwenden aber anstatt *Kopieren* die Schaltfläche *Ausschneiden* (Symbol Schere).

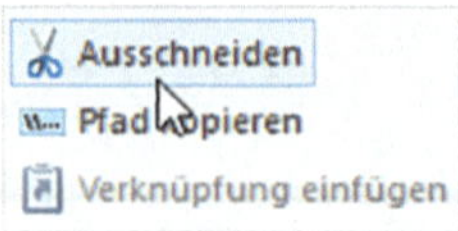

Nützlich zu wissen

- Im Gegensatz zur Drag & Drop (dt. Ziehen und Fallenlassen) Methode verbleibt ein Element so lange in der Zwischenablage, bis ein anderes Element ausgeschnitten oder kopiert wird. Das bedeutet, dass ein Element auch mehrmals nacheinander eingefügt werden kann.
- Die Zwischenablage kann auch von Apps bzw. Anwendungen genutzt werden und stellt somit eine wichtige Möglichkeit zum Austausch von Daten zwischen verschiedenen Anwendungen dar. Über die Zwischenablage können Sie beispielsweise auch markierten Text oder eine Grafik ausschneiden und an anderer Stelle oder in einer anderen Anwendung wieder einfügen.

Für das Kopieren und Ausschneiden verwendet man auch die englische Bezeichnung Copy & Paste.

Kontextmenü der rechten Maustaste

Die Befehle *Kopieren* und *Ausschneiden* erhalten Sie auch, wenn Sie mit der rechten Maustaste auf ein Element klicken. Zum Einfügen klicken Sie dann mit der rechten Maustaste entweder im Anzeigebereich an eine freie Stelle des Zielortes oder in der Navigationsleiste bzw. im Anzeigebereich direkt auf den Zielordner.

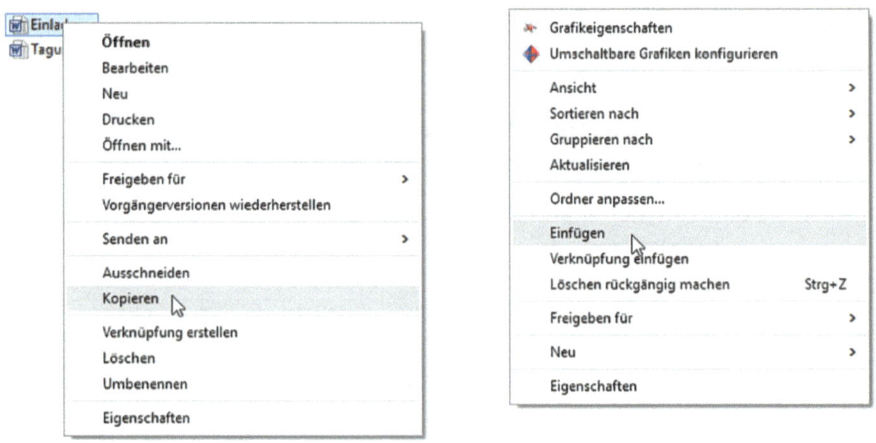

Bild 3.57 Kopieren und Einfügen über die rechte Maustaste

Tastenkombinationen

Am schnellsten geht das Kopieren, Ausschneiden und Einfügen mit Tastenkombinationen, daher wird diese Methode meist auch in der Praxis bevorzugt. Die Tastenkombinationen finden Sie in der nachfolgenden Tabelle.

Tipp: Diese Tastenkombinationen funktionieren immer, also auch in Apps oder wenn die entsprechenden Befehle gerade nicht angezeigt werden.

Aktion	Tasten	Beschreibung
Kopieren	Strg + C	Das markierte Element in die Zwischenablage kopieren.
Ausschneiden	Strg + X	Das markierte Element in die Zwischenablage ausschneiden. Ausgeschnittene Elemente verbleiben solange am Quellort, bis sie andernorts eingefügt werden.
Einfügen	Strg + V	Zuvor kopierte oder ausgeschnittene Elemente aus der Zwischenablage an der aktuellen Position einfügen.

Mögliche Konflikte beim Verschieben, Kopieren oder Umbenennen

Beim Verschieben oder Kopieren kann es vorkommen, dass Sie eine der folgenden Fehlermeldungen erhalten.

Datei wird verwendet

Die Fehlermeldung *Datei wird verwendet* bedeutet, die betreffende Datei ist geöffnet und geöffnete Dateien können weder verschoben, noch kopiert oder umbenannt werden. Dies gilt auch für Ordner, wenn eine Datei aus diesem Ordner noch geöffnet ist. Klicken Sie auf *Abbrechen* und schließen Sie die Datei.

Schließen Sie eine Datei vor dem Verschieben, Kopieren oder Umbenennen!

Der Quell- und Zieldateiname sind identisch

Der Quell- und Zieldateiname sind identisch ist eine häufige Fehlermeldung beim Verschieben. Sie bedeutet einfach nur, Sie haben versucht ein Element dorthin zu verschieben, wo es sich bereits befindet. Klicken Sie auf *Abbrechen*.

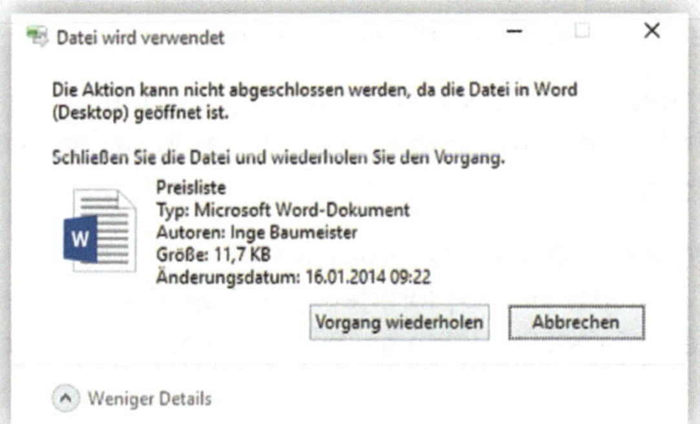

Bild 3.58 Datei ist noch geöffnet

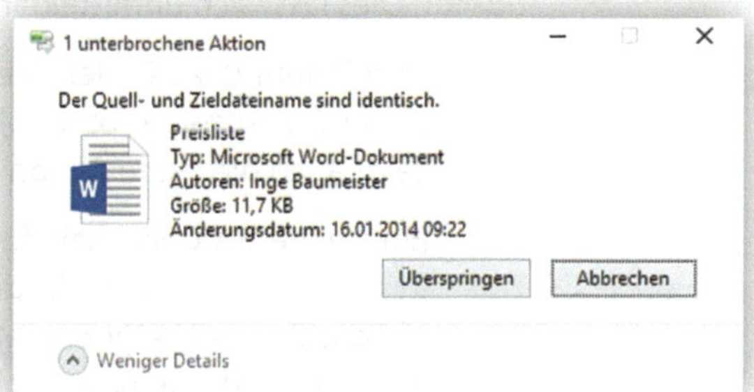

Bild 3.59 Quelle und Ziel sind identisch

Dateien ersetzen oder überspringen

Die Meldung *Dateien ersetzen oder überspringen* erscheint beim Verschieben oder Kopieren, wenn sich am Zielort bereits eine Datei mit gleichem Namen befindet. Dann erhalten Sie die nachfolgend abgebildete Meldung mit folgenden Möglichkeiten:

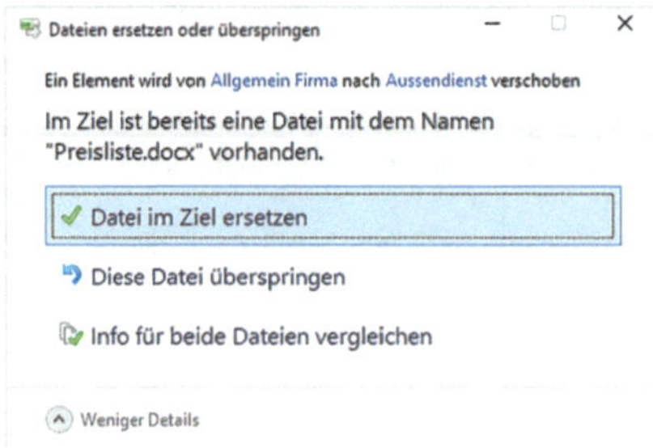

Bild 3.60 Datei ersetzen

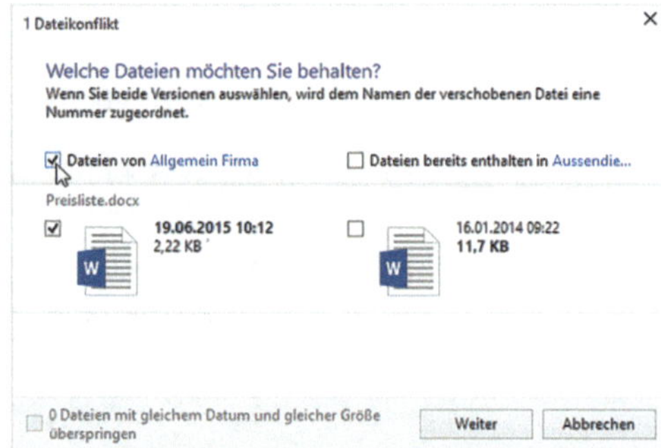

Bild 3.61 Auswählen, welche Datei beibehalten werden soll

Achtung: das Ersetzen von Dateien kann nicht rückgängig gemacht werden!

- Handelt es sich um dieselbe Datei und der Inhalt der zu kopierenden Datei stellt die aktuellere Version dar, dann wählen Sie *Datei im Ziel ersetzen*. Dadurch wird die vorhandene Datei überschrieben.
- Ist der Inhalt beider Dateien identisch oder möchten Sie die Datei lieber nicht kopieren bzw. verschieben, dann klicken Sie auf *Diese Datei überspringen*.
- *Info für beide Dateien vergleichen* öffnet ein weiteres Fenster (siehe Bild oben) und Sie können entscheiden, welche der beiden Dateien Sie beibehalten möchten. Benutzen Sie dazu die kleinen Kästchen: Ein Häkchen bedeutet, die Datei wird beibehalten. Sie können auch beide beibehalten, dann wird an den Namen der eingefügten Datei eine Nummer (2) angefügt.

So machen Sie die letzte Aktion rückgängig

Manchmal werden Dateien oder Ordner versehentlich verschoben, kopiert oder gelöscht. Dies lässt sich unmittelbar nach der Aktion wieder rückgängig machen.

Alternativ verwenden Sie die Tastenkombination Strg+Z.

- Den Befehl dazu finden Sie, wenn Sie mit der rechten Maustaste an eine freie Stelle des Anzeige- bzw. Inhaltsbereichs im Explorer klicken. Das Kontextmenü zeigt auch die letzte Aktion mit an, z. B. *Verschieben rückgängig machen*.
- Eine weitere Möglichkeit finden Sie in Form eines Symbols in der *Symbolleiste für den Schnellzugriff* links in der Titelleiste des Explorerfensters. **Tipp:** Beim Zeigen auf das Symbol zeigt ein Infofeld die letzte Aktion an, erst mit einem Mausklick machen Sie diese rückgängig.

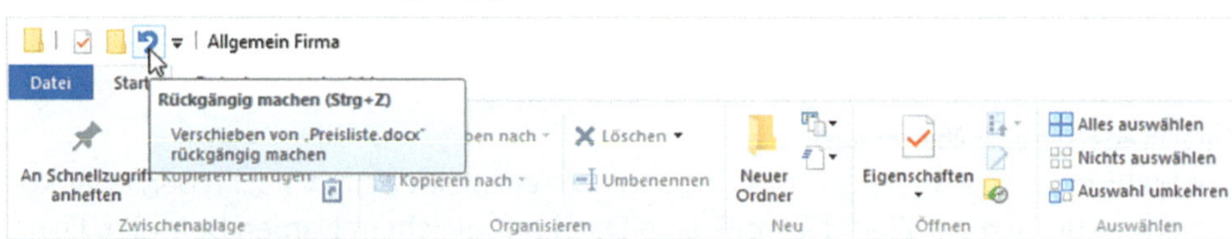

Bild 3.62 Das Symbol Rückgängig

Symbol nicht in der Leiste enthalten?

Falls dieses Symbol in der Schnellzugriffsleiste des Explorers nicht angezeigt wird, so können Sie es hinzufügen. Klicken Sie dazu am rechten Ende der Schnellzugriffsleiste auf nach unten weisenden Pfeil. Es erscheint eine Liste von Befehlen, bereits in der Leiste enthaltene Befehle sind am Häkchen zu erkennen. Klicken Sie zum Hinzufügen auf *Rückgängig*.

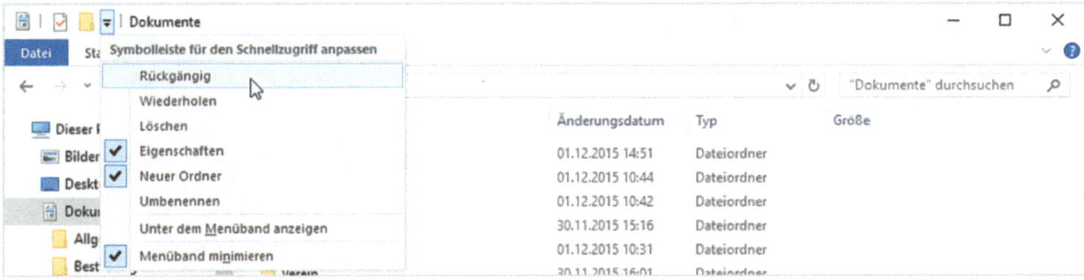

Bild 3.63 Symbol hinzufügen

Tipp: Für die Symbolleiste für den Schnellzugriff ist neben dem Symbol *Rückgängig* auch noch das Symbol *Wiederholen* verfügbar, siehe Bild oben. Damit machen Sie den Befehl *Rückgängig* wieder rückgängig, d.h. Sie nehmen eine rückgängig gemachte Aktion wieder zurück.

Achtung!

- Mit diesem Symbol wird immer die zuletzt ausgeführte Aktion rückgängig gemacht. Sie sollten also eine Aktion unmittelbar nach der Ausführung rückgängig machen, später müssen Sie sonst auch alle übrigen, zwischenzeitlich erfolgten Aktionen rückgängig machen.
- Auch versehentliches Löschen oder Umbenennen können auf diese Weise wieder rückgängig gemacht werden. Falls allerdings beim Verschieben oder Kopieren eine Datei ersetzt, also überschrieben wurde (siehe Konflikte), lässt sich dies nicht mehr rückgängig machen.

Nicht mehr benötigte Dateien und Ordner entfernen

Nicht mehr benötigte Dateien und Ordner können von der Festplatte bzw. vom Datenträger entfernt werden. Beim Löschen eines Ordners wird auch dessen gesamter Inhalt gelöscht. Allerdings bedeutet Löschen unter Windows nicht, dass das betreffende Element sofort vernichtet wird. Es wird vielmehr standardmäßig zunächst in den Papierkorb verschoben und kann aus dem Papierkorb bei Bedarf wiederhergestellt werden.

Löschen bzw. in den Papierkorb verschieben

Zum Löschen von Dateien und Ordnern gibt es verschiedene Möglichkeiten. In allen Fällen wird das Element zunächst in den Papierkorb verschoben. Hier die wichtigsten Methoden:

- Markieren Sie im Explorer das zu löschende Element ❶ und klicken Sie im Menüband auf *Start* und auf die Schaltfläche *Löschen* ❷.

- Oder klicken Sie mit der rechten Maustaste auf ein Element und wählen Sie im Kontextmenü den Befehl *Löschen*.
- Oder markieren Sie ein Element und drücken auf der Tastatur die Entf-Taste oder verwenden die Tastenkombination Strg+D.

Bild 3.64 Eine Datei im Explorer löschen

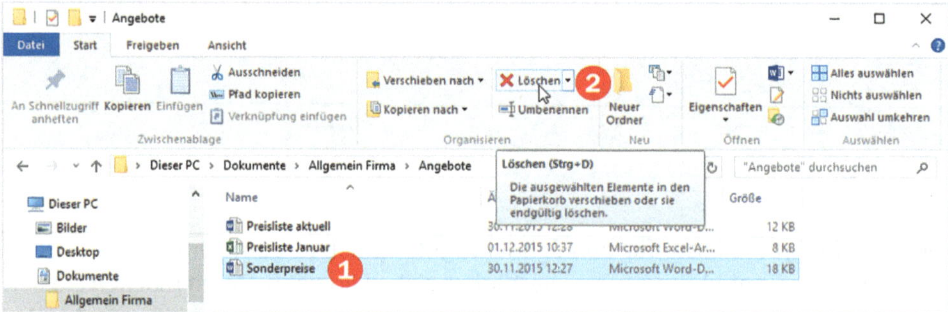

- Falls der Desktop mit dem Papierkorb sichtbar ist, können Sie das Element auch mit gedrückter linker Maustaste auf das Papierkorbsymbol ziehen.

> **Mögliche Probleme beim Löschen**
>
> Eine Datei kann nicht gelöscht werden, während sie noch geöffnet ist. In diesem Fall erhalten Sie beim Löschen eine entsprechende Meldung. Dies gilt auch, wenn Sie einen Ordner löschen möchten und eine Datei aus diesem Ordner ist noch geöffnet. Damit der Ordner gelöscht werden kann, müssen Sie zuerst die Datei schließen.

Endgültiges Löschen müssen Sie nochmals betätigen.

Einzelne Elemente endgültig löschen

Sie möchten ein Element nicht erst in den Papierkorb verschieben, sondern sofort endgültig löschen? Auch das ist möglich: Im Datei-Explorer klicken Sie dazu auf den zur Schaltfläche *Löschen* gehörenden Dropdown-Pfeil und auf *Endgültig löschen*.

Bild 3.65 Datei endgültig löschen: Bestätigen Sie mit Ja

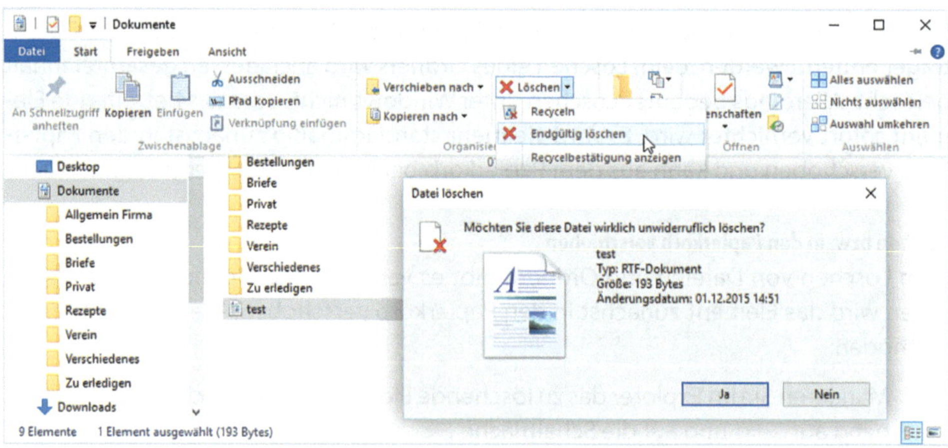

Unter Umständen lassen sich auch endgültig gelöschte Elemente wiederherstellen. Allerdings nicht mit „Bordmitteln" von Windows!

Alternativ markieren Sie zum endgültigen Löschen das Element und drücken die Tasten Umschalt+Entf. Oder ziehen Sie das Element mit gleichzeitig gedrückter Umschalt-Taste auf das Papierkorbsymbol auf dem Desktop.

Tipp: Eine Löschbestätigung ist nur beim endgültigen Löschen erforderlich. Wenn bei jedem Löschvorgang, also auch beim Verschieben in den Papierkorb eine Bestätigung angefordert werden soll, dann klicken Sie ebenfalls auf den Dropdown-Pfeil der Schaltfläche *Löschen* und aktivieren die Einstellung *Recycelbestätigung anzeigen*.

Gelöschte Elemente aus dem Papierkorb wiederherstellen

Gelöschte Dateien und Ordner verbleiben solange im Papierkorb, bis Sie den Papierkorb leeren oder dieser voll ist. Ist der Papierkorb voll, schafft Windows selbst Platz, indem diejenigen Elemente, deren Löschdatum am weitesten zurückliegt, automatisch und ohne Rückfrage endgültig gelöscht werden.

Solange sich ein Element im Papierkorb befindet, lässt es sich auch zu einem späteren Zeitpunkt am ursprünglichen Speicherort wiederherstellen. So gehen Sie dabei vor:

1. Sie finden den Papierkorb als Symbol auf dem Desktop. Öffnen Sie den Papierkorb mit Doppelklick auf das Symbol.
2. Der Datei-Explorer wird geöffnet und zeigt im Anzeigebereich den Inhalt des Papierkorbs an. Markieren Sie hier das Element bzw. die Elemente, die Sie wiederherstellen möchten ❶.
3. Klicken Sie im Menüband auf das Register *Verwalten* (*Papierkorbtools*) und hier auf die Schaltfläche *Ausgewählte Elemente wiederherstellen* ❷. Oder klicken Sie mit der rechten Maustaste auf das Element und verwenden im Kontextmenü *Wiederherstellen*. In beiden Fällen verschwindet das Element aus dem Papierkorb und befindet sich jetzt wieder am ursprünglichen Speicherort.

Bei versehentlichem Löschen können Sie die Aktion unmittelbar danach rückgängig machen.

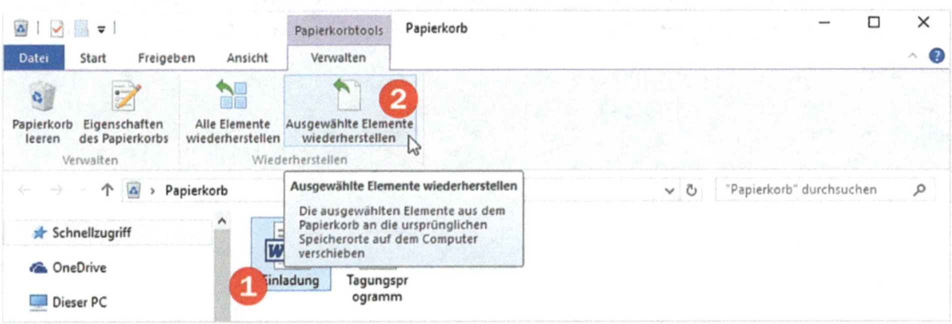

Bild 3.66 Markierte Elemente aus dem Papierkorb wiederherstellen

Sollen hingegen sämtliche im Papierkorb vorhandenen Elemente wiederhergestellt werden, wählen Sie die Schaltfläche *Alle Elemente wiederherstellen*. Bei diesem Befehl ist allerdings Vorsicht geboten, er kann vorangegangene mühsame „Aufräumaktionen“ auf der Festplatte wieder zunichte machen!

Dateien oder Ordner können im Papierkorb nicht geöffnet werden. Ein Doppelklick auf das Datei- oder Ordnersymbol öffnet hier nur das Fenster *Eigenschaften*. Um den Inhalt einzusehen, müssen Sie das Element zuerst wiederherstellen.

Achtung: Dateien, die von einem Wechseldatenträger, z. B. einem USB-Speicherstick, gelöscht werden, können unter Umständen nicht wiederhergestellt werden! Gleiches gilt auch für freigegebene Netzlaufwerke in einem Netzwerk. Achten Sie in solchen Fällen auf die Meldung, die beim Löschen erscheint.

Elemente aus dem Papierkorb entfernen/Papierkorb leeren

Falls Sie einzelne Elemente aus dem Papierkorb endgültig löschen möchten, so markieren Sie das betreffende Element und klicken im Menüband, Register *Start*, auf die Schaltfläche *Löschen*. Als Alternative klicken Sie mit der rechten Maustaste auf das Element und im Kontextmenü auf den Befehl *Löschen* oder betätigen auf der Tastatur die Taste Entf. Diesen Löschvorgang müssen Sie anschließend nochmals bestätigen.

Bild 3.67 Ein markiertes Element endgültig aus dem Papierkorb entfernen

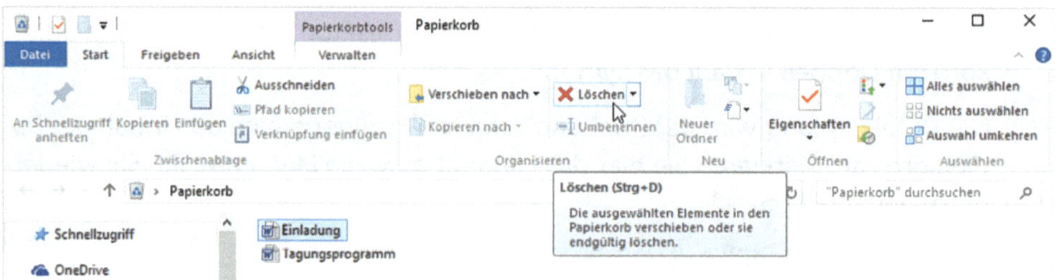

Möchten Sie den gesamten Papierkorbinhalt endgültig löschen, so klicken Sie im Menüband, Register *Papierkorbtools - Verwalten*, auf die Schaltfläche *Papierkorb leeren*. Der Papierkorbinhalt kann anschließend (zumindest mit Bordmitteln von Windows) nicht mehr wiederhergestellt werden, daher müssen Sie diese Aktion nochmals bestätigen.

Bild 3.68 Den Papierkorb leeren

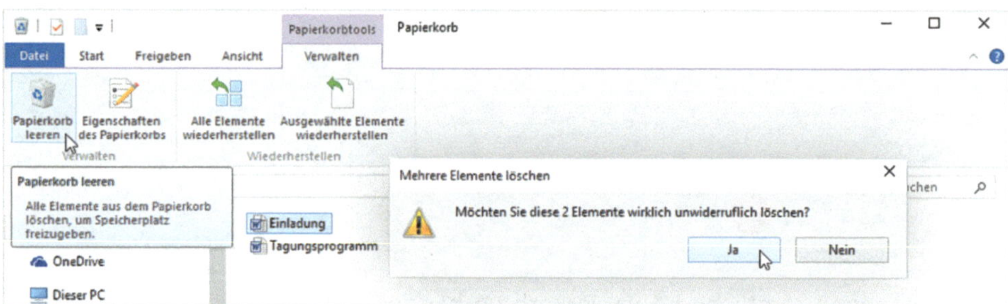

Eine weitere Möglichkeit zum Leeren des Papierkorbs erhalten Sie im Kontextmenü, wenn Sie auf dem Desktop mit der rechten Maustaste auf das Papierkorbsymbol klicken. In diesem Fall braucht der Papierkorb vorher nicht geöffnet werden.

3.6 Nach Dateien und Ordnern suchen

Rechts in der Adresszeile des Datei-Explorers befindet sich ein Suchfeld, mit dem Sie den aktuellen Speicherort nach Dateien und Ordnern durchsuchen können. Standardmäßig bezieht die Suche den Datei- bzw. Ordnernamen, den Dateiinhalt, sowie die Dateieigenschaften ein. Windows unterscheidet beim Suchbegriff nicht zwischen Groß- und Kleinschreibung!

Ordner im Explorer durchsuchen

Beispiel: Sie suchen nach Dateien, die den Namen „Müller" enthalten, Dateiname und der genaue Speicherort sind Ihnen nicht bekannt. Bei den gesuchten Dateien handelt es sich um Textinhalte, daher dürften sie sich im Ordner *Dokumente* oder einem Unterordner dieses Ordners befinden. Da Windows standardmäßig auch alle Unterordner eines Speicherortes durchsucht, beginnen Sie mit der Suche am besten im Ordner *Dokumente*.

1 Sorgen Sie dafür, dass der Inhalt des Ordners *Dokumente* im Anzeigebereich sichtbar ist, klicken Sie also im Navigationsbereich auf diesen Ordner ❶.

2 Klicken Sie in das Suchfeld und tippen Sie den gesuchten Begriff ein ❷. Bereits während der Eingabe erscheinen entsprechende Treffer im Anzeigebereich, daher genügt manchmal auch schon die Eingabe der ersten Zeichen.

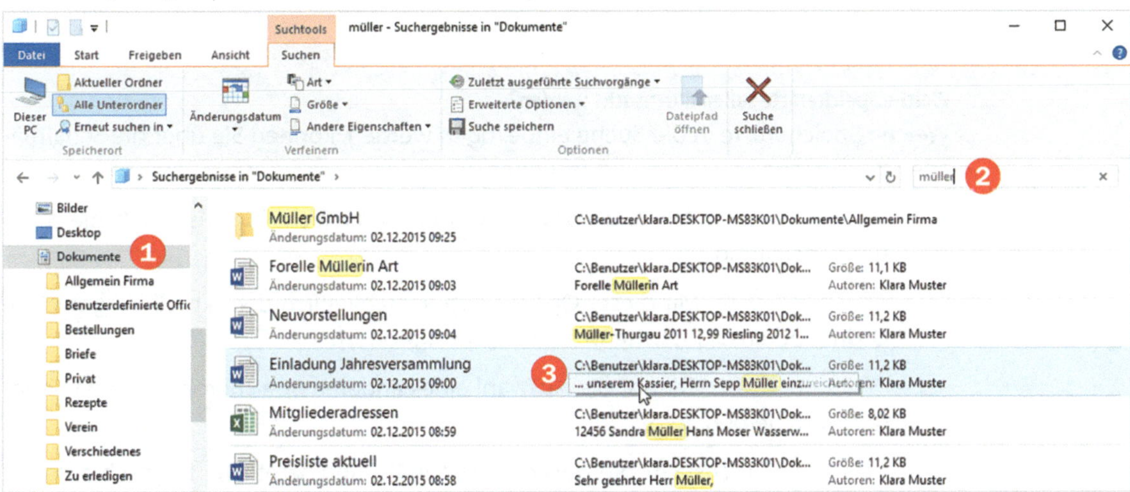

Bild 3.69 Beispiel: Den Ordner Dokumente und Unterordner durchsuchen

3 Die gefundenen Ordner und Dateien werden in der Ansicht *Inhalt* aufgelistet, der Suchbegriff ist hervorgehoben. Sie brauchen jetzt nur noch die gewünschte Datei bzw. den Ordner mit Doppelklick öffnen.

Tipp: In der zweiten Spalte wird zusammen mit dem Dateipfad auch der entsprechende Auszug aus dem Dateiinhalt angezeigt. Mehr Informationen erhalten Sie, wenn Sie mit der Maus auf diese Stelle zeigen ❸.

Suche bzw. Suchkriterium löschen

Die Suche funktioniert wie ein Filter: Um das Suchkriterium zu löschen und wieder den gesamten Inhalt des Ordners *Dokumente* anzuzeigen, klicken Sie auf das kleine x-Symbol rechts neben dem Suchfeld ❶. Oder klicken Sie im Menüband, Register *Suchtools* - *Suchen* auf die Schaltfläche *Suche schließen* ❷. Dadurch wird die ursprüngliche Anzeige wiederhergestellt.

Bild 3.70 Suchkriterium löschen

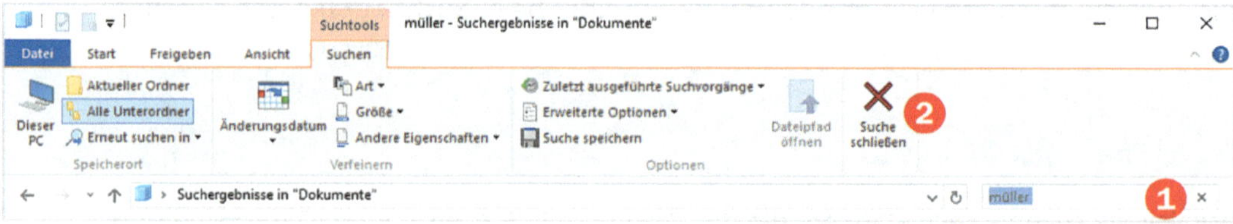

Weitere Suchkriterien einbeziehen

Die Suchfunktion von Windows kann noch mehr, die Optionen dazu finden Sie im Menüband, Register *Suchtools* - *Suchen*. Dieses Register erscheint automatisch zusammen mit den Suchergebnissen.

Bild 3.71 Im Register Suchtools die Suche verfeinern

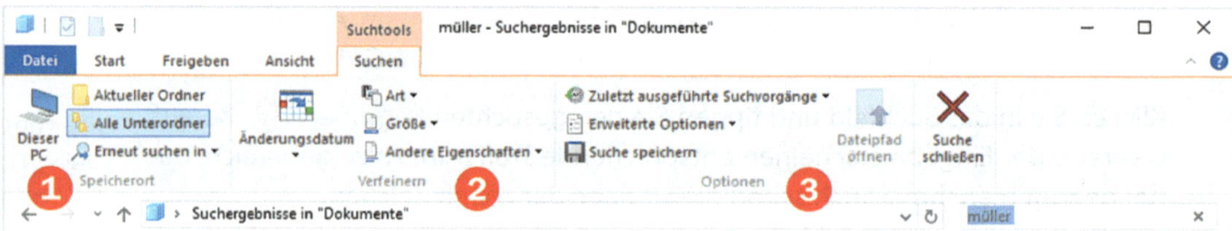

Welche Speicherorte sollen durchsucht werden?

Welche Speicherorte in die Suche einbezogen werden, können Sie über die Schaltflächen der Gruppe *Speicherort* ❶ festlegen.

- *Alle Unterordner*: Alle Unterordner werden durchsucht, dies ist auch die Standardeinstellung.
- *Aktueller Ordner*: Mit dieser Option wird ausschließlich der aktuell ausgewählte Ordner durchsucht, Unterordner werden ignoriert.
- *Erneut suchen in*: Erlaubt die Auswahl eines anderen Speicherortes, der Suchbegriff wird beibehalten.
- *Dieser PC*: Durchsucht die gesamte Festplatte und sämtliche angeschlossenen Speichermedien, z. B. externe Festplatte.

Tipp: Wenn Sie mit der Auswahl *Dieser PC* den gesamten Computer und die angeschlossenen Speichermedien durchsuchen, dann kann dies einige Zeit in Anspruch nehmen. Meist geht es schneller, wenn Sie stattdessen der Reihe nach zuerst Ihre persönlichen Ordner durchsuchen und erst danach gesondert die externen Datenträger (*Erneut suchen in*).

Änderungsdatum und Dateityp

Bei einer Vielzahl gefundener Dateien kann es sinnvoll sein, die Suchergebnisse nach Dateityp und/oder Änderungsdatum weiter einzugrenzen. Dazu verwenden Sie die Schaltflächen *Art* und *Änderungsdatum* der Gruppe *Verfeinern* ❷. *Art* erlaubt z. B. die Eingrenzung auf Kalenderelemente, Dokumente, Bilder oder E-Mails. Mit der Schaltfläche *Änderungsdatum* können Sie *Heute*, *Gestern*, *Diese Woche*, *Letzte Woche* oder einen noch weiter zurück liegenden Zeitraum angeben. Dagegen sind *Größe* und *Eigenschaften* einer Datei, z. B. Autor und Titel, nur selten bekannt und die Schaltflächen werden entsprechend selten genutzt.

Suchen Sie z. B. nach einem Brief, in dem der Name „Müller" vorkommt, dann klicken Sie im Register *Suchen* auf *Art* und wählen *Dokument* aus.

Nach Dateityp/Dateinamenerweiterung filten

Wenn Sie nach einem bestimmten Dateityp suchen, z. B. einer Excel-Arbeitsmappe, dann liefert die Auswahl *Dokument* nicht immer befriedigende Ergebnisse, da sämtliche Dokumenttypen mit einbezogen werden, also Word-Dokumente, Excel-Arbeitsmappen, PowerPoint-Präsentationen, sowie Dateien im RichText Format, die z. B. mit WordPad erstellt wurden. Ist Ihnen der genaue Dateityp bzw. die Dateinamenerweiterung bekannt, können Sie auch diese bei der Suche heranziehen.

Ein Beispiel: Sie suchen nach einer Excel-Arbeitsmappe (.xlsx), die den Namen „Müller" enthält. Geben Sie diesen Begriff im Suchfeld ein.

1 Klicken Sie dann im Register *Suchen*, Gruppe *Verfeinern*, auf *Andere Eigenschaften* und wählen Sie *Typ* ❶.

2 Im Suchfeld erscheint nun rechts vom Suchbegriff der Zusatz *Typ:*. Tippen Sie dahinter die gesuchte Dateinamenserweiterung, in unserem Beispiel xlsx ein ❷.

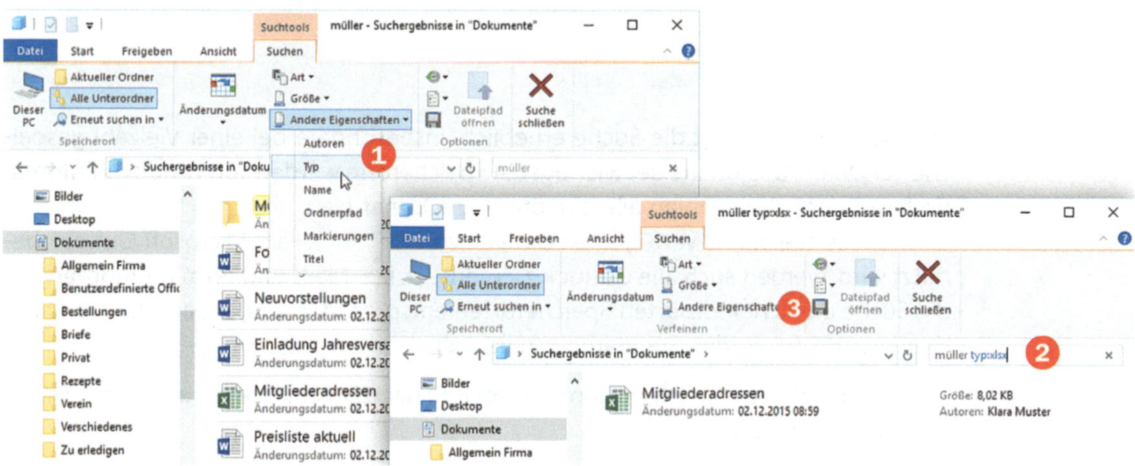

Bild 3.72 Suchen nach Dateinamenerweiterung

Suche speichern

Die aktuelle Suche lässt sich bei Bedarf speichern und später erneut ausführen. Hierzu klicken Sie im Register *Suchen*, Gruppe *Optionen* ❸ auf *Suche speichern*. Diese wird standardmäßig im persönlichen Ordner *Suchvorgänge* gespeichert, verwenden Sie zum Speichern einen aussagefähigen Namen. Wenn Sie später auf eine gespeicherte Suche zurückgreifen möchten, dann brauchen Sie einfach nur diesen Namen in das Suchfeld der Taskleiste eintippen.

Datei am Speicherort anzeigen

Diesen Befehl im Kontextmenü der rechten Maustaste erhalten Sie auch bei allen Verknüpfungen, z. B. auf dem Desktop oder im Startmenü über den Befehl *Mehr*.

In vielen Fällen genügt es nicht, die gesuchte Datei zu finden, sondern Sie möchten wissen, in welchem Ordner diese gespeichert ist. Dies lässt sich schnell herausfinden.

Standardmäßig bezieht die Suche alle Unterordner des ausgewählten Speicherortes mit ein und die Ansicht *Inhalte* zeigt den Suchpfad der gefundenen Dateien mit an, allerdings meist abgeschnitten. Komfortabler ist es, wenn Sie sich den Speicherort der Datei anzeigen lassen. Dazu markieren Sie die Datei und klicken im Register *Suchen* auf *Dateipfad öffnen*. Im Explorer wird daraufhin der Ordner geöffnet und die Datei markiert. Denselben Befehl erhalten Sie auch im Kontextmenü der rechten Maustaste.

Bild 3.73 Dateipfad öffnen

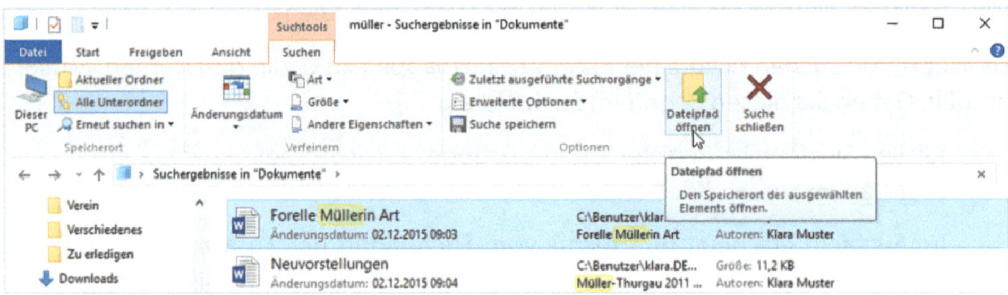

Such- und Indizierungseinstellungen

Ein Index beschleunigt die Suche erheblich, insbesondere bei einer Vielzahl gespeicherter Daten. Die Inhalte der wichtigsten Speicherorte werden von Windows automatisch indiziert, dazu zählen alle persönlichen Ordner (*Dokumente*, *Bilder*, *Downloads*, usw.) sowie alle offline verfügbaren Dateien von *OneDrive*. Falls Microsoft Outlook benutzt wird, werden auch alle Outlook-Elemente, z. B. E-Mails und Termine, indiziert. Da die Suche an nicht indizierten Speicherorten entsprechend länger dauert, verwendet Windows die folgenden Standardeinstellungen:

Standardeinstellungen bei der Suche nach Dateien.

- An indizierten Speicherorten wird sowohl nach Dateiname, als auch nach Dateiinhalt gesucht.
- An nicht indizierten Speicherorten wird bei der Suche nur der Dateiname berücksichtigt.
- Komprimierte Ordner werden nicht in die Suche einbezogen.

Tipp: Da der Inhalt der persönlichen Ordner automatisch indiziert wird, sollten Sie alle weiteren Ordner auf der Festplatte Ihres PCs als Unterordner in den persönlichen Ordnern, z. B. *Dokumente* oder *Bilder*, erstellen. Unterordner dieser Ordner werden ebenfalls automatisch indiziert.

Sucheinstellungen ändern

Um die Sucheinstellungen zu kontrollieren und ggfs. zu ändern, klicken Sie im Menüband, Register *Suchen*, auf *Erweiterte Optionen*. Hier können Sie unter *An nicht indizierten Orten* ❶ festlegen, ob auch *Dateiinhalte*, *Systemdateien* und *Gezippte (komprimierte) Ordner* (Häkchen) durchsucht werden sollen. Beachten Sie aber, dass die Suche nach Dateiinhalten an nicht indizierten Orten mehr Zeit in Anspruch nimmt.

Indizierungseinstellungen

Falls Sie weitere Speicherorte in die Indizierung mit einbeziehen möchten, klicken Sie auf *Erweiterte Optionen* und auf *Indizierte Orte ändern* ❷. Das Fenster *Indizierungsoptionen* öffnet sich und zeigt die Orte an, die bereits indiziert werden ❸. Der Ordner *Benutzer* bedeutet, alle persönlichen Ordner, sowie deren Unterordner werden indiziert (Standardeinstellung).

Bild 3.74 Indizierte Orte anzeigen

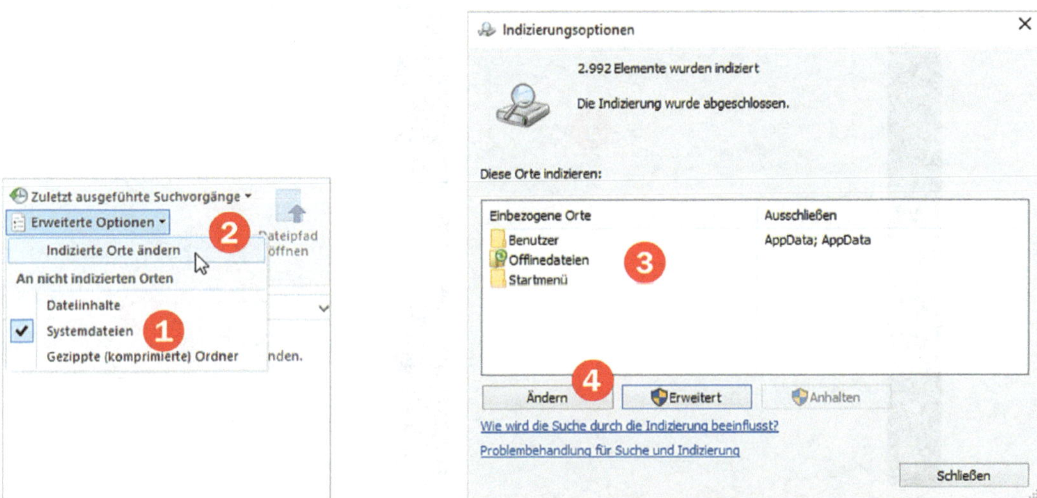

Sie können bei Bedarf über die Schaltfläche *Ändern* ❹ weitere Ordner hinzufügen, sollten aber berücksichtigen, dass ein umfangreicher Index unter Umständen erhebliche Rechnerressourcen zum Erstellen und Aktualisieren beansprucht.

Cortana bzw. die Windows-Suche nutzen

Sie können natürlich auch das Suchfeld der Taskleiste bzw. Cortana zur Suche nach Dateien und Ordnern benutzen. Beachten Sie aber, dass hier ausschließlich indizierte Orte bei der Suche berücksichtigt werden und standardmäßig immer auch das Web durchsucht wird.

1 Tippen Sie im Suchfeld die ersten Buchstaben der gesuchten Datei oder des Dateiinhalts ein.

2 Neben diversen Vorschlägen für die Suche im Web führt die Trefferliste Dateien und Ordner auf, deren Name den Suchbegriff enthält ❶.

3 Soll auch der Dateiinhalt einbezogen werden, so klicken Sie auf das Symbol *Ergebnisse suchen in Dokumente* ❷. Die nachfolgende Liste zeigt nun alle Dateien und Ordner an, deren Name oder Inhalt den Suchbegriff enthält ❸.

   Wenn Sie auf eine Datei zeigen, so sehen Sie neben dem Dateipfad auch den Inhalt ❹, allerdings in Textform, sowie das Datum der letzten Änderung.

Bild 3.75 Dokumente durchsuchen

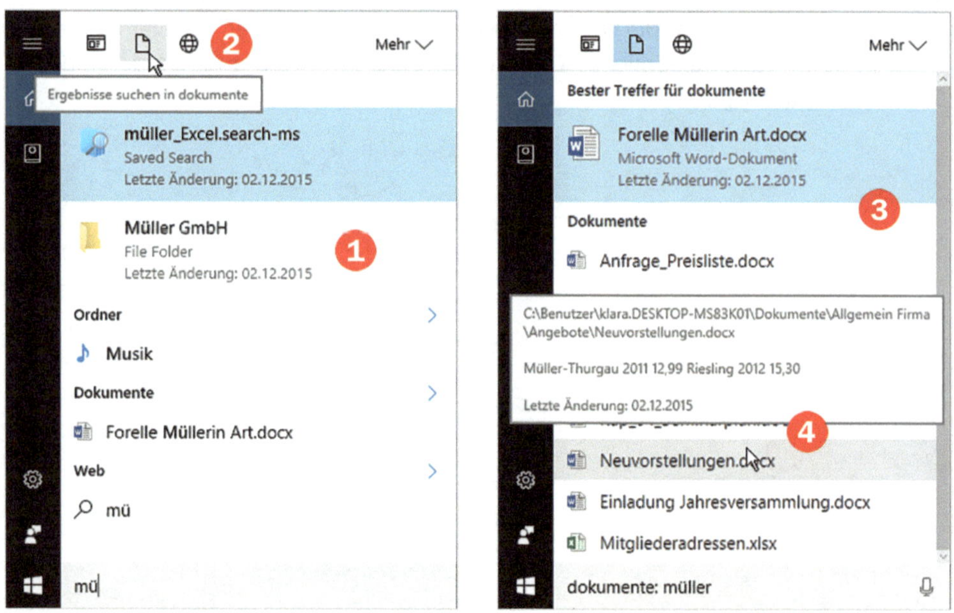

Hier erscheint auch die gespeicherte Suche von Seite 114.

> **Tipp:** Wenn Sie mit der rechten Maustaste auf eine Datei klicken, erhalten Sie mit dem Befehl *Speicherort öffnen* die Möglichkeit, schnell den Explorer mit dem Speicherort zu öffnen.

Wenn Sie nach einem Ordner suchen möchten, dann klicken Sie auf den Pfeil *Mehr* und wählen hier *Ordner* aus. Auch die gezielte Suche nach Fotos, Videos oder Musik sind hier möglich.

3.7 Verknüpfungen erstellen

Was sind Verknüpfungen?

Über Verknüpfungen oder Verweise lassen sich Dateien und Ordner öffnen, ohne dass der genaue Speicherort bekannt sein muss. Verknüpfungen stellen somit eine komfortable Möglichkeit des schnellen Zugriffs auf Dateien und Ordner dar, auch von mehreren unterschiedlichen Orten aus.

> **Für alle Verknüpfungen gilt**
>
> Wenn Sie eine Verknüpfung erstellen, dann wird das Originalobjekt weder verschoben noch kopiert. Die Verknüpfung enthält lediglich einen Verweis auf den Speicherort. Verknüpfungen können daher jederzeit und problemlos wieder entfernt werden, ohne dass dabei Dateien und Ordner, auf welche die Verknüpfung verweist, gelöscht werden.

Verknüpfungen im Schnellgriff des Explorers

Im Explorer finden Sie im Navigationsbereich den Abschnitt *Schnellzugriff* mit Verknüpfungen zu verschiedenen Speicherorten. Dies können fest angeheftete Verknüpfungen oder Verknüpfungen zu häufig benutzten Ordnern sein. Angeheftete Verknüpfungen sind am Pin-Symbol leicht zu erkennen ❶, standardmäßig sind dies die Ordner *Downloads*, *Dokumente* und *Bilder*, sowie *Desktop*.

- Sie brauchen im Schnellzugriff nur auf eine Verknüpfung klicken, um den Inhalt des Ordners anzuzeigen. Das erspart langwieriges Suchen von Unterordnern.

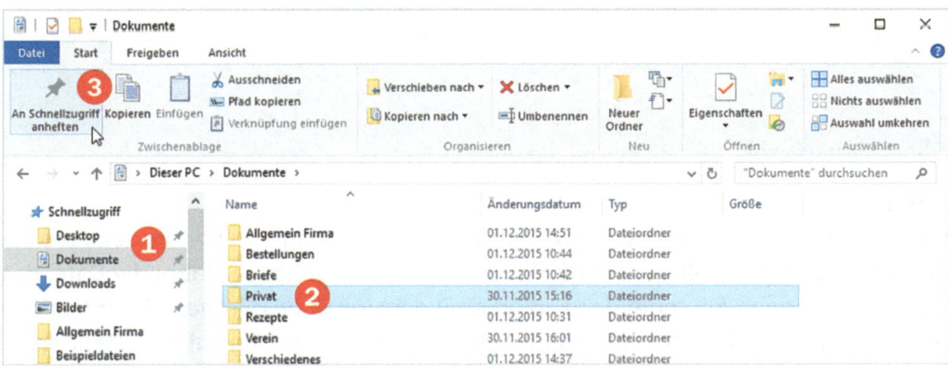

Bild 3.76 Markierten Ordner an Schnellzugriff anheften

Weitere Verknüpfungen lassen sich schnell hinzufügen:

- Markieren Sie den betreffenden Ordner ❷ und klicken Sie im Menüband, Register *Start*, auf *An Schnellzugriff anheften* ❸. Den selben Befehl erhalten Sie auch im Kontextmenü, wenn Sie mit der rechten Maustaste auf einen Ordner klicken.

- Als Alternative ziehen Sie den Ordner einfach mit gedrückter linker Maustaste in die Navigationsleiste und auf *Schnellzugriff*. Das Element wird in diesem Fall nicht verschoben oder kopiert, sondern Windows erstellt eine Verknüpfung. Während des Ziehens erscheint der Hinweistext *An Schellzugriff anheften*.

Im Schnellzugriff können nur Speicherorte, also Ordner oder Laufwerke, aber keine Dateien angeheftet werden. Allerdings erscheint im Anzeigebereich zusammen mit den Ordnern auch eine Liste zuletzt verwendeter Dateien, wenn Sie in der Navigationsleiste auf *Schnellzugriff* klicken. Dieselbe Anzeige erscheint standardmäßig auch unmittelbar nach dem Öffnen des Datei-Explorers.

Verknüpfung aus Schnellzugriff entfernen

Um eine Verknüpfung aus dem Schnellzugriff zu entfernen, klicken Sie hier mit der rechten Maustaste auf die Verknüpfung und im Kontextmenü auf den Befehl *Von Schnellzugriff lösen*. Dies funktioniert auch bei einer nicht angehefteten, zuletzt verwendeten Verknüpfung, dann lautet der Befehl *Aus Schnellzugriff entfernen*. In beiden Fällen löscht Windows die Verknüpfung, nicht jedoch den Ordner, auf den die Verknüpfung verweist.

Bild 3.77 Ordner von Schnellzugriff lösen

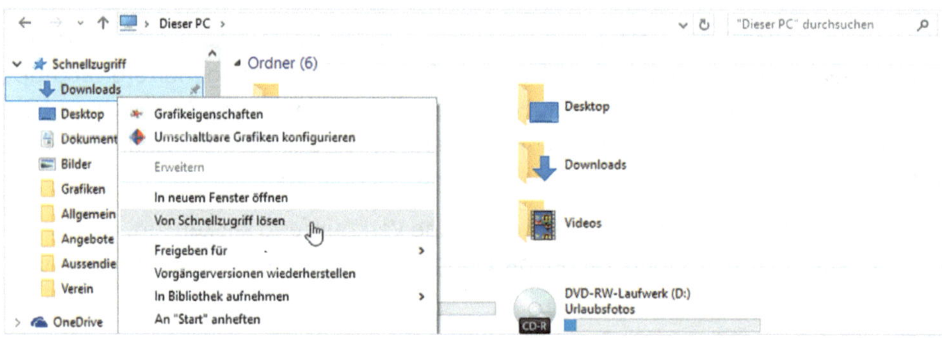

Verknüpfungen an anderen Orten

Desktop

Ebenfalls nützlich sind können Verknüpfungen zu Dateien und Ordnern sein, die Sie auf dem Desktop erstellen. Hier öffnet ein Doppelklick auf das Symbol die Datei mit der dazugehörigen App oder den Explorer mit dem Inhalt des Ordners. Auch manche Apps erstellen bei der Installation automatisch eine Verknüpfung auf dem Desktop.

Verknüpfungen auf dem Desktop und an anderen Orten sind leicht am kleinen Pfeil in der linken unteren Ecke des Symbols zu erkennen.

1 Um eine Verknüpfung auf dem Desktop zu erstellen, klicken Sie mit der rechten Maustaste auf die Datei oder den Ordner.

2 Zeigen Sie im Kontextmenü auf *Senden an* ❶ und klicken Sie auf die Option *Desktop (Verknüpfung erstellen)* ❷. Dies ist im Gegensatz zum Schnellzugriff des Explorers auch bei Dateien möglich!

3 Das Datei- oder Ordnersymbol erscheint auf dem Desktop ❸ und kann anschließend, falls gewünscht, problemlos umbenannt werden.

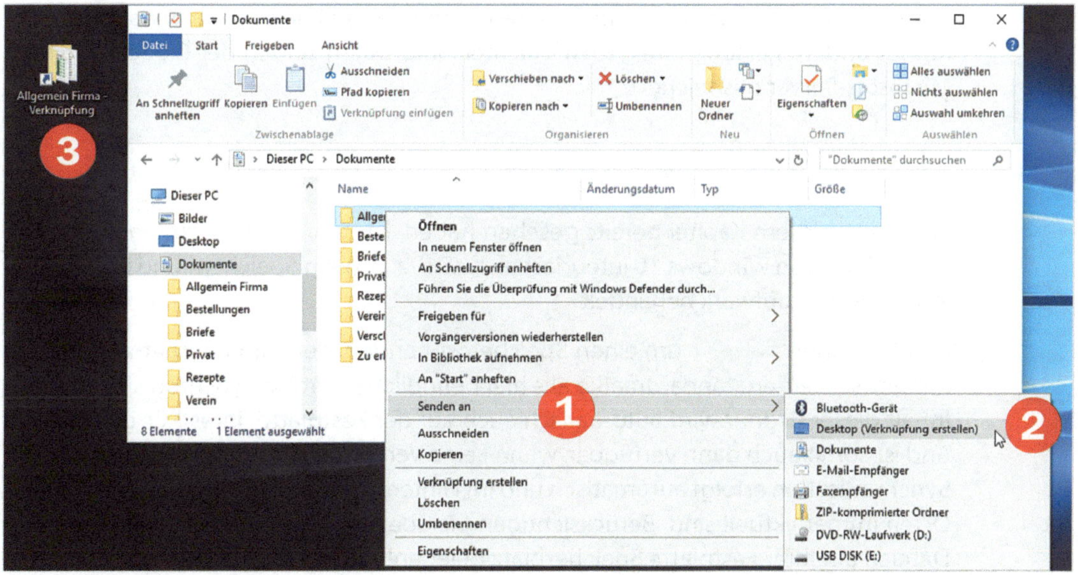

Bild 3.78 Zeigen Sie im Kontextmenü auf Senden an

Weitere Möglichkeiten, eine Verknüpfung zu erstellen

- Ziehen Sie ein Element mit gedrückter rechter Maustaste an den gewünschten Speicherort. Nachdem Sie die Maustaste losgelassen haben, erscheint ein Kontextmenü, in dem Sie auf den Befehl *Verknüpfung hier erstellen* klicken.
- Oder kopieren Sie das Element in die Zwischenablage, z. B. mit der rechten Maustaste und dem Befehl *Kopieren* bzw. mit der Tastenkombination Strg+C. Klicken Sie dann mit der rechten Maustaste auf den Zielort und verwenden Sie im Kontextmenü den Befehl *Verknüpfung erstellen*.
- Um eine Verknüpfung im selben Ordner zu erstellen, klicken Sie mit der rechten Maustaste auf das Element und wählen im Kontextmenü *Verknüpfung erstellen*. Diese Verknüpfung lässt sich dann kopieren oder ausschneiden und an anderer Stelle einfügen.

Tipp: Wenn Sie im Explorer mit der rechten Maustaste auf einen Ordner klicken, dann erhalten Sie den Befehl *An „Start" anheften*, mit dem Sie eine Verknüpfung zu diesem Ordner im Startmenü erstellen. Die Ordner bzw. Verknüpfungen erscheinen hier ebenfalls als Kacheln.

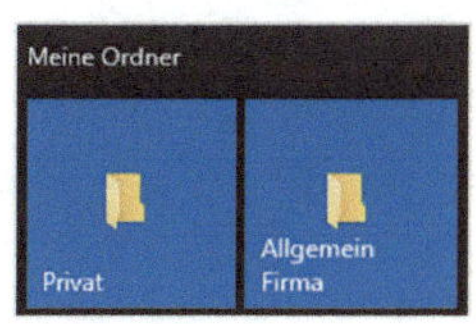

3.8 Den Cloudspeicher OneDrive nutzen

Nur in Verbindung mit einem Microsoft-Konto!

OneDrive funktioniert wie eine weitere Festplatte und ist als kostenloser Speicher mit derzeit 5 GB in der Cloud verfügbar. Der Vorteil: Sie können von jedem PC mit Internet-Anschluss auf Ihre hier gespeicherten Dateien zugreifen und bei Bedarf auch Daten für andere Personen freigeben. Nachteil: Ihre Daten sind in der Cloud auf einem Microsoft-Server gespeichert.

OneDrive-Ordner und Dateien synchronisieren

Wie Sie in diesem Kapitel bereits gesehen haben, ist *OneDrive* vollständig in den Datei-Explorer von Windows 10 integriert und wird, z. B. beim Speichern und Öffnen, wie jedes andere Laufwerk behandelt.

Da es sich bei *OneDrive* um einen Speicherort handelt, der vom Internet-Zugang abhängig ist, werden standardmäßig alle hier befindlichen Ordner synchronisiert, d.h. der Inhalt dieser Ordner wird automatisch auch auf der Festplatte Ihres PCs gespeichert und ist somit auch dann verfügbar, wenn keine Verbindung zum Internet besteht. Die Synchronisation erfolgt automatisch und im Hintergrund, sodass die Inhalte an beiden Orten immer aktuell sind. Berücksichtigen Sie aber, dass synchronisierte Ordner und Dateien auf Ihrer Festplatte Speicherplatz belegen!

Im Datei-Explorer sind die Symbole von Dateien und Ordnern auf *OneDrive* mit einem kleinen zusätzlichen Symbol versehen, an dem Sie erkennen können, ob das Element aktuell ist oder gerade synchronisiert wird. Den aktuellen Status der Synchronisation können Sie auch über die Taskleiste einsehen. Hier finden Sie im Infobereich das Symbol für *OneDrive*. Zeigen Sie auf das Symbol, so erhalten Sie den aktuellen Status als Kurzinfo, beim Anklicken des Symbols öffnet sich eine Statusmeldung.

Bild 3.79 Status OneDrive

- *Aktuell* bzw. ein grüner Haken bedeuten, alle Dateien und Ordner sind aktuell. Kreisförmige Pfeile dagegen signalisieren, dass gerade synchronisiert wird.
- Mit Klick auf den Link *Ihren OneDrive-Ordner öffnen* wird der Datei-Explorer mit den Inhalten von *OneDrive* geöffnet.

Synchronisationseinstellungen

Standardmäßig werden alle Dateien und Ordner auf *OneDrive* in die Synchronisation einbezogen. Wenn Sie einzelne Ordner ausnehmen möchten, dann gehen Sie so vor:

1 Öffnen Sie den Explorer und klicken Sie im Anzeigebereich oder in der Navigationsleiste mit der rechten Maustaste auf einen beliebigen *OneDrive*-Ordner.

2 Klicken Sie dann auf *Zu synchronisierende OneDrive-Ordner wählen*.

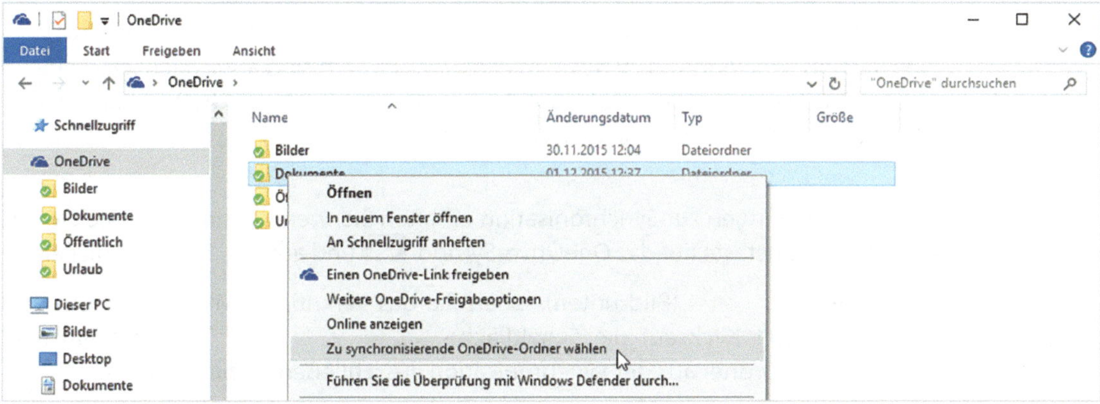

Bild 3.80 Zu sychronisierende Ordner wählen

3 Das unten abgebildete Fenster öffnet sich und listet alle *OneDrive*-Ordner auf.

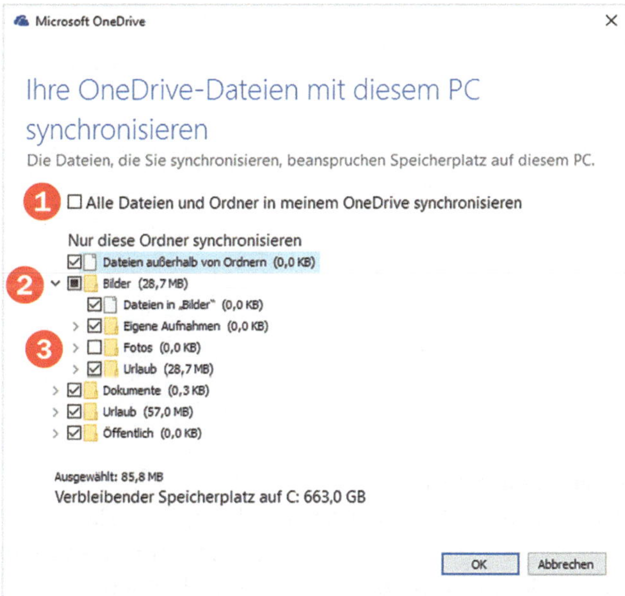

Bild 3.81 Dateien und Ordner auswählen

- In der Standardeinstellung ist das Kontrollkästchen *Alle Dateien und Ordner auf OneDrive synchronisieren* ❶ aktiviert, d.h. alle Elemente werden synchronisiert.
- Wenn Sie dieses Kontrollkästchen ❶ deaktivieren, dann haben Sie die Möglichkeit, die Synchronisation für jeden einzelnen Ordner festzulegen. Ein Klick auf den nach unten weisenden Pfeil blendet die jeweiligen Unterordner ein ❷; aktivieren bzw. deaktivieren Sie nun für jeden Ordner das entsprechende Kontrollkästchen ❸.

Für Dateien, die sich außerhalb eines der aufgeführten Ordner befinden, kann die Synchronisation nur pauschal aktiviert werden, über das Kontrollkästchen *Dateien in ...* bzw. *Dateien außerhalb von Ordnern*.

> **Achtung:** Ordner, die nicht synchronisiert werden, erscheinen in der aktuellen Version von Windows 10 nicht im Explorer, sondern sind ausschließlich online verfügbar. Damit Sie im Explorer auf den Inhalt eines *OneDrive*-Ordners zugreifen können, muss dieser synchronisiert werden.

Weitere Einstellungen zur Synchronisation erhalten Sie, wenn Sie in der Taskleiste mit der rechten Maustaste auf das OneDrive-Symbol und auf *Einstellungen* klicken.

- Im Register *Konto* (Bild unten) sehen Sie das verknüpfte Microsoft-Konto und können mit Klick auf die Schaltfläche *Ordner wählen* ❶ ebenfalls einzelne *OneDrive*-Ordner aus der Synchronisation ausschließen, siehe Bild links.

Bild 3.82 Weitere Einstellungen zur Synchronisation

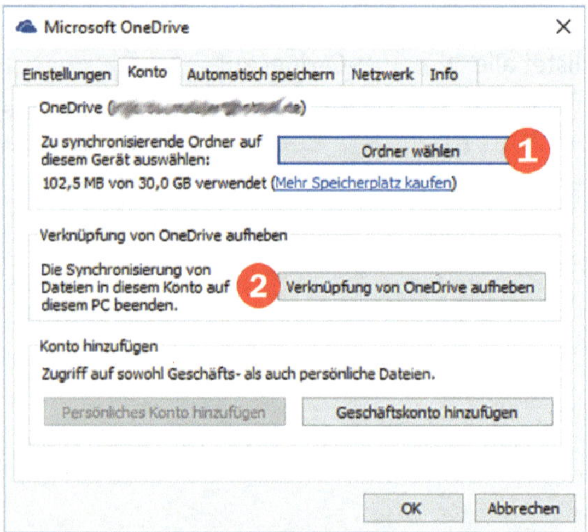

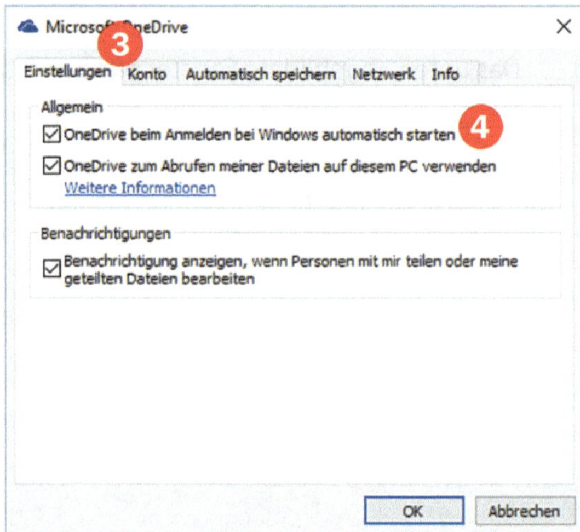

Synchronisation beenden/deaktivieren

Beim Beenden erscheint eine Rückfrage, ob Sie OneDrive wirklich schließen möchten. Wenn ja, dann klicken Sie auf die entsprechende Schaltfläche.

- Wenn Sie die Synchronisation beenden möchten, dann klicken Sie auf die Schaltfläche *Verknüpfung von OneDrive aufheben* ❷. Oder klicken Sie in der Taskleiste mit der rechten Maustaste auf das *OneDrive*-Symbol und auf *Beenden*.
- Die automatische Synchronisation startet, wenn Sie sich am Gerät anmelden. Um dies zu deaktivieren, klicken Sie auf das Register *Einstellungen* ❸ und deaktivieren das Kontrollkästchen *OneDrive beim Anmelden automatisch starten* ❹.

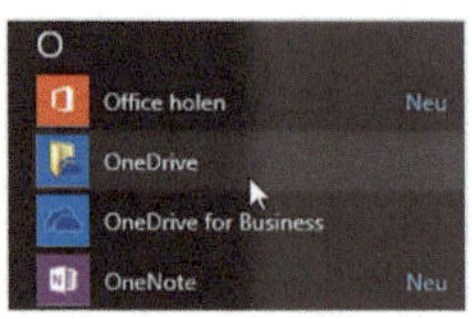

Wenn die Synchronisation beendet wurde und Sie diese erneut starten möchten, dann klicken Sie im Startmenü auf die App *OneDrive*. Sollte hier auch *OneDrive for Business* angezeigt werden, so handelt es sich hierbei um eine Version für Nutzer von Office 365 und SharePoint.

OneDrive im Webbrowser

Einer der Vorteile von *OneDrive* besteht darin, dass Sie von jedem beliebigen Computer auf Ihre Daten zugreifen können, vorausgesetzt das Gerät ist mit dem Internet verbunden. In diesem Fall werden Ihre Dateien und Ordner im Browser angezeigt, z. B. Microsoft Edge oder Mozilla Firefox.

- Wenn Sie am Computer nicht mit Ihrem Microsoft-Konto angemeldet sind, dann starten Sie den Browser und geben folgende Adresse ein: onedrive.live.com. Klicken Sie auf der Startseite auf *Anmelden* und geben Sie anschließend E-Mail Adresse und Kennwort Ihres Microsoft-Kontos ein.

www.onedrive.live.com

- Sind Sie auf einem Gerät mit Ihrem Microsoft-Konto angemeldet, dann klicken Sie mit der rechten Maustaste im Infobereich der Taskleiste auf das *OneDrive*-Symbol und auf *Online anzeigen* oder klicken Sie im Datei-Explorer mit der rechten Maustaste auf *OneDrive* und auf *Online anzeigen*.

Bild 3.83 OneDrive Online anzeigen

Übersicht

- In der rechten oberen Ecke sehen Sie Ihr Profilbild ❶, bzw. den Platzhalter für das Bild. Klicken Sie auf das Bild, wenn Sie sich abmelden oder Ihr Microsoft-Konto bearbeiten möchten.

- Die linke Spalte ❷ dient zur Navigation, sie enthält folgende Kategorien: Mit Klick auf *Dateien* erscheinen rechts im Anzeigebereich alle auf *OneDrive* vorhandenen Ordner, *Zuletzt verwendet* zeigt die zuletzt verwendeten Dateien und *Geteilt* die freigegebenen Elemente an. Außerdem finden Sie hier noch den Papierkorb und mit *Fotos* eine spezielle Ansicht zur Anzeige von Bildern.

Bild 3.84 OneDrive im Browser

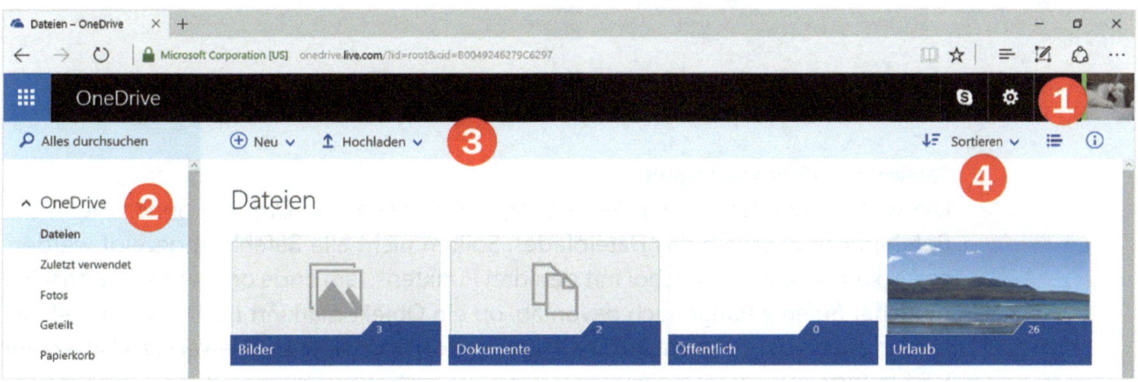

- Oberhalb des Anzeigebereichs befindet sich eine Befehlsleiste ❸, über die Sie beispielsweise *OneDrive* durchsuchen können. Die übrigen hier verfügbaren Befehle sind abhängig vom Inhalt des Anzeigebereichs.

- Rechts in der Befehlsleiste finden Sie drei Schaltflächen ❹: Mit *Sortieren* können Sie den Inhalt eines Ordners nach Name oder Änderungsdatum sortieren. Die Schaltfläche rechts daneben wechselt zwischen den beiden Ansichten *Details* und *Große Symbole* und die dritte Schaltfläche *i* blendet in einer Informationsspalte Details zur markierten Datei ein und aus.

Navigation

Ein einfacher Mausklick genügt zum Öffnen bzw. Anzeigen von Inhalten!

- Im Gegensatz zum Datei-Explorer öffnen Sie hier einen Ordner oder eine Datei mit einem einfachen Mausklick. Die Adressleiste oberhalb zeigt den aktuellen Dateipfad an. Klicken Sie entweder hier auf einen der übergeordneten Ordner oder in der linken Navigationsleiste auf *Dateien*.

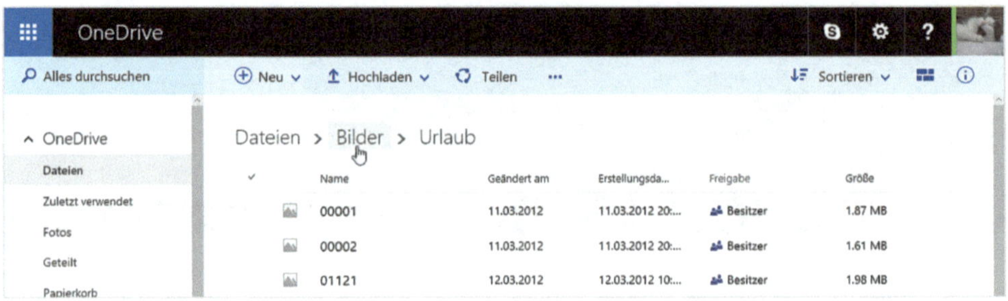

Bild 3.85 Navigation zum übergeordneten Ordner

- Zum Markieren von Dateien und Ordnern benutzen Sie eine gesonderte Schaltfläche, ähnlich einem Kontrollkästchen. Dieses erscheint, wenn Sie auf das betreffende Element zeigen, je nach Ansicht rechts oben oder links vom Namen.

Bild 3.86 Benutzen Sie zum Markieren die Schaltflächen

Dateien und Ordner organisieren

Die wichtigsten Befehle zur Verwaltung von Dateien und Ordnern finden Sie in der Befehlsleiste oberhalb des Dateipfades. Sollten nicht alle Befehle angezeigt werden, so klicken Sie auf das Symbol mit den drei Punkten ... am Ende der Leiste. Die Anzeige mancher Befehle hängt auch davon ab, ob ein Objekt markiert ist. Dieselben Befehle stehen auch über das Kontextmenü der rechten Maustaste zum jeweiligen Objekt zur Verfügung.

- **Neuen Ordner anlegen**
  Klicken Sie auf die Schaltfläche *Neu*.
- **Eine Datei von der lokalen Festplatte hinzufügen**
  Klicken Sie auf *Hochladen*. Es öffnet sich das bekannte Dialogfenster *Öffnen* und Sie können eine oder mehrere Dateien auswählen.
- **Markierte Dateien und/oder Ordner auf der lokalen Festplatte speichern**
  Klicken Sie auf *Herunterladen*, die Elemente werden automatisch im Ordner *Downloads* gespeichert.
- Die Vorgehensweise bei den Befehlen, *Löschen*, *Verschieben nach*, *Kopieren nach* und *Umbenennen* unterscheidet sich nicht vom Datei-Explorer.

Dateien im Browser öffnen

Microsoft-Office Dokumente, beispielsweise Excel-Arbeitsmappen oder Word-Dokumente können Sie im Browser öffnen und auch bearbeiten. Das Dokument wird in einem neuen Tab des Browsers ❶ geöffnet und mit Klick auf die Schaltfläche *Dokument bearbeiten* ❷ können Sie z. B. zwischen *Word* und eingeschränkter Bearbeitung in *Word Online* wählen.

Zum Schließen der Datei brauchen Sie nur den Tab des Browsers schließen.

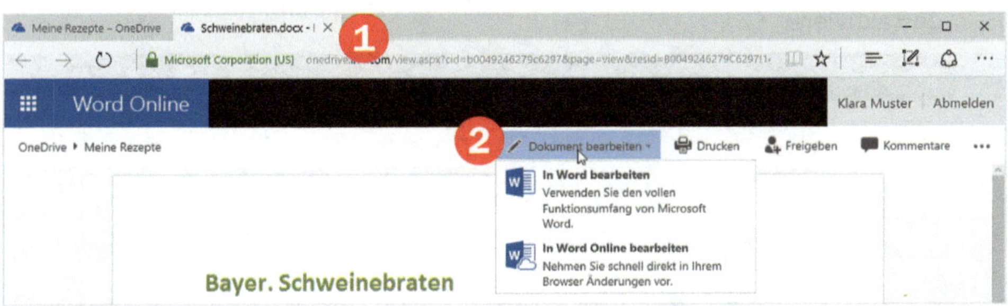

Bild 3.87 Beispiel: Word-Dokument mit Word oder Word Online bearbeiten

Wenn ein Öffnen im Browser nicht möglich ist, dann wird die Datei beim Anklicken heruntergeladen und im Ordner *Downloads* gespeichert. Klicken Sie anschließend auf *Öffnen*, um sie mit der Standard-App zu öffnen und zu bearbeiten.

Fotos im Browser anzeigen und verwalten
Auch Fotos können Sie direkt im Browser öffnen und anzeigen, sowie zu Alben zusammenstellen oder mit Markierungen versehen. Die Anzeige im Browser unterscheidet sich nur wenig von der App *Fotos*.

Siehe Kap. 7.1

Bild 3.88 Die Fotoanzeige im Browser

- Mit Klick auf *Fotos anzeigen von* ❶ wählen Sie aus, ob Fotos aus allen Ordnern oder nur aus dem Ordner *Bilder* einschließlich Unterordnern angezeigt werden.
- In der Befehlsleiste finden Sie die Möglichkeit, Fotos aus Alben oder mit bestimmten Markierungen anzuzeigen ❷.
- Wenn wieder alle Dateien und Ordner angezeigt werden sollen, dann blenden Sie dazu mit Klick auf das Menü-Symbol ☰ ❸ die Navigationsleiste wieder ein.

Dateien und Ordner mit anderen Personen teilen

Sie können auf *OneDrive* gespeicherte Dateien für andere Personen zur Anzeige oder Bearbeitung freigeben. Die Freigabe erfolgt über einen Link, den Sie per E-Mail senden. Dazu markieren Sie im Webbrowser die Datei oder den Ordner und klicken in der Befehlsleiste auf *Teilen*; denselben Befehl erhalten Sie auch, wenn Sie mit der rechten Maustaste auf das betreffende Element klicken.

Mit Klick auf *Mehr* erhalten Sie auch die Möglichkeit, einen Facebook- oder Twitter-Link zu erstellen.

1 Das Fenster *Teilen* wird geöffnet, wählen Sie zwischen *Link abrufen* und *E-Mail* ❶. In der Standardeinstellung berechtigt Teilen nur zum Anzeigen des Datei- bzw. Ordnerinhalts. Falls Sie den Empfängern auch Rechte zum Bearbeiten einräumen möchten, klicken Sie auf *Jeder mit diesem Link kann dieses Element anzeigen* ❷ und aktivieren *Bearbeiten zulassen*.

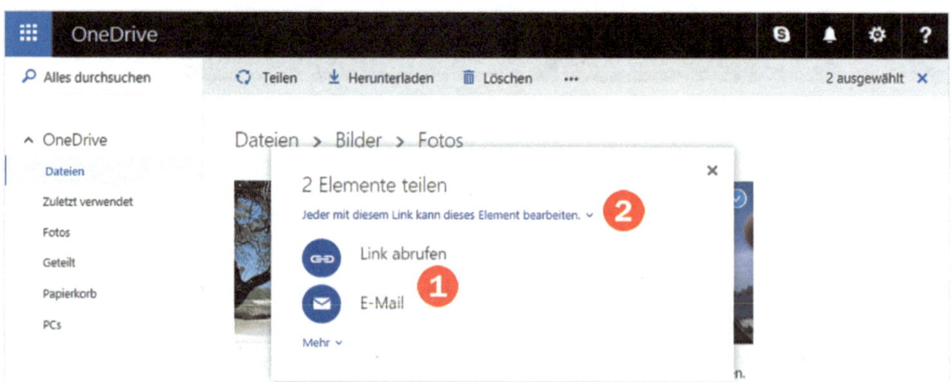

Bild 3.89 Die markierten Elemente teilen: Wählen Sie zwischen Link und E-Mail

2 Wenn Sie *E-Mail* gewählt haben, dann tragen Sie im Feld *An* ❸ die E-Mail Adressen der Personen ein, die Zugriff auf den Ordner erhalten sollen. Im Feld unterhalb können Sie eine kurze Notiz hinzufügen.

3 Zuletzt klicken Sie auf *Teilen* ❹.

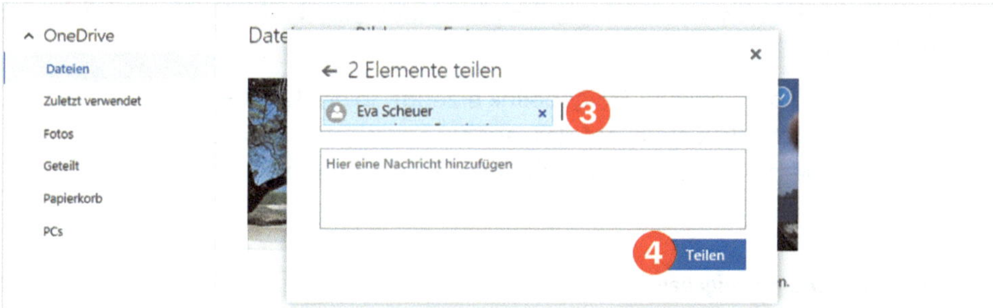

Bild 3.90 E-Mail Adressen eingeben

Wenn Sie stattdessen einen Link erzeugen und weitergeben möchten, dann klicken Sie auf *Link abrufen*. Der Link wird erstellt und in einem Feld angezeigt. Mit Klick auf die Schaltfläche *Kopieren* können Sie diesen anschließend in die Zwischenablage kopieren und in die Nachricht eines beliebigen E-Mail Programms, z. B. Outlook, einfügen.

Siehe „Die Zwischenablage zum Kopieren und Verschieben nutzen" auf Seite 103.

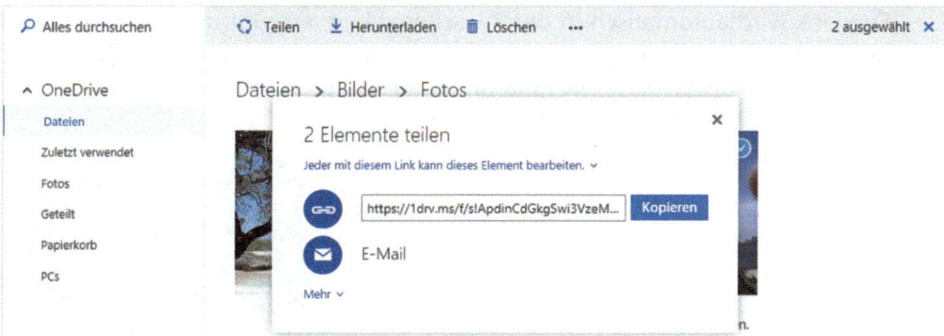

Bild 3.91 Den erzeugten Link kopieren

Freigabe aufheben

1 Geteilte bzw. freigegebene Ordner erkennen Sie am Symbol ❶. Markieren Sie den Ordner ❷, dessen Freigabe Sie aufheben möchten und klicken Sie oben links auf das Symbol *Info* ❸.

Bild 3.92 Freigabe aufheben

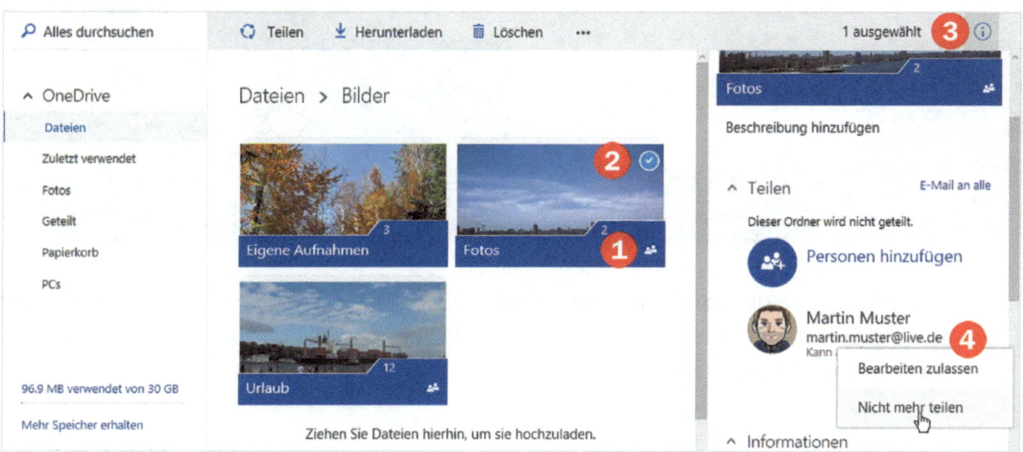

Mit einem weiteren Klick auf das Symbol *Info* schließen Sie den Infobereich wieder.

2 Rechts öffnet sich der Infobereich und Sie sehen, mit wem der Ordner geteilt wurde. Klicken Sie auf die Freigabeberechtigung, z. B. *Kann anzeigen* ❹ und wählen Sie *Nicht mehr teilen*.

Haben Sie dagegen einen Freigabelink erzeugt, so erscheint stattdessen der Link im Infobereich. Klicken Sie auf das Symbol *Link deaktivieren* bzw. *x* und bestätigen Sie erneut mit Klick auf die Schaltfläche *Link entfernen*.

Im Datei-Explorer Ordner freigeben

Im Datei-Explorer können Sie für *OneDrive*-Dateien und Ordner ebenfalls einen Freigabelink erzeugen und diesen anschließend aus der Zwischenablage in ein beliebiges Dokument oder eine E-Mail einfügen.

1 Dazu klicken Sie im Anzeigebereich des Explorers mit der rechten Maustaste auf die betreffende Datei oder den Ordner und auf *Einen OneDrive Link freigeben*.

2 Der Link wird automatisch in der Zwischenablage erzeugt und kann anschließend sofort beliebig eingefügt werden, z. B. mit der Tastenkombination Strg+V. Im Info-Center bzw. in der rechten unteren Ecke des Bildschirms erscheint eine entsprechende Meldung.

Bild 3.93 Einen Freigabelink im Datei-Explorer erzeugen

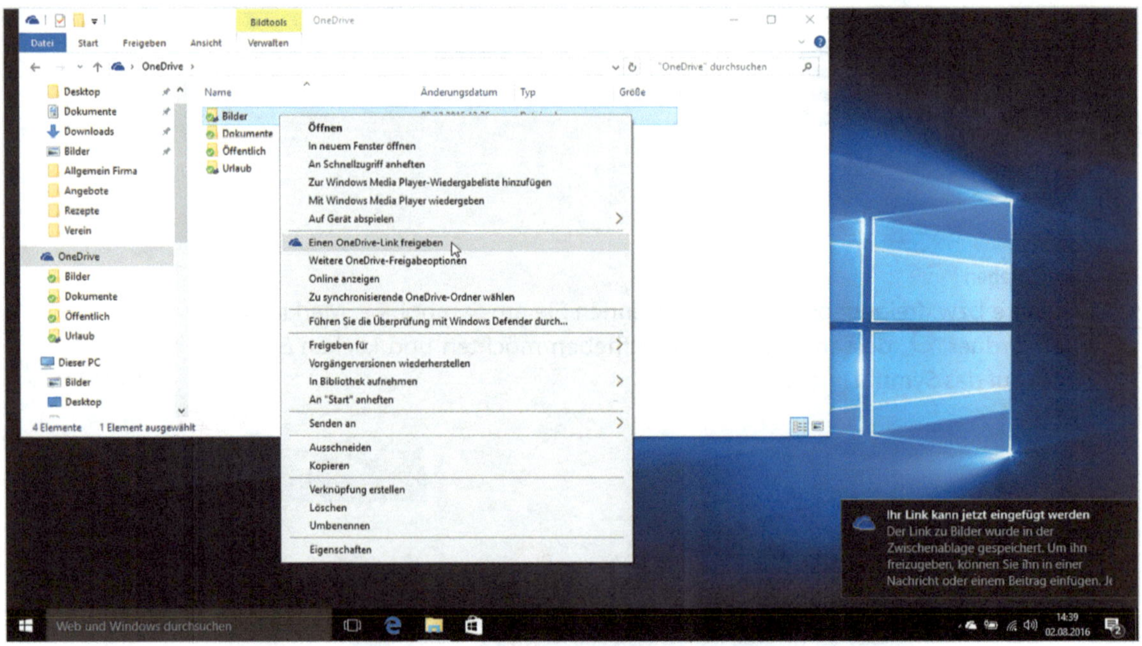

Klicken Sie dagegen im Kontextmenü auf *Weitere OneDrive-Freigabeoptionen*, so öffnet sich Ihr Standardbrowser mit *OneDrive* und Sie können die oben beschriebenen Freigabemethoden benutzen.

3.9 Nützliche Techniken

Dateien und Ordner komprimieren

Durch Komprimieren lässt sich der Speicherumfang von Dateien verringern. Dies ist vor allem beim Versenden umfangreicher Dateien per E-Mail nützlich. Dabei erzeugen Sie einen Ordner, der eine oder mehrere Dateien bzw. Ordner enthalten kann. Windows verwendet dazu das weit verbreitete ZIP-Dateiformat. Komprimierte Ordner erkennen Sie am Reißverschluss (englisch: zip). So gehen Sie beim Komprimieren von Dateien und/oder Ordnern vor:

1 Markieren Sie im Anzeigebereich des Explorers alle Elemente, die Sie komprimieren möchten ❶.

2 Klicken Sie im Menüband auf das Register *Freigeben* und auf *ZIP* ❷.

3 Der komprimierte Ordner wird erstellt, was bei umfangreichen Dateien einen Moment dauern kann, und am aktuellen Speicherort eingefügt. Anschließend lässt sich der komprimierte Ordner, wie jeder Ordner, umbenennen.

Einen komprimierten Ordner können Sie auch nachträglich jederzeit weitere Dateien und Ordner hinzufügen. Ziehen Sie im Explorer einfach die Elemente auf den komprimierten Ordner.

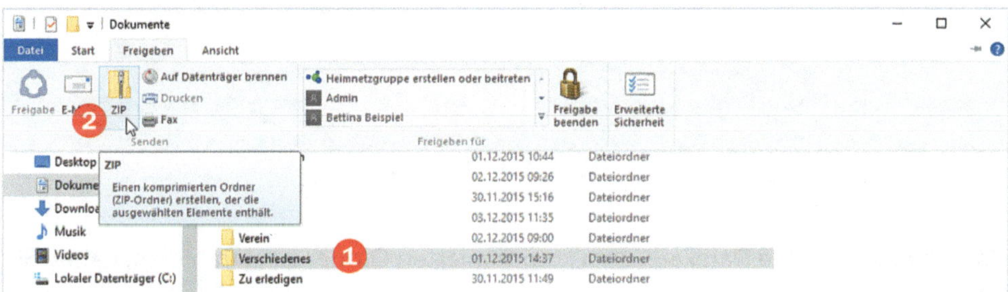

Bild 3.94 Markierten Ordner komprimieren

Alternative Methode: Klicken Sie mit der rechten Maustaste auf die markierten Elemente, zeigen Sie im Kontextmenü auf *Senden an* und wählen Sie *ZIP-komprimierter Ordner*.

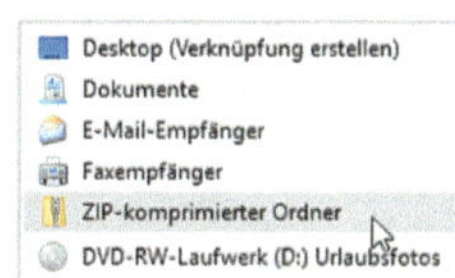

Komprimierte Dateien extrahieren

Im ZIP-Format komprimierte Ordner können wie normale Ordner geöffnet werden, entweder im Anzeigebereich mit Doppelklick oder indem Sie den Ordner im Navigationsbereich markieren. Auch die meisten Dateitypen können aus einem komprimierten Ordner heraus per Doppelklick geöffnet werden, sind dann allerdings schreibgeschützt. Möchten Sie dagegen den Dateiinhalt bearbeiten, dann müssen Sie die Dateien vor dem Öffnen extrahieren. Das bedeutet, die Dateien werden in einem nicht komprimierten Ordner mit ihrem ursprünglichen Speicherumfang wiederhergestellt.

1 Dazu markieren Sie im Explorer den komprimierten Ordner ❶ oder öffnen den Ordner mit Doppelklick. In beiden Fällen erscheint im Menüband das zusätzliche Register *Tools für komprimierte Ordner* - *Extrahieren*. Klicken Sie hier auf *Alle extrahieren* ❷. Den selben Befehl erhalten Sie auch, wenn Sie mit der rechten Maustaste auf einen komprimierten Ordner klicken.

2 Das Fenster *ZIP-komprimierte Ordner extrahieren* wird geöffnet: Kontrollieren Sie den vorgeschlagenen Zielort bzw. klicken Sie auf die Schaltfläche *Durchsuchen*, wenn Sie einen anderen Ordner auswählen möchten. Mit einem Klick auf die Schaltfläche *Extrahieren* ❸ wird die Extrahierung gestartet.

Bild 3.95 Komprimierten Ordner extrahieren

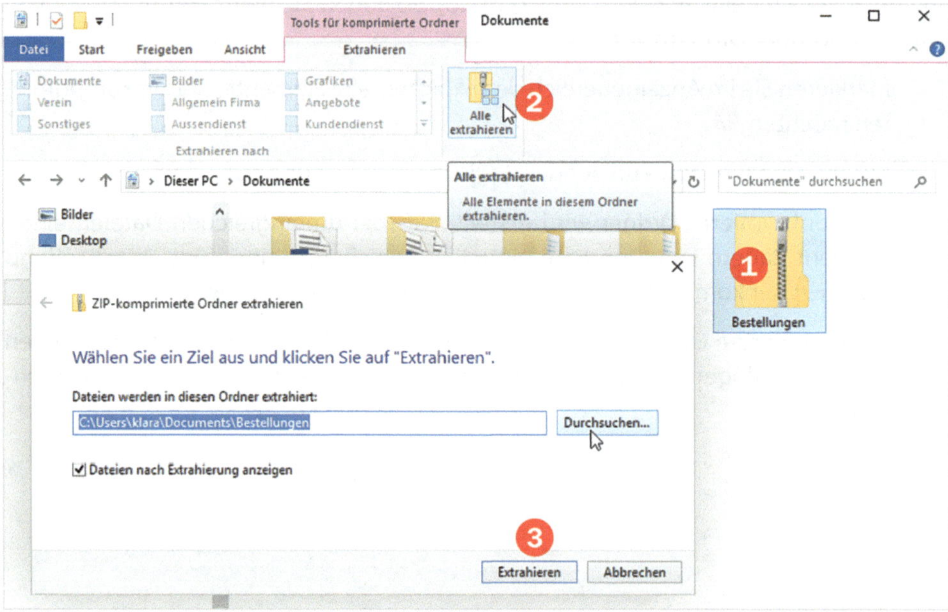

Um nur eine einzelne Datei aus dem komprimierten Ordner zu extrahieren, haben Sie folgende Möglichkeiten:

- Ziehen Sie diese einfach mit gedrückter linker Maustaste aus dem komprimierten in einen nicht komprimierten Ordner.
- Oder markieren Sie die Datei und klicken im Menüband, Register *Tools für komprimierte Ordner* - *Extrahieren* im Feld der Gruppe *Extrahieren nach* auf den gewünschten Ordner.
- Oder kopieren Sie einzelne Elemente über die Zwischenablage (*Kopieren* und *Einfügen*) in einen nicht komprimierten Ordner.

Übrigens: Neben dem ZIP-Format gibt es noch eine ganze Reihe weiterer Formate für die Komprimierung von Dateien. Dazu ist allerdings zusätzliche Software erforderlich und komprimierte Ordner erhalten dann das Symbol der verwendeten Software.

Daten auf CD/DVD brennen

In der Regel verfügt Ihr Computer über ein Laufwerk, das CDs/DVDs nicht nur lesen, sondern auch beschreiben kann, Sie können also Daten auf CD oder DVD kopieren. Dieser Vorgang wird meist als Brennen bezeichnet, da er mithilfe eines Lasers erfolgt.

Zum Brennen benötigen Sie eine beschreibbare CD oder DVD, einen sogenannten Rohling. DVDs sind etwas teurer, dafür verfügt eine DVD über sechsmal so viel Speicherplatz wie eine herkömmliche CD.

Datenträgerformate

Wie seine Vorgänger kennt auch Windows 10 zwei Möglichkeiten, Daten auf CD oder DVD zu brennen. Welche davon Sie wählen, hängt von der späteren Verwendung des Datenträgers ab. Unmittelbar nach Einlegen eines Rohlings müssen Sie sich für eine der beiden folgenden Methoden entscheiden. Der Datenträger wird anschließend entsprechend vorbereitet, eine spätere Änderung ist nicht möglich.

- **Verwendung wie ein USB-Speicherstick**
  Dies bedeutet, Sie können später wie auf einem USB-Speicherstift den Inhalt von Dateien ändern, weitere Dateien speichern oder löschen. Nachteil: Der Datenträger kann meist ausschließlich auf PCs mit Windows gelesen werden.
- **Wiedergabe mit einem CD/DVD-Player**
  Die Daten können mit fast jedem Gerät, z. B. mit einem beliebigen CD- oder DVD-Player, wiedergegeben werden, diese Option bietet sich vor allem für Fotos, Musik und Videos an. Nachteil: Auf diese Weise gebrannte Dateien lassen sich später nicht mehr ändern.

Zur Wiedergabe mit einem CD/DVD-Player brennen

Hierzu läuft der Brennvorgang in zwei Schritten ab: Im ersten Schritt erfolgt die Zusammenstellung aller zu brennenden Daten und erst anschließend wird der eigentliche Brennvorgang gestartet. So gehen Sie dabei vor:

1. Starten Sie den Datei-Explorer und markieren Sie alle Dateien oder Ordner, die Sie brennen möchten ❶.
2. Klicken Sie im Menüband auf das Register *Freigeben* und hier auf *Auf Datenträger brennen* ❷.
3. Sie werden nun aufgefordert, einen beschreibbaren Datenträger einzulegen ❸ und die Schublade des Brenners wird ausgefahren. Legen Sie einen beschreibbaren Rohling (beispielsweise eine CD-R, CD-RW, DVD-R, DVD-RW oder DVD+RW) ein und schließen Sie die Schublade.
4. Im nächsten Schritt wählen Sie, wie die CD später verwendet werden soll ❹. Klicken Sie in diesem Fall auf die zweite Option *Mit einem CD/DVD-Player*. Geben Sie auch noch einen Datenträgertitel ein, dieser erscheint später im Explorer zusammen mit dem Laufwerksbuchstaben. Klicken Sie auf *Weiter*.

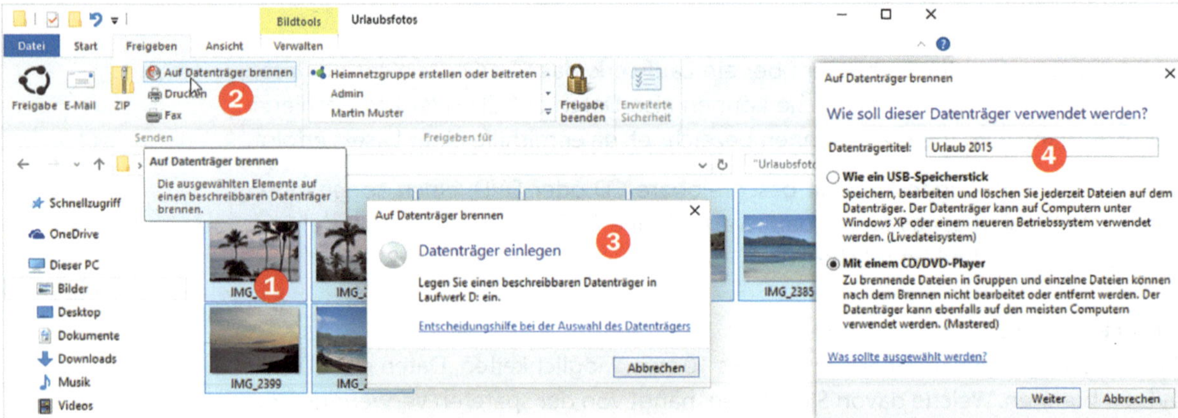

Bild 3.96 Markierte Elemente zur Wiedergabe mit einem CD/DVD-Player brennen

5 Ein zweites Explorer-Fenster für das CD/DVD-Laufwerk wird geöffnet und zeigt alle, zuvor zum Brennen ausgewählten Dateien an. Gleichzeitig erscheint in der rechten unteren Ecke des Bildschirms eine Meldung 5, dass Dateien zum Brennen vorhanden sind. **Achtung:** Diese sind vorerst nur zwischengespeichert und wurden noch nicht auf den Datenträger gebrannt.

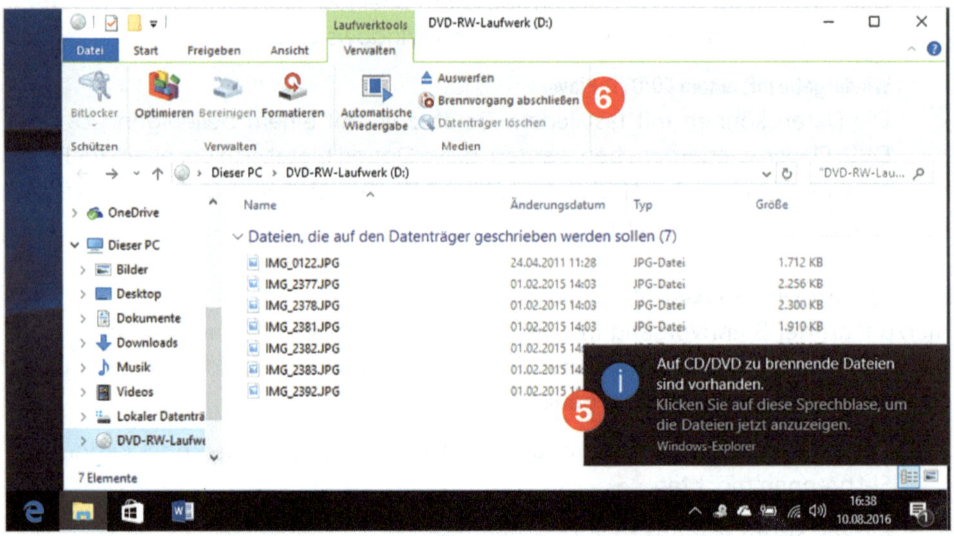

Bild 3.97 Die zum Brennen ausgewählten Dateien

6 Sie können nun weitere Dateien oder Ordner zum Brennen auswählen: Navigieren Sie zu den betreffenden Speicherorten, markieren Sie die Dateien und klicken Sie wieder im Register *Freigeben* auf *Auf Datenträger brennen*. Die Meldung in der Taskleiste können Sie vorerst ignorieren.

Verwenden Sie zum Entfernen den Befehl Löschen, entweder im Menüband oder im Kontextmenü bzw. die Taste Entf.

7 Sind alle Dateien zum Brennen ausgewählt? Dann klicken Sie, falls sichtbar, auf die Sprechblase der Taskleiste oder in der Navigationsleiste des Explorers auf das CD/DVD-Laufwerk und kontrollieren die ausgewählten Dateien. Da es sich hier um Kopien handelt, können Sie versehentlich ausgewählte Elemente problemlos wieder aus der Zusammenstellung entfernen.

8 Nun können Sie den eigentlichen Brennvorgang starten und die ausgewählten Dateien auf die CD schreiben. Dazu klicken Sie auf das Register *Laufwerktools - Verwalten* und auf *Brennvorgang abschließen* ⑥.

9 Das Fenster *Auf Datenträger brennen* erscheint: Falls nicht bereits geschehen, geben Sie hier einen Datenträgertitel ein. Die Aufnahmegeschwindigkeit wird automatisch gewählt, kann aber ggfs. geändert werden. Klicken Sie auf *Weiter*.

10 Nun startet der Brennvorgang und Sie können den Fortschritt anhand eines Balkens mitverfolgen. Die Dauer ist abhängig von der Menge der zu brennenden Daten. Nach dem Brennen erhalten Sie eine Meldung, dass die Dateien erfolgreich auf den Datenträger gebrannt wurden. Klicken Sie auf *Fertig stellen*, um den Brennvorgang abzuschließen. Gleichzeitig öffnet sich automatisch die Schublade Ihres DVD-Laufwerks und Sie können die CD entnehmen.

Weitere Dateien/Ordner hinzufügen

Der Inhalt einer derart gebrannten CD kann zwar nicht mehr geändert werden, aber Sie können in einem späteren Brennvorgang weitere Dateien hinzufügen. Dazu brauchen Sie nur die Schritte 1 bis 8 erneut ausführen und, anstelle einer leeren CD, die bereits zum Teil beschriebene einlegen. Die Frage nach dem Verwendungszweck bzw. der Brennmethode entfällt in diesem Fall.

CD/DVD wie einen USB-Stick verwenden

Damit die Daten auf der CD/DVD nachträglich geändert oder gelöscht werden können, markieren Sie wieder die betreffenden Dateien und klicken auf *Auf Datenträger brennen*. Anschließend muss nach dem Einlegen einer leeren CD die Option *Wie ein USB-Speicherstick* gewählt werden. Der Datenträger wird nun entsprechend vorbereitet (formatiert), dies kann einige Zeit dauern.

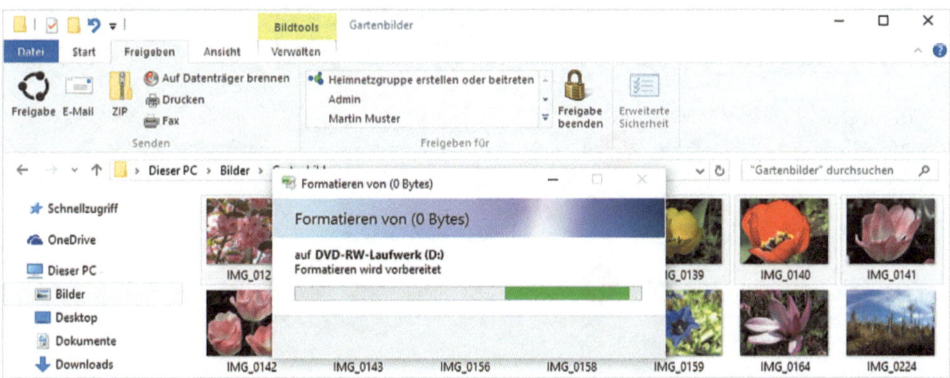

Bild 3.98 CD/DVD zur Verwendung wie ein USB-Stick vorbereiten

Im Unterschied zur oben beschriebenen Methode wird jede markierte Datei bzw. jeder markierte Ordner sofort auf den Datenträger gebrannt, wenn Sie im Register *Freigeben* auf *Auf Datenträger brennen* klicken. Daher erscheint auch bei jedem Brennvorgang ein Meldungsfenster und zeigt den Brennfortschritt an. Auf diese Weise brennen Sie nun nacheinander alle Dateien und Ordner, die Sie auf der CD/DVD benötigen.

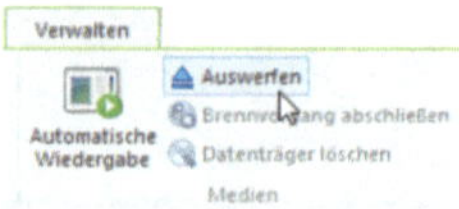

Sitzung schließen

Vor dem Entnehmen der CD/DVD muss die Sitzung geschlossen werden. Klicken Sie dazu im Register *Verwalten* (*Laufwerktools*) auf *Auswerfen*. Dieser Vorgang kann einige Sekunden dauern. Wenn Sie ohne vorheriges Schließen der Sitzung die Schublade Ihres DVD-Laufwerks zu öffnen versuchen, dann erscheint eine entsprechende Meldung in der Taskleiste und die Sitzung wird automatisch geschlossen. Erst dann können Sie den Datenträger entnehmen.

Tipps zum Aussehen und Verhalten des Explorers

Aussehen und Verhalten des Datei-Explorers können Sie an Ihre Bedürfnisse anpassen, insbesondere die Anzeige von Ordnerinhalten und den Schnellzugriff.

Beim Öffnen Dieser PC anzeigen

Standardmäßig werden beim Öffnen des Explorers im Anzeigebereich alle unter *Schnellzugriff* vorhandenen Ordner, sowie die zuletzt verwendeten Dateien angezeigt.

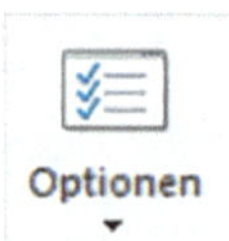

1 Wenn stattdessen, wie z. B. bei Windows 7 *Dieser PC* angezeigt werden soll, dann klicken Sie im Menüband des Explorers auf das Register *Ansicht* und hier auf die Schaltfläche *Optionen* ❶ oder im Register *Datei* auf *Ordner- und Suchoptionen ändern*. In beiden Fällen öffnet sich das Dialogfenster *Ordneroptionen*, zunächst mit dem Register *Allgemein*.

2 Klicken Sie bei *Datei-Explorer öffnen für* auf den Dropdown-Pfeil und wählen Sie anstelle *Schnellzugriff* (Standardeinstellung) *Dieser PC* aus ❷.

Bild 3.99 Beim Öffnen des Explorers Dieser PC anzeigen

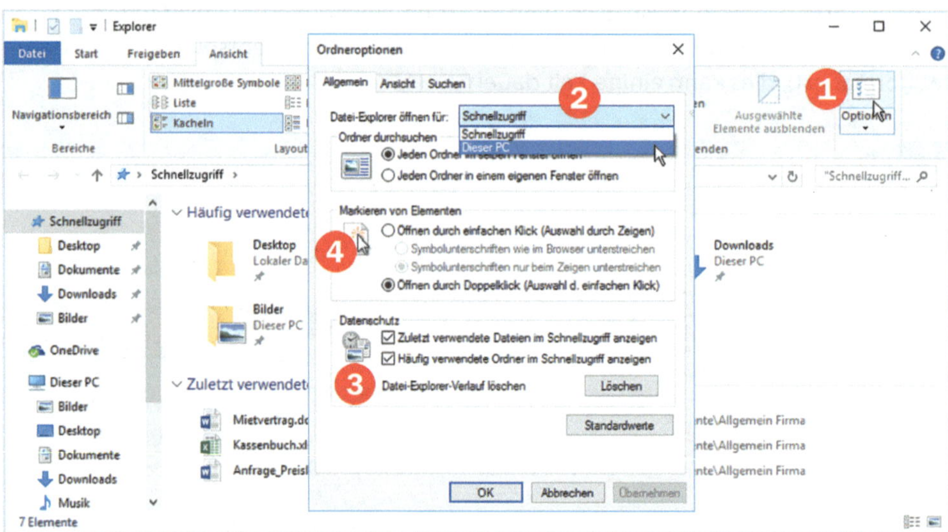

3 Unter *Datenschutz* ❸ können Sie die Anzeige zuletzt verwendeter Dateien in der Schnellzugriffsliste und häufig verwendeter (nicht angehefteter) Ordner über die jeweiligen Kontrollkästchen deaktivieren.

Zusätzlich kann bei *Datei-Explorer-Verlauf löschen* über die Schaltfläche *Löschen*, ähnlich den Browsereinstellungen, die Liste zuletzt besuchter Speicherorte gelöscht werden.

Tipp: Die Schaltfläche *Standardwerte* setzt alle geänderten Einstellungen auf die ursprünglichen Werte zurück.

Objekte mit einfachem Mausklick öffnen
Standardmäßig öffnen Sie Elemente mit einem Doppelklick auf das Symbol, beispielsweise auf dem Desktop. Diese Einstellung können Sie in den Ordneroptionen unter *Markieren von Elementen* ❹ so ändern, dass dazu ein einfacher Mausklick genügt.

Erweiterte Anzeigeeinstellungen

- Weitere Möglichkeiten finden Sie im Register *Ansicht* des Fensters *Ordneroptionen*. Hier können Sie, falls gewünscht, die aktuell verwendete Ansicht, z. B. *Details*, als Standardansicht für alle Ordner desselben Typs verwenden. Klicken Sie dazu auf die Schaltfläche *Für Ordner übernehmen*.
- Unter *Erweiterte Einstellungen* sind detaillierte Einstellungen zur Anzeige von Dateien und Ordnern möglich, so lassen sich hier beispielsweise geschützte Systemdateien, also wichtige Dateien von Windows, ein- oder ausblenden.

> **Vorsicht:** Einsteiger sollten im Register *Erweiterte Einstellungen* keine Änderungen vornehmen, insbesondere keine Systemdateien anzeigen. Falls trotzdem versehentliche Änderungen vorgenommen wurden, lassen sich diese mit Klick auf die Schaltfläche *Standardwerte* jederzeit wieder auf die Standardeinstellungen zurücksetzen.

Heimnetzgruppe nutzen

Heimnetzgruppe erstellen
In kleineren Netzwerken, z. B. privat, stellt die Heimnetzgruppe eine einfache Möglichkeit dar, Ordner und Geräte, z. B. Drucker, im Netzwerk gemeinsam zu nutzen. Geschützt wird die Heimnetzgruppe durch ein Kennwort. Die Heimnetzgruppe wird standardmäßig bereits im Navigationsbereich des Explorers angezeigt, muss jedoch vor der ersten Nutzung erstellt werden.

Voraussetzung für eine Heimnetzgruppe ist natürlich, dass alle PCs über einen gemeinsamnen Router bzw. WLAN miteinander verbunden sind.

1 Dazu klicken Sie in der Navigationsleiste des Explorers auf *Heimnetzgruppe* und dann im Anzeigebereich auf *Heimnetzgruppe erstellen*.

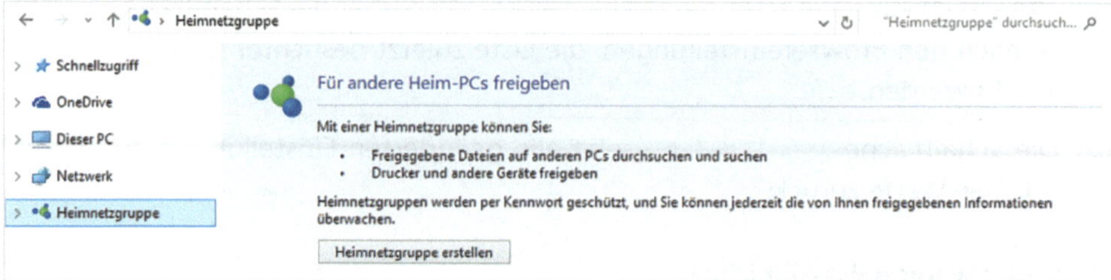

Bild 3.100 Klicken Sie auf Heimnetzgruppe erstellen

Bibliotheken umfassen in der Regel den jeweiligen persönlichen Ordner sowie den dazugehörigen OneDrive-Ordner

2 Klicken Sie im nächsten Fenster auf *Weiter*. Anschließend können Sie einen oder mehrere persönliche Ordner und den Drucker freigeben, in der Standardeinstellung sind alle Bibliotheken mit Ausnahme von *Dokumente* und der Drucker bereits freigegeben. Klicken Sie dann auf *Weiter*.

3 Im letzten Schritt erhalten Sie ein Kennwort. Dieses Kennwort wird von anderen Personen und/oder PCs benötigt, wenn sie der Heimnetzgruppe beitreten möchten. Notieren Sie das Kennwort und klicken Sie auf *Fertig stellen*.

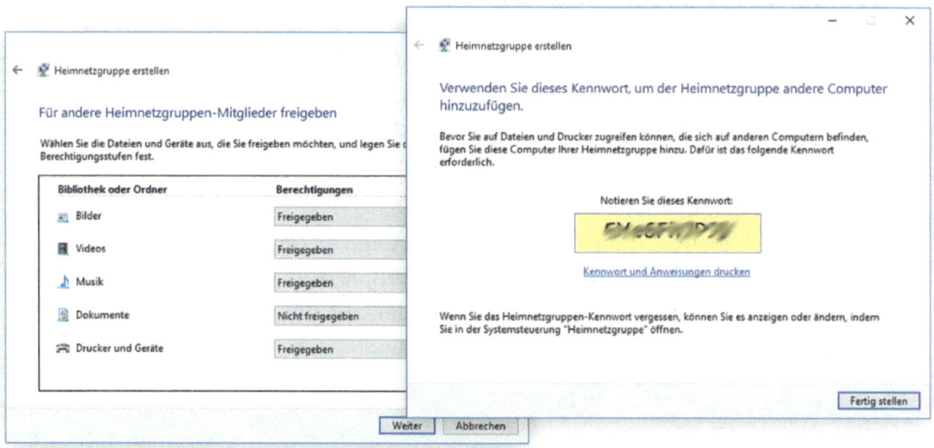

Bild 3.101 Ordner und Drucker freigeben

Bild 3.102 Ihr Kennwort

Ihr Benutzername erscheint nun im Navigationsbereich unterhalb der Heimnetzgruppe und wenn Sie hier auf Ihren Namen klicken, so sehen Sie im Anzeigebereich den Namen Ihres Geräts und die freigegebenen Bibliotheken.

Der Heimnetzgruppe beitreten

Wenn eine Heimnetzgruppe erstellt wurde, dann können ab jetzt andere PCs dieser Gruppe beitreten und ihrerseits Ordner freigeben. So gehen Sie vor:

1 Öffnen Sie auf dem zweiten PC den Explorer und markieren Sie im Navigationsbereich die Heimnetzgruppe.

2 Klicken Sie dann auf *Jetzt beitreten*.

3 Im nächsten Schritt wählen Sie aus, welche Bibliotheken/Ordner Sie Ihrerseits freigeben möchten und klicken auf *Weiter*.

4 Zuletzt werden Sie zur Eingabe des Kennwortes aufgefordert. Klicken Sie dann auf *Fertig stellen*. Ihr Name wurde nun der Heimnetzgruppe hinzugefügt.

Mit Klick auf den Namen eines Mitglieds der Heimnetzgruppe sehen Sie dessen freigegebene Ordner und können diese öffnen, um den Inhalt einzusehen.

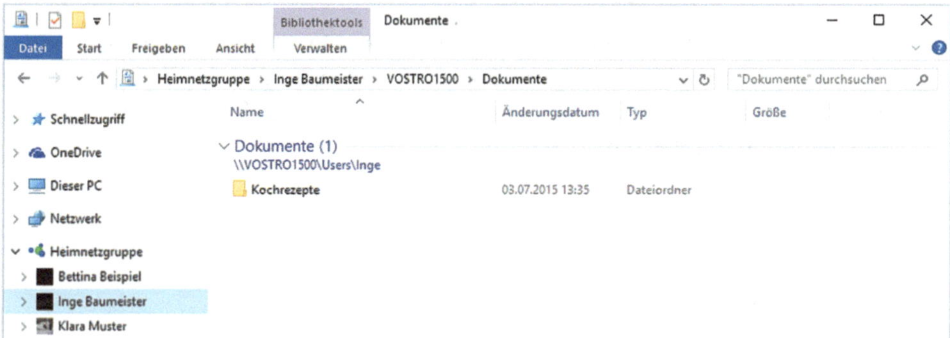

Bild 3.103 Mitglieder der Heimnetzgruppe

Ordner freigeben, Berechtigungen

Standardmäßig sind im Heimnetzwerk nur Bibliotheken samt Inhalt und der Drucker freigegeben. Möchten Sie Zugriff auf einzelne weitere Ordner erlauben, so müssen Sie diese extra freigeben. Klicken Sie dazu mit der rechten Maustaste auf den betreffenden Ordner, zeigen Sie auf *Freigeben für* und klicken Sie auf *Heimnetzgruppe (anzeigen)*, d.h. der Inhalt wird angezeigt, kann aber nicht bearbeitet werden, oder *Heimnetzgruppe (anzeigen und bearbeiten)* ❶. Alternativ finden Sie dieselben Möglichkeiten auch im Menüband, Register *Freigeben*, wenn Sie zuvor den Ordner markiert haben.

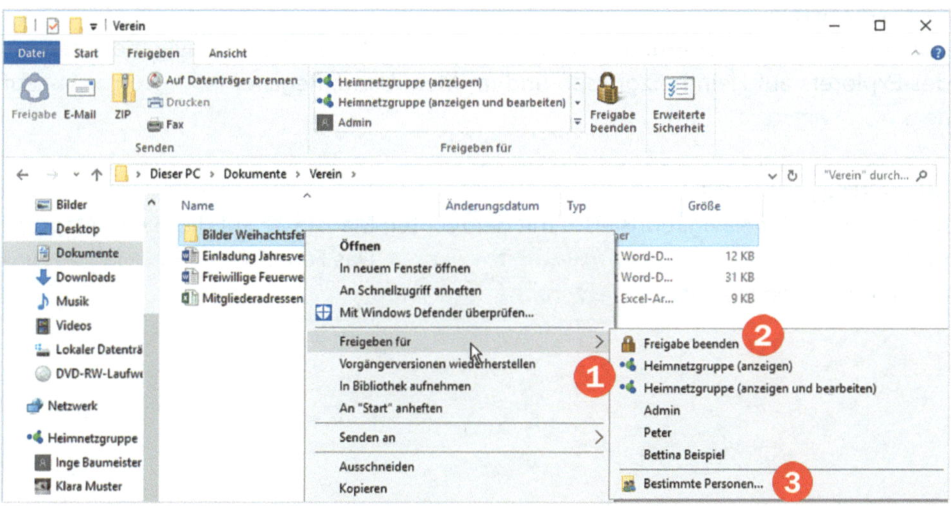

Bild 3.104 Einen weiteren Ordner freigeben

▶ Um die Freigabe eines Ordners aufzuheben, klicken Sie mit der rechten Maustaste auf diesen Ordner, zeigen auf *Freigeben für* und klicken auf *Freigabe beenden* ❷. Oder klicken Sie im Menüband, Register *Freigeben* auf die Schaltfläche *Freigabe beenden*.

- Falls Sie Ordner nur für bestimmte Personen im Heimnetzwerk freigeben möchten, dann klicken Sie mit der rechten Maustaste auf den betreffenden Ordner, zeigen auf *Freigeben für* und wählen *Bestimmte Personen...* ❸. Es öffnet sich ein Fenster, in dem Sie nun jedem Mitglied der Heimnetzgruppe eine Berechtigung zuweisen können, siehe Bild unten.
- Sie können auch hier jederzeit weitere Benutzer hinzufügen: Geben Sie entweder einen Namen ein oder klicken Sie auf den Dropdown-Pfeil, um nach Personen zu suchen und klicken Sie dann auf *Hinzufügen*. Zuletzt bestätigen Sie Ihre Einstellungen mit der Schaltfläche *Freigabe*.

Bild 3.105 Berechtigung auswählen

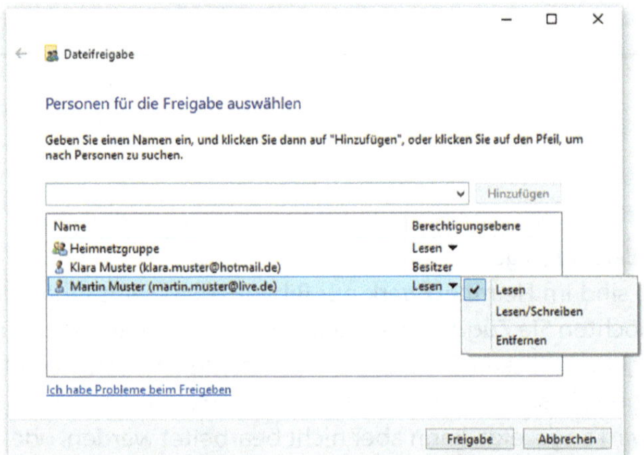

Kennwort anzeigen

Falls Sie das Kennwort erneut anzeigen möchten, klicken Sie im Navigationsbereich des Explorers auf Heimnetzgruppe und im Menüband, Register *Heimnetzgruppe* auf *Kennwort anzeigen*.

Heimnetzgruppe verlassen

Klicken Sie in der Navigationsleiste mit der rechten Maustaste auf die Heimnetzgruppe und auf *Heimnetzgruppen-Einstellungen ändern*. Das Fenster *Heimnetzgruppe* wird geöffnet: Klicken Sie auf *Heimnetzgruppe verlassen*.

4 Windows 10 individuell anpassen

4.1 Einstellungen und Systemsteuerung

Ein erster Überblick über die App Einstellungen

In den Einstellungen können Sie Aussehen und Verhalten von Windows steuern. Zum Öffnen der Einstellungen verwenden Sie eine der folgenden Methoden:

- Öffnen Sie das Startmenü und klicken Sie hier auf das Symbol *Einstellungen*.
- Oder öffnen Sie mit Klick auf das Symbol *Benachrichtigungen* in der Taskleiste das Info-Center und klicken Sie auf die Schaltfläche *Alle Einstellungen*.
- Oder drücken Sie die Tastenkombination Windows+I.

Bild 4.1 Das Symbol Einstellungen im Startmenü

Bild 4.2 Alle Einstellungen im Info-Center

Alternativ können Sie eine bestimmte Einstellung gezielt auch über das Suchfeld der Taskleiste bzw. Cortana suchen. Einstellungen sind in der Liste der Suchergebnisse an diesem Symbol zu erkennen.

Die Startseite fasst die Einstellungen in Kategorien zusammen. Klicken Sie einfach auf das gewünschte Symbol, z. B. *Personalisierung*. Zurück zur Startseite gelangen Sie in der linken oberen Ecke, entweder mit Klick auf den Pfeil *Zurück* oder auf *Startseite*.

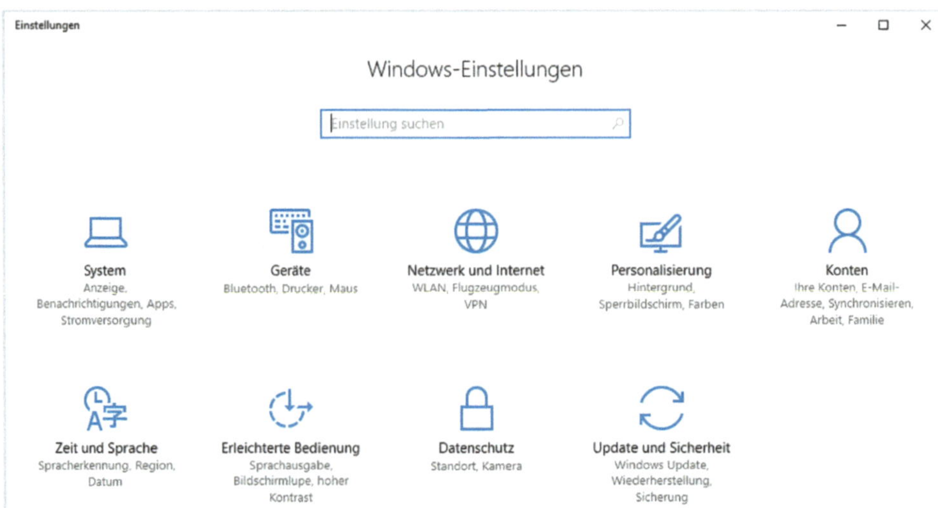

Bild 4.3 Die Startseite der Einstellungen

Einstellungen ändern

Innerhalb einer Kategorie werden in der linken Spalte verschiedene Aufgaben zum Thema aufgelistet.

- Klicken Sie auf eine Aufgabe, z. B. *Start* ❶, diese wird farbig hervorgehoben und rechts erscheinen alle dazugehörigen Einstellungen, in diesem Fall zum Startmenü.
- Oberhalb der Aufgabenliste sehen Sie die aktuell gewählte Kategorie ❷ (im Bild unten *Personalisierung*) und mit Klick auf den Pfeil *Zurück* gelangen Sie wieder zur vorherigen Seite oder klicken Sie hier auf *Startseite*.
- Viele Einstellungen erlauben nur zwei Möglichkeiten: *Ein* oder *Aus*. Sie werden über Schalter ❸ gesteuert. Diese sind einfach zu bedienen: Klicken oder tippen Sie entweder auf das Schaltersymbol oder auf den Text *Ein* bzw. *Aus*.

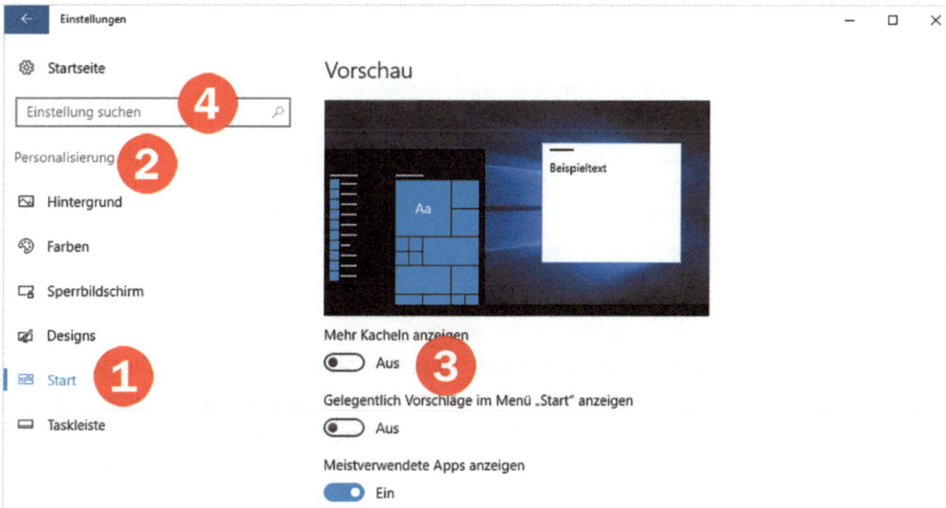

Bild 4.4 Beispiel Personalisierung: Links finden Sie verschiedene Aufgaben

Für alle Einstellungen gilt: Ihre Änderungen werden automatisch gespeichert. Sie können also einfach zur Startseite der Einstellungen zurückkehren bzw. die Einstellungen mit Klick auf das Schließen-Symbol des Fensters schließen.

In den Einstellungen suchen

Wenn Sie eine bestimmte Einstellung, z. B. Bild des Sperrbildschirms, ändern möchten und nicht genau wissen, zu welcher Kategorie dieser gehört, dann benutzen Sie die Suche: Klicken Sie auf der Startseite in das Suchfeld und geben Sie den Suchbegriff ein. Innerhalb einer Kategorie finden Sie das Suchfeld links oben ❹ (Bild oben). Bereits während der Eingabe listet Windows verschiedene Vorschläge auf, weitere erhalten Sie, wenn Sie auf *Alle Ergebnisse* klicken. Mit Klick auf ein Thema gelangen Sie sofort zur betreffenden Einstellung und können diese ändern.

So finden Sie sich in der Systemsteuerung zurecht

Parallel zu den Einstellungen existiert unter Windows 10 immer noch die, aus früheren Versionen bekannte, Systemsteuerung. Beide lassen sich derzeit nicht immer voneinander trennen: So verweisen manche Suchergebnisse und auch einige Links aus den Einstellungen auf die Systemsteuerung, z. B. wenn Sie nach Designs suchen. Themen der Systemsteuerung sind leicht am Symbol zu erkennen.

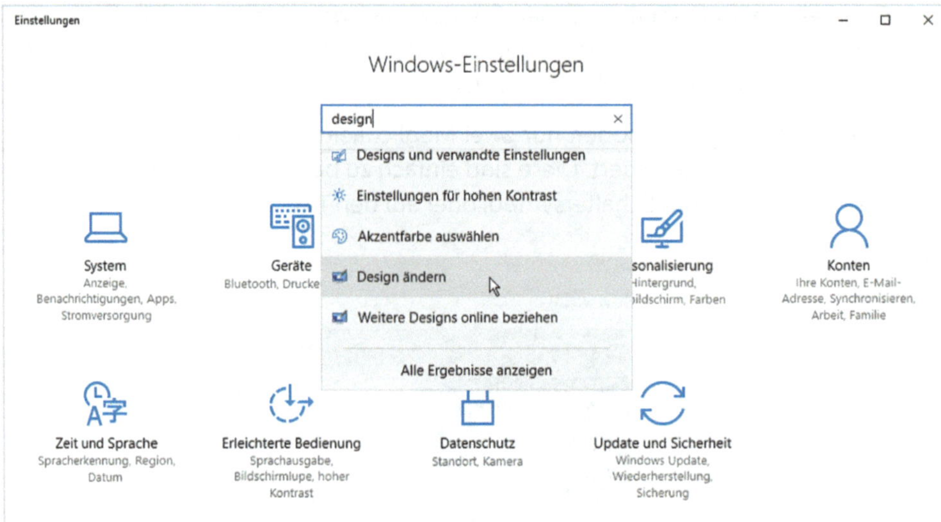

Bild 4.5 Manche Suchergebnisse der Einstellungen verweisen auf die Systemsteuerung, z. B. Design ändern

Achtung: Die Systemsteuerung öffnet sich, unabhängig von den Einstellungen, in einem zweiten Fenster und geänderte Einstellungen werden hier erst mit Klick auf die Schaltfläche *OK* bzw. auf *Übernehmen* gespeichert.

Wenn Sie die Systemsteuerung mit der Startseite öffnen möchten, dann finden Sie diese im Startmenü unter *Alle Apps* in der Gruppe *Windows-System* oder wenn Sie mit der rechten Maustaste auf das Windows-Logo (Start) der Taskleiste klicken. Am einfachsten benutzen Sie jedoch Cortana bzw. die Suche.

Navigation

Im Gegensatz zu den Einstellungen eignet sich die Systemsteuerung in erster Linie für die Mausbedienung.

Die Anzeige auf der Startseite der Systemsteuerung kann auf Ihrem PC etwas abweichen. Über den Dropdown-Pfeil *Anzeige* unterhalb des Suchfeldes können Sie nämlich zwischen großen und kleinen Symbolen, sowie der Anzeige *Kategorie* wählen. In der Standardeinstellung bzw. der Anzeige nach Kategorien sind in der Systemsteuerung die Links zu den einzelnen Einstellungen ebenfalls nach Kategorien zusammengefasst, allerdings in anderer Zusammensetzung als in den Einstellungen.

Bild 4.6 Die Startseite der Systemsteuerung

Die Navigation in der Systemsteuerung ist mit dem Datei-Explorer vergleichbar: Klicken Sie zum Anzeigen auf eine Kategorie, z. B. *Anpassung* oder direkt auf die gewünschte Einstellung, etwa *Design ändern* ❷. Benutzen Sie anschließend die Pfeile in der Adressleiste, um zurück zur letzten Einstellung bzw. zur Startseite zu gelangen. Am Adressfeld ❶ erkennen Sie, an welchem Punkt der Systemsteuerung Sie sich gerade befinden, auch hier gelangen Sie mit Klick auf eine übergeordnete Kategorie wieder zurück. Als Alternative wählen Sie links in der Navigationsleiste eine andere Kategorie ❸ oder klicken auf *Startseite der Systemsteuerung* ❹.

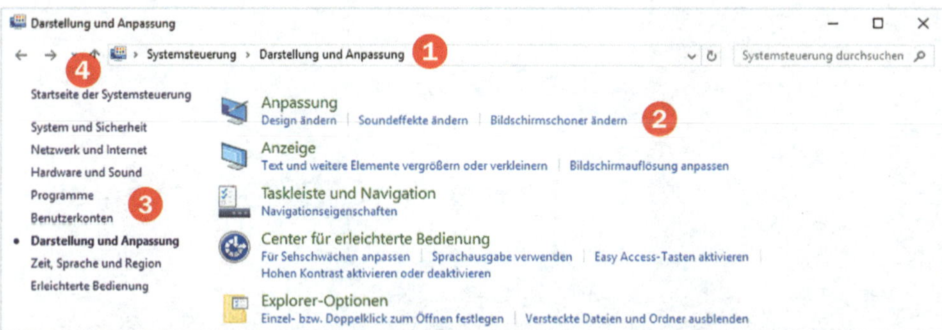

Bild 4.7 Navigation in der Systemsteuerung

Für die Systemsteuerung gilt wie für alle Einstellungen

Einige Änderungen sollten nur mit guten Windows-Kenntnissen vorgenommen werden, da sonst unter Umständen das gesamte System nicht mehr korrekt arbeitet. Tiefgreifende Änderungen erfordern die Rechte eines Administrators! Solche Einstellungen sind in der Systemsteuerung mit diesem Symbol versehen und bevor Änderungen gespeichert werden, werden Sie aufgefordert, ein Administrator-Kennwort einzugeben. In den Einstellungen dagegen sind solche Funktionen nur sichtbar, wenn Sie als Administrator angemeldet sind, nicht aber für normale Standardbenutzer.

Näheres zu Administratoren und Standardbenutzern lesen Sie in Kap. 6.1.

4.2 Passen Sie das Startmenü an Ihre Wünsche an

Apps hinzufügen oder aus dem Startmenü entfernen

Weitere Apps hinzufügen

Den größten Teil des Startmenüs nehmen mehr oder weniger große Kacheln ein, zum Teil auch mit Live-Vorschau auf den Inhalt. Diesen Bereich können Sie jederzeit an Ihre Bedürfnisse anpassen, indem Sie weitere Kacheln hier anheften oder nicht benötigte entfernen. Nehmen wir als Beispiel an, Sie möchten Microsoft Word hier hinzufügen, dann gehen Sie so vor:

1 Lassen Sie sich die App im Startmenü anzeigen ❶. Am schnellsten geschieht dies über den Index: Klicken Sie in der Liste der Apps auf einen beliebigen Buchstaben des alphabetischen Registers und anschließend im Index auf den Anfangsbuchstaben der App, in unserem Beispiel *W*.

2 Ziehen Sie dann die App mit dem Finger oder mit gedrückter linker Maustaste in den Bereich der Kacheln ❷. Dies funktioniert auch, wenn sich die App in der Liste *Meistverwendet* befindet.

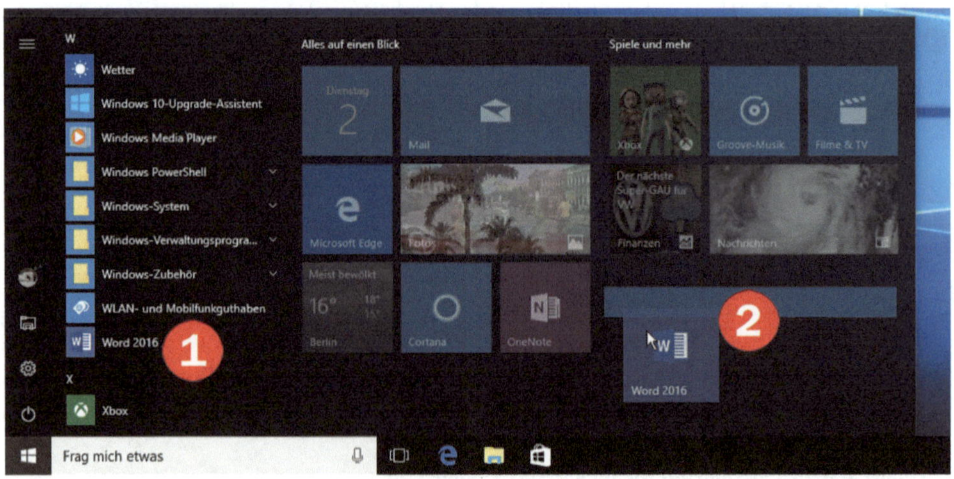

Bild 4.8 Ziehen Sie eine App in den Bereich Kacheln

Beachten Sie: Wenn Sie die App etwas unterhalb oder neben den vorhandenen Kacheln platzieren, dann wird, wie im Bild oben, automatisch eine neue Gruppe gebildet. Ziehen Sie dagegen die App in eine bestehende Gruppe, z. B. *Alles auf einen Blick*, dann rücken die übrigen Kacheln entsprechend beiseite.

Außerdem wichtig zu wissen: Die App wird beim Ziehen nicht verschoben, also nicht aus dem Startmenü bzw. der Liste *Alle Apps* entfernt.

Als Alternative verwenden Sie die rechte Maustaste, beispielsweise, wenn Sie eine App aus der Liste der Suchergebnisse dem Startmenü hinzufügen möchten. Klicken Sie mit der rechten Maustaste auf die App. Ein kleines Menü erscheint, klicken Sie hier auf den Befehl *An „Start" anheften*.

App aus dem Startmenü entfernen

Mit der rechten Maustaste entfernen Sie auch nicht benötigte Kacheln wieder. Klicken Sie dazu mit der rechten Maustaste auf die Kachel und dann auf *Von „Start" lösen*.

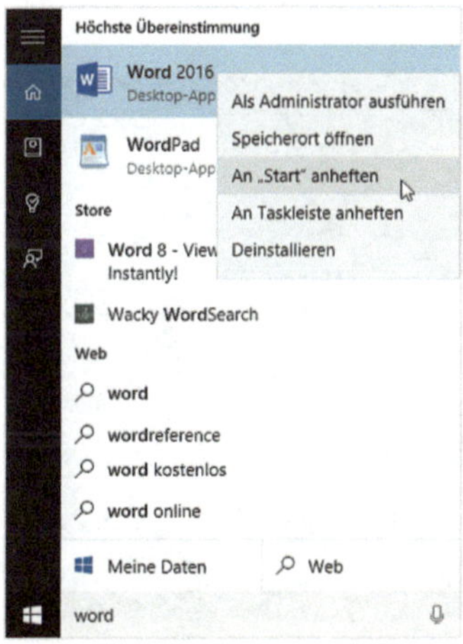

Bild 4.9 App aus den Suchergebnissen an Start anheften

Bild 4.10 Kachel entfernen (Von Start lösen)

Beachten Sie: Die App wird nur aus dem Bereich der angehefteten Kacheln des Startmenüs entfernt, ist aber nach wie vor in der alphabetischen Liste (*Alle Apps*) und über die Suche verfügbar.

Bei einigen Windows-Apps dagegen, z. B. *Nachrichten*, ist über die rechte Maustaste auch der Befehl *Deinstallieren* verfügbar. Damit wird die betreffende App endgültig vom PC entfernt, kann aber in der Regel aus dem Windows-Store erneut kostenlos heruntergeladen werden.

Details zum Deinstallieren von Apps lesen Sie in Kap. 6.3.

Größe des Startmenüs ändern

Bei einer Vielzahl von angehefteten Apps können Sie auch die Größe des Startmenüs entsprechend anpassen. Zeigen Sie dazu an den rechten oder oberen Rand des geöffneten Startmenüs, bis als Mauszeiger ein Doppelpfeil erscheint. Ziehen Sie dann zum Vergrößern oder Verkleinern mit gedrückter Maustaste in die gewünschte Richtung. Beachten Sie dabei:

- Die Kacheln des Startmenüs sind in Gruppen angeordnet, standardmäßig sind dies die Gruppen *Alles auf einen Blick* und *Spiele und mehr*. Da Gruppen nicht getrennt werden, wandert beim Verbreitern des Startmenüs jeweils eine komplette Gruppe nach rechts bzw. beim Verkleinern wieder nach unten.

- Die Höhe des Startmenüs können Sie dagegen beliebig ändern. Hier können Sie anschließend durch Drehen des Mausrädchens nach oben oder unten scrollen.

Meistverwendete Apps verwalten

In der Liste *Meistverwendet* werden automatisch diejenigen Apps aufgeführt, die Sie häufig benutzen. An dieser Stelle können Sie zwar keine Apps anheften, aber Apps daraus entfernen.

- Dazu klicken Sie mit der rechten Maustaste auf die App, zeigen auf *Mehr* und verwenden den Befehl *Nicht in dieser Liste anzeigen*.

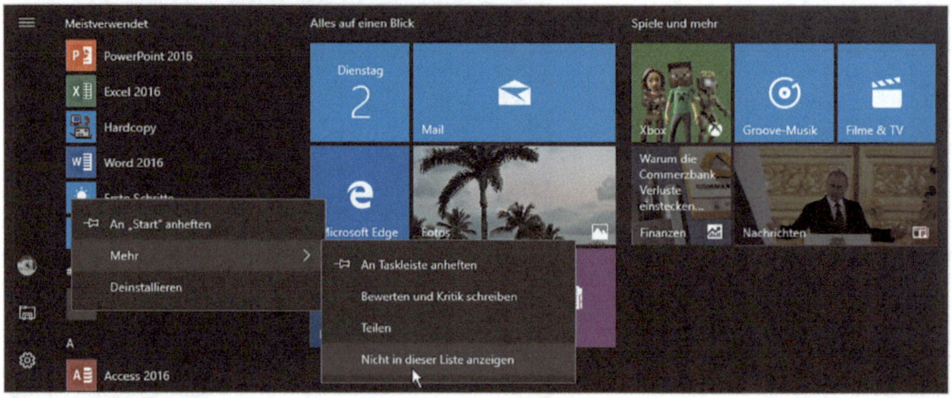

Bild 4.11 App aus der Liste Meistverwendet entfernen

Aussehen und Anordnung der Kacheln ändern

Kacheln anordnen

Die Kacheln des Startmenüs lassen sich beliebig anordnen. Ziehen Sie einfach die Kachel mit gedrückter linker Maustaste an die gewünschte Position. Befindet sich an dieser Stelle bereits eine Kachel, so macht diese automatisch Platz. Platzieren Sie dagegen eine Kachel mit etwas Abstand rechts oder unterhalb der vorhandenen Kacheln, so wird automatisch eine neue Kachelgruppe erstellt, Näheres dazu weiter unten.

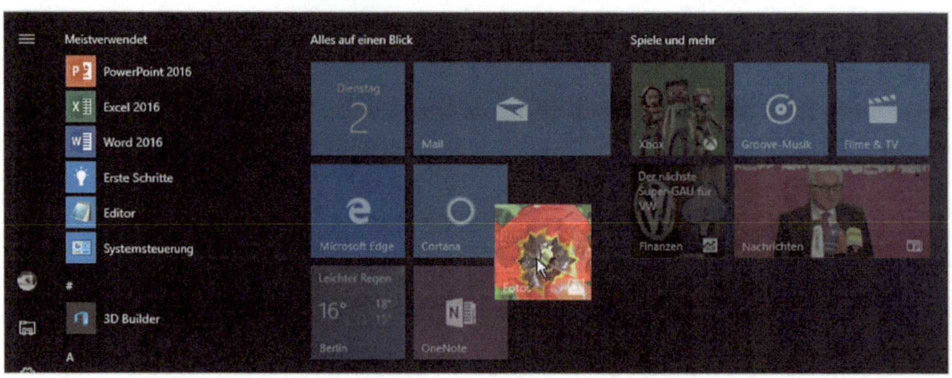

Bild 4.12 Kacheln mit der Maus verschieben

Größe ändern

Wo und wie eine Kachel platziert werden kann, hängt auch von ihrer Größe ab. Zum Ändern klicken Sie mit der rechten Maustaste auf die Kachel und zeigen auf *Größe ändern*. Beachten Sie, dass die verfügbaren Größen von der jeweiligen App abhängig sind. Für klassische Anwendungen, beispielsweise Microsoft Word oder WordPad, sind in der Regel nur die Größen *Klein* und *Mittel* verfügbar, Windows Apps können dagegen meist in den Größen *Klein*, *Mittel*, *Breit* und *Groß* dargestellt werden.

Bild 4.13 Kachelgröße ändern

Live-Kacheln

Einige Kacheln im Startmenü zeigen Informationen in Echtzeit an, z. B. *Wetter*, *Finanzen*, *Nachrichten* usw., solche Kacheln werden als Live-Kacheln bezeichnet. Zum Deaktivieren oder Aktivieren der Live-Funktion klicken Sie ebenfalls mit der rechten Maustaste auf die Kachel, zeigen auf *Mehr* und klicken dann auf *Live-Kachel deaktivieren* bzw. *Live-Kachel aktivieren*.

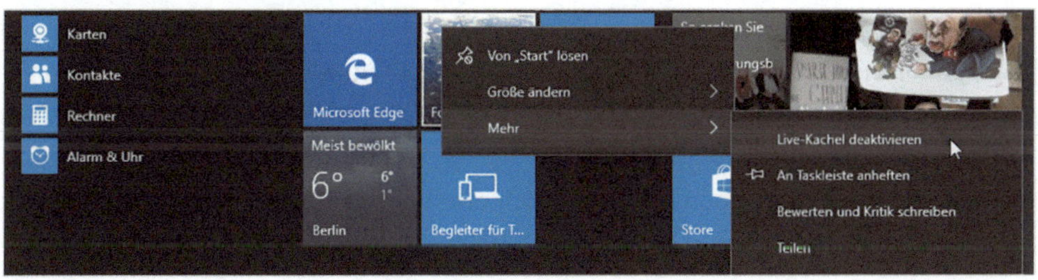

Bild 4.14 Live-Kachel aktivieren/deaktivieren

Kacheln in Gruppen zusammenfassen

Eine neue Gruppe anlegen

Um das Startmenü übersichtlich zu halten, empfiehlt es sich, die Kacheln in Gruppen anzuordnen. Standardmäßig finden Sie hier bereits die beiden Gruppen *Alles auf einen Blick* und *Spiele und mehr* vor. Sie können beliebig Kacheln zwischen den Gruppen verschieben. Eine neue Gruppe wird automatisch gebildet, wenn Sie eine Kachel mit etwas Abstand neben oder unterhalb einer bestehenden Gruppe platzieren.

Nehmen wir als Beispiel an, Sie möchten *Microsoft Word*, *Excel* und *PowerPoint* in einer neuen Gruppe mit dem Namen Microsoft Office zusammenfassen.

1 Ziehen Sie die erste App, im Beispiel unten *Word* innerhalb des Startmenüs in den Bereich etwas unterhalb einer bestehenden Gruppe. Ein farbiger Balken an der App während des Ziehens bedeutet, dass eine neue Gruppe gebildet wird.

2 Anschließend ziehen Sie die übrigen Apps in die Gruppe und platzieren diese neben oder unterhalb der ersten Kachel.

Bild 4.15 Neue Kachelgruppe anlegen

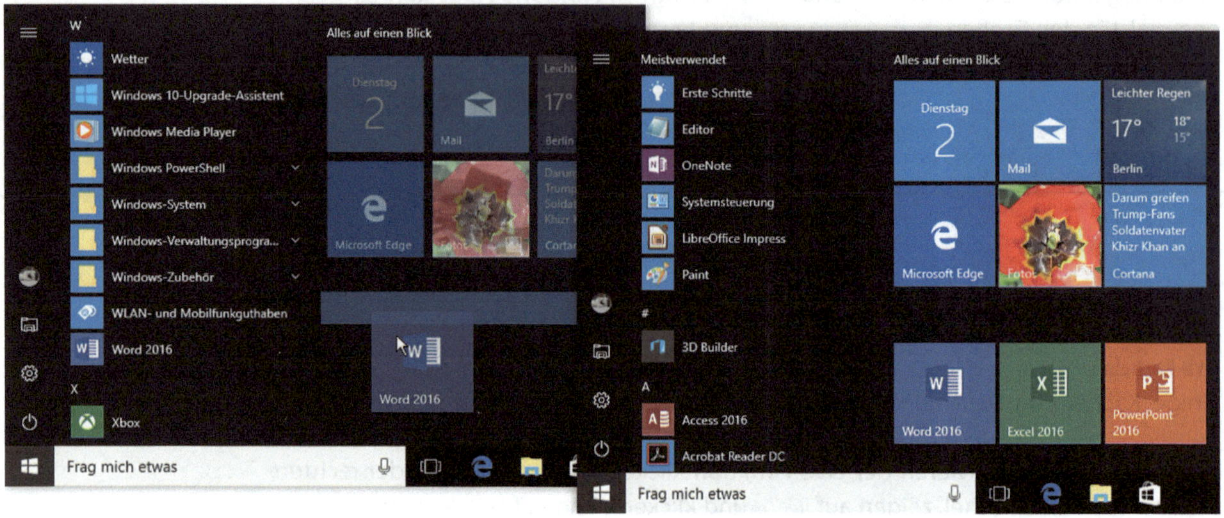

Der Gruppe einen Namen geben

Die standardmäßig vorhandenen Gruppen haben bereits einen Namen, dieser befindet sich oberhalb der Gruppe. Im nächsten Schritt soll auch die neue Gruppe einen Titel erhalten.

1 Zeigen Sie in den, noch leeren, Bereich oberhalb der Gruppe. Hier erscheint der Text *Gruppe benennen*. Drücken Sie nun die linke Maustaste.

2 Es öffnet sich ein Eingabefeld, tippen Sie hier den Namen der Gruppe ein und schließen Sie durch Drücken der Eingabe-Taste ab.

Bild 4.16 Gruppe benennen

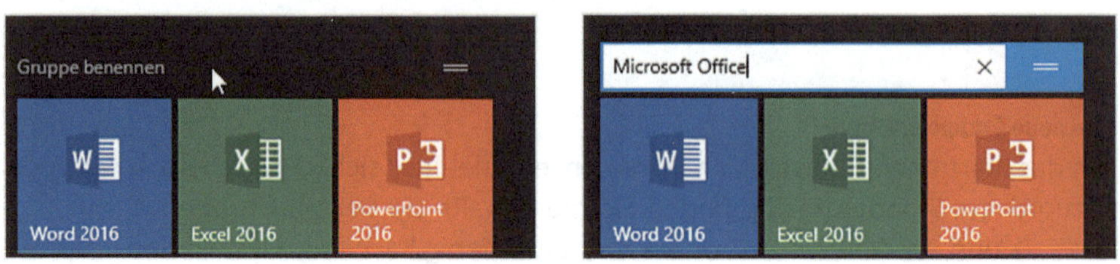

Genauso verfahren Sie, wenn Sie den Titel einer Gruppe nachträglich ändern möchten. Klicken Sie einfach auf den Titel, das Eingabefeld öffnet sich und Sie können nun den neuen Namen eingeben bzw. den vorhandenen korrigieren. Alternativ öffnet sich das Eingabefeld auch, wenn Sie auf das Gruppensymbol rechts klicken.

Eine Gruppe verschieben

Sie können auch ganze Gruppen innerhalb des Startmenüs verschieben: Dazu zeigen Sie in den Kopfbereich bzw. Namen der Gruppe.

1 Drücken Sie die linke Maustaste und ziehen Sie den, nun farbig hervorgehobenen Kopfbereich der Gruppe an die gewünschte Stelle des Startmenüs.

2 Während des Ziehens wird die Gruppe auf die Größe des Balkens verkleinert (siehe Bild unten). Erst wenn Sie die Maustaste loslassen, erscheinen auch die Kacheln der Gruppe an dieser Stelle.

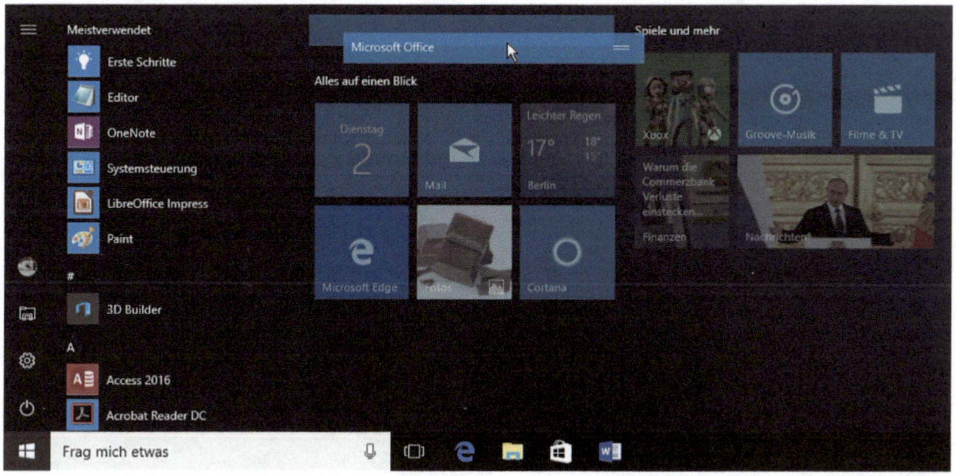

Bild 4.17 Während des Verschiebens wird die Gruppe zu einem Balken verkleinert

Startmenü im Vollbildmodus öffnen und weitere Einstellungen

Weitere Möglichkeiten, das Aussehen des Startmenüs zu beeinflussen, finden Sie in den Einstellungen. Klicken Sie dazu im Startmenü auf das Symbol *Einstellungen* und hier auf *Personalisierung*. Klicken Sie dann links auf *Start* ❶.

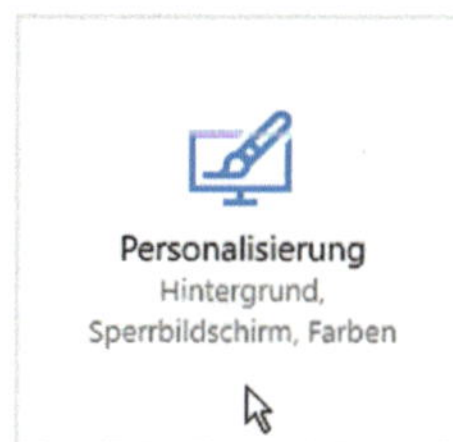

- Mehr *Kacheln anzeigen* bedeutet, das Startmenü wird so verbreitert, dass je Gruppe maximal vier Kacheln mittlerer Größe nebeneinander Platz finden. Standardmäßig sind dies maximal drei Kacheln.
- Ist der Schalter *Gelegentlich Vorschläge im Menü Start anzeigen* aktiviert, so blendet Windows im Startmenü Tipps und andere Vorschläge ein. Da diese Werbung beinhalten, können Sie diesen Schalter beruhigt deaktivieren.
- Mit dem Schalter *Meistverwendete Apps anzeigen* können Sie im Startmenü die Gruppe *Meistverwendet* aus- und einblenden.
- Neu installierte Apps werden standardmäßig im Startmenü in einer gesonderten Gruppe *Zuletzt hinzugefügt* angezeigt, diese Anzeige können Sie hier ebenfalls aktivieren bzw. deaktivieren.

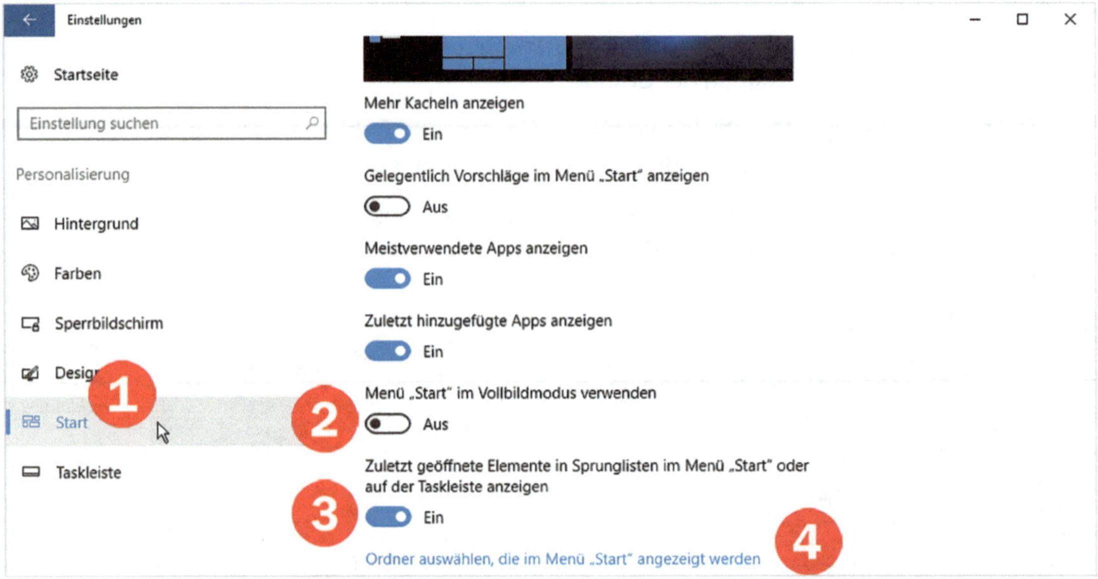

Bild 4.18 Das Verhalten des Startmenüs in den Einstellungen anpassen

Startmenü im Vollbildmodus öffnen

Wenn das Startmenü nicht nur im Tabletmodus, sondern auch im Desktopmodus den gesamten Bildschirm ausfüllen soll, dann aktivieren Sie den Schalter *Menü „Start“ im Vollbildmodus verwenden* ❷.

Wie im Tabletmodus nimmt dann das Startmenü den gesamten Bildschirm ein und zeigt zunächst nur die angehefteten Kacheln an. Die Liste aller Apps erscheint erst, wenn Sie in der linken oberen Ecke auf das Symbol *Alle Apps* klicken.

Tipp: Ordner im Startmenü anzeigen

Über den Link *Ordner auswählen, die im Menü „Start“ angezeigt werden* ❹, können Sie bei Bedarf neben *Einstellungen* und *Datei-Explorer* persönliche Ordner, z. B. *Dokumente* oder *Bilder* im Startmenü anzeigen lassen. Dies dürfte vor allem für Nutzer interessant sein, die das Startmenü von Windows 7 vermissen oder schnell beispielsweise den Ordner *Dokumente* öffnen möchten.

Sprunglisten in Startmenü und Taskleiste nutzen

Siehe auch Taskleiste

Ist der Schalter *Zuletzt geöffnete Elemente in Sprunglisten im Menü „Start“ oder auf der Taskleiste anzeigen* ❸ aktiviert, so erhalten Sie im Startmenü und in der Taskleiste über das Symbol einer App schnell Zugriff auf Dokumente, die mit dieser App zuletzt oder häufig geöffnet wurden. Diese Listen werden auch als Sprunglisten bezeichnet.

Zum Anzeigen der Sprungliste klicken Sie mit der rechten Maustaste auf die betreffende App, im Bild unten auf die Kachel *Word 2016*. Dabei spielt es keine Rolle, an welcher Stelle des Startmenüs sich die App befindet. Sie können also anstelle einer Kachel auch in der Liste *Alle Apps* oder *Meistverwendet* auf die App klicken. Sprunglisten sind allerdings nicht für alle Apps verfügbar, sondern in der Regel für Anwendungen, mit denen Dokumente bearbeitet werden, also beispielsweise Microsoft-Office Anwendungen.

Elemente in Sprunglisten anheften

Sollen häufig benötigte Dokumente dauerhaft in der Sprungliste erscheinen, so heften Sie diese einfach an:

1 Zeigen Sie in der Sprungliste auf das Dokument, rechts daneben erscheint ein Pin-Symbol mit dem entsprechenden Infotext.

2 Ein Klick auf dieses Symbol heftet das Dokument an die Liste an und umgekehrt können Sie mit einem weiteren Klick auf dieses Symbol ein angeheftetes Dokument auch wieder aus der Liste entfernen.

Alternativ klicken Sie mit der rechten Maustaste auf ein Element der Sprungliste und wählen den Befehl *An diese Liste anheften* bzw. *Aus dieser Liste entfernen*. Im Kontextmenü erhalten Sie zusätzlich den Befehl *Aus dieser Liste entfernen*, mit dem Sie ein nicht angeheftetes Element aus der Sprungliste entfernen.

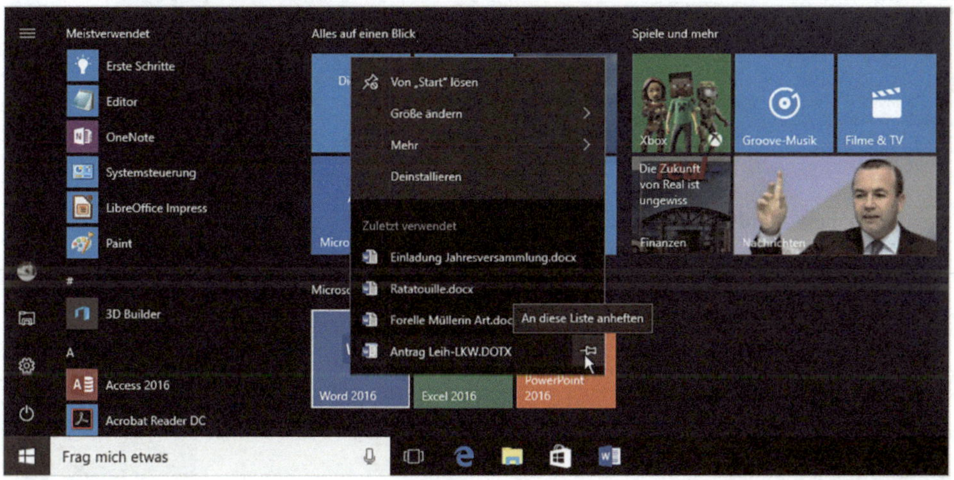

Bild 4.19 Beispiel: Die Sprungliste Microsoft Word

Tipp: Das Symbol des Datei-Explorers ist standardmäßig Bestandteil des Startmenüs und der Taskleiste. Auch hier erhalten Sie mit einem Rechtsklick Sprunglisten. Neben den häufig verwendeten Ordnern sind in der Sprungliste des Explorers Ihre persönlichen Ordner wie Bilder oder Dokumente bereits fest angeheftet.

Apps über Symbole auf dem Desktop starten

Wie Sie oben bereits gesehen haben, können häufig benötigte Apps an Startmenü und Taskleiste angeheftet werden, um sie schneller zu starten. Wenn das Startmenü nicht im Vollbildmodus geöffnet wird, bzw. Sie nicht im Tablet-Modus arbeiten, dann können Sie Apps aus dem Startmenü heraus auch auf den Desktop ziehen. Zum Starten der App ist dann allerdings ein Doppelklick auf das Symbol erforderlich.

Beachten Sie außerdem: Wenn Sie eine Kachel aus dem Startmenü heraus auf den Desktop ziehen, wird diese automatisch verkleinert. Live-Vorschau und unterschiedliche Kachelgrößen sind für Desktopsymbole nicht verfügbar.

So gehen Sie vor:

1 Sorgen Sie dafür, dass im Hintergrund der Desktop sichtbar ist und öffnen Sie das Startmenü.

2 Ziehen Sie die gewünschte App mit gedrückter linker Maustaste aus dem Startmenü heraus auf den Desktop.

3 Während des Ziehens erscheint am Symbol der App der Infotext *Link*, das bedeutet, die App wird nicht verschoben, sondern Windows erstellt eine Verknüpfung. Dies ist anschließend auch am Verknüpfungspfeil des Symbols zu erkennen. Verknüpfungen zu Apps können daher problemlos vom Desktop gelöscht werden, wenn Sie nicht mehr benötigt werden.

Bild 4.20 Ziehen Sie die App auf den Desktop

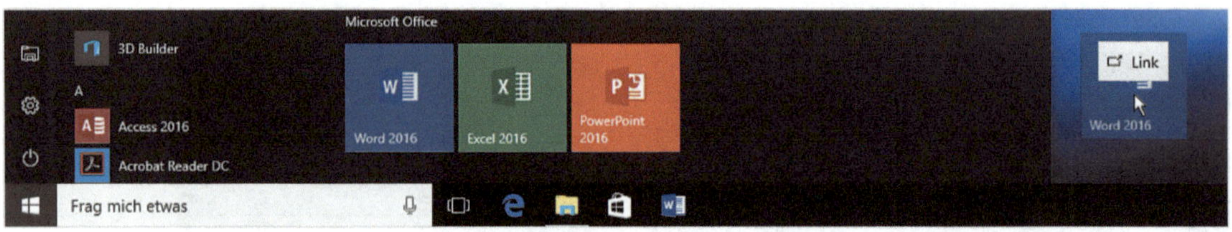

Desktopsymbole anordnen/ausblenden

Alle Symbole können Sie auf dem Desktop durch Ziehen beliebig anordnen. Falls Sie die Desktopsymbole einschließlich des Papierkorbs ausblenden möchten: Klicken Sie mit der rechten Maustaste auf eine freie Stelle des Desktops, zeigen Sie auf *Ansicht* und deaktivieren Sie die Einstellung *Desktopsymbole anzeigen* (Häkchen).

Bild 4.21 Desktopsymbole anordnen

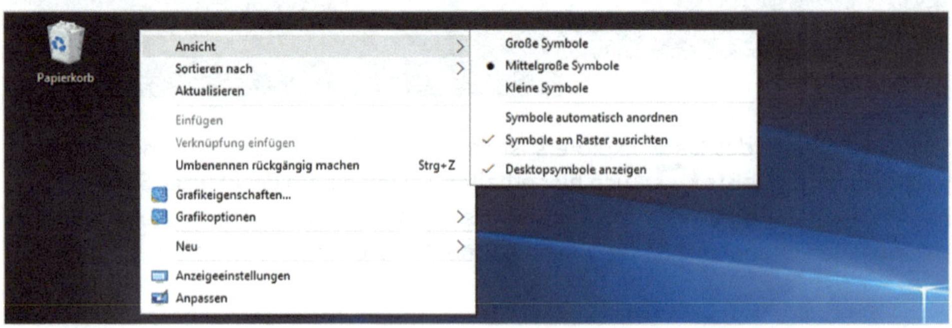

Über denselben Befehl *Ansicht* können Sie auch, falls gewünscht, Größe und Anordnung der Symbole steuern. **Achtung:** Mit aktivierter Einstellung *Symbole automatisch anordnen* ist das Verschieben mit der Maus nicht möglich, in diesem Fall müssen Sie zuerst diese Einstellung deaktivieren. Zudem finden Sie im Kontextmenü der rechten Maustaste auch noch den Befehl *Sortieren nach*.

4.3 Anpassungsmöglichkeiten der Taskleiste

Die Taskleiste ist eine der wichtigsten Navigationshilfen von Windows. Auch sie lässt sich in vieler Hinsicht an individuelle Bedürfnisse anpassen.

Apps über Symbole der Taskleiste schneller starten

Auch über Symbole in der Taskleiste lassen sich häufig benötigte Apps unter Umgehung des Startmenüs mit einem einfachen Mausklick starten, standardmäßig finden Sie hier die Symbole *Microsoft Edge*, *Explorer* und *Windows-Store*. Weitere lassen sich schnell und einfach hinzufügen, dabei gehen Sie wie folgt vor:

1. Lassen Sie sich die betreffende App im Startmenü anzeigen, entweder unter *Meistverwendet*, in der Liste *Alle Apps* oder als angeheftete Kachel.
2. Klicken Sie mit der rechten Maustaste auf die App, zeigen Sie auf *Mehr* und klicken Sie dann auf den Befehl *An Taskleiste anheften*.

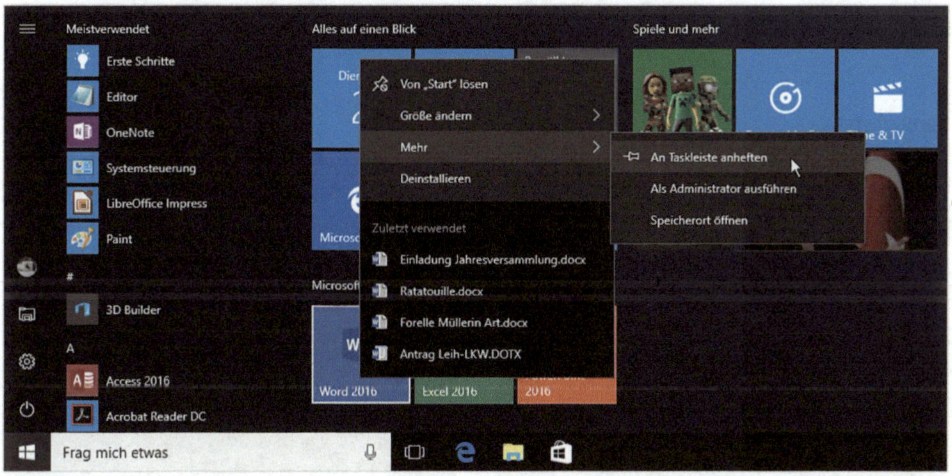

Bild 4.22 Apps an Taskleiste anheften

> **Beachten Sie den Unterschied zwischen fest angehefteten und geöffneten Symbolen**
> Geöffnete Apps sind in der Taskleiste im Gegensatz zu den fest angehefteten und nicht geöffneten Apps unterstrichen hervorgehoben. Nicht angeheftete Symbole verschwinden beim Beenden der App bzw. beim Schließen des Fensters wieder aus der Taskleiste.

Bild 4.23 Geöffnete und angeheftete Apps in der Taskleiste

Angezeigte Reihenfolge ändern

Die Reihenfolge der Symbole in der Taskleiste können Sie jederzeit ändern. Ziehen Sie einfach das Symbol mit gedrückter linker Maustaste an die gewünschte Stelle.

Symbol aus der Taskleiste entfernen

Um eine angeheftete App wieder aus der Taskleiste zu entfernen, klicken Sie in der Taskleiste mit der rechten Maustaste auf das Symbol und wählen im Kontextmenü *Von Taskleiste lösen*. Alternativ klicken Sie im Startmenü mit der rechten Maustaste auf die App, zeigen auf *Mehr* und klicken auf *Von Taskleiste lösen*.

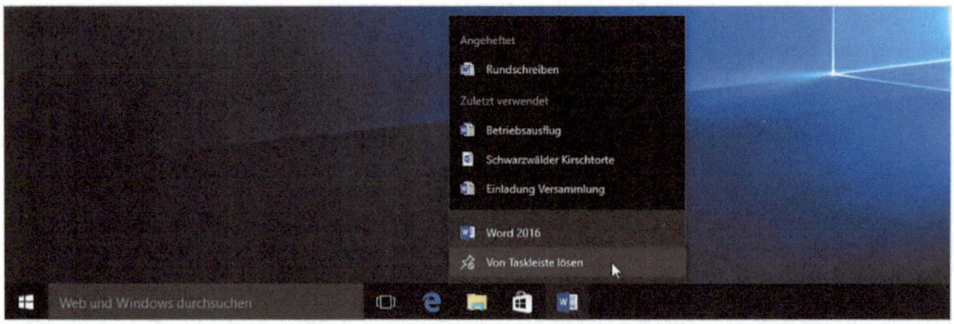

Bild 4.24 Symbol über die rechte Maustaste aus der Taskleiste entfernen

Sprunglisten

Sollten keine Sprunglisten erscheinen, so kontrollieren Sie die entsprechenden Einstellungen, siehe Seite 150.

Ist die Anzeige von Sprunglisten aktiviert, dann können Sie diese auch in der Taskleiste nutzen. Es spielt dabei keine Rolle, ob die App angeheftete ist oder nicht. Genau wie im Startmenü zeigen Sie die Sprungliste durch Anklicken mit der rechten Maustaste an. Einzelne Elemente können Sie über das Pin-Symbol anheften bzw. daraus entfernen, siehe Seite 151.

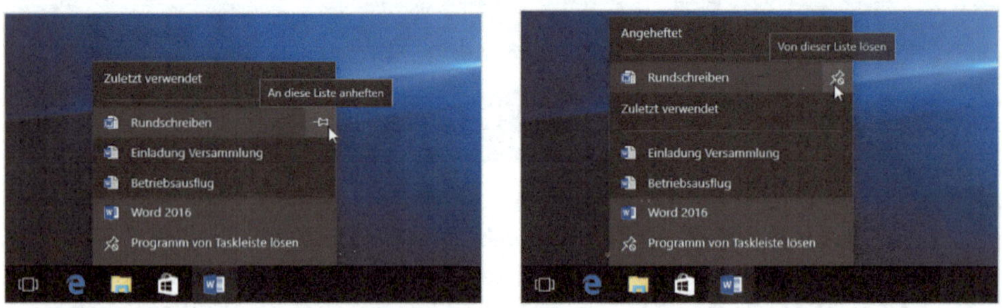

Bild 4.25 Einträge an Sprunglisten anheften und von Liste lösen

Aussehen und Verhalten der Taskleiste

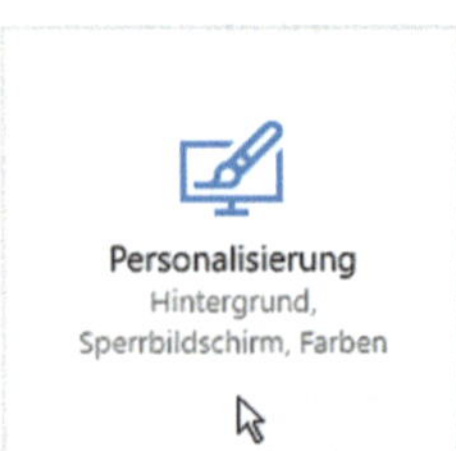

Auch für die Taskleiste finden sich in den Einstellungen verschiedene Möglichkeiten.

1 Klicken Sie auf der Startseite der Einstellungen auf *Personalisierung* und wählen Sie links *Taskleiste*.

▶ Steht der Schalter *Taskleiste fixieren* auf *Ein*, so verhindert dies unbeabsichtigtes Verschieben der Taskleiste. Dies ist auch die Standardeinstellung.

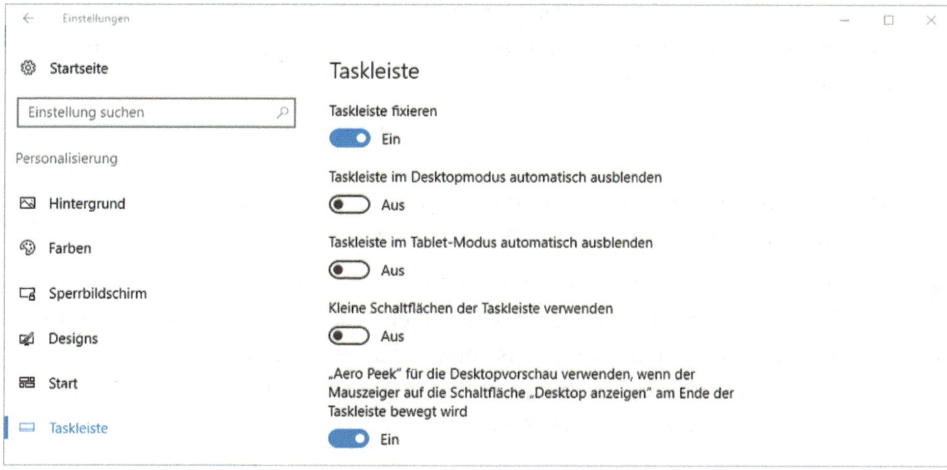

Bild 4.26 Aussehen und Verhalten der Taskleiste in den Einstellungen festlegen

- Normalerweise ist die Taskleiste immer sichtbar. Mit den Schaltern *Taskleiste im Desktop-Modus* bzw. *im Tablet-Modus automatisch ausblenden* kann die Taskleiste im jeweiligen Modus ausgeblendet werden und erscheint dann nur, wenn Sie mit der Maus an den unteren Bildschirmrand zeigen.
- *Kleine Schaltflächen der Taskleiste verwenden* verkleinert die Symbole und die Taskleiste benötigt weniger Platz.
- *„Aero Peek" für die Desktopvorschau verwenden* bedeutet, alle geöffneten Fenster werden transparent, wenn Sie mit der Maus ganz an den rechten Rand der Taskleiste zeigen. Ein Mausklick auf diese Stelle minimiert alle geöffneten Fenster und zeigt den Desktop an.

Für weitere Einstellungen scrollen Sie etwas nach unten:

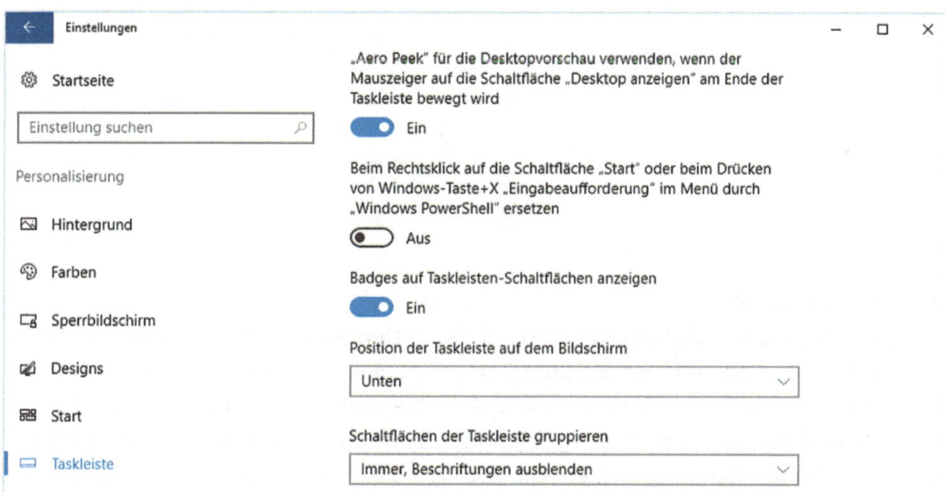

Bild 4.27 Scrollen Sie weiter nach unten

- Normalerweise befindet sich die Taskleiste am unteren Bildschirmrand, kann jedoch unter *Position* auch oben bzw. rechts oder links angeordnet werden.

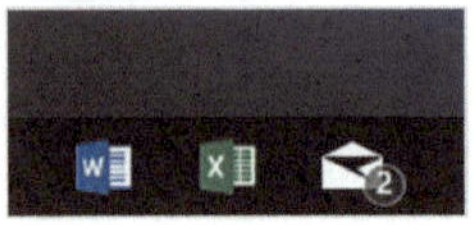

- Sogenannte *Badges* (Sprechblasen) zeigen in der Taskeiste für angeheftete Apps an, wieviele neue Nachrichten dieser App, z. B. *Mail*, vorliegen. Der dazugehörige Schalter ist normalerweise auf *Ein*.
- Im Feld *Schaltflächen der Taskleiste gruppieren* ist standardmäßig *Immer, Beschriftungen ausblenden* ausgewählt. Dies bedeutet, ähnliche Elemente, z. B. mehrere geöffnete Word-Dokumente werden zu einer Gruppe zusammengefasst. In diesem Fall verwendet Windows gestapelte Symbole.

Tipp: Wenn die Taskleiste nicht fixiert ist, können Sie sie auch mit der Maus an die Ränder des Bildschirms verschieben. Vergrößern oder Verkleinern ist ebenfalls möglich, wenn Sie auf die Trennlinie zwischen Taskleiste und Desktophintergrund zeigen. Der Mauszeiger wird als Doppelpfeil dargestellt und Sie können nun durch Ziehen die Taskleiste vergrößern bzw. wieder verkleinern.

Die Anzeige der Symbole im Infobereich steuern

Klicken Sie in den Einstellungen auf *Personalisierung*, hier auf *Taskleiste* und scrollen Sie nach unten bis zum Abschnitt *Infobereich*. Hier steuern Sie die Anzeige der Symbole im Infobereich der Taskleiste. Wenn Sie einzelne Symbole hinzufügen oder entfernen möchten, dann klicken Sie auf *Symbole für die Anzeige auf der Taskleiste auswählen* ❶.

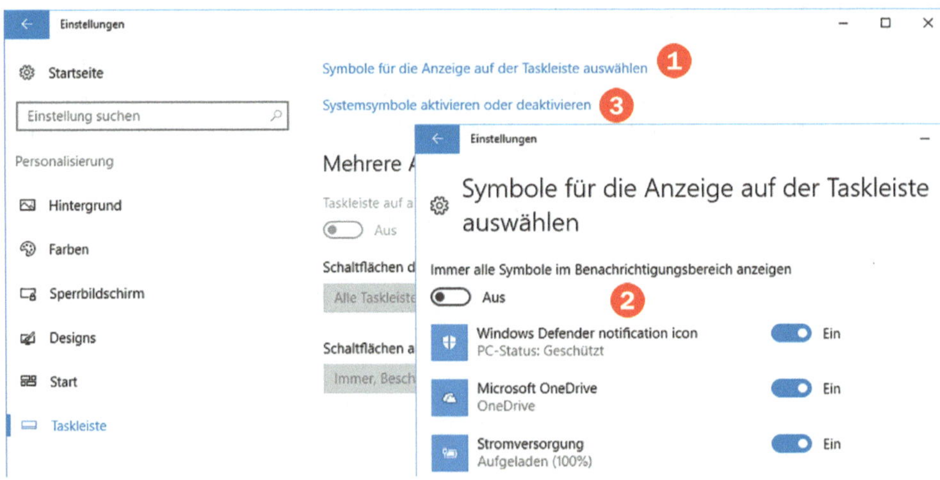

Bild 4.28 Symbole für die Anzeige im Infobereich auswählen

Steht hier der Schalter *Immer alle Symbole im Benachrichtigungsbereich anzeigen* ❷ auf *Ein*, so bedeutet dies, alle Symbole sind auf den ersten Blick sichtbar. Setzen Sie diesen Schalter auf *Aus*, dann können Sie unterhalb jedes einzelne Symbol ein- oder ausblenden. In dieser Liste finden Sie auch die installierte und im Hintergrund aktive Sicherheitssoftware (Virenscanner). Ausgeblendete Symbole erscheinen in der Taskleiste erst, wenn Sie auf den Pfeil klicken. Die Anzeige bestimmter Symbole lässt sich über den Link *Systemsymbole aktivieren oder deaktivieren* ❸ auch vollständig ausschalten, z. B. Netzwerkanzeige oder Info-Center, dies ist allerdings nicht zu empfehlen.

Weitere Eigenschaften der Taskleiste

Weitere Eigenschaften der Taskleiste erhalten Sie über das Kontextmenü: Klicken Sie dazu mit der rechten Maustaste auf eine freie Stelle der Taskleiste.

Bild 4.29 Das Kontextmenü zur Taskleiste

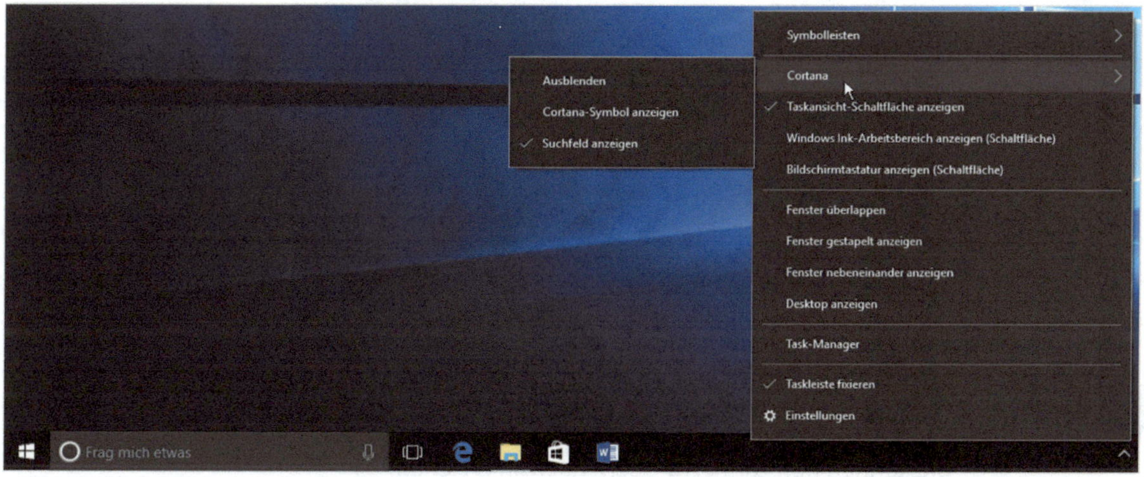

- Das Symbol *Taskansicht* ist normalerweise Bestandteil der Taskleiste, kann aber über das Kontextmenü und den Befehl *Taskansicht-Schaltfläche anzeigen* deaktiviert werden (Häkchen).
- Zeigen Sie auf *Cortana*, so können Sie hier Sie die Anzeige des Suchfeldes in der Taskleiste steuern. Wählen Sie zwischen *Suchfeld anzeigen* (Standardeinstellung), *Cortana-Symbol anzeigen* oder *Ausblenden*.
- Mit *Bildschirmtastatur anzeigen* können Sie dem Infobereich der Taskleiste eine Schaltfläche zum Einblenden der Bildschirmtastatur hinzufügen bzw. die Schaltfläche ausblenden. Bei Eingabe über einen Touchscreen ist die Schaltfläche *Bildschirmtastatur* automatisch vorhanden.

Ist Cortana deaktiviert, so finden Sie an dieser Stelle den Befehl *Suchen* und können sich anstelle des Suchfeldes das Symbol *Lupe* anzeigen lassen.

Symbolleisten anzeigen

Der Taskleiste lassen sich Symbolleisten mit dem Inhalt des Desktops oder eines beliebigen Ordners hinzufügen, um schnell auf dessen Inhalte zuzugreifen. Der Name des Ordners erscheint dann links vom Infobereich, Unterordner und Dateien werden sichtbar, wenn Sie auf den dazugehörigen Doppelpfeil klicken. Zeigen Sie auf einen Unterordner, so erscheinen dessen Inhalte und mit einem Mausklick öffnen Sie schnell eine Datei. So gehen Sie vor:

1. Klicken Sie mit der rechten Maustaste auf eine freie Fläche der Taskleiste. Zeigen Sie im Kontextmenü auf *Symbolleisten* und klicken Sie auf *Neue Symbolleiste...*
2. Markieren Sie im nachfolgenden Dialogfenster den Ordner, dessen Inhalt in der Taskleiste verfügbar sein soll und klicken Sie auf *Ordner auswählen*.

Adresse und *Links* werden in der Regel nicht benötigt

Bild 4.30 Symbolleisten in der Taskleiste nutzen

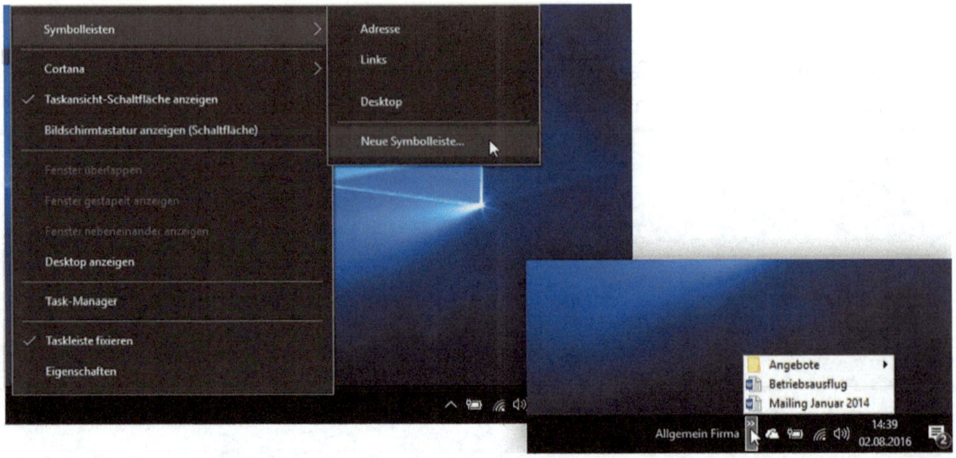

Steht in der Taskleiste ausreichend Platz zur Verfügung, dann können Sie auch die sichtbare Breite eines Ordners ändern und so dessen Inhalte in der Taskleiste anzeigen. Dazu zeigen Sie mit der Maus auf die linke Begrenzung, ein Doppelpfeil erscheint und Sie können nun zum Vergrößern nach links ziehen.

Info-Center anpassen

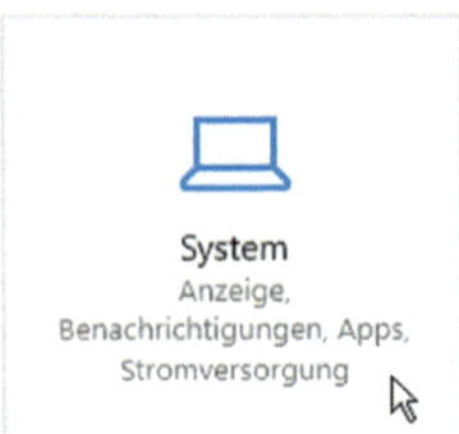

Auch das Info-Center lässt sich in den Einstellungen anpassen. Öffnen Sie dazu die Einstellungen, klicken Sie auf der Startseite auf *System* und wählen Sie links *Benachrichtigungen und Aktionen*.

Bild 4.31 Schnelle Aktionen des Info-Centers in den Einstellungen anpassen

Achtung: Die hier verfügbaren schnellen Aktionen sind abhängig vom Gerät!

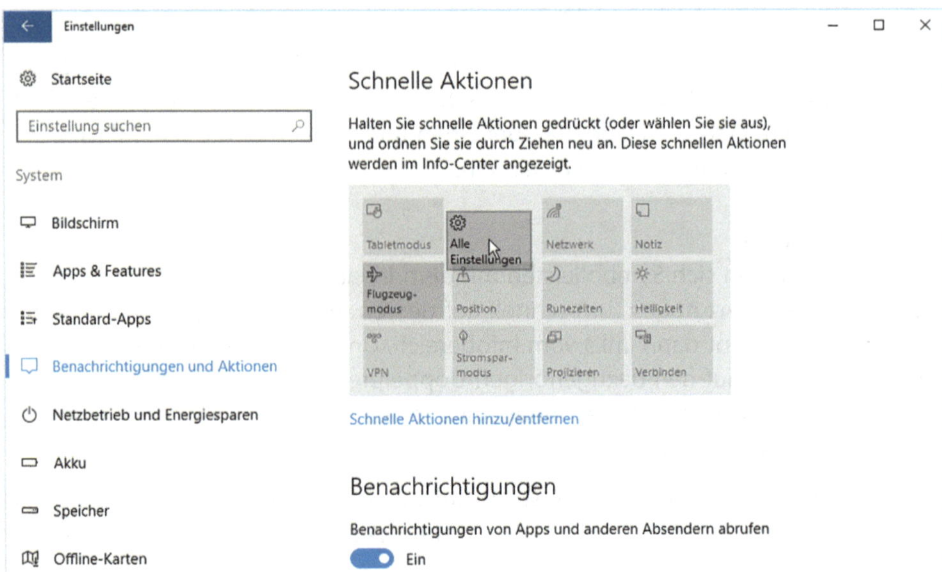

- Unter *Schnelle Aktionen* können Sie die im Info-Center verfügbaren Schaltflächen durch Ziehen mit gedrückter Maustaste beliebig anordnen.

- Um nicht benötigte Schaltflächen ganz auszublenden, klicken Sie auf *Schnelle Aktionen hinzufügen/entfernen* und aktivieren oder deaktivieren diese einzeln über Schalter.
- Unter *Benachrichtigungen* finden Sie verschiedene Schalter zur Anzeige von Benachrichtigungen, Erinnerungen, Weckzeiten und eingehenden Skype-Anrufen (VoIP) auf dem Sperrbildschirm.
- Der Schalter *Bei der Benutzung von Windows Tipps, Tricks und Vorschläge erhalten* kann problemlos deaktiviert werden, da diese häufig Werbung enthalten.
- Ist der Schalter *Benachrichtigungen von Apps und anderen Absendern abrufen* aktiviert, dann können Sie am Ende der Liste für jede einzelne App Benachrichtigungen ein- oder ausschalten.

Tipp: Sound deaktivieren
Möglicherweise empfinden Sie den Sound beim Eintreffen neuer Benachrichtigungen als störend. Zum Deaktivieren scrollen Sie weiter nach unten und klicken in der Liste *Benachrichtigungen dieser Absender abrufen* auf die betreffende App, z. B. Mail ❶. Anschließend sehen Sie die Benachrichtigungsdetails dieser App. Setzen Sie hier den Schalter *Bei Eingang einer Benachrichtigung Sound wiedergeben* ❷ auf *Aus*. Bei Bedarf lässt sich auch das Benachrichtigungsbanner in der rechten unteren Ecke ausschalten

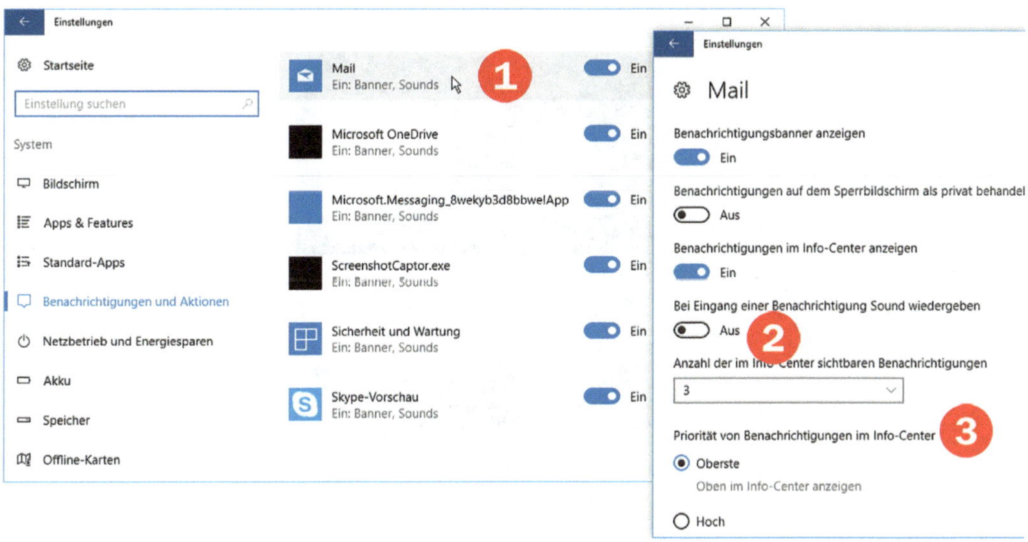

Bild 4.32 Benachrichtungen aktivieren/deaktivieren, Beispiel Sound

Ferner können Sie unter *Priorität von Benachrichtigungen im Info-Center* ❸ die Anordung ändern: Benachrichtigungen der höchsten Prioritätsstufe erscheinen im Info-Center ganz oben.

4.4 Ihr persönlicher Desktop

Hintergrundbild des Desktops und die Farbe von Taskleiste und Info-Center lassen sich individuell auswählen.

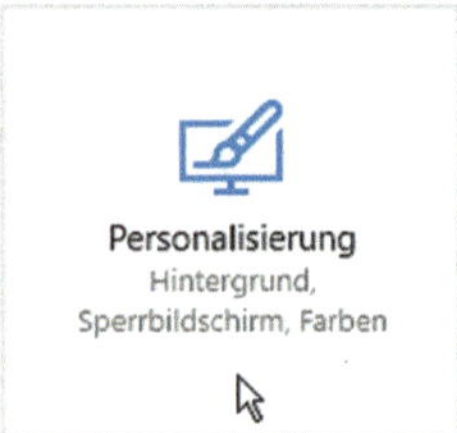

- Öffnen Sie dazu die Einstellungen und klicken Sie auf *Personalisierung*.
- Alternativ klicken Sie mit der rechten Maustaste auf eine beliebige Stelle des Desktophintergrunds und dann im Kontextmenü auf *Anpassen*.
- Oder geben Sie einfach im Suchfeld der Taskleiste den Suchbegriff „Hintergrundbild" ein und klicken dann auf die entsprechende Einstellung.

Hintergrundbild ändern

Um den Hintergrund des Desktops zu ändern, klicken Sie links auf *Hintergrund* ❶. Rechts erhalten Sie eine Vorschau auf Ihren gegenwärtigen Desktop. Standardmäßig ist im Feld *Hintergrund* ❷ die Auswahl *Bild*, also ein einzelnes Hintergrundbild, aktiv und Sie können per Mausklick unterhalb ein anderes Bild auswählen.

Bild 4.33 Einstellungen: Hintergrund

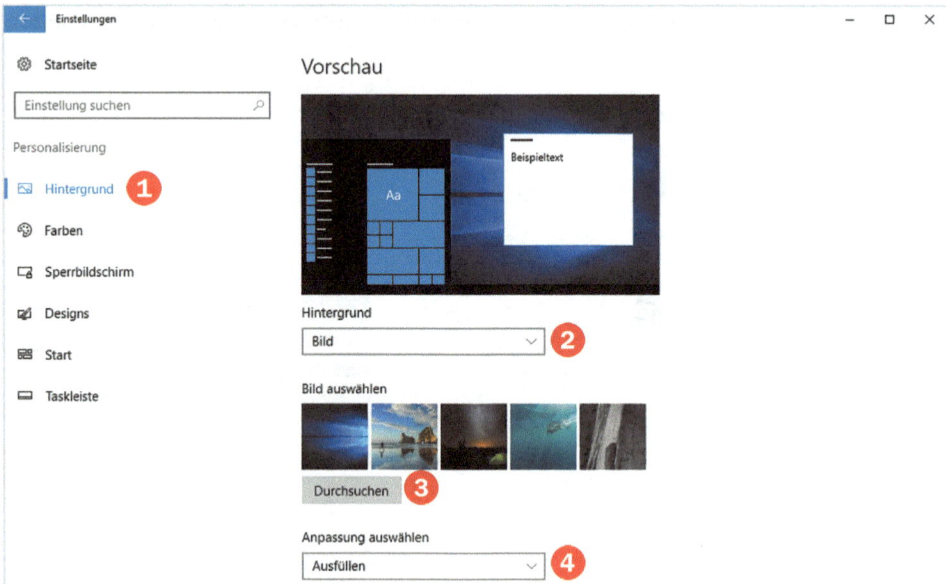

Ein eigenes Foto als Hintergrund

1 Wenn Sie stattdessen lieber eines Ihrer eigenen Fotos verwenden möchten, dann klicken Sie unterhalb auf die Schaltfläche *Durchsuchen* ❸.

Der Standardspeicherort für Bilder, in der Regel der Ordner *Bilder* auf Festplatte oder *OneDrive*, wird geöffnet. Falls sich das gesuchte Bild an einem anderen Ort befindet, müssen Sie zuerst diesen Ordner auswählen bzw. mit Doppelklick auf das Ordnersymbol öffnen.

Näheres zum Thema Ordner und Dateien lesen Sie in Kapitel 3.

2 Klicken Sie auf das gewünschte Bild und dann auf die Schaltfläche *Bild auswählen*. Das ausgewählte Bild erscheint anschließend in der Vorschau und gleichzeitig auf dem Desktop.

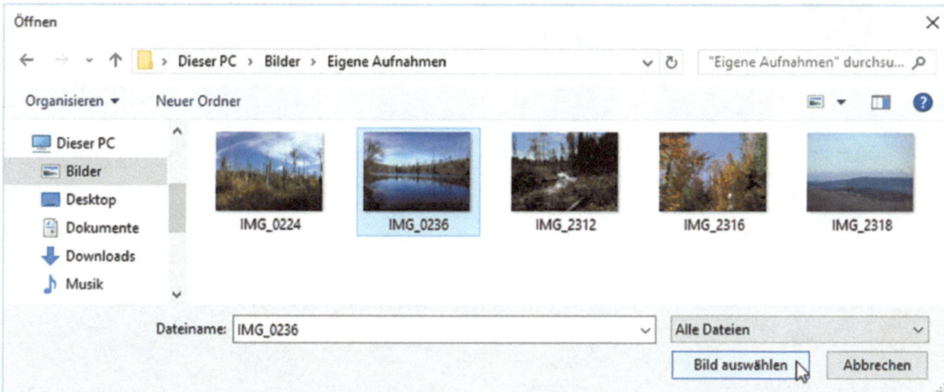

Bild 4.34 Wählen Sie Ihr Hintergrundbild aus

Das Seitenverhältnis eines Fotos, insbesondere im Hochformat, stimmt häufig nicht mit dem des Bildschirms überein, daher können Sie auch noch angeben, wie das Bild an den Bildschirm angepasst wird. Klicken Sie beim Feld *Anpassung auswählen* ❹ auf den kleinen, nach unten weisenden Pfeil und auf die gewünschte Anpassungsart.

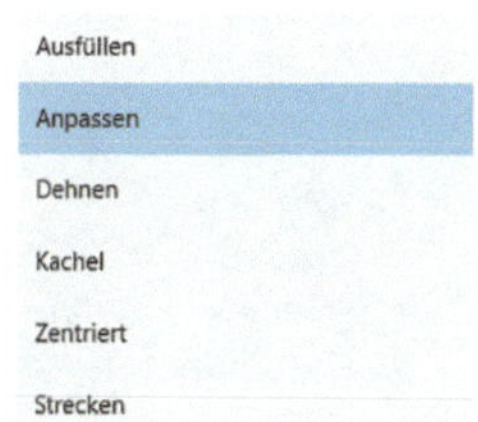

Achtung: Nicht alle Anpassungsarten sind optimal geeignet. Mit der Auswahl *Anpassen* wird das gesamte Bild angezeigt, je nach Bild können dabei schwarze Ränder entstehen. Mit *Dehnen* oder *Strecken* wird das Bild verzerrt, während *Ausfüllen*, *Kachel* und *Zentriert* unter Umständen Teile des Fotos abschneiden.

Wechselnde Bilder als Hintergrund

Alternativ zum stets gleichen Bild kann der Desktop auch wechselnde Bilder in Form einer Diashow anzeigen.

1 Dazu klicken Sie beim Feld *Hintergrund* ❷ auf den nach unten weisenden Pfeil und auf *Diashow*.

2 Nun können Sie angeben, in welchem Album bzw. Ordner sich die Bilder befinden. Standardmäßig wird der Ordner *Bilder* verwendet, das bedeutet, alle Bilder dieses Ordners werden der Reihe nach angezeigt.

3 Wenn Sie einen anderen Ordner auswählen möchten, dann klicken Sie auf die Schaltfläche *Durchsuchen* ❶. Klicken Sie dann auf den gewünschten Ordner ❷ und auf die Schaltfläche *Diesen Ordner auswählen* ❸.

4 In der Standardeinstellung wechselt das Bild alle 30 Minuten, zum Ändern klicken Sie bei *Bildänderungsintervall* ❹ auf den Pfeil. Wie beim Einzelbild können Sie außerdem die Anpassung an den Bildschirm auswählen.

5 Mit weiteren Schaltern können Sie angeben, ob die Bilder in beliebiger Reihenfolge wiedergegeben werden sollen (*Zufällige Wiedergabe*) und die Diashow auch im Akkubetrieb gezeigt wird.

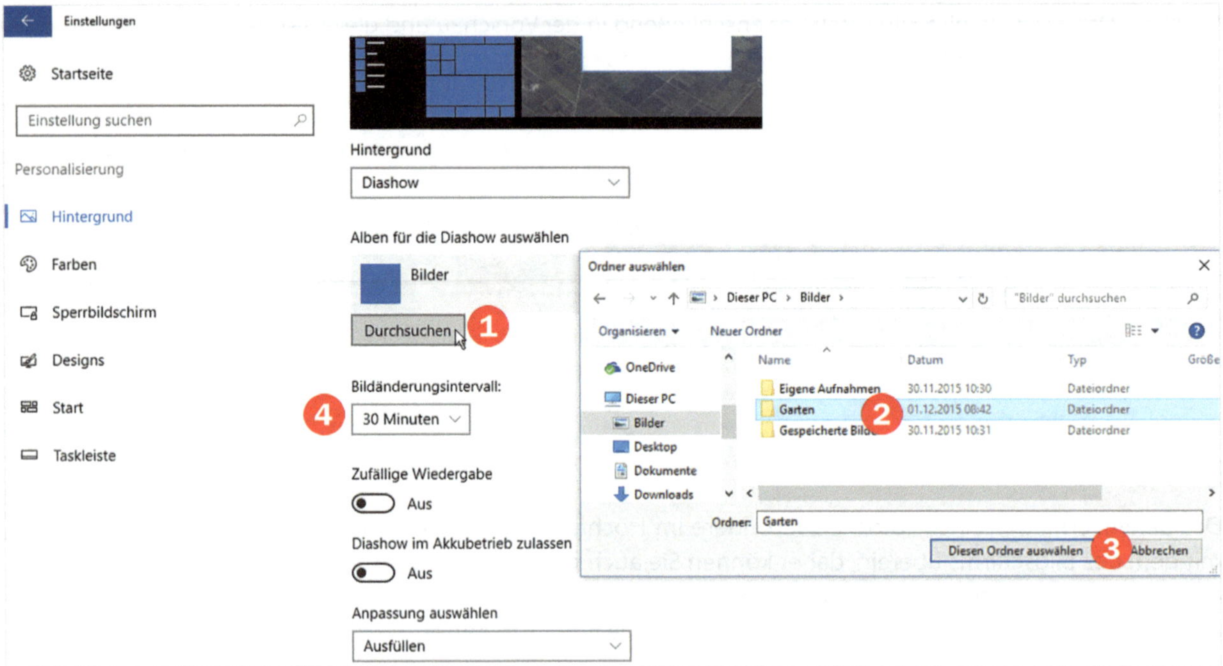

Bild 4.35 Wählen Sie einen Ordner für die Diashow aus

Einfarbiger Hintergrund

Neben *Bild* und *Diashow* finden Sie im Feld *Hintergrund* eine dritte Alternative: *Volltonfarbe*, also einfarbigen Hintergrund. Mit dieser Auswahl erscheinen verschiedene Farbfelder, aus denen Sie eine Farbe wählen können.

Wählen Sie Ihre eigenen Farben

Die Farbe von Startmenü, Taskleiste, Info-Center und Titelleiste der Fenster kann frei gewählt werden. Klicken Sie dazu in den Einstellungen auf *Personalisierung* und auf *Farben* ❶.

- In der Standardeinstellung wird die Akzentfarbe zum Hervorheben automatisch aus dem Hintergrundbild gewählt. Zum Ändern klicken Sie einfach auf die gewünschte Farbe ❷. Anhand der Vorschau können Sie sofort die Wirkung testen.
- Falls die Farbwahl wieder automatisch erfolgen soll, brauchen Sie nur das Kontrollkästchen *Automatisch eine Farbe aus meinem Hintergrund auswählen* aktivieren ❷.

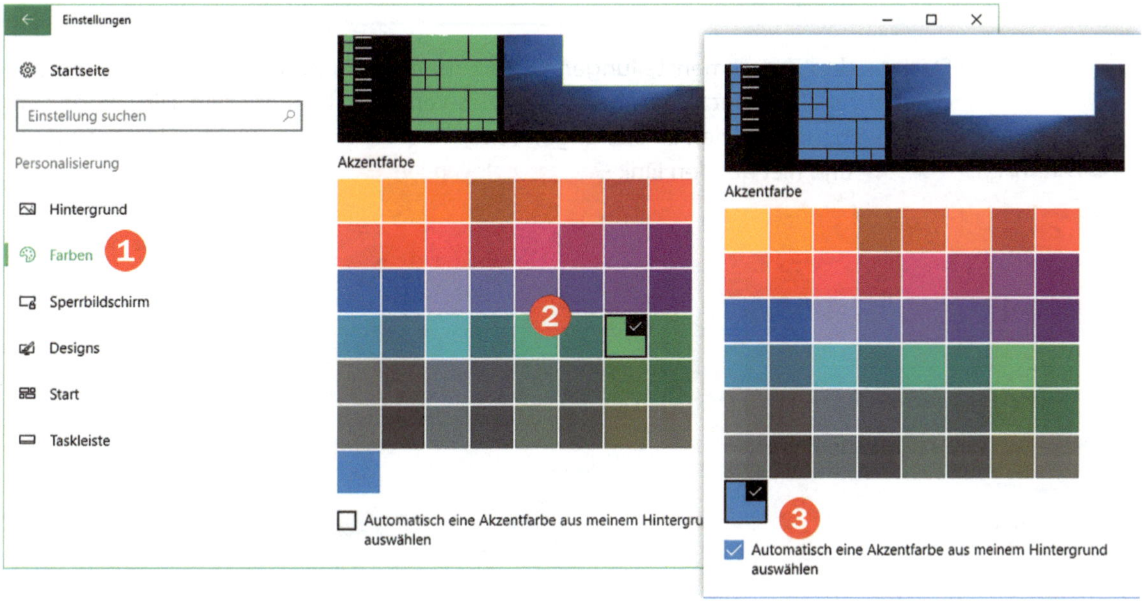

Bild 4.36 Eine Akzentfarbe auswählen

- Mit weiteren Schaltern steuern Sie, ob auch Startmenü, Taskleiste, die Titelleiste der Fenster und das Info-Center die ausgewählte Farbe erhalten sollen ❹. Standardmäßig stehen diese Schalter auf *Aus* und die Elemente werden mit schwarzem Hintergrund dargestellt. Ein weiterer Schalter ❺ lässt Startmenü, Taskleiste und Info-Center transparent erscheinen.
- **Tipp:** Standardmäßig werden alle Apps, also auch die Einstellungen, mit weißem Hintergrund dargestellt, im App-Modus *Dunkel* ❻ erhalten sie dagegen schwarzen Hintergrund. Nutzer mit eingeschränktem Sehvermögen gelangen zudem über den Link *Einstellungen für hohen Kontrast* in den Bereich für erleichterte Bedienung und können hier zwischen verschiedenen Möglichkeiten wählen.

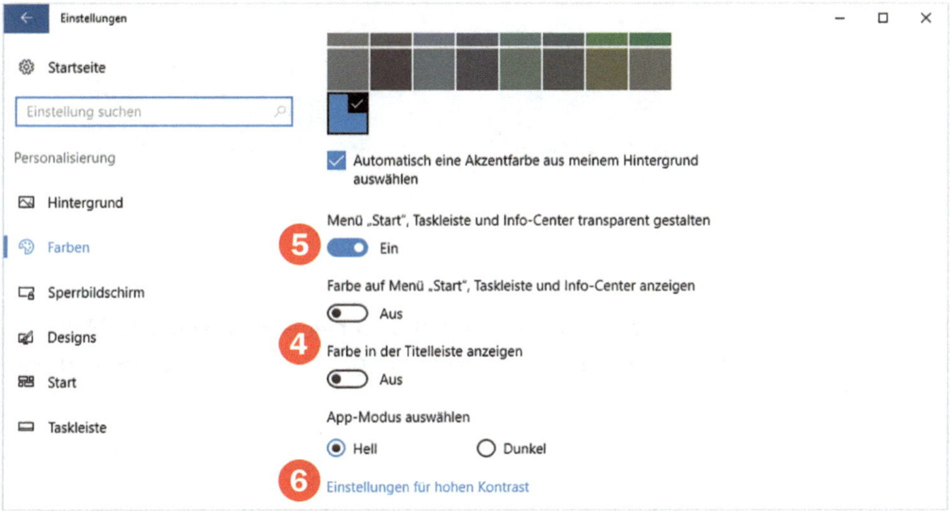

Bild 4.37 Startmenü, Taskleiste und Info-Center in der Akzentfarbe darstellen

Designs einsetzen

Designs sind Zusammenstellungen aus Bildmotiven, Farben und Soundeffekten und dürften vor allem Nutzern früherer Windows-Versionen bekannt sein. Die Designs finden Sie ebenfalls in den Einstellungen unter *Personalisierung*. Klicken Sie links auf *Designs* ❶ und hier auf den Link *Designeinstellungen* ❷.

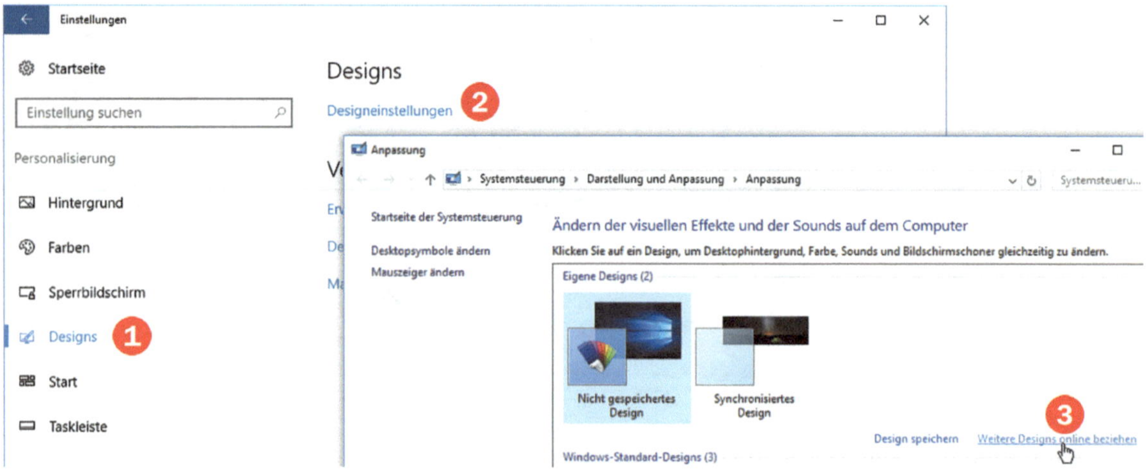

Bild 4.38 Designeinstellungen in der Systemsteuerung

Die Systemsteuerung wird mit dem Fenster *Anpassung* geöffnet und Sie können unter verschiedenen Designs (*Eigene Designs* bzw. *Windows-Standarddesigns*) wählen. Weitere kostenlose Designs finden Sie online, wenn Sie auf den gleichnamigen Link ❸ klicken. Ihr Standardbrowser, z. B. Microsoft Edge, wird geöffnet und Sie können unter einer Vielzahl von Designs zu verschiedenen Themen wählen, z. B. *Tiere*, *Autos* oder *Pflanzen und Blumen*. Eine Vorschau auf die Bilder eines Designs erhalten Sie, wenn Sie auf *Details* klicken. Um ein Design auf den Desktop zu übernehmen, klicken Sie auf *Herunterladen*.

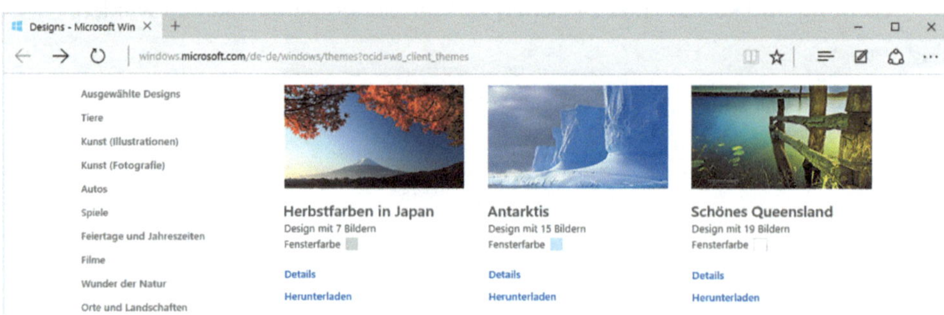

Bild 4.39 Online-Design auswählen und herunterladen

Nach Abschluss des Downloads erhalten Sie im Browser eine entsprechende Meldung: Klicken Sie auf *Öffnen*, um das Design in die Sammlung *Eigene Designs* zu übernehmen.

Um das Design anschließend zu verwenden, klicken Sie im Fenster *Systemsteuerung - Anpassung* einfach auf das Design und schließen dann die Systemsteuerung mit Klick auf das Schließen-Symbol in der rechten oberen Ecke des Fensters.

In den Einstellungen finden Sie im Bereich *Designs* unter *Verwandte Einstellungen* auch noch die Links *Erweiterte Soundeinstellungen* und *Mauszeigereinstellungen*, die ebenfalls die Systemsteuerung öffnen und nur selten benötigt werden. Hierbei handelt es sich um das Aussehen des Mauszeigers sowie Einstellungen zum Gerät und Sounds, die bei bestimmten Aktionen wiedergegeben werden.

4.5 Sperrbildschirm und Energiesparoptionen

Anzeigeeinstellungen des Sperrbildschirms

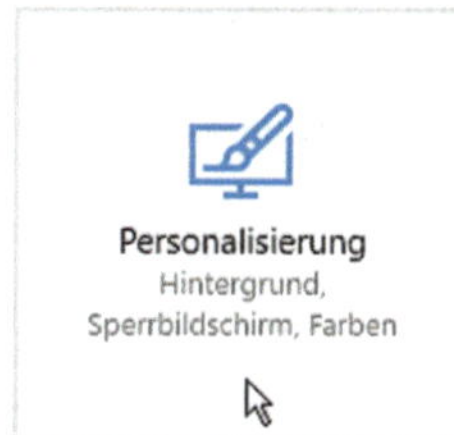

Bild 4.40 Sperrbildschirm

Genau wie beim Desktop können Sie auch beim Sperrbildschirm das Bild und die angezeigten Statusinformationen bearbeiten. Öffnen Sie dazu die Einstellungen, klicken Sie auf *Personalisierung* und dann auf *Sperrbildschirm* ❶.

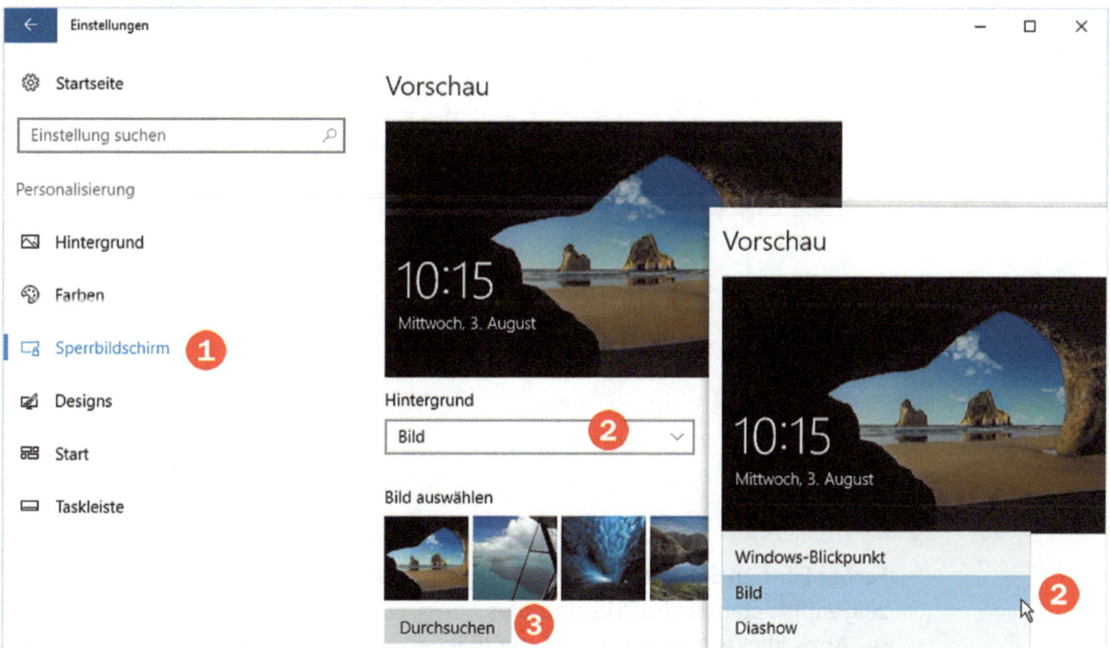

Hintergrundbild ändern

Wie beim Desktop wählen Sie im Feld *Hintergrund* ❷ zwischen *Bild*, wechselnden Bildern in Form einer Diashow und *Windows-Blickpunkt*.

Die genaue Vorgehensweise wurde bereits im Zusammenhang mit dem Desktop auf Seite 160 beschrieben.

- *Windows Blickpunkt* bedeutet, der Sperrbildschirm zeigt automatisch ein täglich wechselndes Bild an.
- Mit der Auswahl *Bild* können Sie eines der integrierten Bilder unterhalb verwenden. Um statt dessen eines Ihrer eigenen Fotos auszuwählen, klicken Sie auf die Schaltfläche *Durchsuchen* ❸.
- Haben Sie stattdessen *Diashow* gewählt, so geben Sie anschließend ein Album oder einen Ordner als Quelle für die Bilder an.

Weitere Anzeigeoptionen des Sperrbildschirms

- Unterhalb der Bildauswahl finden Sie den Schalter *Unterhaltung, Tipps und mehr von Windows und Cortana auf dem Sperrbildschirm anzeigen* ❶. Steht dieser Schalter auf *Ein*, so bedeutet dies, auf dem Sperrbildschirm erscheint auch Werbung für Apps. Sie können den Schalter also beruhigt deaktivieren.

Bild 4.41 Apps und Benachrichtigungen auf dem Sperrbildschirm anzeigen

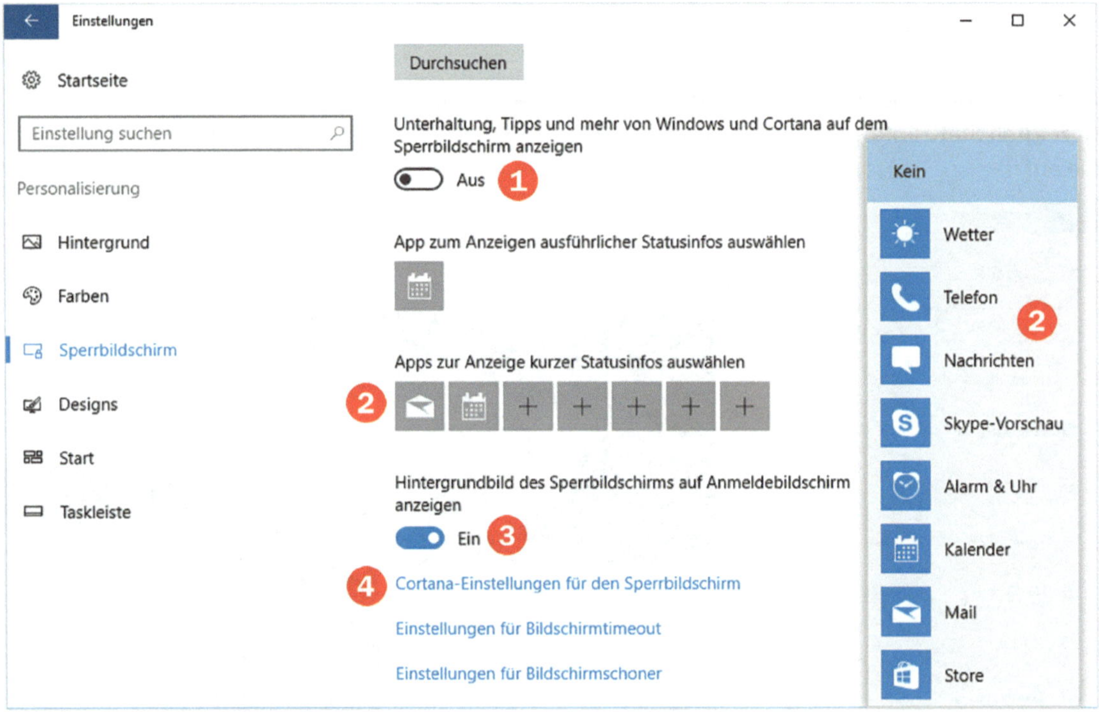

- Ferner können Sie wählen, welche Apps Statusinfos auf dem Sperrbildschirm anzeigen ❷, standardmäßig sind dies *Kalender* und *Mail*. Zum Hinzufügen weiterer Apps klicken Sie auf die + Schaltflächen und wählen eine App. Genausogut können Sie natürlich mit der Auswahl *Kein* die Statusinfos einer App wieder vom Sperrbildschirm entfernen.
- Mit einem weiteren Schalter ❸ geben Sie an, ob das Hintergrundbild des Sperrbildschirms auch auf dem Anmeldebildschirm angezeigt soll. Alternativ erscheint ein einfarbiger Hintergrund zur Anmeldung.

- Wenn Cortana auch bei gesperrtem Gerät verfügbar sein soll, dann klicken Sie auf *Cortana-Einstellungen für den Sperrbildschirm* ❹ und setzen unter *Sperrbildschirm* den Schalter *Cortana verwenden, auch wenn mein Gerät gesperrt ist* auf *Ein*.
- An dieser Stelle können Sie auch noch festlegen, wann bei Abwesenheit, bzw. wenn längere Zeit keine Eingabe erfolgt, der Bildschirm ausgeschaltet werden soll und der PC in den Energiesparmodus wechselt. Klicken Sie dazu auf *Einstellungen für Bildschirmtimeout*, Näheres hierzu weiter unten.

Einstellungen für Bildschirmschoner, ist zwar vorhanden, bei modernen Geräten aber überflüssig, da dessen Aufgabe bei Windows 10 vom Sperrbildschirm und dem automatischen Abschalten des Bildschirms übernommen wird.

Energieeinstellungen kontrollieren bzw. ändern

Die Energieeinstellungen Ihres Geräts können Sie einsehen und bei Bedarf ändern:

- Bei einem mobilen Gerät klicken Sie rechts im Infobereich der Taskleiste auf das Symbol *Akku* und auf *Einstellungen für Netzbetrieb und Energiesparen*.

Bild 4.42 Ladezustand und Energieeinstellungen eines Laptops

- Oder klicken Sie im Startmenü auf *Einstellungen* und anschließend auf *System*. Wählen Sie dann links *Netzbetrieb und Energiesparen* ❶.

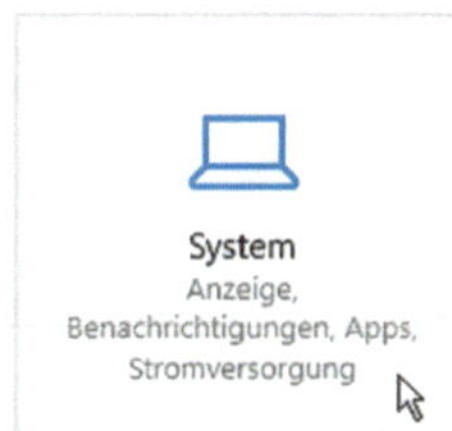

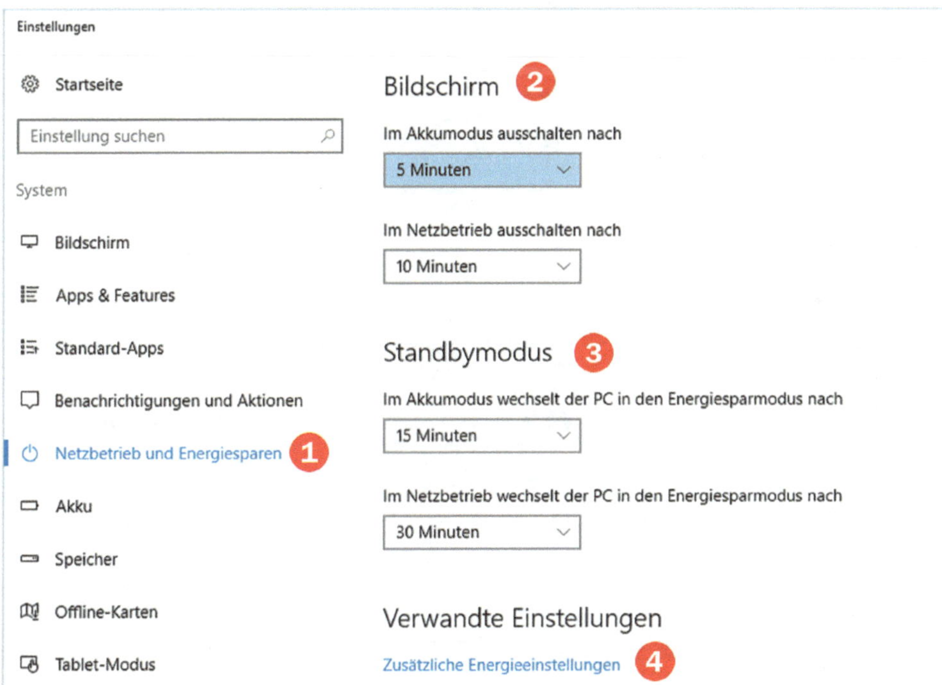

Bild 4.43 Bildschirm ausschalten und Standbymodus

Achtung: Die Bildschirm- und Energiespareinstellungen funktionieren nicht, wenn Sie für die Sperrbildschirmanzeige Diashow festgelegt haben. In diesem Fall erscheint ein entsprechender Hinweis zusammen mit einem Link auf die Diashoweinstellungen. Dort können Sie dann bei Bedarf die Diashow deaktivieren.

Windows unterscheidet bei den Energiespareinstellungen zwischen Akkumodus und Netzbetrieb, Sie können also die Einstellungen für die beiden Betriebsarten unabhängig voneinander vornehmen.

- Unter *Bildschirm* ❷ legen Sie jeweils für Akkumodus und Netzbetrieb den Zeitraum fest, nach dem sich der Bildschirm automatisch ausschalten soll.
- Unter *Standbymodus* ❸ geben Sie für Akkumodus und Netzbetrieb an, wann der PC in den Energiesparmodus wechseln soll.

Mit Klick auf den Link *Zusätzliche Energieeinstellungen* ❹ öffnet sich die Systemsteuerung in der Sie die, aus früheren Windows-Versionen bekannten, Energiesparpläne verwalten können. Energiesparpläne sind detaillierte Zusammenstellungen verschiedener Einstellungen zu Bildschirm und Energiesparmodus.

Stromsparmodus

Nicht mit dem Energiesparmodus zu verwechseln ist der Stromsparmodus von mobilen Geräten. Sinkt der Akkuladestand unter einen bestimmten Wert, standardmäßig 20%, wird automatisch der Stromsparmodus aktiviert. Um die Akkulaufzeit zu verlängern, wird dann nicht nur die Bildschirmhelligkeit verringert, sondern auch Hintergrundaktivitäten und Benachrichtigungen von Apps werden abgeschaltet. Die Einstellungen hierzu können Sie kontrollieren und ändern, indem Sie in den Einstellungen auf *System* und hier auf *Akku* klicken. Den Schwellenwert von 20% ändern Sie über den Regler. Um die Nutzung von Apps zu kontrollieren, klicken Sie auf *Akkunutzung nach App*.

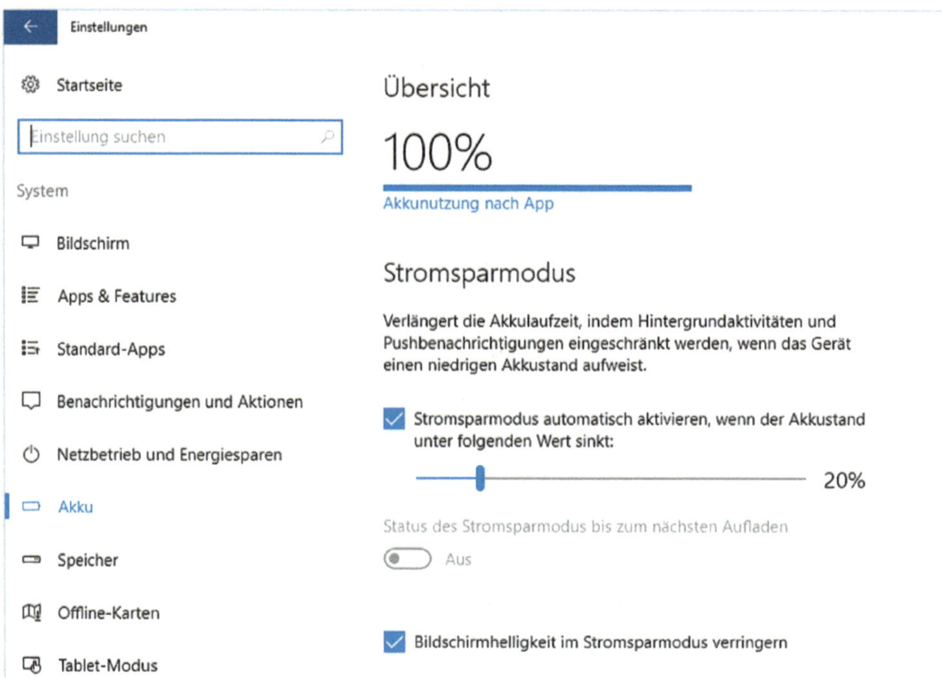

Bild 4.44 Der Stromsparmodus bei mobilen Geräten

Beachten Sie, dass der Stromsparmodus während des Aufladens automatisch deaktiviert ist.

4.6 Andockverhalten und virtuelle Desktops steuern

Sollten sich Apps bzw. Fenster beim automatischen Andocken nicht wie in Kap. 2.7 beschrieben verhalten, dann lässt sich dies in den Einstellungen von Windows ändern. Hier können Sie bei Verwendung mehrerer Desktops auch die Anzeige der Apps in der Taskleiste steuern. In der Standardeinstellung zeigt die Taskleiste immer nur die geöffneten Apps des aktuellen Desktops an. Das bedeutet, beim Wechsel zu einer App, die auf einem anderen Desktop geöffnet ist, führt an der Taskansicht kein Weg vorbei. Dies kann bei häufig benötigten Apps ziemlich nervig sein, als Abhilfe ändern Sie die Einstellung so, dass nun alle Apps in der Taskleiste erscheinen.

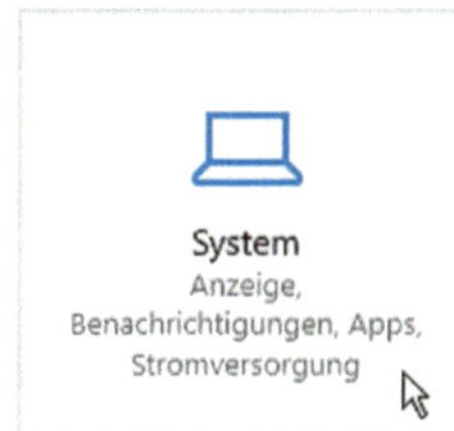

1 Klicken Sie dazu im Startmenü auf *Einstellungen* und hier auf *System*. Wählen Sie dann links *Multitasking* ❶.

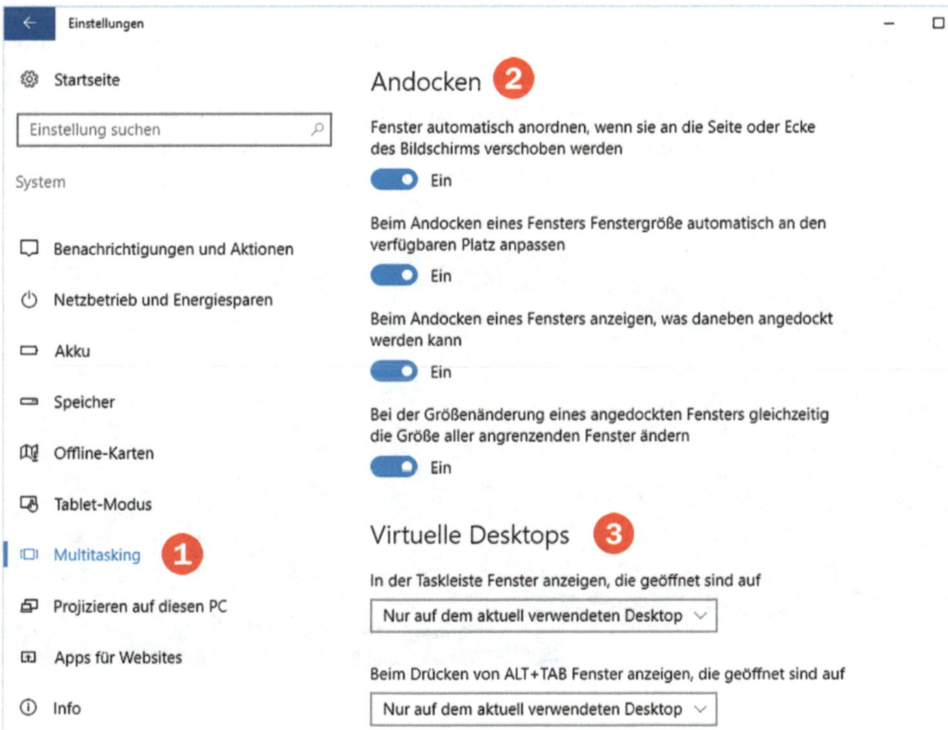

Bild 4.45 Einstellungen, Multitasking: Andockverhalten und virtuelle Desktops

2 Unter *Andocken* ❷ steuern Sie mit vier Schaltern das Verhalten von Fenstern beim Verschieben an den Bildschirmrand bzw. in eine Ecke, das Anpassen der Fenstergröße und die Auswahlmöglichkeit weiterer Fenster beim Andocken. In der Standardeinstellung sind alle diese Schalter auf *Ein* gesetzt.

3 Unter *Virtuelle Desktops* ❸ legen Sie die Anzeige geöffneter Apps in der Taskleiste fest. Klicken Sie bei der Einstellung *In der Taskleiste Fenster anzeigen, die geöff-*

net sind auf auf den nach unten weisenden Pfeil und wählen Sie zwischen *Nur auf dem aktuell verwendeten Desktop* und *Allen Desktops*.

Mit der Auswahl *Allen Desktops* wechseln Sie durch Anklicken des Symbols einer geöffneten App in der Taskleiste gleichzeitig zum entsprechenden Desktop.

Falls Sie mit der Tastenkombination Alt+Tab zwischen geöffneten Apps wechseln möchten, können Sie deren Verhalten gesondert etwas unterhalb ebenfalls steuern.

4.7 Verwalten Sie Ihr persönliches Konto

Kontoeinstellungen und Profilbild

Sowohl auf dem Anmeldebildschirm als auch im Startmenü finden Sie einen Platzhalter für Ihr Profilbild. Dieses Profilbild, sowie die Art der Anmeldung und Ihr Kennwort können Sie über die persönlichen Kontoeinstellungen einsehen und ändern. Zum Anzeigen der Kontoeinstellungen öffnen Sie mit Klick auf das Windows-Logo das Startmenü und klicken in der Leiste links auf Ihr Profilbild ❶ bzw. den Platzhalter. Klicken Sie dann auf *Kontoeinstellungen ändern* ❷.

Bild 4.46 Die persönlichen Kontoeinstellungen im Startmenü öffnen

Alternativ klicken Sie in den Einstellungen auf Konten und hier auf Ihre Infos.

Profilbild ändern

Die Einstellungen werden mit dem Aufgabenbereich *Ihre Infos* ❶ geöffnet, hier verwalten Sie Ihr Konto und Profilbild. Wenn Ihr Gerät über eine integrierte Kamera bzw. Webcam verfügt, dann klicken Sie unter *Ihr Bild erstellen* auf *Kamera* ❷, um ein Bild aufzunehmen. Ist das gewünschte Bild bereits auf Ihrem Computer gespeichert, dann klicken Sie auf *Suchen* ❸ und wählen anschließend das Bild aus.

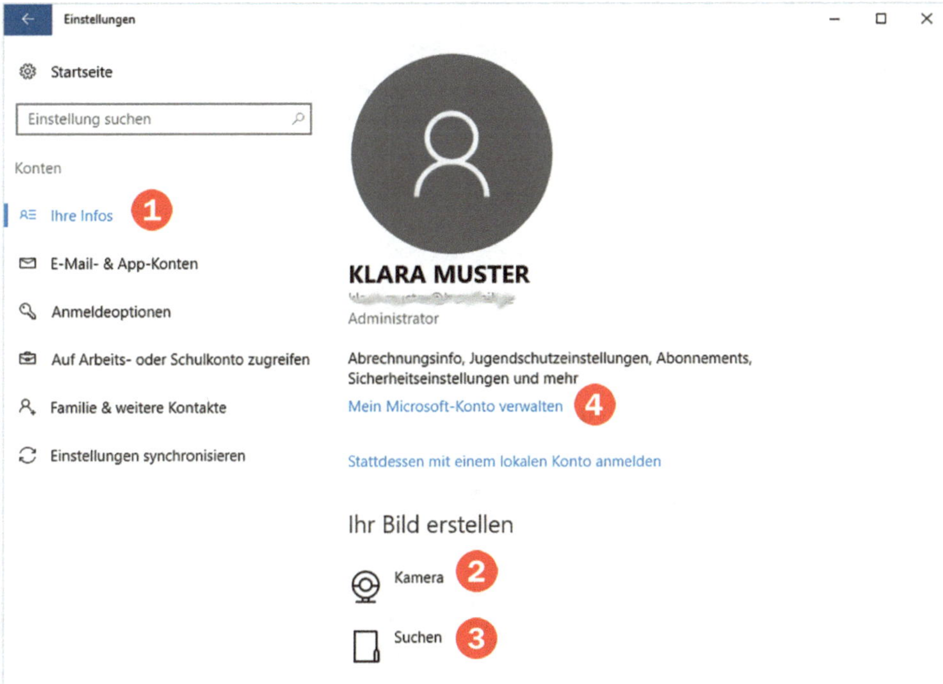

Bild 4.47 Profilbild auswählen oder mit der integrierten Webcam aufnehmen

Die Handhabung der Kamera ist einfach: Die App wird automatisch gestartet, wenn Sie auf den Kamera klicken und um ein Bild aufzunehmen brauchen Sie dann nur noch den Auslöser betätigen.

Kontoeinstellungen verwalten

Um Ihr Microsoft-Konto zu verwalten, klicken Sie auf den Link *Mein Microsoft-Konto verwalten* ❹. Ihr Standardbrowser, in der Regel Microsoft Edge, wird mit der Startseite Ihres Kontos geöffnet und Sie können Ihre Kontoeinstellungen online überprüfen und ggfs. ändern.

Dazu müssen Sie natürlich am Computer mit einem Microsoft-Konto angemeldet sein.

Alternativ gelangen Sie zu Ihren Kontoeinstellungen, wenn Sie im Startmenü auf *Einstellungen* ⚙ und anschließend auf *Konten* klicken.

Kennwort und Art der Anmeldung am PC ändern

Zur Anmeldung am Computer ist entweder das Kennwort Ihres Microsoft-Kontos oder, falls beim ersten Start von Windows vereinbart, eine vierstellige PIN erforderlich. Wenn Sie nachträglich Kennwort und/oder PIN ändern möchten, dann passiert dies ebenfalls in den Einstellungen. Klicken Sie auf *Konten* und hier auf *Anmeldeoptionen* ❶.

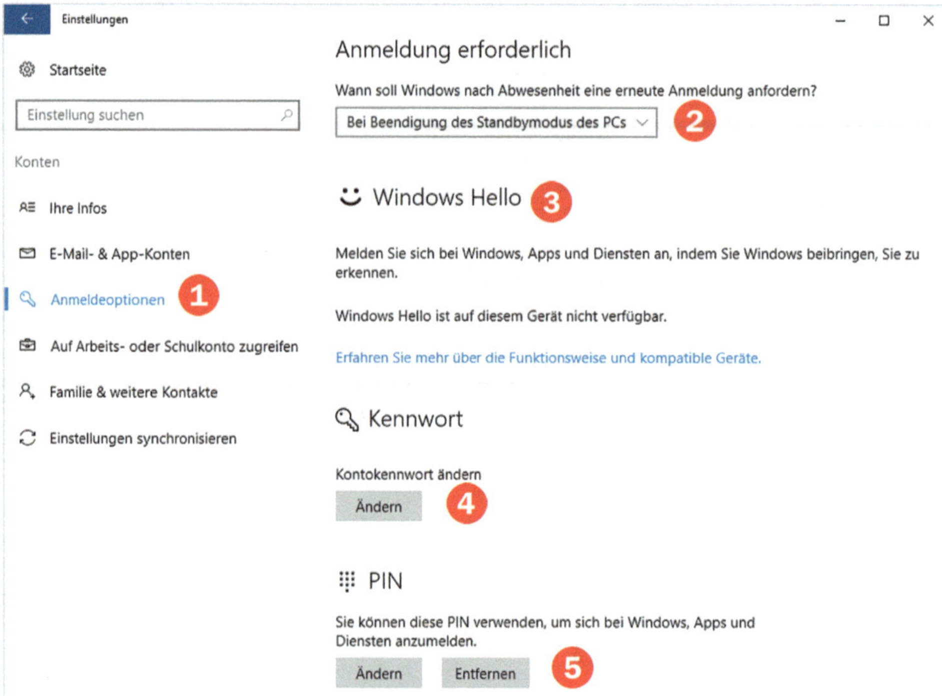

Bild 4.48 Art der Anmeldung am Computer ändern

Um diese Einstellung zu ändern, müssen Sie über die Rechte eines Administrators verfügen. Näheres über Benutzerrechte lesen Sie in Kap. 6.1.

Reaktivierung aus dem Standbymodus

Nach längerer Abwesenheit vom PC erscheint bei der Reaktivierung aus dem Standbymodus der Sperrbildschirm und Sie müssen Ihr Kennwort oder Ihre PIN erneut eingeben. Da dies bei häufigen Unterbrechungen lästig und zeitraubend sein kann, lässt sich dies hier ausschalten: Klicken Sie bei der Frage *Wann soll Windows nach Abwesenheit eine erneute Anmeldung anfordern?* ❷ auf den Dropdown-Pfeil und wählen Sie *Nie*. Sollte diese Schaltfläche inaktiv sein, dann verfügen Sie nicht über die dazu erforderlichen Rechte eines Administrators.

Windows Hello ❸

Mit dieser Bezeichnung ist die Anmeldung per Fingerabdruck oder Iris-Scanner gemeint. Allerdings ist diese Funktion bislang nur auf wenigen Geräten verfügbar, da dazu auch die geeignete Hardware, z. B. Microsoft Surface erforderlich ist.

Kennwort ändern

Um das Kennwort des Microsoft-Kontos zu ändern, klicken Sie bei *Kennwort* auf die Schaltfläche *Ändern* ❹. Aus Sicherheitsgründen müssen Sie hier zunächst Ihre Identität durch Eingabe Ihrer PIN bzw. Ihres alten Kennworts bestätigen, erst dann können Sie ein neues Kennwort erstellen, das Sie nochmals wiederholen müssen.

PIN erstellen/ändern

Genauso verfahren Sie, um zur Anmeldung am Gerät eine PIN zu erstellen oder zu ändern: Klicken Sie auf die dazugehörige Schaltfläche *Ändern* ❺, bzw. *Hinzufügen*, falls beim ersten Start noch keine PIN vereinbart wurde.

Auch hier müssen Sie zuerst Ihre bisherige PIN bzw. Ihr Kennwort eingeben. Darunter tippen Sie dann die neue vierstellige PIN ein, auch diese muss aus Sicherheitsgründen im Feld darunter ein zweites Mal eingegeben werden.

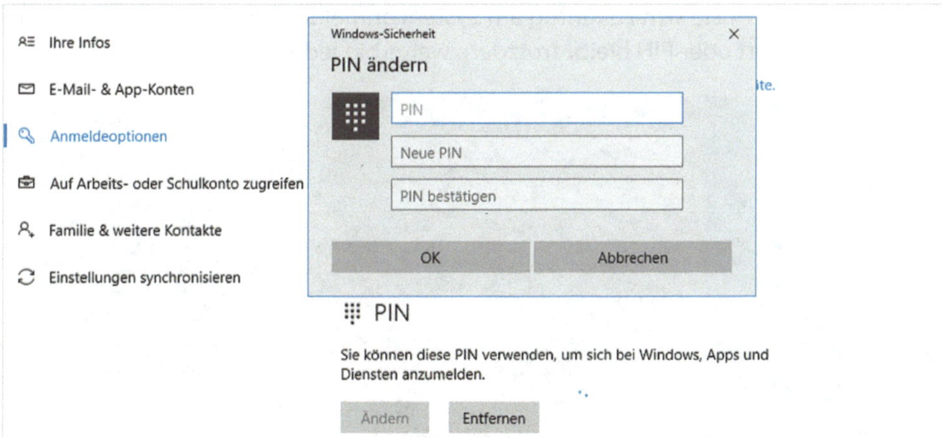

Bild 4.49 PIN ändern

Achtung: Die PIN gilt ausschließlich für die Anmeldung am Computer, nicht aber für den Zugriff auf Ihr Microsoft-Konto!

Anmeldung per Bildcode

Scrollen Sie bei den Anmeldeoptionen noch weiter nach unten, so erhalten Sie auch die Möglichkeit einer Anmeldung per Bildcode. Bei einem Bildcode handelt es sich um eine Folge zuvor genau festgelegter Tipp- oder Streifbewegungen auf einem von Ihnen gewählten Bild, die auf Geräten mit Touchscreen anstelle der Kennworteingabe benutzt werden kann. Klicken Sie dazu bei *Bildcode* auf *Hinzufügen*.

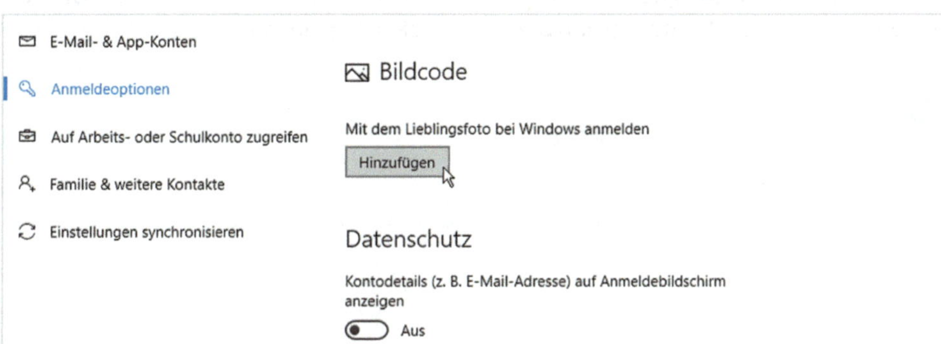

Bild 4.50 Einen Bildcode zur Anmeldung erstellen

1 Aus Sicherheitsgründen müssen Sie auch hier zunächst Ihr Konto durch Eingabe des dazugehörigen Kennwortes bestätigen.

2 Im nächsten Schritt klicken Sie auf *Neues Bild auswählen* und wählen das Bild, das Sie für den Bildcode verwenden möchten. Klicken Sie dann auf *Dieses Bild verwenden*.

3 Anschließend werden Sie aufgefordert, auf dem Bildschirm nacheinander drei Tipp- oder Streifbewegungen auf dem Bild auszuführen. Dies ist dann Ihr Bildcode, mit dem Sie sich zukünftig am System anmelden können. Die Anmeldung mit Kennwort oder PIN bleibt trotzdem weiterhin jederzeit möglich.

Bild 4.51 Führen Sie nacheinander drei Tipp- oder Streifbewegungen auf dem ausgewählten Bild aus.

Lokales Konto in ein Microsoft-Konto umwandeln und umgekehrt

Siehe Kap. 1.2.

Falls Sie beim ersten Start ein lokales Konto zur Anmeldung ausgewählt haben, können Sie dieses nachträglich jederzeit in ein Microsoft-Konto umwandeln.

Lokales Konto nachträglich in ein Microsoft-Konto umwandeln

Klicken Sie im Startmenü auf Ihr Profilbild und auf *Kontoeinstellungen ändern*. Die Einstellungen mit Ihrem Konto werden geöffnet, klicken Sie hier auf *Stattdessen mit einem Microsoft-Konto anmelden*.

Bild 4.52 Ein lokales Konto in ein Microsoft-Konto umwandeln

Microsoft-Konto in ein lokales Konto umwandeln

Umgekehrt kann auch ein Microsoft-Konto in ein lokales Konto umgewandelt werden, allerdings gehen dadurch sämtliche Einstellungen aus Mail, Kalender usw. verloren.

1 Achten Sie darauf, dass alle Apps geschlossen und Änderungen gespeichert sind.

2 Dann öffnen Sie, wie oben beschrieben, die Einstellungen mit Ihrem Konto. Klicken Sie auf *Stattdessen mit einem lokalen Konto anmelden*.

Bild 4.53 Ein lokales Konto zur Anmeldung erstellen

3 Im nächsten Schritt müssen Sie Ihr aktuelles Kennwort eingeben.

4 Anschließend können Sie für das lokale Konto einen Benutzernamen und ein Kennwort erstellen.

5 Klicken Sie abschließend auf *Abmelden und fertig stellen*. Damit werden Sie automatisch abgemeldet und müssen sich nun erneut mit Ihrem neuen Benutzernamen und Kennwort anmelden.

Achtung: Nach Abschluß dieses Vorgangs werden Sie automatisch vom PC abgemeldet und müssen sich anschließend mit Ihrem neuen Konto wieder anmelden.

Persönliche Einstellungen synchronisieren

Wenn Sie Windows 10 noch auf weiteren Geräten benutzen, z. B. einem Smartphone, dann können Sie über Ihr Microsoft-Konto Ihre persönliche Bedienoberfläche mit diesen Geräten synchronisieren und finden damit auf jedem Gerät dieselbe Bedienoberfläche vor.

1 Um die Sychronisierungseinstellungen zu kontrollieren und ggfs. zu ändern, klicken Sie im Startmenü auf *Einstellungen* und anschließend auf *Konten*.

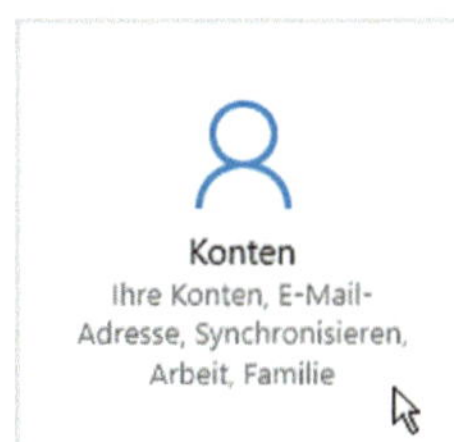

2 Klicken Sie dann links auf *Einstellungen synchronisieren* ❶. Mit dem Schalter *Synchronisierungseinstellungen* ❷ schalten Sie die Synchronisierung ein bzw. aus. Ist dieser Schalter auf *Ein* gesetzt, können Sie unter *Einzelne Synchronisierungseinstellungen* ❸ für bestimmte Einstellungen, beispielsweise *Design* oder *Kennwörter*, einzeln festlegen, ob Sie diese synchronisieren möchten.

Voraussetzung: Sie müssen sich auf allen Geräten mit demselben Microsoft-Konto anmelden und die Synchronisierung bzw. der Schalter *Synchronisierungseinstellungen* muss auf jedem Gerät aktiviert sein.

Bild 4.54 Mehrere Geräte synchronisieren

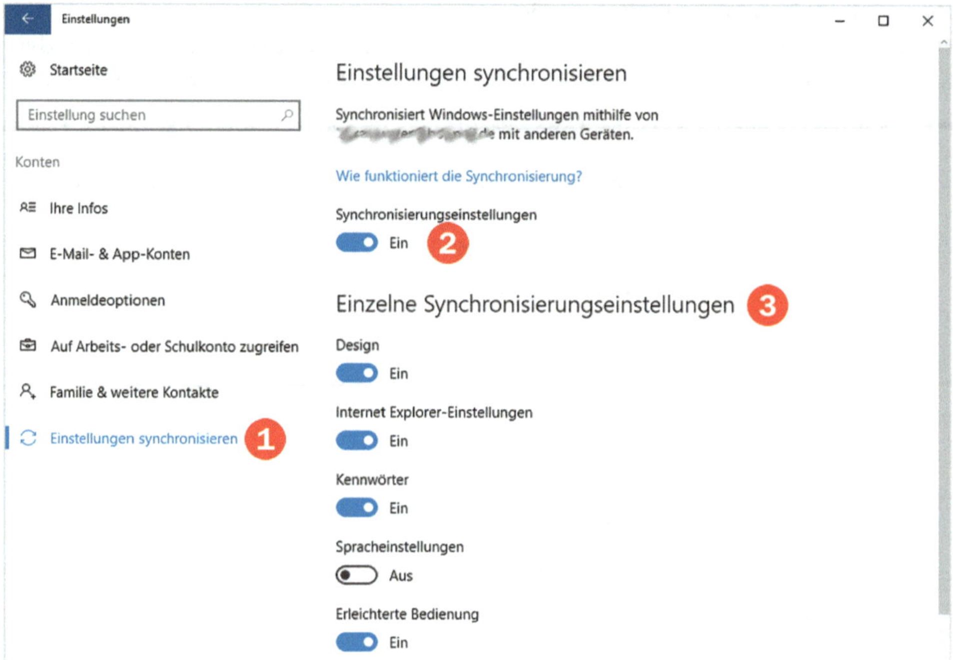

4.8 Weitere Tipps

Anzeige bzw. Schrift vergrößern

Falls Sie die Schrift auf dem Bildschirm als zu klein empfinden, dann gibt es verschiedene Möglichkeiten zur Abhilfe.

Apps

Im Browser und in verschiedenen Apps, z. B. WordPad oder den Microsoft Office-Anwendungen können Sie die Anzeige vergrößern (Zoomen), indem Sie das Mausrädchen mit gleichzeitig gedrückter Strg-Taste drehen. Manchmal ist zu diesem Zweck auch in der Statusleiste ein Schieberegler vorhanden. Bei einem Touchscreen berühren Sie den Bildschirm mit zwei Fingern und spreizen Sie die Finger zum Vergrößern bzw. führen zum Verkleinern Ihre Finger zusammen.

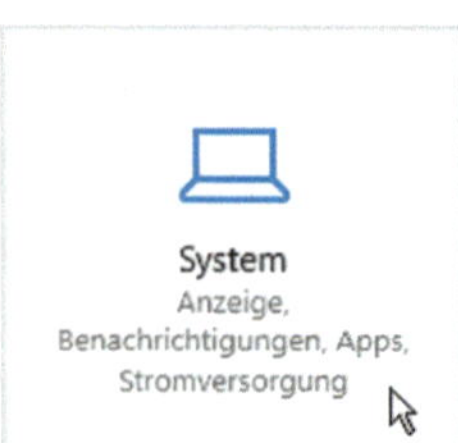

Windows und Desktop

Wenn Sie generell für Windows die Anzeige vergrößern möchten, z. B. auf dem Desktop, im Datei-Explorer oder in den Einstellungen, dann öffnen Sie die Einstellungen, klicken auf *System* und hier auf *Bildschirm*.

Klicken Sie auf den Schieberegler und ziehen Sie ihn auf die gewünschte Vergrößerung, z. B. 125%. In der Standardeinstellung verwendet Windows 100%.

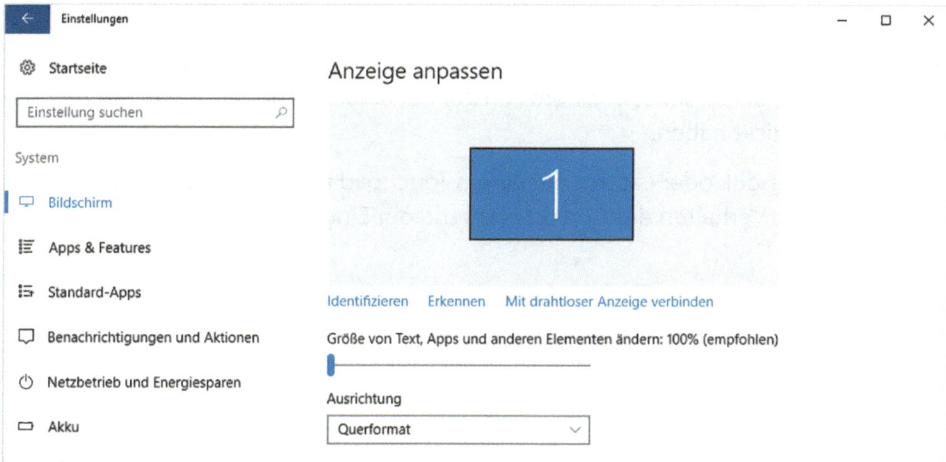

Bild 4.55 Vergrößern Sie die Anzeige per Schieberegler

Achtung: Sie müssen sich anschließend abmelden und erneut anmelden, damit Ihre Änderung vollständig übernommen werden! Die Änderung gilt nur für den jeweiligen Benutzer.

Die Maus für Linkshänder

Standardmäßig ist bei der Maus die linke Maustaste die wichtigste Taste. Falls Sie als Linkshänder die Funktion der Maustasten vertauschen, also die rechte Maustaste als primäre Taste einsetzen möchten, dann öffnen Sie die Einstellungen, klicken auf *Geräte* und hier auf *Maus und Touchpad* ❶.

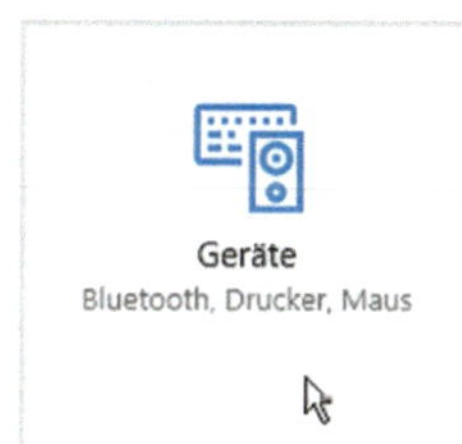

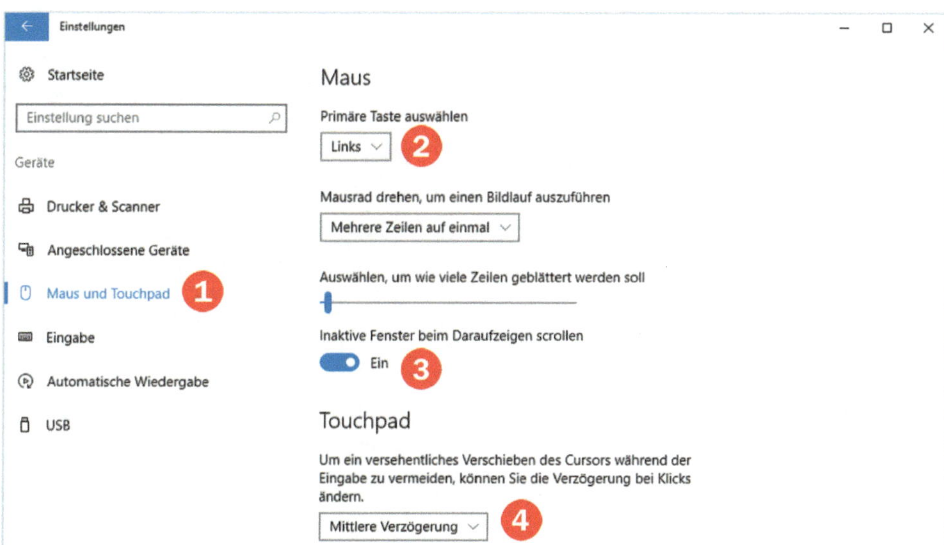

Bild 4.56 Wählen Sie die primäre Maustaste aus

Klicken Sie bei *Primäre Taste auswählen* ❷ auf den Dropdown-Pfeil und wählen Sie *Rechts*. Weitere Möglichkeiten betreffen das Verhalten der Maus beim Drehen des Mausrads.

Vorsicht: Der Schalter *Inaktive Fenster beim Daraufzeigen scrollen* ❸ sollte normalerweise aktiviert sein, da Sie sonst in einem Fenster nur scrollen können, wenn Sie zuvor in das Fenster geklickt haben.

Auf einem Notebook oder Laptop mit einem Touchpad finden Sie noch zusätzlich die Möglichkeit, das Verhalten des Cursors während der Eingabe zu steuern ❹.

5 Sicherheit und Datenschutz

5.1 Datenschutzeinstellungen

Wenn Sie beim ersten Start von Windows die Express-Einstellungen gewählt haben, dann haben Sie Windows und damit Microsoft sehr weitreichende Rechte zum Sammeln, Speichern und Nutzen persönlicher Daten, wie z. B. zu Ihrem Suchverhalten im Web, eingeräumt. Auch die Sprachassistentin Cortana erfasst und speichert zahlreiche Informationen, dazu gehören in der Standardeinstellung Position, Browser- und Suchverlauf, Kontakte und E-Mails, sowie Spracheingaben.

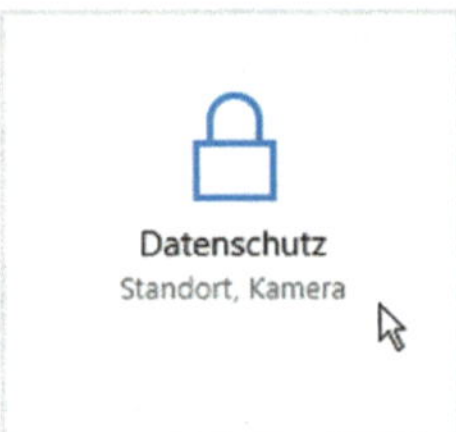

Windows 10 verfügt in den Einstellungen über verschiedene Möglichkeiten zum Schutz Ihrer persönlichen Daten. Diese sollten unbedingt von Zeit zu Zeit kontrolliert und evtl. angepasst werden. Dazu klicken Sie im Startmenü auf *Einstellungen* und hier auf *Datenschutz*.

Suche und Surfen im Web

Klicken Sie links auf *Allgemein*, um hier in erster Linie Datenschutzoptionen zu Ihrem Such- und Surfverhalten im Web bearbeiten.

Bild 5.1 Allgemeine Einstellungen zum Datenschutz

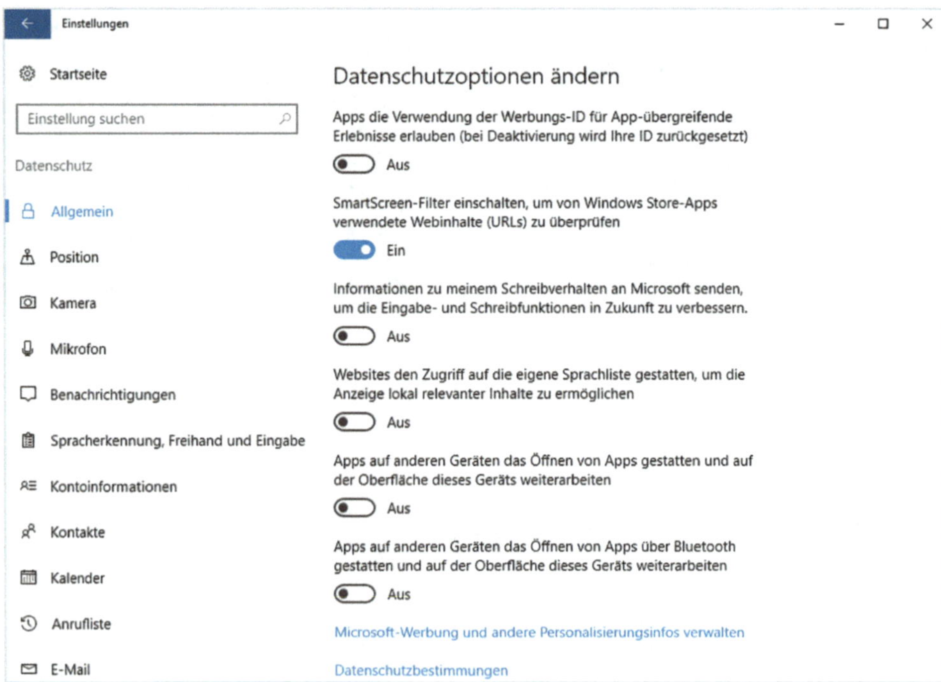

- Der *SmartScreen-Filter* kann aktiviert werden, er schützt Sie vor dem Herunterladen und Installieren schädlicher Software aus dem Internet, indem er laufend die Inhalte und Adressen (URLs) dieser Webseiten überprüft.

- Wenn Sie Wert auf den Schutz Ihrer persönlichen Daten legen, sollten alle anderen Schalter, insbesondere *Apps die Verwendung der Werbungs-ID für App-übergreifende Erlebnisse erlauben* auf *Aus* gesetzt werden. Der Schalter *Informationen zu meinem Schreibverhalten an Microsoft senden...* betrifft die Verwendung der Spracherkennung in Zusammenhang mit der erleichterten Bedienung.
- Zwei weitere Schalter gestatten Apps anderer Geräte den Zugriff auf Apps. Damit werden z. B. Mails auf Smartphone und PC synchronisiert und können auf beiden Geräten bearbeitet werden.
- Detaillierte Informationen zu Datenschutz und personalisierter Werbung erhalten Sie, wenn Sie unten auf den Link *Microsoft-Werbung und andere Personalisierungsinfos verwalten* klicken. Hier können Sie auch die Einstellungen dazu weiter anpassen und personalisierte Werbung im Browser deaktivieren.
- Über einen weiteren Link können Sie die Datenschutzbestimmungen einsehen.

Automatische Positionserkennung

Viele Apps erfordern für aktuelle Informationen eine Internetverbindung. Um noch gezielter auf Ihre Bedürfnisse einzugehen, ermitteln und nutzen einige davon auch Ihre aktuelle Position, allerdings nicht ohne vorherige Zustimmung. Starten Sie beispielsweise die Apps *Wetter* oder *Karten*, so erscheint beim ersten Mal die Frage, ob Sie die automatische Ermittlung Ihrer Position erlauben möchten.

Ist die automatische Positionsermittlung eingeschaltet, so erscheint beim Öffnen einer App, die diese Information nutzt, im Infobereich der Taskleiste ein kleines Symbol. Mit Klick auf dieses Symbol erhalten Sie die Möglichkeit, die Einstellungen zum Thema Datenschutz bzw. Position zu öffnen. Ob die automatische Positionserkennung aktiv ist, lässt sich auch anhand der Schaltfläche *Position* im Info-Center erkennen, über diese können Sie hier die Positionserkennung schnell aktivieren und deaktivieren.

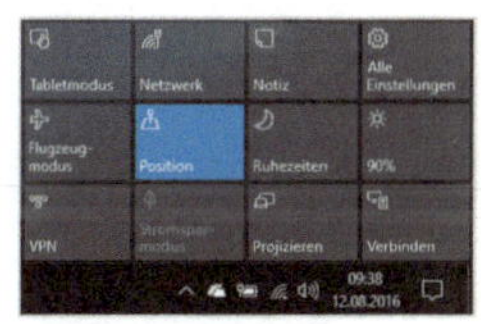

Bild 5.2 Automatischer Positionsdienst Ein

Noch mehr Möglichkeiten erhalten Sie in den Einstellungen: Klicken Sie auf *Datenschutz* und hier auf *Position* ❶.

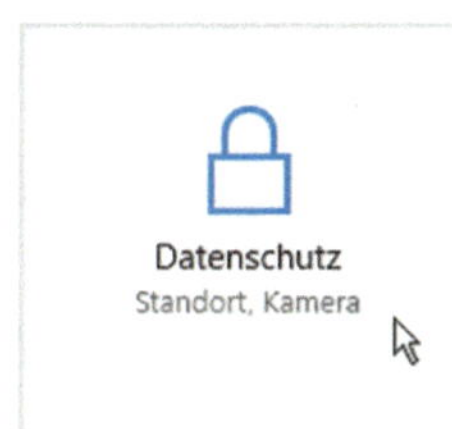

- Standardmäßig kann jeder Benutzer des Laptops mit dem Schalter *Positionsdienst* ❷ die Positionserkennung für sein persönliches Konto ein- oder ausschalten. Ein weiterer Schalter erlaubt auch die Ermittlung des ungefähren Standorts.
- Sind Sie als Administrator angemeldet, so finden Sie hier zusätzlich die Schaltfläche *Ändern* ❸ vor. Mit Klick darauf erhalten Sie die Möglichkeit, die Positionserkennung für das Gerät und damit für alle Benutzer zu aktivieren bzw. zu deaktivieren.

Beachten Sie, dass Sie damit nur den Windows-Positionsdienst ein- und ausschalten. Dieser wird zumeist von Apps aus dem Windows Store verwendet. Apps anderer Anbieter können dagegen anhand anderer Technologien, z. B. WLAN-Suche, Ihren Standort auch bei deaktivierter Standortbestimmung ermitteln.

Bild 5.3 Positionsdienst ein- und ausschalten

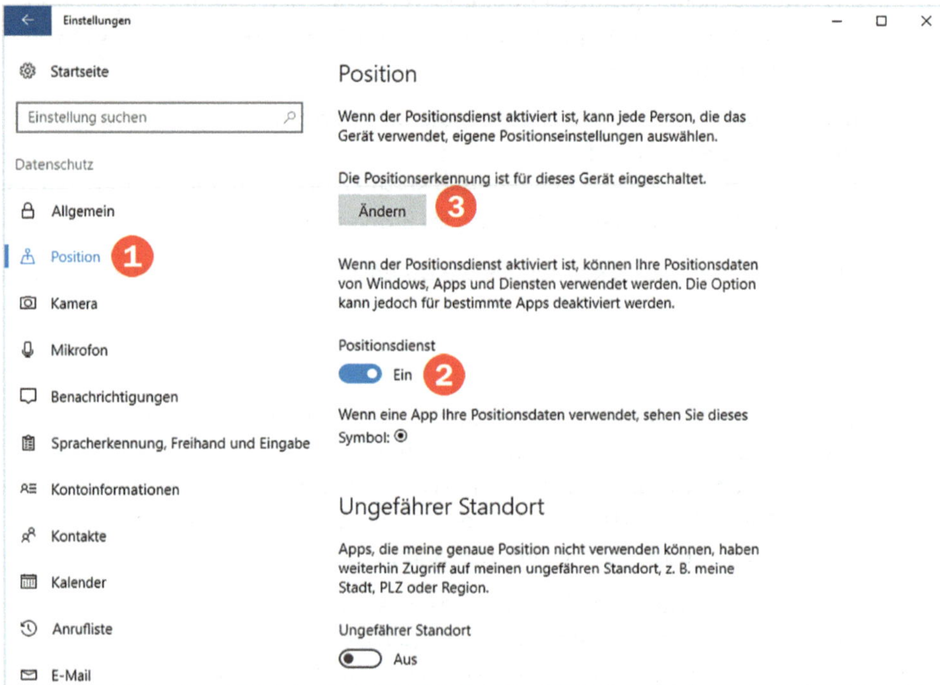

Scrollen Sie nach unten, um noch weitere Einstellungen zu kontrollieren:

- Sie können den aktuellen Standort als Standardort festlegen, falls keine Position erkannt wird.
- Unter *Positionsverlauf* lassen sich mit der Schaltfläche *Löschen* alle gespeicherten Bewegungsdaten löschen.
- Haben Sie die Positionserkennung eingeschaltet, so können Sie in einer Liste detailliert festlegen, welche Apps Ihre Position ermitteln und verwenden dürfen.

Zugriff auf Geräte und persönliche Informationen

Unter *Datenschutz* legen Sie auch fest, wie Geräte und Apps verwendet werden dürfen, bzw. welche Apps Zugriff darauf erhalten.

Kamera und Mikrofon

Laptops verfügen in der Regel über eine integrierte Kamera bzw. Webcam und ein Mikrofon, deren Nutzung Sie hier regeln können. Klicken Sie auf *Kamera* und *Mikrofon*, um festzulegen, ob und welche Apps diese Geräte verwenden dürfen. **Achtung:** Wenn der Schalter *Apps die Verwendung meines Mikrofons erlauben* auf *Aus* gesetzt ist, dann ist auch die Spracheingabe für Cortana deaktiviert! Dasselbe gilt auch für die Kamera, z. B. in Verbindung mit Skype.

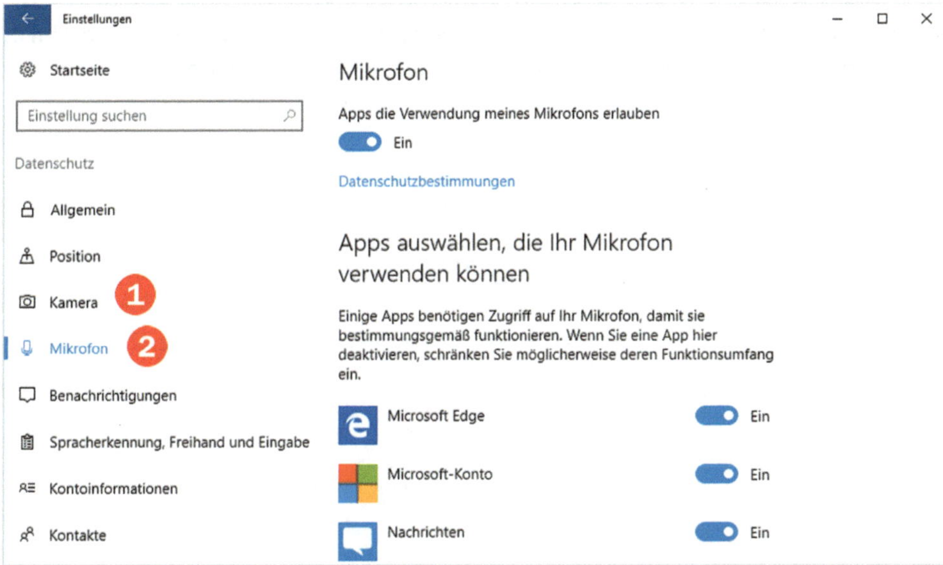

Bild 5.4 Verwendung von Kamera und Mikrofon

Kontoinformationen, Kontakte und Kalender

Einige Apps, inbesondere *Mail*, *Kontakte* und *Kalender* erhalten ihren vollen Funktionsumfang nur mit wechselseitigem Zugriff. So können Sie etwa beim Verfassen und Senden von E-Mails mit *Mail* alle E-Mail-Adressen verwenden, die in der App *Kontakte* gespeichert sind. Unter *Kontakte* und *Kalender* sehen Sie, ob Apps der Zugriff generell erlaubt ist und welche Apps diese Informationen nutzen dürfen.

Achtung: Für die Apps *Kontakte*, *Mail* und *Kalender* sollten Sie die Nutzung nicht deaktivieren, da sonst deren Funktionsumfang erheblich eingeschränkt ist.

Auch Ihre Kontoinformationen können unter Umständen von einigen Apps genutzt werden. Eine Übersicht erhalten Sie, wenn Sie in den Einstellungen zum Datenschutz auf *Kontoinformationen* klicken. Sind hier keine Apps aufgelistet, dann sind auch keine entsprechenden Apps auf Ihrem Gerät vorhanden.

Anrufliste und *Messaging* beziehen sich auf die Nutzung von Skype bzw. den Einsatz von Windows auf einem Smartphone.

Spracheingabe/Cortana

Auch Cortana sammelt Informationen über Ihre Spracheingaben, Kontakte und Kalendereinträge, um die persönlichen Empfehlungen zu verbessern. Näheres dazu sehen Sie, wenn Sie auf *Spracherkennung, Freihand und Eingabe* ❶ klicken. Hier erhalten Sie

Siehe auch Kap. 2.6.

mit der Schaltfläche *Kennenlernen beenden* ❷ die Möglichkeit, bereits gesammelte Informationen auf diesem Gerät zu löschen und diese Funktion zu deaktivieren, allerdings werden dann Cortana und die Diktatfunktion bzw. Spracheingabe ebenfalls deaktiviert. Bei ausgeschalteter Funktion finden Sie hier die Schaltfläche *Kennenlernen* vor.

Achtung: Dies betrifft nur Informationen, die auf dem Gerät gespeichert wurden. Um in der Cloud gespeicherte Informationen zu löschen, klicken Sie hier auf *Rufen Sie Bing auf und verwalten Sie persönliche Informationen für alle Ihre Geräte* ❸.

Bild 5.5 Spracheingaben und weitere gespeicherte Informationen löschen

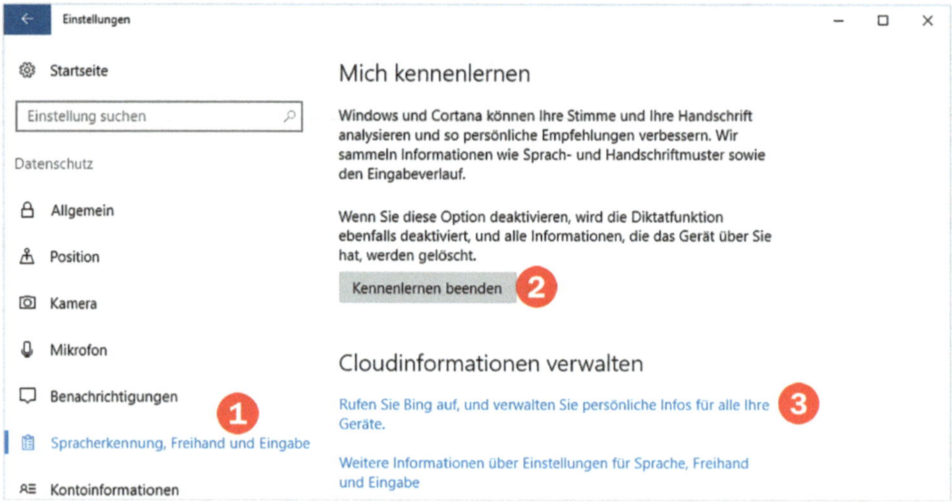

Hintergrund-Apps

Klicken Sie auf *Hintergrund-Apps*, um zu sehen, welche Apps im Hintergrund Daten herunterladen, Benachrichtigungen senden und Informationen empfangen, auch wenn Sie nicht genutzt werden. Um insbesondere auf mobilen Geräten Energie und Rechnerleistung zu sparen, sollten Sie die Ausführung im Hintergrund für nicht oder nur selten genutzte Apps ausschalten.

Bild 5.6 Deaktivieren Sie nicht oder nur selten genutzte Hintergrund-Apps

Datenaustausch

Ein weiterer wichtiger Punkt des Datenschutzes betrifft den Datenaustausch und die Synchronisierung mit anderen Geräten, z. B. Smartphones und Tablets. Klicken Sie dazu auf *Weitere Geräte*. Unter *Vertrauenswürdige Geräte verwenden* sehen Sie eine Liste der angeschlossenen Geräte. Für jedes Gerät können Sie über einen Schalter die Verwendung durch Apps ohne vorherige Rückfrage erlauben bzw. ausschließen.

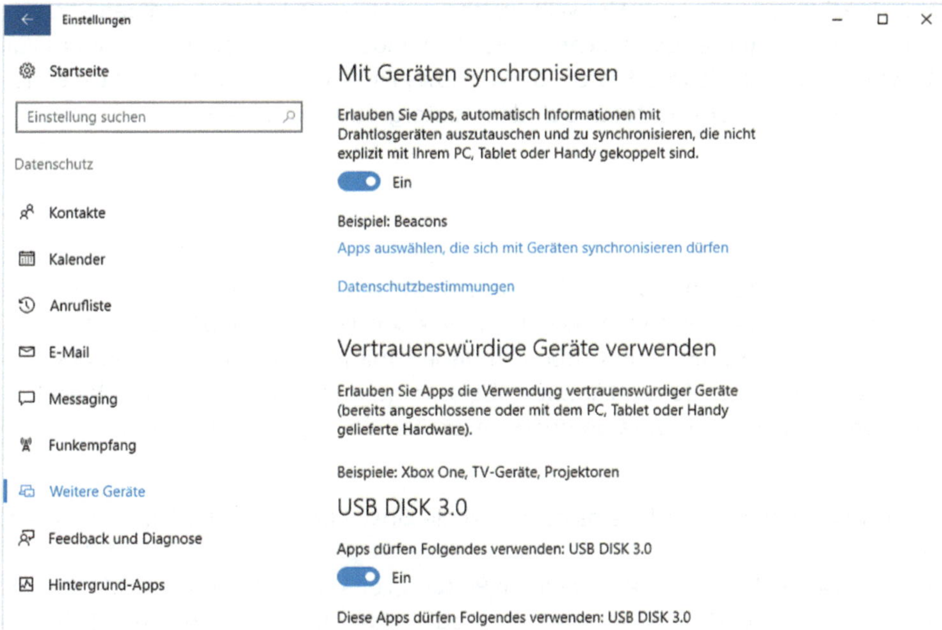

Bild 5.7 Synchronisierung mit anderen Geräten

Feedback und Diagnose

Unter *Feedback und Diagnose* können Sie angeben, wie oft und in welchem Umfang Nutzungs- und Diagnosedaten Ihres Geräts, z. B. bei aufgetretenen Problemen, an Microsoft gesendet werden sollen. Über *Feedbackhäufigkeit* legen Sie fest, wie oft Sie um Feedback zu Windows 10 gebeten werden möchten.

Achtung: Für Teilnehmer am Microsoft-Insider Programm ist die Übermittlung fest eingestellt!

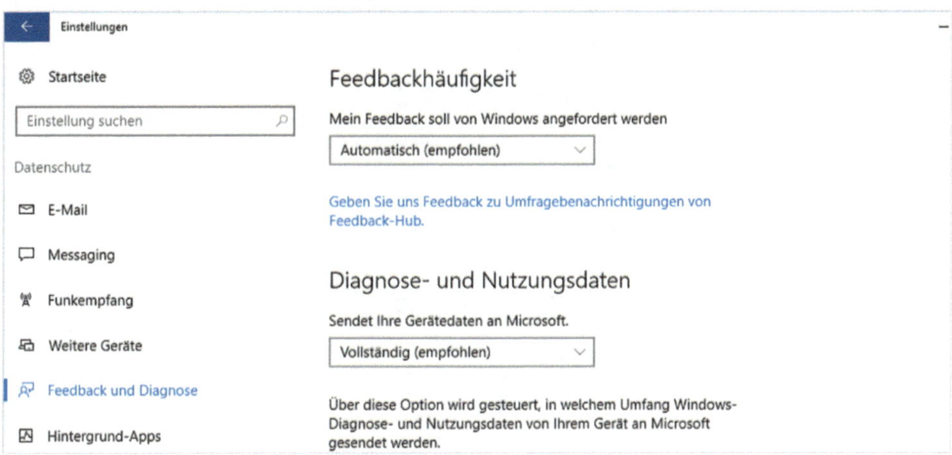

Bild 5.8 Feedback und Senden von Diagnose- und Nutzungsdaten

5.2 Einstellungen zur Sicherheit Ihres Computers

Zur Abwehr von unerlaubten Zugriffen und schädlicher Software (Stichwort Computerviren und Co.) bringt Windows 10 einige wichtige Sicherheitsfunktionen mit. Dazu zählt eine Firewall (Windows-Firewall), welche den Datenverkehr mit anderen Computern bzw. dem Internet überwacht, sowie mit Windows Defender ein Programm zur Abwehr von Schadsoftware. Sowohl die Windows-Firewall als auch Windows Defender werden automatisch gestartet und sind im Hintergrund ständig aktiv.

Windows Defender

Windows Defender bietet einen gewissen Basisschutz, umfangreichere Sicherheitsfunktionen erhalten Sie mit Software spezialisierter Hersteller. Nicht alle dieser Programme sind mit Kosten verbunden, manche sind auch für den privaten Gebrauch kostenlos und können über das Internet von der Seite des Herstellers oder über die diverser Computerzeitschriften heruntergeladen werden.

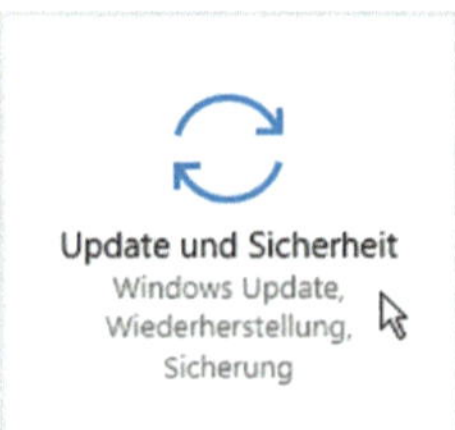

Wenn Sie Windows Defender einsetzen und die Einstellungen kontrollieren möchten, dann klicken Sie in den *Einstellungen* auf *Update und Sicherheit* und hier auf *Windows Defender*. Damit Windows Defender Ihren PC schützen kann, müssen die beiden Schalter *Echtzeitschutz* und *Cloudbasierter Schutz* auf *Ein* gesetzt sein. Ist der dritte Schalter, *Automatische Übermittlung von Beispielen* auf *Ein*, so wird bei aufgetretenen Problemen und Bedrohungen automatisch ein Beispiel an Microsoft gesendet.

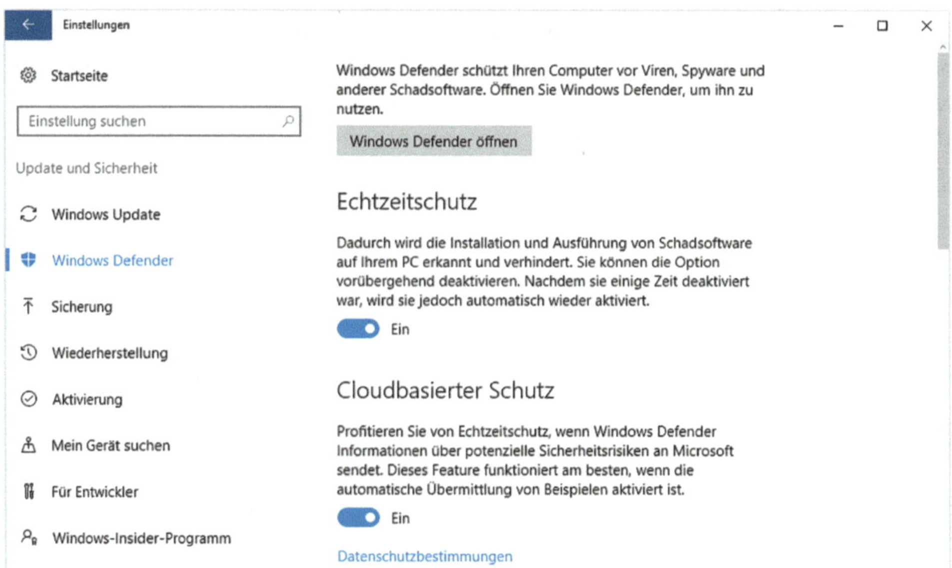

Bild 5.9 Einstellungen zu Windows Defender

Achtung: Haben Sie Sicherheitssoftware eines anderen Herstellers installiert, dann wurde Windows-Defender automatisch deaktiviert und diese Schalter sind inaktiv!

- Weiter unten finden Sie noch den Schalter *Erweiterte Benachrichtigungen*. Dieser steuert die Anzeige von Sicherheitswarnungen im Info-Center.
- Neu seit dem Anniversary Update ist der Schalter *Offline überprüfen*, mit dessen Hilfe bestimmte Schadsoftware besser erkannt und entfernt werden kann. Da dazu der PC neu gestartet wird, sollten Sie vorher alle Anwendungen beenden und Ihre Daten speichern.

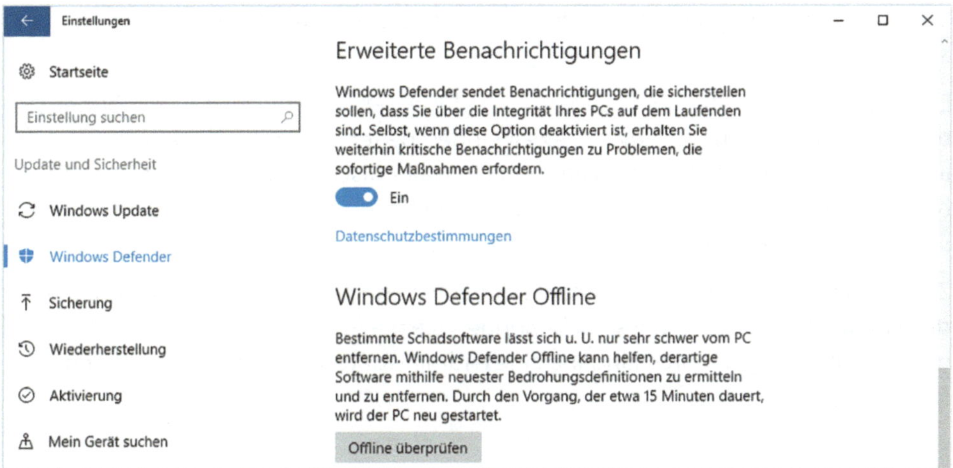

Bild 5.10 Offline Überprüfung mit Windows Defender

Windows Defender ist wie jede Sicherheitssoftware im Hintergrund aktiv, dies erkennen Sie auch am Symbol im Infobereich der Taskleiste. Wenn Sie mit Windows Defender die Überprüfung eines Laufwerks, z. B. eines angeschlossenen USB-Sticks manuell starten oder eine Übersicht über erkannte schädliche Elemente erhalten möchten, dann klicken Sie am Ende der Liste auf *Windows Defender öffnen*. Hier können Sie alle Einstellungen und den Verlauf kontrollieren und bei Bedarf mit der Schaltfläche *Jetzt Überprüfen* einen Prüfvorgang starten.

Auch mit Klick auf das Symbol der Taskleiste wird Windows Defender geöffnet.

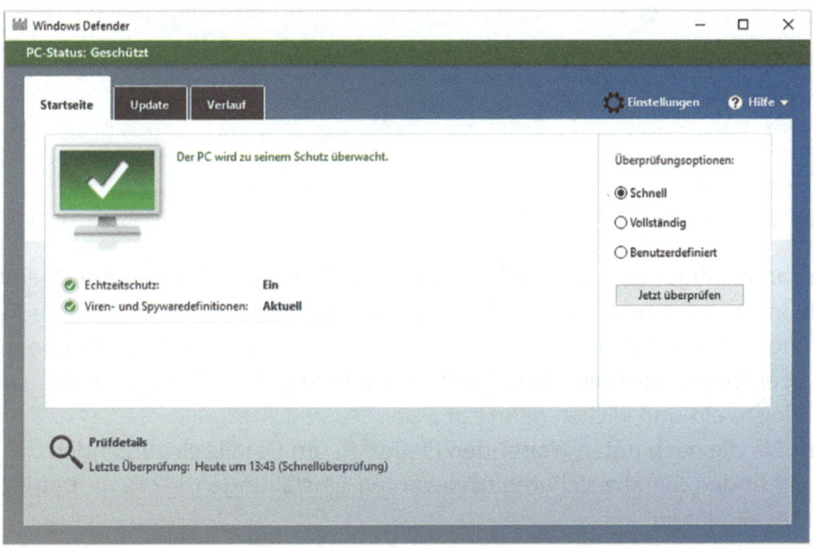

Bild 5.11 Windows-Defender: Einstellungen

Windows Firewall

Als Firewall bezeichnet man eine Schutzfunktion, die ein Netzwerk oder einen einzelnen Computer vor unerwünschten Netzwerkzugriffen schützt und somit einen wichtigen Bestandteil der Computersicherheit darstellt. Auch Windows verfügt über eine integrierte Firewall, allerdings finden Sie diese derzeit noch in der Systemsteuerung. Diese dürfte Nutzern von Windows 7 oder älter noch bekannt sein. Am einfachsten geben Sie den Suchbegriff „Firewall" in das Suchfeld der Taskleiste ein und klicken dann auf *Windows-Firewall*, *Systemsteuerung*.

Siehe auch Kap. 6.8.

Das Fenster *Systemsteuerung > System und Sicherheit > Windows-Firewall* öffnet sich und Sie sehen, ob die Windows Firewall eingeschaltet ist, sowie die aktuellen Einstellungen. Beachten Sie, dass die Windows Firewall zwischen privaten und öffentlichen Netzwerken, sogenannten Hotspots, z. B. in Flughäfen, unterscheidet und unterschiedliche Einstellungen für beide Bereiche erlaubt.

Zum Ändern benutzen Sie die Befehle in der linken Spalte. Für Einstellungen, die mit diesem Symbol versehen sind, benötigen Sie die Rechte eines Administrators und müssen Änderungen durch Eingabe eines Administratorkennwortes bestätigen.

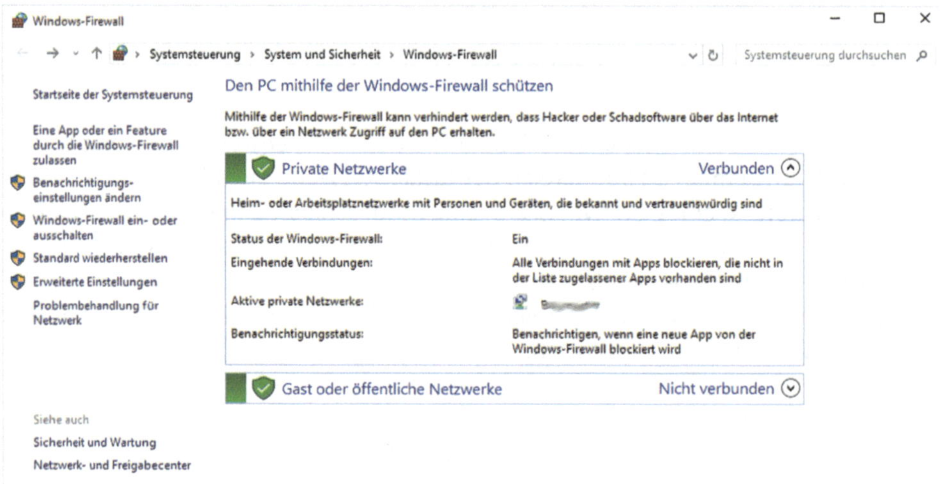

Bild 5.12 Die Windows-Firewall wird in der Systemsteuerung geöffnet und sollte aktiviert sein.

Sicherheits- und Wartungsmeldungen

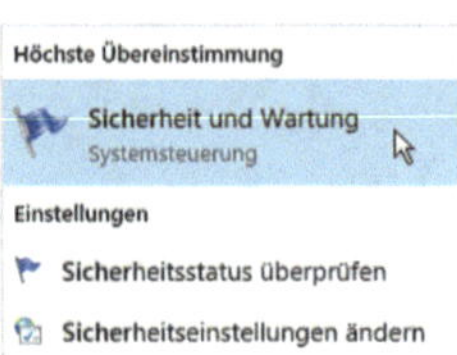

Alle Benachrichtigungen über Sicherheits- und allgemeine Computerprobleme können Sie im Info-Center einsehen. Mit Klick auf die Meldung öffnet sich die Systemsteuerung mit der Kategorie *Sicherheit und Wartung*. Wenn Sie Einstellungen dazu näher überprüfen möchten, dann tippen Sie den Begriff „Sicherheit" in das Suchfeld der Taskleiste ein und klicken dann auf *Sicherheit und Wartung*, *Systemsteuerung*. Verwenden Sie die nach unten weisenden Pfeile ❶, um Details einzublenden ❷. Unter *Sicherheit* finden Sie alle sicherheitsrelevanten Einstellungen, *Wartung* betrifft Ihren Computer allgemein.

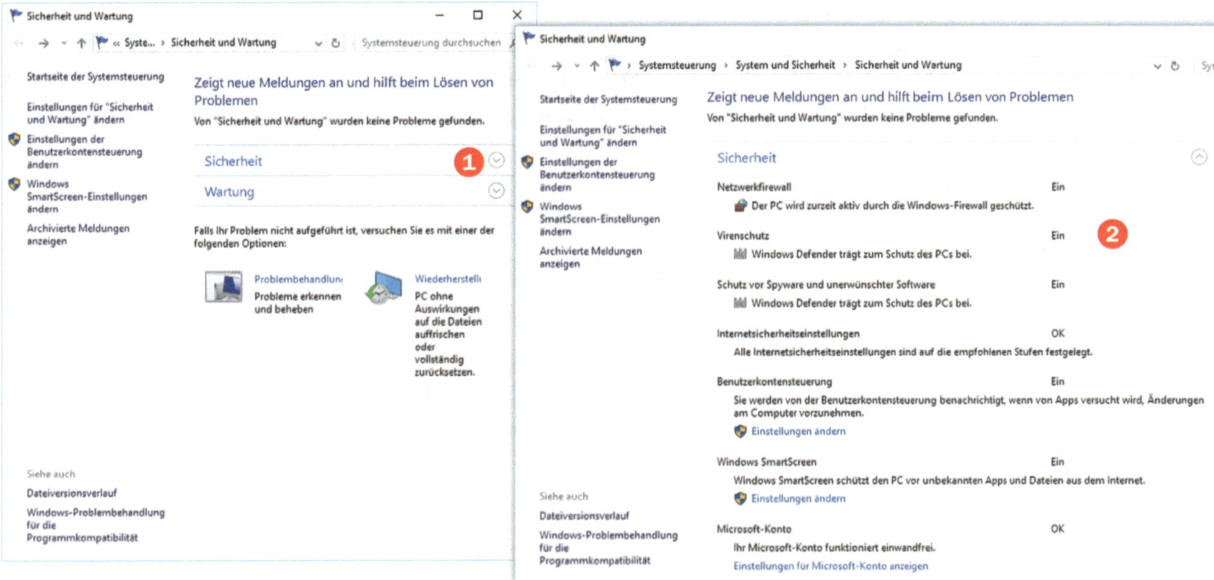

Bild 5.13 Sicherheit und Wartung in der Systemsteuerung kontrollieren

Die Benutzerkontensteuerung

In der Systemsteuerung *Sicherheit und Wartung* finden Sie auch die Benutzerkontensteuerung. Möglicherweise haben Sie diese bereits kennengelernt, z. B. bei der Installation von Programmen. Die Benutzerkontensteuerung soll verhindern, dass schädliche Computerprogramme unbemerkt auf Ihrem PC installiert werden. Daher müssen Sie, z. B. bei der Installation neuer Software oder Änderung wichtiger Systemeinstellungen, jedes Mal die Änderungen erlauben. Im Bild unten sehen Sie ein Beispiel für eine solche Meldung. Wenn Sie über die Rechte eines Administrators verfügen, dann genügt es, wenn Sie zur Bestätigung auf *Ja* klicken; sind Sie dagegen als Standardbenutzer am PC angemeldet, so müssen Sie zusätzlich noch ein Administratorkennwort eingeben.

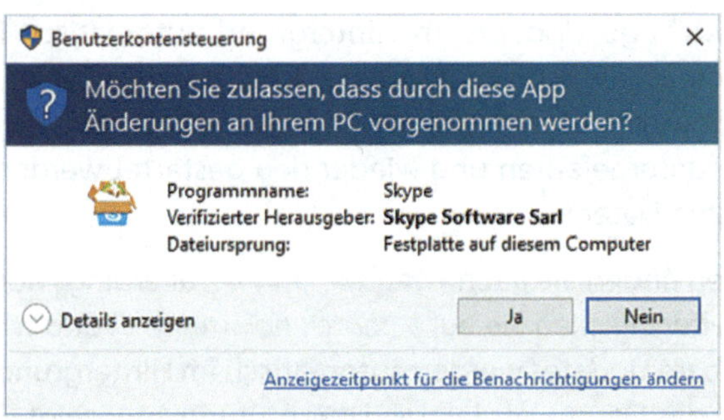

Bild 5.14 Die Benutzerkontensteuerung erfordert Zustimmung bei wichtigen Änderungen.

Falls Sie die Einstellungen zur Benutzerkontensteuerung einsehen möchten, klicken Sie auf *Einstellungen der Benutzerkontensteuerung ändern*. Änderungen sollten allerdings, wenn überhaupt, nur von fortgeschrittenen Nutzern vorgenommen werden.

Windows SmartScreen

Der Windows SmartScreen erfüllt eine ähnliche Aufgabe wie die Benutzerkontensteuerung, bezieht sich aber speziell auf das Ausführen unbekannter Apps, die aus dem Internet geladen wurden. Zum Ändern der Einstellungen klicken Sie im Wartungscenter auf *Windows SmartScreen-Einstellungen ändern*. Auch Windows SmartScreen sollte nicht deaktiviert werden!

Bild 5.15 Systemsteuerung: Windows SmartScreen

5.3 Windows Update

Auch für Windows selbst stellt Microsoft laufend Updates bereit, um Schwachstellen und Fehler von Windows zu beheben. Bei Windows 10 fügen Updates auch neue Funktionen hinzu, z. B. in den Einstellungen oder ändern geringfügig das Aussehen der Benutzeroberfläche. Auch Windows Defender und jede andere Antivirensoftware benötigen regelmäßige Updates, teilweise bis zu mehrmals täglich. In der Standardeinstellung werden wichtige Updates im Hintergrund automatisch über das Internet heruntergeladen, die eigentliche Installation erfolgt aber erst, wenn der Computer gerade nicht benötigt wird. Unter Umständen muss das Gerät auch während oder nach der Installation heruntergefahren und wieder neu gestartet werden. Speichern Sie in diesem Fall zuvor Ihre Daten!

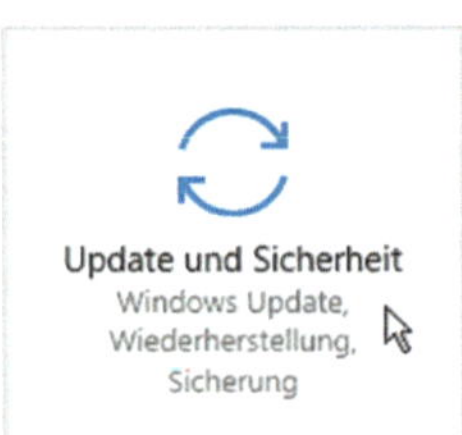

In den Einstellungen finden Sie auch *Windows Update*, allerdings nur mit geringen Änderungsmöglichkeiten. Klicken Sie auf *Update und Sicherheit* und wählen Sie *Windows Update* ❶. Verfügbare Updates werden automatisch im Hintergrund heruntergeladen und installiert und das Datum der letzten Überprüfung angezeigt. Bei Bedarf können Sie über die Schaltfläche *Nach Updates suchen* ❷ nach weiteren verfügbaren Updates suchen und mit Klick auf *Updateverlauf* ❸ erhalten Sie eine Liste der installierte Updates.

- Da bei einigen Updates der Computer neu gestartet werden muss, können Sie über *Nutzungszeit ändern* und *Neustartoptionen* den Zeitpunkt steuern.
- Mit Klick auf *Erweiterte Optionen* ❹ können Sie bei einigen Windows-Editionen über das Kontrollkästchen *Featureupdates zurückstellen* ❺ Updates mehrere Monate lang zurückstellen, dies gilt allerdings nicht für Sicherheitsupdates.

Bild 5.16 Updates steuern

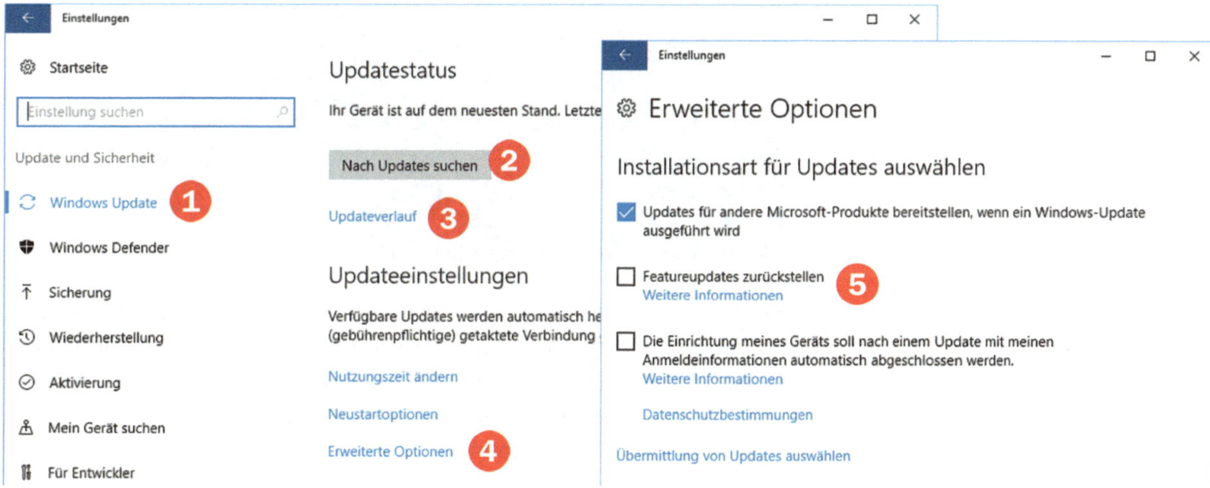

Den PC zurücksetzen, Windows wiederherstellen

Falls Ihr PC bzw. Windows nicht mehr stabil läuft, können Sie Windows auf die Werkseinstellungen zurücksetzen. Bei diesem Vorgang werden alle Programme und Apps deinstalliert und die Windows-Einstellungen auf die Standardeinstellung zurückgesetzt. Sie können jedoch wählen, ob Ihre Benutzerkonten und die dazugehörigen persönlichen Ordner bzw. Dateien beibehalten oder ebenfalls entfernt werden sollen.

Die Wiederherstellung ist nur verfügbar, wenn Sie über Administratorrechte verfügen!

1. Klicken Sie dazu in den Einstellungen auf *Update und Sicherheit* und hier auf *Wiederherstellung* ❶.
2. Klicken Sie unter *Diesen PC zurücksetzen* auf die Schaltfläche *Los geht's* ❷.

Achtung: Speichern Sie zuvor Ihre Daten und schließen Sie alle Apps!

Bild 5.17 PC zurücksetzen

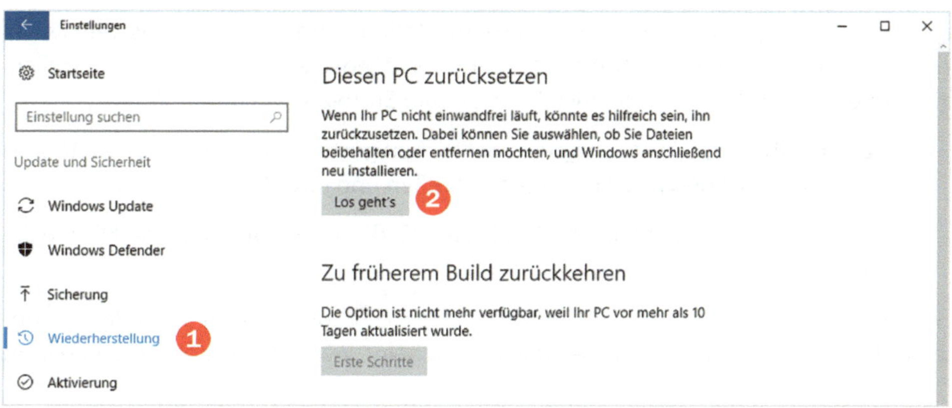

3 Wählen Sie im nächsten Schritt, ob Sie Ihre Benutzerkonten und persönlichen Dateien behalten oder alles entfernen möchten. Letzteres ist zu empfehlen, wenn Sie Ihren Laptop z. B. verkaufen oder verschenken möchten.

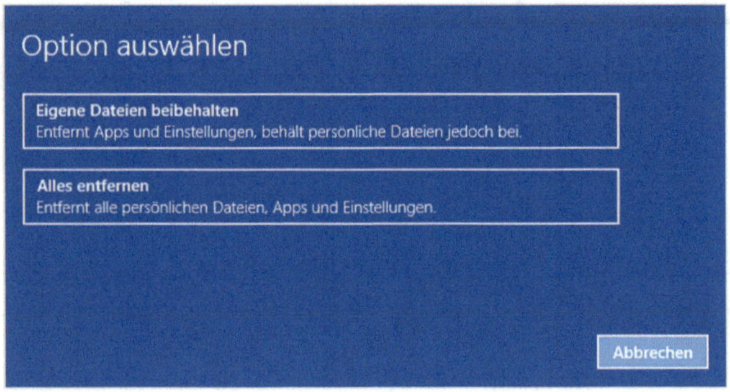

Bild 5.18 Eigene Dateien behalten oder Alles entfernen

Kontrollieren Sie, ob Sie für die genannten Apps alle zur Neuinstallation erforderlichen Datenträger, Seriennummern usw. zur Hand haben.

4 Da auch alle Apps deinstalliert werden, listet Windows anschließend alle Apps bzw. Anwendungen auf, die nicht aus dem Store, sondern über einen Datenträger bzw. das Web installiert werden müssen. Eine Liste dieser Anwendungen finden Sie nach dem Zurücksetzen auf dem Desktop. Klicken Sie auf *Weiter* und folgen Sie den weiteren Anweisungen.

5 Im letzten Schritt starten Sie mit Klick auf *Zurücksetzen* die Neuinstallation von Windows. Je nach Wiederherstellungsvariante kann dies eine halbe Stunde bis zu mehreren Stunden dauern.

Zu einem früheren Build zurückkehren

Manchmal hilft es auch, wenn ein kürzlich erfolgtes Update von Windows zurückgenommen wird. Dazu klicken Sie unter *Zu einem früheren Build zurückkehren* auf die Schaltfläche *Los geht's* und folgen den Anweisungen. Falls auf Ihrem Gerät zuvor Windows 7 oder Windows 8.1 installiert war, dann finden Sie innerhalb eines begrenzten Zeitraums an dieser Stelle die Möglichkeit, zur früheren Version zurückzukehren.

System anhand eines Wiederherstellungspunkts wiederherstellen

Eine weitere Möglichkeit der Systemwiederherstellung finden Sie in der Systemsteuerung. Hier ist auch die Auswahl eines bestimmten Wiederherstellungspunkts möglich, z. B. vor einem Update oder der Installation neuer Software.

1 Da nach Abschluß dieses Vorgangs der PC neu gestartet werden muss, sollten Sie zuvor alle Apps und Anwendungen schließen und Ihre Daten speichern.

2 Tippen Sie in das Suchfeld der Taskleiste „Wiederherstellung" ein und klicken Sie auf *Wiederherstellung - Systemsteuerung*.

3 Klicken Sie auf *Systemwiederherstellung öffnen* ❶ und warten Sie einige Sekunden, bis die Systemwiederherstellung erscheint. Wählen Sie dann zwischen dem

empfohlenen Wiederherstellungszeitpunkt und einem anderen Wiederherstellungszeitpunkt ❷ und klicken Sie auf *Weiter*.

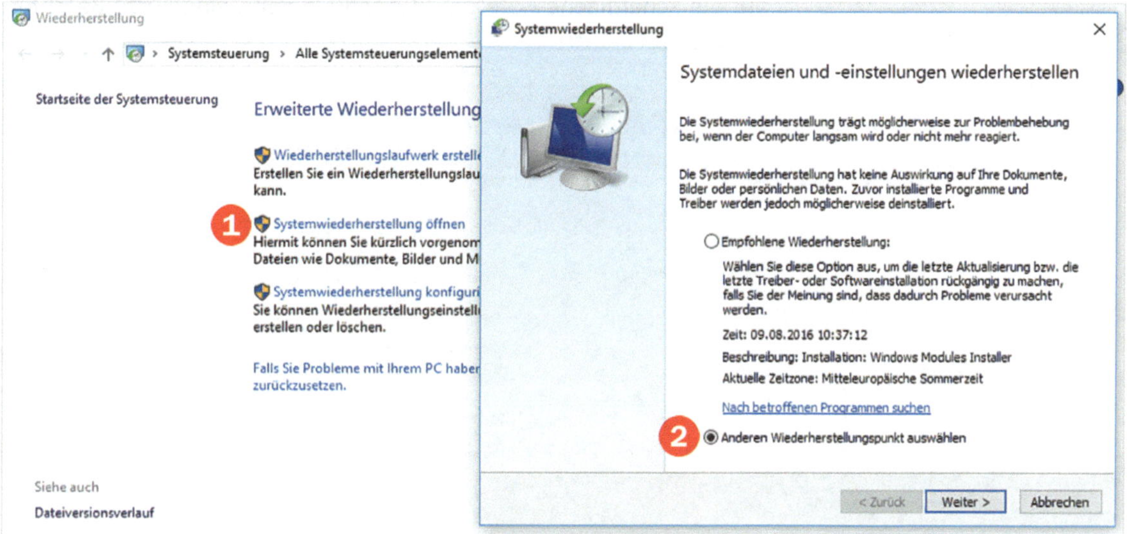

Bild 5.19 Wiederherstellungszeitpunkt

4 Haben Sie die Option *Anderen Wiederherstellungszeitpunkt auswählen* gewählt, dann können Sie anschließend einen Zeitpunkt bzw. ein Ereignis auswählen. Der PC wird damit in den Zustand vor diesem Ereignis zurückgesetzt. Klicken Sie erneut auf *Weiter*. Bestätigen Sie dann den Wiederherstellungspunkt nochmals, indem Sie auf *Fertig stellen* klicken.

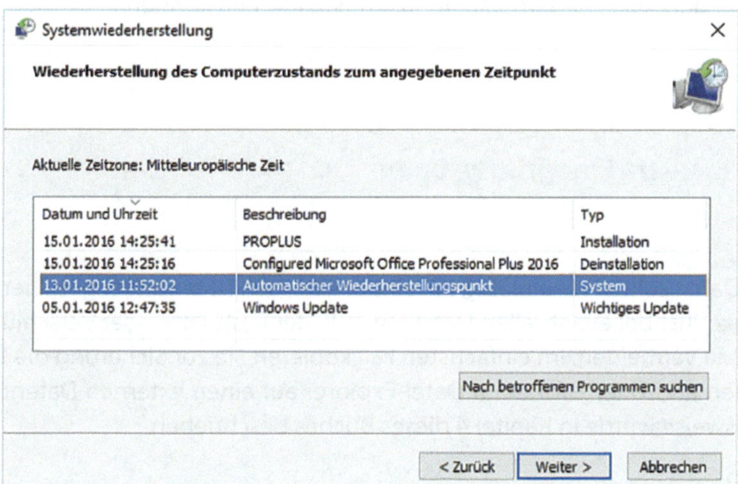

Bild 5.20 Wiederherstellungszeitpunkt auswählen

Wiederherstellungspunkt erstellen

Wiederherstellungspunkte werden in der Regel von Windows automatisch erstellt, z. B. bei der Installation neuer Software und vor Updates. Falls Sie einen Wiederherstellungspunkt manuell setzen möchten, so geben Sie am einfachsten in das Suchfeld der Taskleiste „Wiederherstellungspunkt" ein. Klicken Sie dann auf *Wiederherstellungspunkt erstellen*. Das Fenster *Systemeigenschaften* öffnet sich. Klicken Sie im Register *Computerschutz* auf die Schaltfläche *Erstellen...*. Geben Sie dann eine kurze Beschreibung ein und klicken Sie auf *Erstellen*.

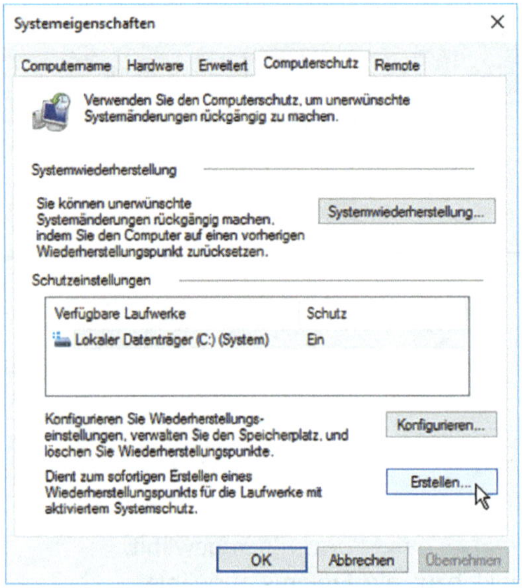

Bild 5.21 Wiederherstellungspunkt erstellen

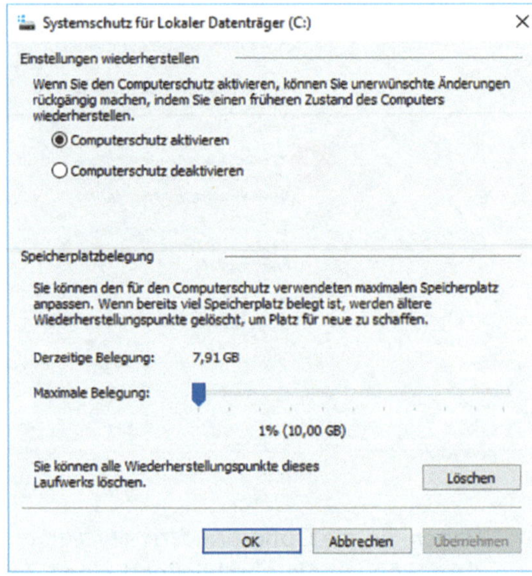

Bild 5.22 Computerschutz aktivieren

Sollte die Schaltfläche *Erstellen...* inaktiv sein, dann müssen Sie zuerst auf *Konfigurieren* klicken und den Computerschutz aktivieren. Hier finden Sie auch eine Schaltfläche, über die Sie ggfs. alle Wiederherstellungspunkte löschen können.

5.4 Sichern Sie wichtige Daten

Wichtige Daten sollten regelmäßig auf einem externen Datenträger gesichert werden, um Datenverlust bei eventuellen Defekten, z. B. der Festplatte oder Verschlüsselungstrojanern, zu vermeiden. Im einfachsten Fall kopieren Sie zur Sicherung die betreffenden Dateien und/oder Ordner im Datei-Explorer auf einen externen Datenträger, die Vorgehensweise wurde in Kapitel 4 dieses Buches beschrieben.

Sicherungen mit Dateiversionsverlauf erstellen

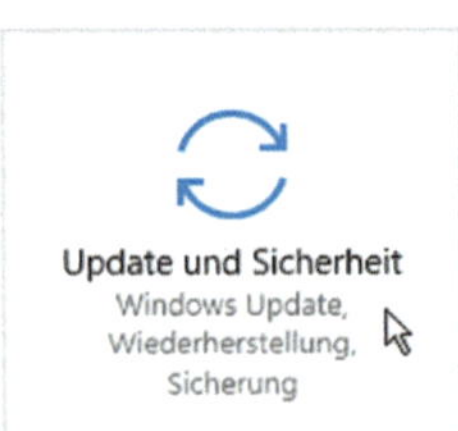

Windows 10 unterstützt unter der Bezeichnung Dateiversionsverlauf ebenfalls regelmäßige und umfassende Sicherungen Ihrer Dateien im Hintergrund. Öffnen Sie dazu die *Einstellungen*, klicken Sie auf *Update und Sicherheit* und auf *Sicherung* ❶.

1 Im ersten Schritt müssen Sie ein geeignetes Laufwerk festlegen, klicken Sie dazu unter *Mit Dateiversionsverlauf sichern* auf *Laufwerk hinzufügen* ❷. Windows sucht nach geeigneten Laufwerken, dies kann einige Sekunden dauern, und zeigt diese anschließend an. Klicken Sie auf das Laufwerk, auf dem die Datensicherung erfolgen soll ❸. Über *Alle Netzwerkadressen anzeigen* können Sie in einem Netzwerk auch verbundene Netzlaufwerke zur Datensicherung auswählen.

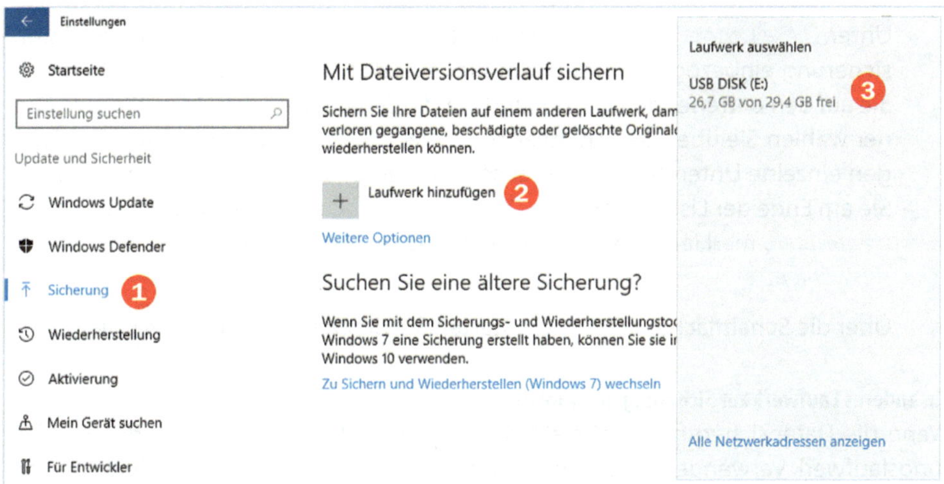

Bild 5.23 Laufwerk für die Datensicherung auswählen

Da Datensicherung nur auf einem zweiten Datenträger sinnvoll ist, erscheinen hier nur angeschlossene externe Laufwerke, nicht aber die Festplatte.

2 Anschließend wird die automatische Sicherung aktiviert bzw. der Schalter *Meine Dateien automatisch sichern* auf *Ein* gesetzt ❶, siehe Bild unten. Um Sicherungsintervall und die zu sichernden Ordner zu kontrollieren und ggfs. zu ändern, klicken Sie auf *Weitere Optionen* ❷.

Bild 5.24 Ordner kontrollieren bzw. auswählen

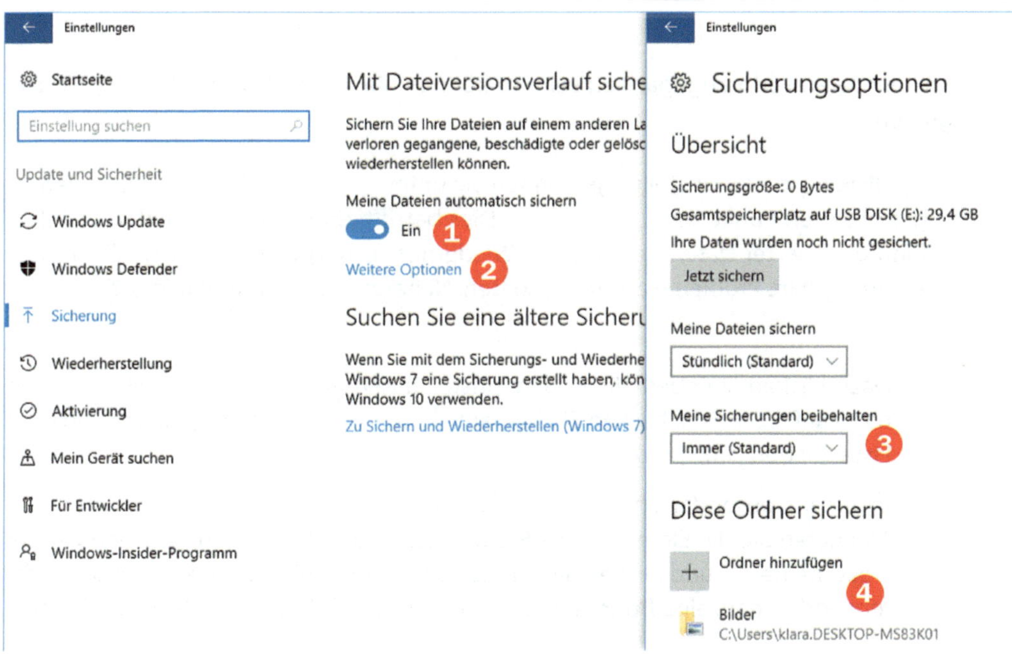

3 Unter *Übersicht* können Sie nun das Sicherungsintervall bei Bedarf ändern ❷. Im Feld *Meine Sicherungen beibehalten* ❸ wählen Sie aus, wie lange die gesicherten Daten gespeichert bleiben, bevor sie überschrieben werden. Je nach Zeitraum haben Sie damit die Möglichkeit, auch auf ältere Datensicherungen zurückzugreifen. Beachten Sie aber, dass sich damit der Speicherplatzbedarf auf dem Sicherungslaufwerk erhöht.

Standardmäßig gesichert werden alle persönlichen Benutzerordner.

4 Unter *Diese Ordner sichern* ❹ werden alle Ordner aufgeführt, die in die Datensicherung einbezogen werden. Um hier einzelne Ordner auszunehmen, klicken Sie auf den betreffenden Ordner und auf die Schaltfläche *Entfernen*. Weitere Ordner wählen Sie über die Schaltfläche *Ordner hinzufügen* aus. Möchten Sie dagegen einzelne Unterordner eines ausgewählten Ordners ausschließen, so klicken Sie am Ende der Liste unter *Diese Ordner ausschließen* auf die Schaltfläche *Ordner hinzufügen*, markieren den gewünschten Ordner und klicken auf *Diesen Ordner auswählen*.

5 Über die Schaltfläche *Jetzt sichern* starten Sie die Datensicherung manuell.

Ein anderes Laufwerk zur Sicherung auswählen

Wenn die Datensicherung bereits aktiviert wurde und Sie später ein anderes Sicherungslaufwerk verwenden möchten, dann müssen Sie zuvor die Verwendung des bisherigen Sicherungslaufwerks beenden. Klicken Sie dazu unter *Update und Sicherheit* auf *Sicherung* und hier wieder auf *Weitere Optionen*, siehe oben. Scrollen Sie dann bis an das Ende der Liste und klicken Sie auf die Schaltfläche *Laufwerk nicht mehr verwenden*. Anschließend können Sie ein anderes Laufwerk auswählen.

Gesicherte Daten wiederherstellen

Sollten Daten verlorengegangen sein, so können Sie auf die Datensicherung zurückgreifen.

> **Hinweis:** In den Einstellungen finden Sie unter *Update und Sicherheit* links den gesonderten Punkt *Wiederherstellung*. Dies betrifft aber nicht die Wiederherstellung gesicherter Daten, sondern die Wiederherstellung von Windows, falls nach einem Update Probleme auftreten sollten. Näheres hierzu unter Punkt 5.2.

1 Dazu klicken Sie ebenfalls in den Einstellungen auf *Update und Sicherheit* und dann auf *Sicherung*. Klicken Sie hier auf *Weitere Optionen* und ganz am Ende der Liste auf den Link *Daten von einer aktuellen Sicherung wiederherstellen* ❶.

2 In einem gesonderten Fenster öffnet sich die *Startseite Dateiversionsverlauf*. Markieren Sie die Elemente, die Sie wiederherstellen möchten, z. B. den Ordner Dokumente ❷ und klicken Sie auf den grünen Knopf ❸. Sie können auch, sofern vorhanden, eine frühere Version des ausgewählten Elements wiederherstel-

len: Benutzen Sie dazu die Pfeile nach links (*Vorherige Version*), oder nach rechts (*Nächste Version*).

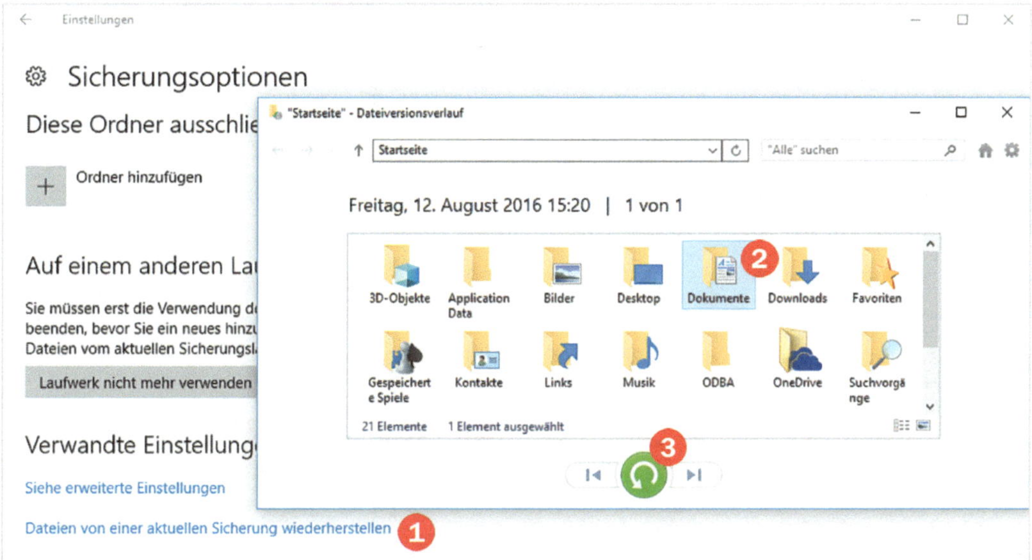

Bild 5.25 Gesicherte Daten auswählen und wiederherstellen

Wenn Sie nur bestimmte Dateien und/oder Unterordner aus einem Ordner wiederherstellen möchten, dann öffnen Sie zuvor den Sicherungsordner mit Doppelklick und markieren die gewünschten Elemente, bevor Sie auf *Wiederherstellen* klicken.

Tipp: Falls Sie im Datei-Explorer auf die Sicherungskopien zugreifen möchten, so finden Sie diese auf dem Datenträger im Ordner *FileHistory*. Hier befindet sich ein Unterordner mit Ihrem Benutzernamen und in diesem im Ordner *Data* liegen Ihre gesicherten Ordner mit Inhalt.

Dateiversionen über die Dateieigenschaften wiederherstellen

Windows 10 unterstützt noch eine weitere Möglichkeit der Versionswiederherstellung. Diese eignet sich für die Wiederherstellung älterer Versionen einer einzelnen Datei, funktioniert aber nur in Verbindung mit dem Dateiversionsverlauf.

1 Dazu öffnen Sie den Windows-Explorer und klicken mit der rechten Maustaste auf die betreffende Datei ❶. Wählen Sie *Vorgängerversionen wiederherstellen* oder klicken Sie auf *Eigenschaften* und hier auf das Register *Vorgängerversionen*.

2 Es erscheint eine Liste vorhandener Versionen. Zum Wiederherstellen markieren Sie mit einem Klick die gewünschte Version und klicken Sie dann auf die Schaltfläche *Wiederherstellen* ❸.

   Über den Dropdown-Pfeil dieser Schaltfläche erhalten Sie mit *Wiederherstellen in...* die Möglichkeit, die Datei an einem anderen Ort wiederherzustellen. Mit der Schaltfläche *Öffnen* ❹ können Sie den Dateiinhalt kontrollieren.

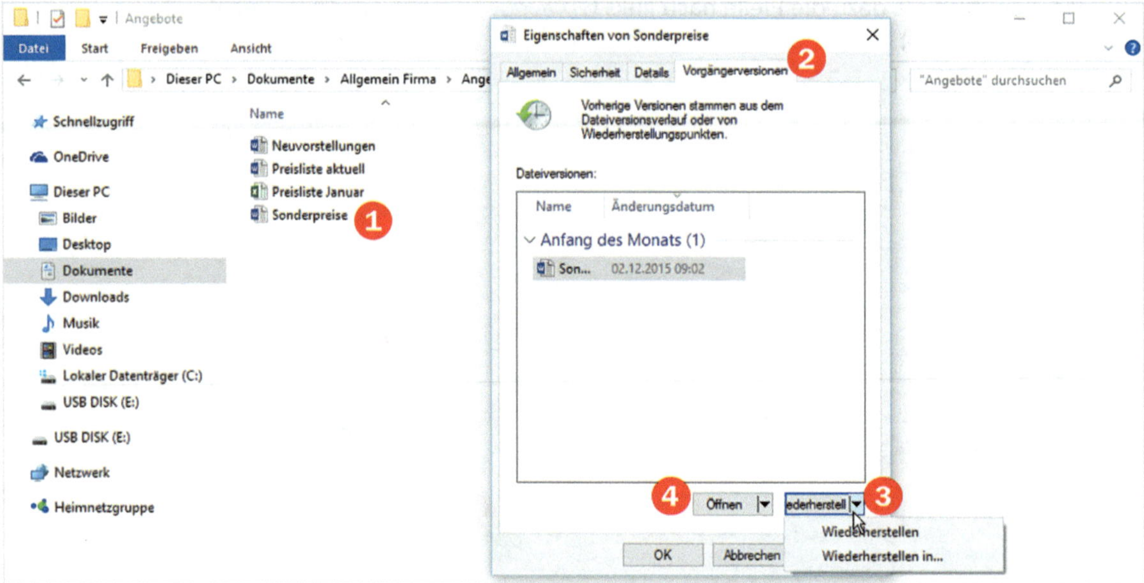

Bild 5.26 Einzelne Dateiversion wiederherstellen

6 Einstellungen zu Hard- und Software

6.1 Weitere Benutzerkonten anlegen

Beim ersten Start von Windows wurde ein Benutzerkonto angelegt. Den Namen dieses Kontos und das dazugehörige Kennwort verwenden Sie zur Anmeldung. Wie Sie Ihre eigenen Kontoeinstellungen und Ihr Microsoft-Konto verwalten, haben Sie bereits in Kapitel 4.7 kennengelernt. Darüber hinaus können weitere Benutzerkonten hinzugefügt werden, um z. B. jedem Familienmitglied eine gesonderte Anmeldung zu ermöglichen.

Sind mehrere Benutzer auf einem PC vorhanden, so muss jeder Benutzer vor der Anmeldung zunächst sein Benutzerkonto auswählen und sich mit seinem Kennwort oder seiner PIN anmelden. Jeder Benutzer verfügt über einen persönlichen Ordner mit den Ordnern *Dokumente*, *Bilder*, *Videos*, *Downloads* usw. und kann verschiedene individuelle Einstellungen, wie z. B. Hintergrundbild des Desktops, vornehmen.

Übersicht Benutzerberechtigungen

Bevor wir uns mit den Benutzerkonten und deren Verwaltung befassen, betrachten wir erst einmal die Kontotypen und deren Rechte genauer. Windows unterscheidet grundsätzlich zwischen zwei Kontotypen mit jeweils unterschiedlichen Berechtigungen, nämlich Standardbenutzer und Administrator.

- **Standardbenutzer**
  Standardbenutzer haben Zugriff auf die persönlichen Ordner und dort gespeicherten Dateien und dürfen Änderungen an Desktop und Startmenü vornehmen, also z. B. das Hintergrundbild des Desktops ändern, Apps zum Startmenü hinzufügen, entfernen oder an die Taskleiste anheften, sowie die eigenen Kontoeinstellungen wie PIN, Kennwort und Profilbild verwalten. Dagegen können keine Einstellungen geändert werden, die Auswirkungen auf andere Benutzer oder die Sicherheit des Computers haben.

- **Administrator**
  Administratoren verfügen grundsätzlich über alle Rechte am Computer. Das bedeutet, es können Programme installiert und deinstalliert, sowie sämtliche Einstellungen geändert werden. Darüber hinaus kann ein Benutzer mit Administratorrechten auch auf die persönlichen Ordner der übrigen Benutzer zugreifen.

Der erste Benutzer ist automatisch ein Administrator.

Das erste Benutzerkonto, das beim ersten Start von Windows erstellt wird, ist automatisch ein Administratorkonto. Falls Sie also der einzige Benutzer Ihres PCs sind, dann verfügen Sie auch über die Rechte eines Administrators. Alle weiteren Konten sind zunächst Standardbenutzerkonten, können aber vom Administrator in Administratorkonten umgewandelt werden.

Benutzerkonten anlegen

Achtung: Nur als Administrator können Sie weitere Benutzerkonten anlegen, ändern oder entfernen. So legen Sie einen neuen Benutzer an:

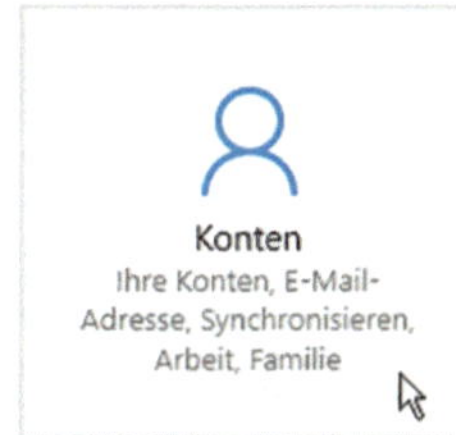

Bild 6.1 Konten für Familie und weitere Kontakte verwalten

1. Klicken Sie im Startmenü auf *Einstellungen* und auf *Konten*.
2. Klicken Sie links auf *Familie & weitere Kontakte* ❶. Rechts erscheinen die vorhandenen Benutzerkonten mit den dazugehörigen Rechten.

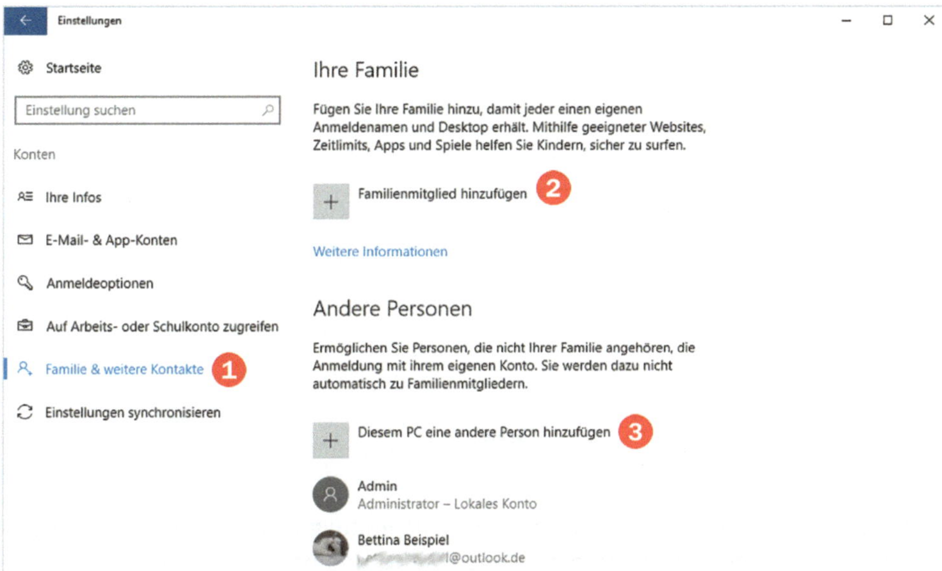

Windows 10 unterscheidet zwischen Familienmitgliedern mit umfangreichen Jugendschutzeinstellungen und anderen Benutzern. Klicken Sie auf *Familienmitglied hinzufügen* ❷, wenn Sie die umfangreichen Jugendschutzeinstellungen von Windows 10 nutzen und beispielsweise die Computernutzung von Kindern einschränken oder deren letzte Aktivitäten überprüfen möchten. Ob es sich um das Konto eines Erwachsenen oder eines Kindes handelt, legen Sie dann im nächsten Schritt fest.

Wenn dagegen keine speziellen Jugendschutzeinstellungen benötigt werden, dann klicken Sie einfach auf *Diesem PC eine andere Person hinzufügen* ❸, beispielsweise um ein Konto für Ihren Ehepartner anzulegen.

Benutzer als Familienmitglied hinzufügen

Im ersten Schritt wählen Sie, ob Sie ein Kind oder einen Erwachsenen hinzufügen möchten. Falls das Familienmitglied bereits über ein Microsoft-Konto verfügt, so tippen Sie im Feld darunter die dazugehörige E-Mail Adresse ein ❶. Andernfalls klicken Sie auf *Die Person, die ich hinzufügen möchte, besitzt keine E-Mail-Adresse* ❷.

Bei E-Mail-Adressen mit der Endung @outlook.de, @outlook.com, @hotmail.de oder @live.de handelt es sich gleichzeitig um Microsoft-Konten.

- Wenn Sie in Verbindung mit dem neuen Konto gleichzeitig eine neue E-Mail-Adresse anlegen möchten, dann tippen Sie anschließend Vor- und Nachname zusammen mit der gewünschten neuen E-Mail-Adresse ein ❸. Diese erhält automatisch die Endung @outlook.de. Unterhalb erstellen Sie ein Kennwort und wählen Land und Geburtsdatum aus. Klicken Sie dann auf *Weiter*.

- Stattdessen können Sie zur Erstellung eines Microsoft-Kontos auch eine bestehende E-Mail-Adresse bei einem beliebigen Anbieter verwenden. In diesem Fall klicken Sie auf *Verwenden Sie stattdessen die E-Mail-Adresse der Person* ❹ und geben anschließend die geforderten Daten ein ❺.

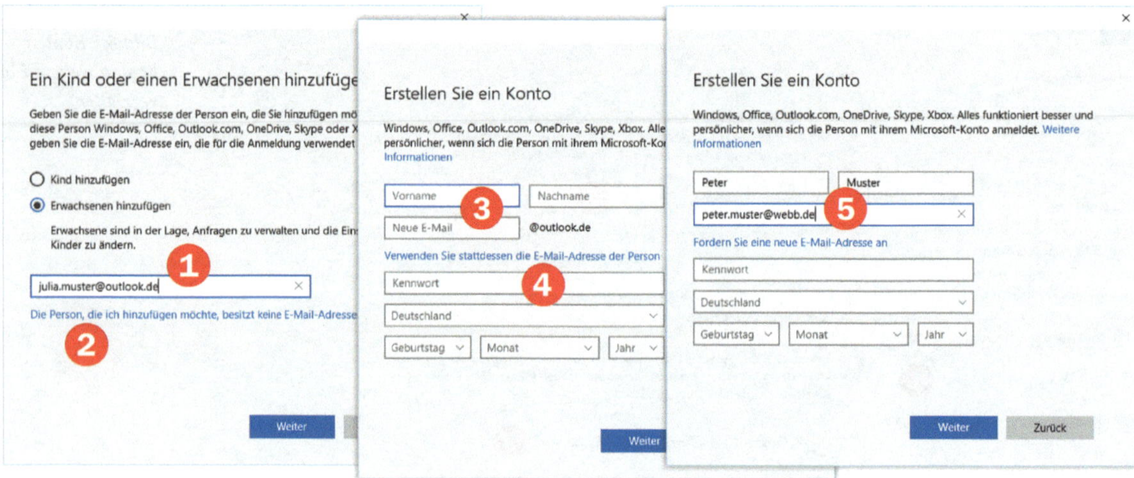

Bild 6.2 Ein Konto für ein Familienmitglied erstellen

Bestätigen Sie abschließend, dass Sie das Familienmitglied hinzufügen möchten. Die diversen Jugendschutzeinstellungen können Sie vornehmen, indem Sie unter *Ihre Familie* auf *Familieneinstellungen online verwalten* klicken.

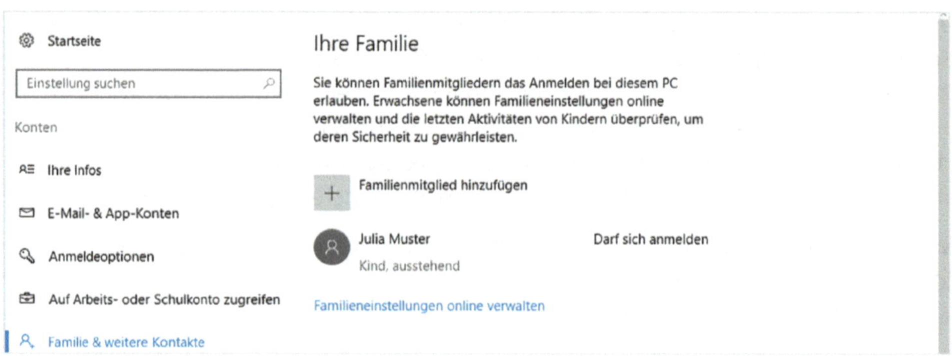

Bild 6.3 Familieneinstellungen online verwalten

Andere Benutzer anlegen

Das Anlegen eines sonstigen Benutzers unterscheidet sich nur geringfügig von der oben beschriebenen Vorgehensweise.

1 Klicken Sie auf *Diesem PC eine andere Person hinzufügen*. Wenn diese Person bereits über ein Microsoft-Konto verfügt und Sie die dazugehörige E-Mail-Adresse kennen, dann geben Sie diese in das Feld ein und klicken auf *Weiter*.

2 Existiert kein entsprechendes Konto bzw. verfügen Sie nicht über die nötigen Informationen, dann klicken Sie auf *Ich kenne die Anmeldeinformationen für diese Person nicht* ❶ und legen ein Konto an, siehe oben.

Benutzer mit einem lokalen Konto anlegen

- Im Gegensatz zu Familienmitgliedern haben Sie an dieser Stelle die Möglichkeit, den neuen Benutzer ohne Microsoft-Konto anzulegen. Dann erfolgt die Anmeldung lokal am PC. Solche Konten werden auch als lokale Konten bezeichnet. Dazu klicken Sie auf *Benutzer ohne Microsoft-Konto hinzufügen* ❷.

Lokales Konto, siehe auch Kap. 1.2.

- Geben Sie dann einen Benutzernamen ein ❸ und darunter ein von Ihnen gewähltes Kennwort zusammen mit einem Hinweis, falls das Kennwort einmal vergessen wurde. Klicken Sie dann auf *Weiter*, um das Konto fertigzustellen.

Bild 6.4 Benutzer mit einem lokalen Konto anlegen

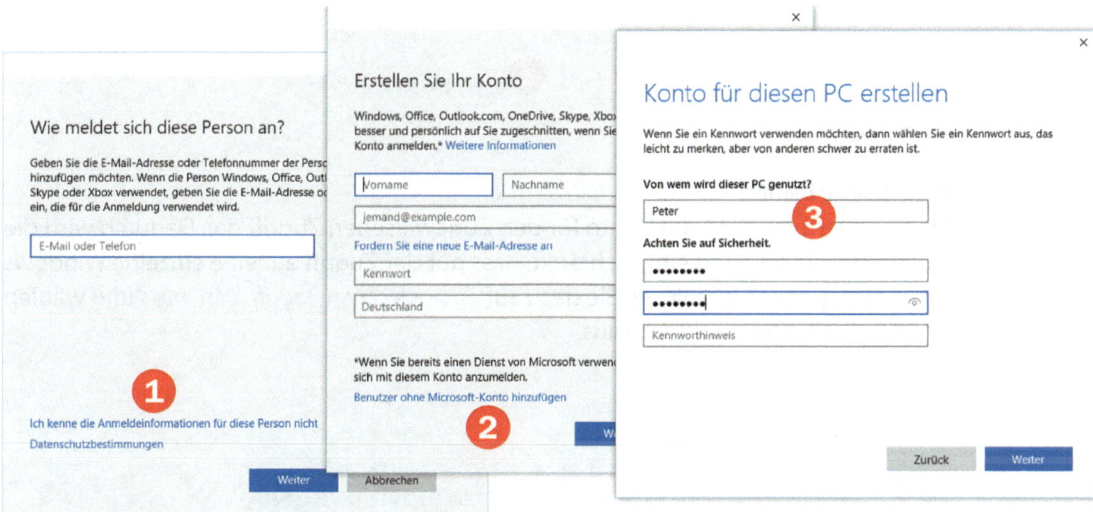

Ein lokales Konto kann nur zur Anmeldung am PC verwendet werden, die Nutzung von *OneDrive* oder dem Windows Store, sowie eine Synchronisation verschiedener Geräte sind damit nicht möglich. Ein lokales Konto kann aber vom Benutzer nachträglich jederzeit in ein Microsoft-Konto umgewandelt werden.

Näheres zur Umwandlung eines lokalen Kontos in ein Microsoft-Konto finden Sie in Kap. 4.7

Typ/Berechtigung ändern, Konto löschen

Jedes neue Konto, lokale Konten eingeschlossen, erhält zunächst die Rechte eines Standardbenutzers und erscheint in der Liste der vorhandenen Konten. Um die Rechte eines Benutzers zu ändern, klicken Sie einfach auf dessen Konto. Es erscheinen die Schaltflächen *Kontotyp ändern* und *Entfernen*. Klicken Sie auf *Kontotyp ändern* ❶ und wählen Sie zwischen *Standardbenutzer* und *Administrator* ❷.

Zum Löschen eines Kontos klicken Sie auf die Schaltfläche *Entfernen*. **Achtung:** Bevor das Konto entfernt wird, werden Sie darauf aufmerksam gemacht, dass dadurch auch alle persönlichen Ordner dieses Kontos samt Inhalt gelöscht werden. Sollten hier wichtige Daten gespeichert sein, so brechen Sie die Aktion ab und sichern zuvor die Daten auf ein anderes Laufwerk.

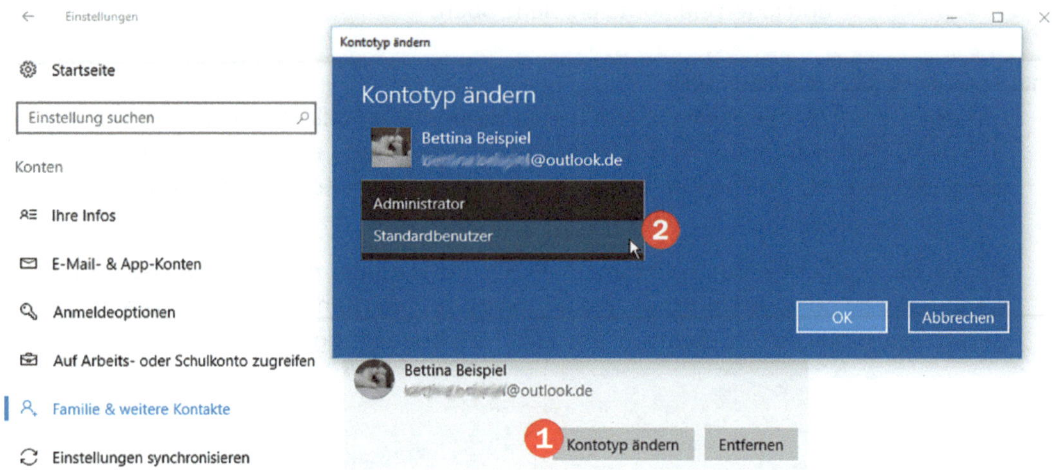

Bild 6.5 Kontotyp ändern

Falls Sie das Gastkonto früherer Windows-Versionen vermissen: Dieser Kontotyp war bereits unter Windows 8.1 standardmäßig deaktiviert und existiert nun nicht mehr.

Zugewiesener Zugriff

Eine Sonderform stellt das Konto für den Zugewiesenen Zugriff dar. Dadurch wird die Nutzung des Kontos so eingeschränkt, dass nur der Zugriff auf eine einzelne Windows Store App möglich ist. Klicken Sie dazu auf *Zugewiesenen Zugriff einrichten* und wählen anschließend Konto und App aus.

6.2 Uhrzeit, Sprach- und Tastatureinstellungen

Datum und Uhrzeit

Datum und Uhrzeit des Computers sind im rechten Bereich der Taskleiste sichtbar und erscheinen auf dem Sperrbildschirm. Beides wird auch als Systemdatum bezeichnet und von Windows selbst und verschiedenen Apps, z. B. Kalender benutzt. Die korrekte Einstellung erfolgt automatisch über das Internet. Sie können jedoch Datum, Uhrzeit sowie die Zeitzone jederzeit manuell umstellen, etwa wenn Sie auf einer Geschäftsreise die Zeitzone wechseln. Allerdings benötigen Sie dazu Administratorrechte.

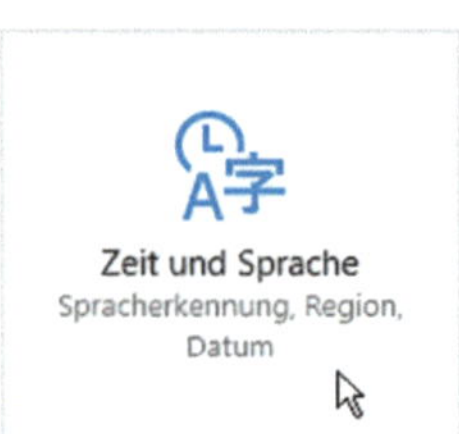

1. Klicken Sie in den Einstellungen auf *Zeit und Sprache* oder in der Taskleiste mit der rechten Maustaste auf die Anzeige von Datum und Uhrzeit und dann auf *Datum/Uhrzeit ändern*.
2. Setzen Sie den Schalter *Uhrzeit automatisch festlegen* auf *Aus*, dann wird die Schaltfläche *Ändern* aktiv. *Achtung:* Schalter und die Schaltfläche sind nicht sichtbar, wenn Sie als normaler Standardbenutzer angemeldet sind.

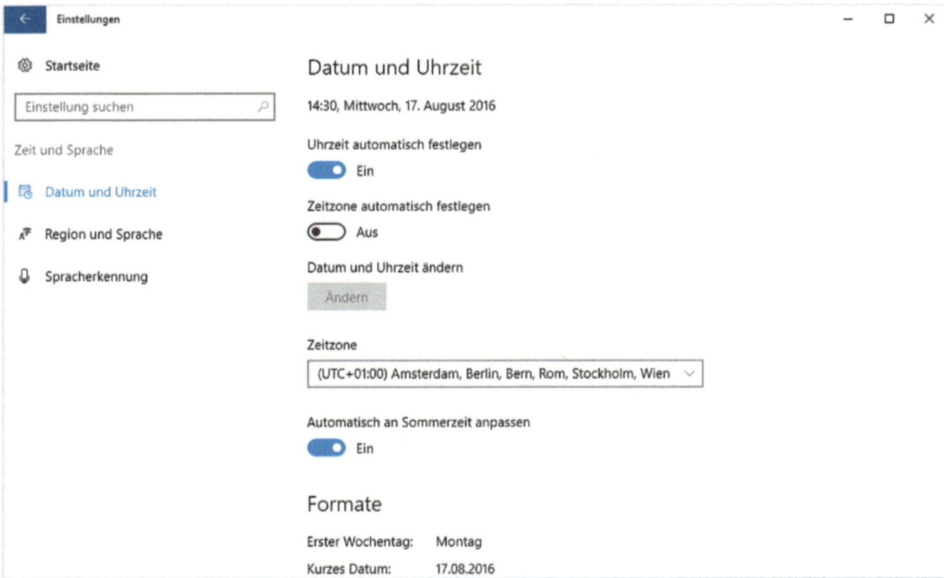

Bild 6.6 Datum und Uhrzeit, Zeitzone automatisch oder manuell festlegen

- Die Zeitzone kann per Schalter und anhand der Position automatisch festgelegt werden. Ist dieser Schalter *Aus*, so können Sie eine Zeitzone im Feld *Zeitzone* auswählen.
- Der Schalter *Automatisch an Sommerzeit anpassen* sorgt dafür, dass die Zeitumstellung automatisch erfolgt.
- Unter *Formate* werden die Schreibweise für Datum und Uhrzeit, sowie der erste Wochentag angezeigt. Zum Ändern klicken Sie auf den Link *Datums- und Uhrzeitformat ändern* und wählen anschließend eine Schreibweise aus.

Region und Tastatursprache

Tastaturen bzw. die Anordnung der Tasten unterscheiden sich je nach Sprache. Sprache und verwendete Tastatur wurden bei der ersten Inbetriebnahme Ihres Computers automatisch ermitelt. Allerdings sind Änderungen jederzeit möglich, etwa wenn Sie für bestimmte Zwecke eine englische Tastatur anschließen möchten. Zudem können Sie auch das Land und die davon abhängigen Einstellungen ändern. Öffnen Sie dazu die Einstellungen, klicken Sie auf *Zeit und Sprache* und hier auf *Region und Sprache* ❶.

- Die Auswahl unter *Land oder Region* ❷ wird von Windows und anderen Apps, z. B. bei der Verwendung des Währungssymbols, benutzt. Bei Bedarf können Sie hier ein anderes Land wählen.
- Unter *Sprachen* finden Sie alle installierten Eingabesprachen. Wenn Sie eine weitere Eingabesprache hinzufügen möchten, klicken Sie auf *Sprache hinzufügen* ❸ und wählen die gewünschte Sprache aus.

Bild 6.7 Eine weitere Eingabe- bzw. Tastatursprache hinzufügen

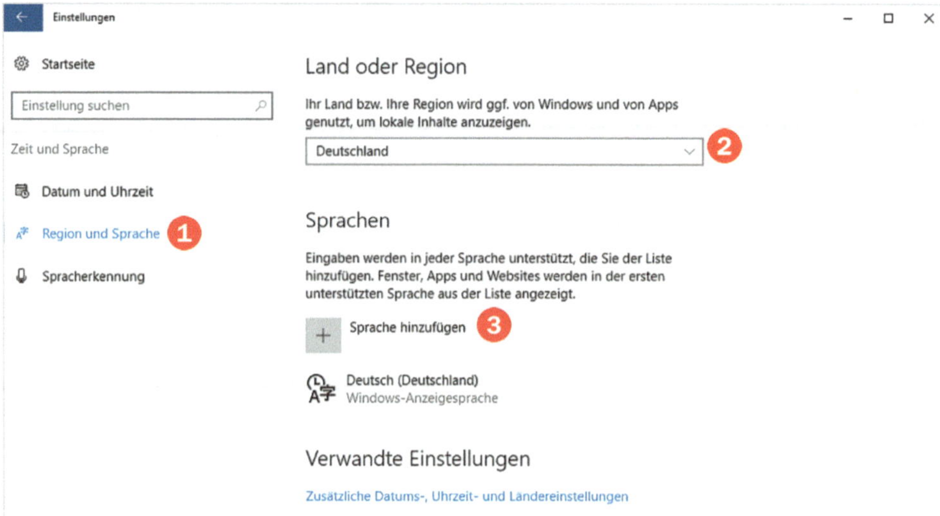

Soll die zusätzliche Sprache wieder entfernt werden, so klicken Sie diese an und klicken dann auf *Entfernen*.

Haben Sie eine zweite Sprache hinzugefügt, so finden Sie anschließend im Infobereich der Taskleiste die Anzeige der verwendeten Sprache. Ein Klick hierauf erlaubt den Wechsel zwischen den Eingabesprachen, siehe Bild unten.

Bild 6.8 Anzeige der Tastatursprache in der Taskleiste

Beim Zeigen auf die Sprache erhalten Sie den Tipp, dass die Tastenkombination Windows+Leertaste schnell zwischen den installierten Sprachen wechselt. Auch die Tastenkombination Umschalt+Alt wechselt zwischen den Eingabesprachen.

Achtung: Die Tastenkombinationen Windows+Leertaste oder Umschalt+Alt werden manchmal versehentlich betätigt! Bei mehreren installierten Tastatursprachen wechseln Sie so unbeabsichtigt die Sprache. Sollten bei der Eingabe am Bildschirm andere Zeichen erscheinen als eingegeben, z. B. y anstatt z und umgekehrt, dann werfen Sie einen Blick in den Infobereich der Taskleiste und ändern die Sprache wieder auf DEU.

Spracherkennung und Mikrofon einrichten

Wenn Sie Cortana benutzen, dann wurden Sie vermutlich bei der ersten Aktivierung der Stimmeingabe aufgefordert, das Mikrofon Ihres PCs für die Spracherkennung einzurichten. Falls Sie Cortana nicht nutzen oder bei Problemen mit der Spracheingabe können Sie das Mikrofon in den Einstellungen einrichten.

1 Klicken Sie in den Einstellungen auf *Zeit und Sprache* und auf *Spracherkennung*.

2 Scrollen Sie hier nach unten und klicken Sie unter *Mikrofon* auf die Schaltfläche *Erste Schritte*. Folgen Sie dann den weiteren Anweisungen.

Bild 6.9 Das Mikrofon zur Spracheingabe einrichten

Hinweis: Die übrigen Möglichkeiten, die Sie hier vorfinden, beziehen sich auf die Diktatfunktion und die Sprachausgabe im Rahmen der erleichterten Bedienung.

6.3 Apps und Anwendungen verwalten

Der Windows Store

Beim Windows Store handelt es sich um ein Online-Portal von Microsoft, in dem Sie weitere Apps, Musik und Filme auswählen und auf Ihrem PC installieren können. Einige Angebote sind kostenlos, andere müssen Sie kostenpflichtig erwerben. Für Downloads aus dem Windows Store ist ein Microsoft-Konto erforderlich.

- Zum Anzeigen des Stores klicken Sie im Startmenü auf die Kachel *Store* oder verwenden das Symbol *Store*, das sich standardmäßig in der Taskleiste befindet.

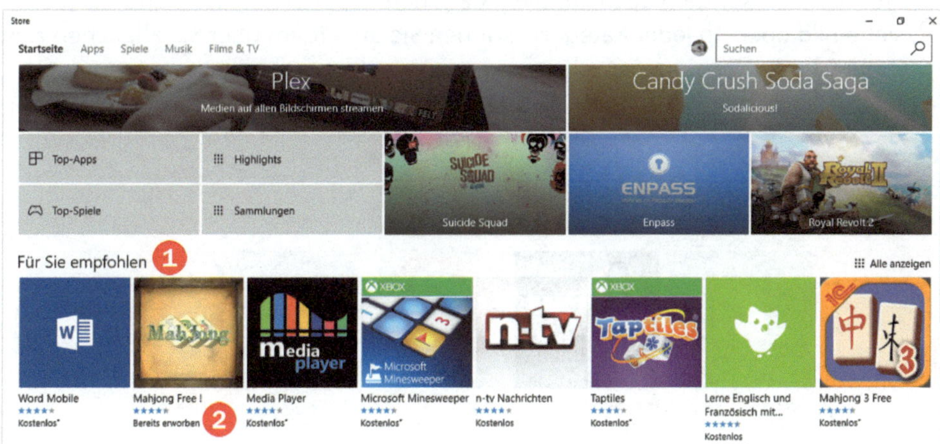

Bild 6.10 Die Startseite des Windows Stores

Das Aussehen des Windoes Stores kann sich aufgrund verschiedener Updates geringfügig ändern.

Auf der Startseite des Stores erhalten Sie zunächst verschiedene Empfehlungen ❶, zusammen mit aktuellen kostenpflichtigen und kostenlosen Top-Angeboten. Scrollen Sie auf der Startseite weiter nach unten, so finden Sie hier verschiedene Gruppen, darunter kostenlose Top-Apps, Top-Spiele, Musik, Filme und soziale Netzwerke. Die einzelnen Apps sind mit Bewertungen versehen, zudem lässt sich auf den ersten Blick erkennen, ob Sie die App oder das Spiel bereits erworben bzw. installiert ❷ haben.

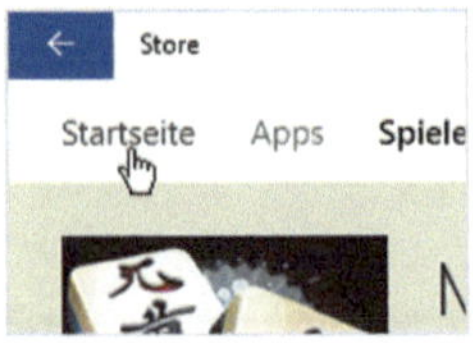

Nähere Informationen erhalten Sie, wenn Sie eine App anklicken oder antippen. Die Details zu einer App beinhalten eine Beschreibung, Screenshots (Bildschirmfotos), Nutzerbewertungen, sowie weitere Hinweise. Ein Klick auf den Pfeil in der linken oberen Ecke des Bildschirms bringt Sie wieder zurück zur letzten Seite. Zur Startseite des Stores gelangen Sie links oben mit Klick auf *Startseite*.

Eine App suchen

Suchen Sie eine bestimmte App oder eine App zu einem Thema, dann verwenden Sie das Suchfeld in der rechten oberen Ecke des Windows Stores und geben hier einen Suchbegriff ein, im Bild unten „Mediathek" ❶. Bereits während der Eingabe erscheinen verschiedene Vorschläge. Befindet sich die gesuchte App darunter, so brauchen Sie diese nur anklicken oder antippen. Zum Löschen eines Suchbegriffs klicken Sie auf das x im Suchfeld.

Bild 6.11 App suchen

Unterhalb der Titelleiste des Windows Stores erhalten Sie nicht nur schnellen Zugriff auf die *Startseite*, sondern auch auf die Kategorien *Apps, Spiele*, *Musik* und *Filme & TV* ❷, siehe Bild oben. In jeder Kategorie können Sie außerdem über Schaltflächen z. B. *Top-Apps* ❸ oder *Top-Spiele* anzeigen.

Bild 6.12 Beispiel: Filterkategorien für Top-Apps

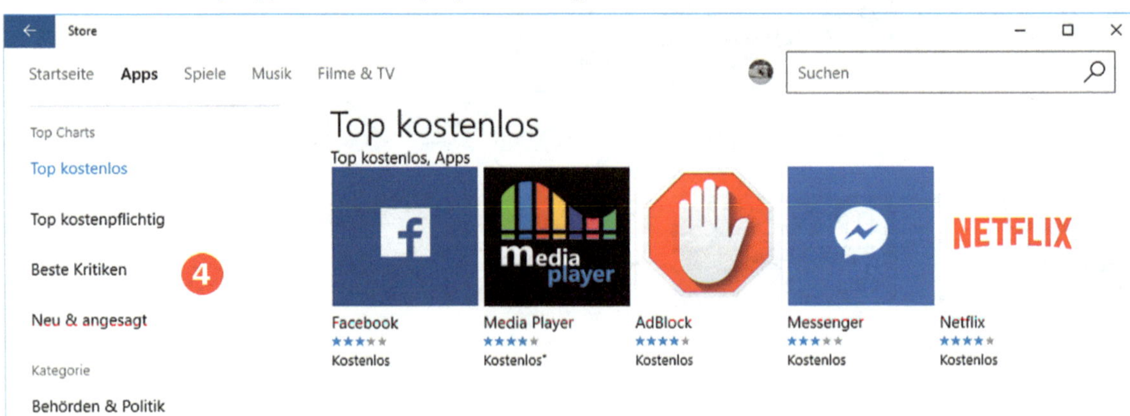

Haben Sie eine der Top-Listen gewählt, so erhalten Sie links eine Spalte ❹ zum Filtern der Anzeige, z. B. nach kostenlosen Apps.

Kostenlose Apps aus dem Windows Store installieren

Für weitere Details klicken oder tippen Sie auf die gewünschte App, als Beispiel im Bild unten das Spiel Microsoft Minesweeper. Zusammen mit der Information, ob die App kostenlos oder kostenpflichtig ist ❶ oder bereits erworben bzw. installiert wurde, erhalten Sie eine Beschreibung und Vorschau, sowie Bewertungen ❷ anderer Nutzer. Außerdem sehen Sie, für welche Geräte das Spiel verfügbar ist ❸.

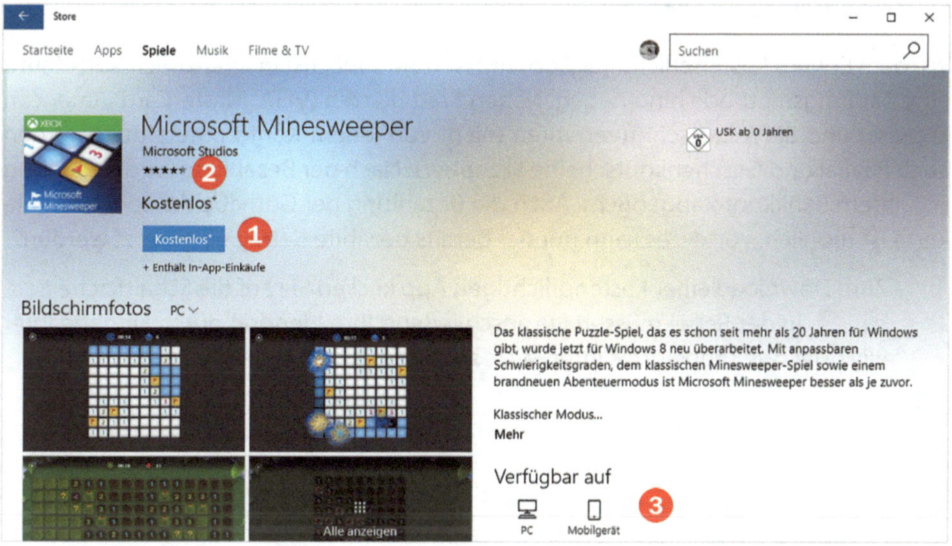

Bild 6.13 Beispiel: Die kostenlose App Microsoft Minesweeper installieren

Installation starten

1 Handelt es sich um eine kostenlose App, so klicken Sie zum Start des Installationsvorgangs einfach auf die Schaltfläche *Kostenlos*. Anschließend können Sie den Download- und Installationsstatus in den App-Informationen mitverfolgen und bei Bedarf auch abbrechen ❶.

Falls Sie am Gerät nur mit einem lokalen Konto angemeldet sind, werden Sie zunächst aufgefordert, sich mit einem Microsoft-Konto anzumelden. Anschließend können Sie die App herunterladen und installieren.

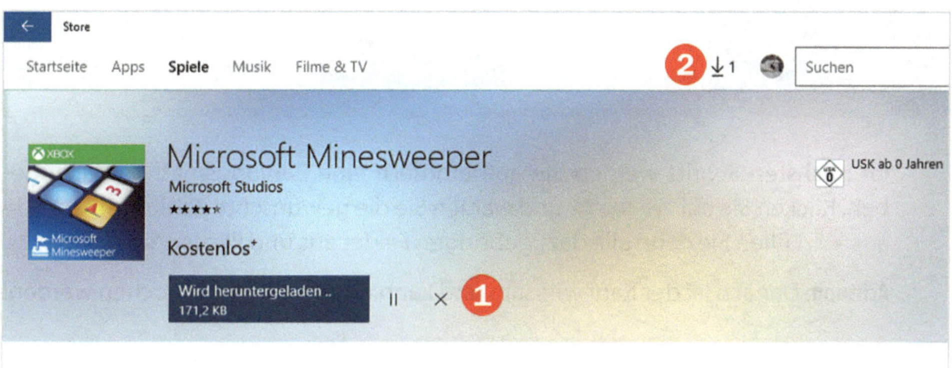

Bild 6.14 Der Installationsstatus wird angezeigt

2 Gleichzeitig erscheint während der Installation im Store rechts oben neben Ihrem Profilbild eine Zahl ❷. Dies ist die Anzahl der aktuell laufenden Updates und Downloads und mit Klick auf die Zahl werden Details aufgelistet.

3 Nach erfolgreicher Installation finden Sie die neu installierte App im Startmenü im Abschnitt *Zuletzt hinzugefügt*.

Hinweis: In einigen Fällen lässt sich eine App nicht direkt installieren, sondern muss auf einer gesonderten Webseite erworben werden. In einem solchen Fall klicken Sie auf *App vom Herausgeber erwerben*, um die entsprechende Webseite zu laden.

Kostenpflichtige Apps erwerben

Bei PayPal handelt es sich um einen Zahlungsdienstleister, bei dem statt einer Kreditkartennummer eine E-Mail-Adresse angegeben wird.

Webadresse PayPal: www.paypal.com

Vor dem Erwerb kostenpflichtiger Apps müssen Sie zunächst in Ihrem Microsoft-Konto eine Zahlungsmethode hinterlegen. Neben Kreditkarten (VISA, MasterCard, American Express) und SEPA Lastschriftverfahren (nicht von jedem Konto unterstützt) werden auch PayPal und Geschenkgutscheine akzeptiert. Nach der Bezahlung wird der Betrag von Ihrem Bankkonto abgebucht. Auch die Bezahlung per Guthabenkarte/Geschenkkarte ist möglich. Vorteil: es kann nur der bereits bezahlte Betrag eingesetzt werden.

1 Zum Download einer kostenpflichtigen App klicken Sie auf die Schaltfläche *Kaufen* ❶. In der Regel müssen Sie anschließend Ihre Identität durch Eingabe Ihrer PIN oder des Kennwortes Ihres Microsoft-Kontos bestätigen.

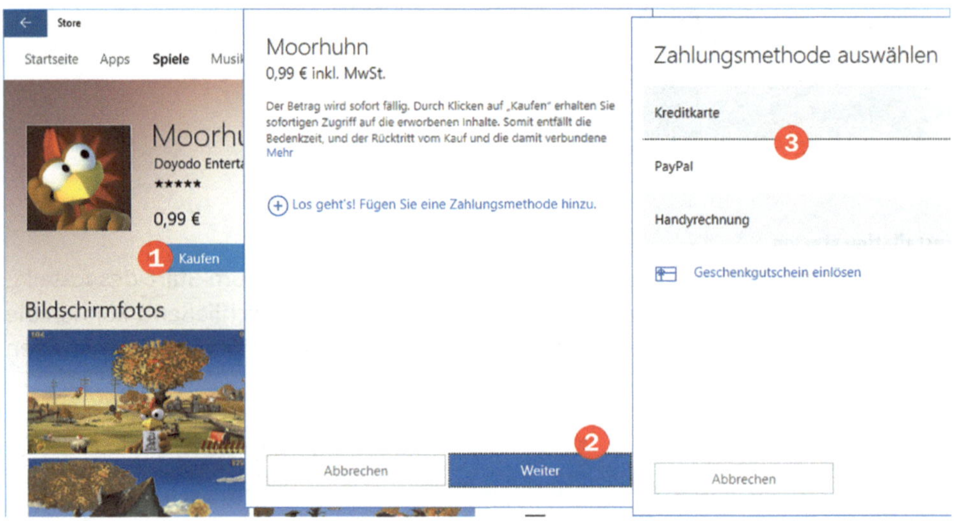

Bild 6.15 Wählen Sie eine Zahlungsmethode aus

2 Im nächsten Schritt werden Sie aufgefordert, eine Zahlungsmethode anzugeben. Klicken Sie auf *Weiter* ❷ und wählen Sie die gewünschte Zahlungsmethode aus ❸. Füllen Sie dann alle dazugehörigen Felder aus und klicken Sie auf *Kaufen*.

Achtung: Danach ist der Kauf wirksam und kann nicht mehr abgebrochen werden!

Zahlungsmethoden einsehen und bearbeiten

Um bereits hinterlegte Zahlungs- und Abrechnungsinformationen zu kontrollieren und eventuell weitere hinzuzufügen, klicken Sie rechts oben auf Ihr *Kontobild* und anschließend auf *Zahlungsoptionen*.

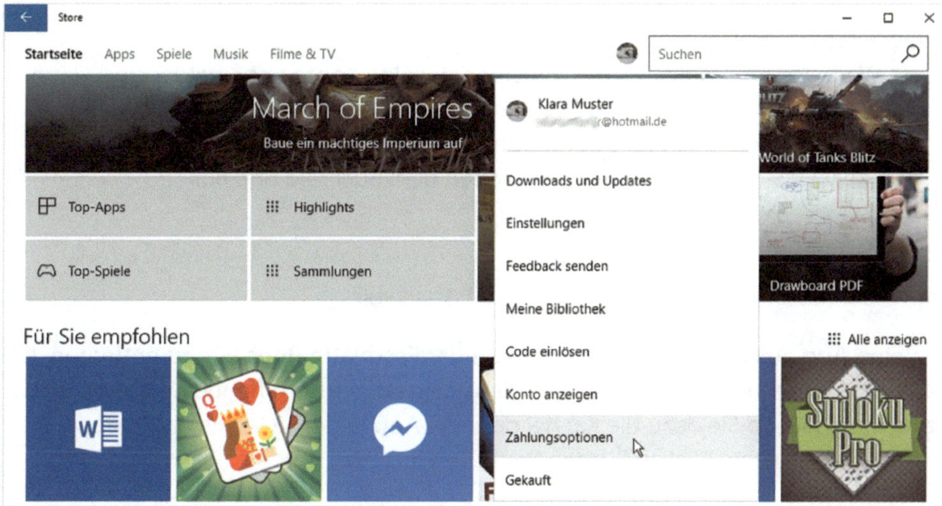

Bild 6.16 Gespeicherte Zahlungsoptionen anzeigen

Der Standardbrowser mit Ihrem Microsoft-Konto wird geöffnet. Auf der Seite *Zahlung und Abrechnung* ❶ und der Kategorie *Zahlungsoptionen* können Sie nun mit Klick auf *Zahlungsoption hinzufügen* ❷ eine weitere Zahlungsmethode hinterlegen. Wählen Sie die gewünschte Zahlungsart ❸ (Kreditkarte, PayPal, hier ist auch die Option SEPA-Lastschrift verfügbar) und füllen Sie alle dazugehörigen Felder aus. Klicken Sie dann auf *Weiter*. Ihre Angaben werden überprüft und die Zahlungsmethode der Liste der verfügbaren Zahlungsoptionen hinzugefügt.

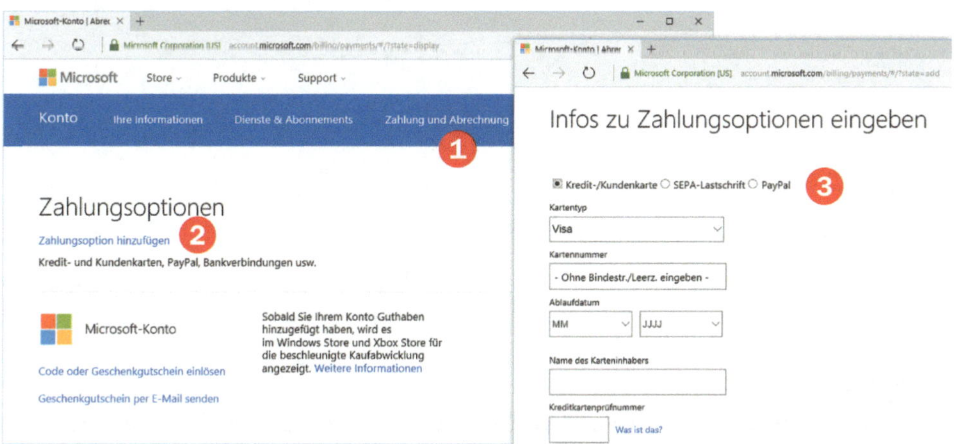

Bild 6.17 Zahlungsoption hinzufügen/bearbeiten

Zum Bearbeiten einer vorhandenen Zahlungsoption klicken Sie auf der Seite *Zahlung und Abrechnung* auf *Zahlungsoptionen* und dann auf die gewünschte Zahlungsoption. Klicken Sie nun auf *Bearbeiten*.

Gutschein einlösen

Um einen Gutschein einzulösen, klicken Sie im Store ebenfalls auf Ihr Kontobild und wählen *Code einlösen*. Ihr Microsoft-Konto wird im Browser geöffnet, geben Sie den Code in das Feld ein und klicken Sie dann die Schaltfläche *Einlösen.*

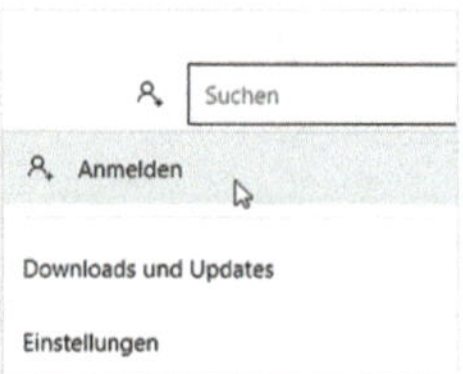

Tipp: Im Store anmelden

Wenn Sie am Computer nur mit einem lokalen Konto angemeldet sind, dann können Sie aus dem Windows Store trotzdem Apps beziehen, vorausgesetzt Sie verfügen über ein Microsoft-Konto. Um sich im Store mit Ihrem Konto anzumelden, klicken Sie auf das Profilsymbol neben dem Suchfeld und auf *Anmelden*.

Apps aus dem Store deinstallieren bzw. erneut installieren

Um eine App aus dem Windows Store von der Festplatte Ihres PCs zu entfernen, klicken Sie im Startmenü mit der rechten Maustaste auf die betreffende App. Es spielt dabei keine Rolle, ob Sie dazu die Kachel oder die App in der Liste *Alle Apps* oder *Zuletzt verwendet* benutzen. Klicken Sie dann auf *Deinstallieren*.

Erneut installieren

Um eine einmal erworbene App erneut zu installieren, klicken Sie im Store auf Ihr *Kontobild* und auf *Meine Bibliothek* ❶. Hier können Sie die erworbenen Apps jederzeit erneut installieren. Dazu klicken Sie neben dieser App auf den nach unten weisenden Pfeil ❷. Ein Fehlen dieses Pfeils bedeutet, die App ist bereits auf dem Gerät installiert.

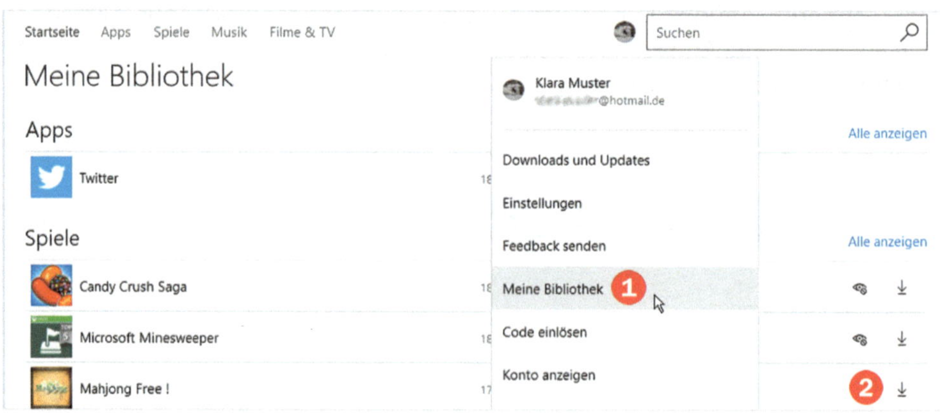

Bild 6.18 Eine Übersicht über erworbene Apps erhalten Sie in Ihrer Bibliothek

App-Updates

Die meisten Apps werden laufend verbessert und eventuelle Fehler beseitigt, auch am Store selbst werden laufend Änderungen vorgenommen. Sobald ein Update verfügbar ist, wird die App automatisch und im Hintergrund aktualisiert. Wenn Sie dies nicht wünschen, dann ändern Sie die entsprechenden Einstellungen des Windows Stores. Klicken Sie dazu auf Ihr Kontobild und auf *Einstellungen* ❶. Falls Sie selbst nach möglichen Updates suchen möchten, so klicken Sie im Store auf Ihr Kontobild und auf *Downloads und Updates* ❷. Benutzen Sie dann die Schaltfläche *Nach Updates suchen*.

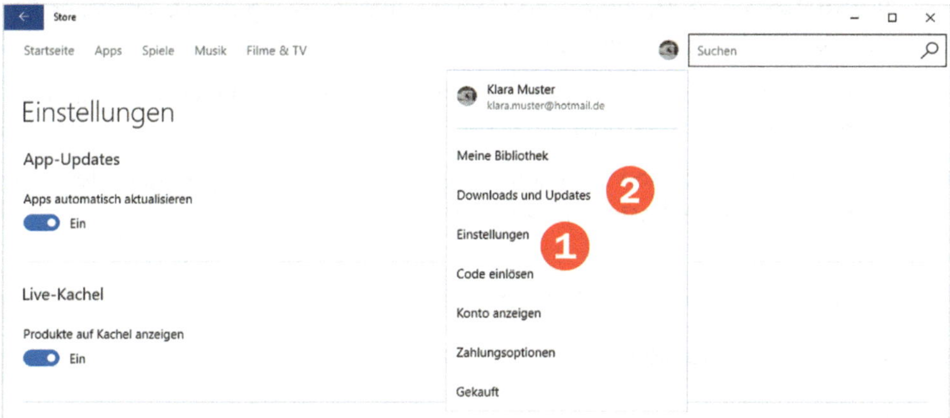

Bild 6.19 Einstellungen / nach verfügbaren Updates suchen

Software von Datenträger installieren

Beachten Sie, dass zur Installation von Anwendungen Administratorrechte erforderlich sind bzw. durch die Benutzerkontensteuerung eine entsprechende Bestätigung angefordert wird.

Die meisten Programme erhalten Sie zusammen mit einer CD oder DVD, von der Sie das Programm installieren. Natürlich ist der genaue Installationsvorgang abhängig vom Programm, der grundsätzliche Ablauf ist jedoch immer gleich:

1 Legen Sie den Datenträger in das Laufwerk ein. In der Regel bietet Ihnen Windows anschließend das Ausführen der Installation an und nach einem Klick auf *Ausführen* startet ein Installationsassistent, der Sie durch die einzelnen Schritte der Installation führt. Sollte dies nicht der Fall sein, so öffnen Sie den Explorer, wählen den Datenträger aus und starten die Installation mit Doppelklick auf die Installationsdatei. Diese ist meist unter dem Namen *Setup* oder *Install* zu finden und hat die Dateinamenerweiterung .exe.

Bild 6.20 Beispiele für automatischen Start der Installation

2 Handelt es sich um ein käuflich erworbenes Programm, müssen Sie meist den so genannten Produkt Key eingeben: Hierbei handelt es sich um eine Folge aus Buchstaben und/oder Ziffern, die Sie auf der Verpackung des Datenträgers finden. Achten Sie bei der Eingabe auf Groß- und Kleinschreibung.

3 In einem weiteren Schritt müssen Sie die Lizenzbestimmungen bestätigen, indem Sie auf *Akzeptieren* oder *Annehmen* klicken.

4 Falls Sie zur Angabe von Speicherort und Installationsumfang aufgefordert werden, wählen Sie am besten die Standardeinstellungen.

Programme aus dem Internet herunterladen und installieren

Was Sie vor dem Download beachten sollten

Achten Sie auf vertrauenswürdige Quellen!
Gerade bei Programmen, die aus dem Internet geladen werden, sollten Sie auf absolut vertrauenswürdige Quellen achten, da ansonsten auch Schadsoftware mit heruntergeladen und installiert werden könnte. Am besten sollte der Download über die Seite des jeweiligen Herstellers erfolgen, bekannte Computerzeitschriften sind ebenfalls eine zuverlässige Quelle.

- Kontrollieren Sie, ob das Programm mit Windows 10 eingesetzt werden kann bzw. wählen Sie die richtige Programmversion, falls mehrere angeboten werden.
- Es kommt häufig vor, dass bei einer Installation unnötige Zusatzsoftware mit installiert wird. Achten Sie daher bei heruntergeladener Software genau darauf, dass Sie wirklich nur das installieren, was Sie auch tatsächlich benötigen!
- Kontrollieren Sie auch, ob es sich um kostenlose oder kostenpflichtige Software handelt. Zum Download kostenloser Angebote sind in der Regel keinerlei Angaben von persönlichen Daten sowie E-Mail-Adresse erforderlich!

Allerdings werden Sie gelegentlich zu einer freiwilligen Spende aufgerufen.

Download ausführen

Zum Starten des Downloads klicken Sie auf der betreffenden Webseite auf die Schaltfläche *Download* oder *Herunterladen*.

Je nach Browser können Sie nun am unteren oder oberen Rand des Browserfensters den Downloadfortschritt mitverfolgen. Nach Abschluss des Downloads werden verschiedene Optionen angeboten:

- *Ausführen* bedeutet, das heruntergeladene Programm wird ausgeführt und damit auf Ihrer Festplatte installiert. Es kann anschließend gestartet werden. Natürlich nicht ohne vorherige Zustimmung über die Benutzerkontensteuerung.
- Möchten Sie die Installation nicht sofort ausführen, so finden Sie Ihre Downloads normalerweise im Ordner *Downloads*. Klicken Sie auf *Ordner öffnen*, um die her-

untergeladene Datei anzuzeigen. Anschließend müssen Sie von diesem Ort aus die Installation per Doppelklick auf die Datei starten, siehe weiter unten. Die Installationsdatei wird dann nicht mehr benötigt und kann wieder gelöscht werden.

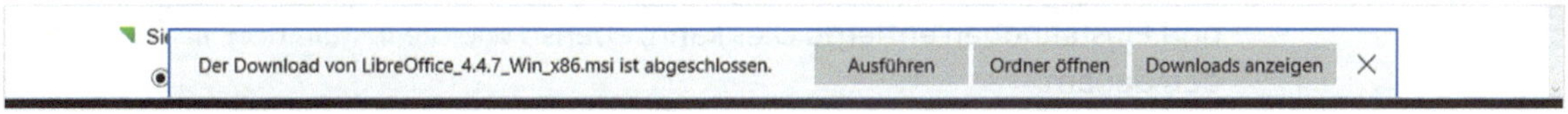

Bild 6.21 Heruntergeladene Datei installieren oder anzeigen

Installation ohne Datenträger

Wenn kein Datenträger zur Verfügung steht, beispielsweise weil das Programm aus dem Internet heruntergeladen wurde, dann doppelklicken Sie im Datei-Explorer auf die Installationsdatei, um den Installationsvorgang zu starten. Diese trägt meist den Namen *Install*, *Setup* oder *Start* und ist vom Dateityp eine *Anwendung* mit der Dateinamenerweiterung *.exe*. Häufig müssen nach dem Start der Installation zunächst Dateien entpackt werden, in einigen Fällen werden auch erst noch weitere Daten aus dem Internet geladen. Die weitere Vorgehensweise unterscheidet sich nicht von der bereits beschriebenen Installation.

Apps und Anwendungen deinstallieren

Auch Anwendungen müssen grundsätzlich deinstalliert werden. Es reicht nicht aus, einfach die Kachel aus dem Startmenü zu entfernen oder die Programmdateien zu löschen. Denn bei einer Programminstallation werden häufig auch nicht offensichtliche Änderungen vorgenommen, z. B. Einträge in der Windows-Registrierungsdatenbank, die bei der Deinstallation zurückgenommen werden müssen. Am einfachsten deinstallieren Sie Apps und Anwendungen in den Einstellungen:

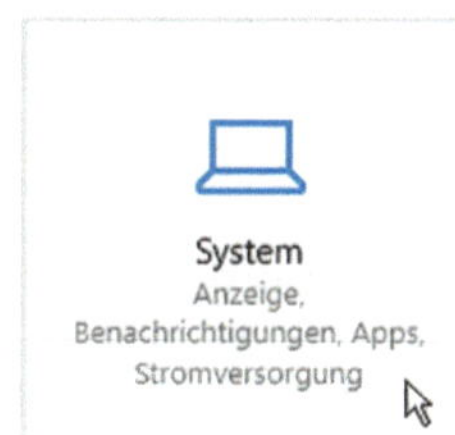

1 Öffnen Sie das Startmenü, klicken Sie auf *Einstellungen* und wählen Sie *System*.

2 Klicken Sie dann links auf *Apps & Features* ❶, um die Liste aller installierten Apps und Anwendungen anzuzeigen. Klicken Sie in der Liste auf die App, die Sie deinstallieren möchten ❷, im Beispiel unten LibreOffice.

Bild 6.22 Apps & Features: App deinstallieren

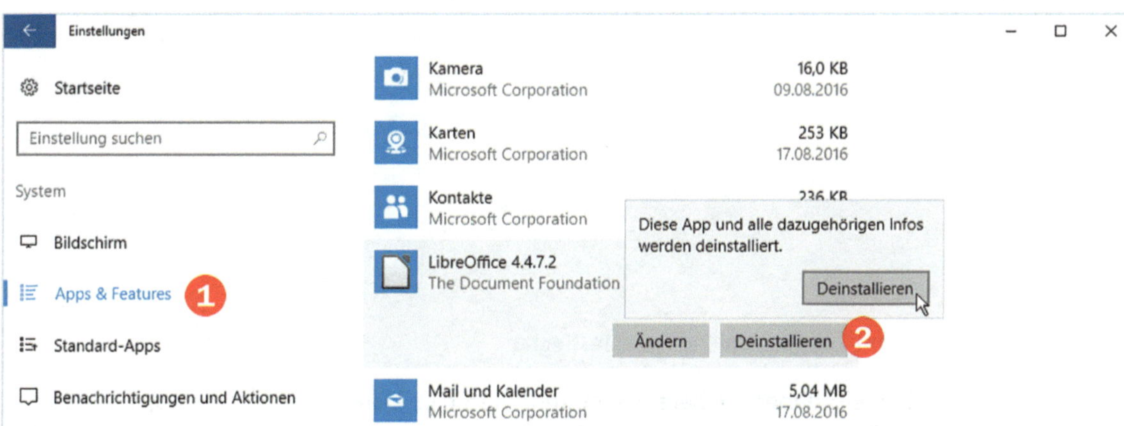

3 Es erscheinen die Schaltflächen *Ändern* und *Deinstallieren*, klicken Sie auf *Deinstallieren* und bestätigen Sie die nachfolgende Info erneut mit *Deinstallieren*.

4 Anschließend werden das Programm und sämtliche dazugehörigen Einträge und Einstellungen entfernt. Dies kann, ebenso wie die Installation, einige Sekunden dauern.

Über das Startmenü deinstallieren

Alternativ können Sie Anwendungen auch per Rechtsklick auf die Kachel der betreffenden Anwendung im Startmenü deinstallieren.

Bild 6.23 Über das Startmenü deinstallieren

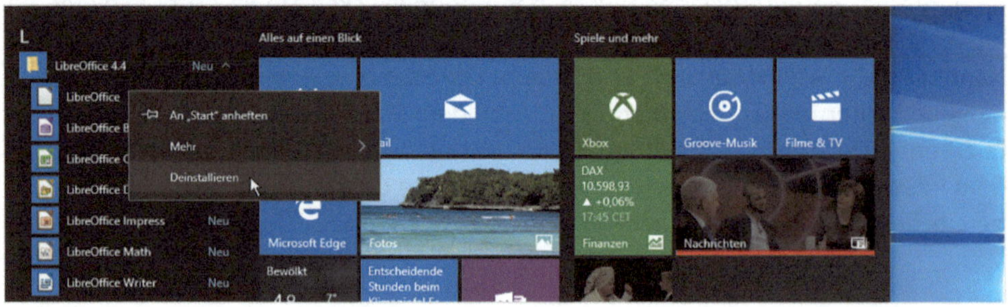

Im Gegensatz zu Apps und zur oben beschrieben Methode öffnet sich daraufhin die Systemsteuerung mit der Kategorie *Programme und Features* und zeigt eine Liste aller installierten Anwendungen an. Die Vorgehensweise bleibt dieselbe. Markieren Sie die Anwendung und klicken Sie oberhalb der Liste auf *Deinstallieren*. Auch hier müssen Sie erneut bestätigen, dass Sie das Programm wirklich deinstallieren möchten.

Bild 6.24 Eine App in der Systemsteuerung deinstallieren

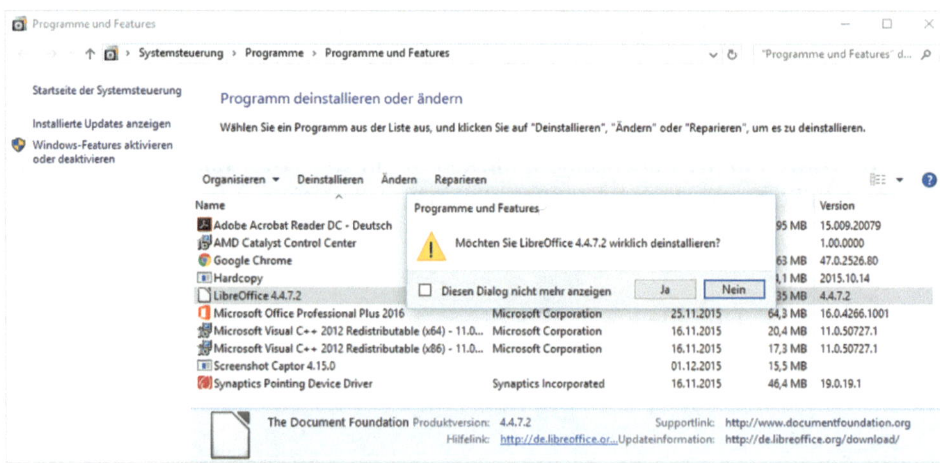

Standard-Apps kontrollieren und festlegen

In Kapitel 3 haben Sie bereits erfahren, wie Sie im Datei-Explorer eine App zum Öffnen einer Datei auswählen oder die Standard-App zum Öffnen eines bestimmten Dateityps festlegen. Darüber hinaus können Sie auch Standard-Apps für bestimmte Aufgaben, z. B. E-Mail oder Browser wählen. So öffnet sich beispielsweise Ihr Standardbrowser, wenn Sie Ihr Microsoft-Konto online verwalten möchten oder im Text einer E-Mail auf einen Link klicken.

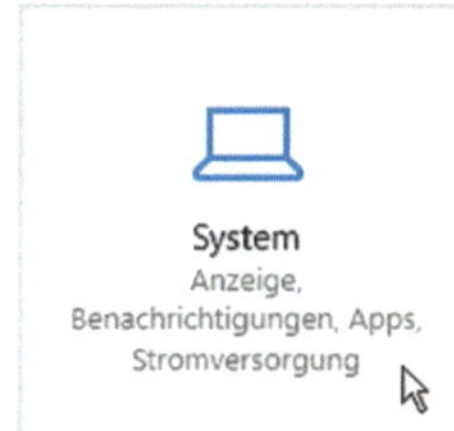

Bild 6.25 Beispiel: Die Standard-App für E-Mail auswählen

Wenn Sie diese Standard-Apps kontrollieren oder ändern möchten, dann klicken Sie im Startmenü auf *Einstellungen* und hier auf *System*. Wählen Sie dann links *Standard-Apps*. Klicken Sie auf eine Aufgabe, z. B. *E-Mail* und wählen Sie die gewünschte App aus.

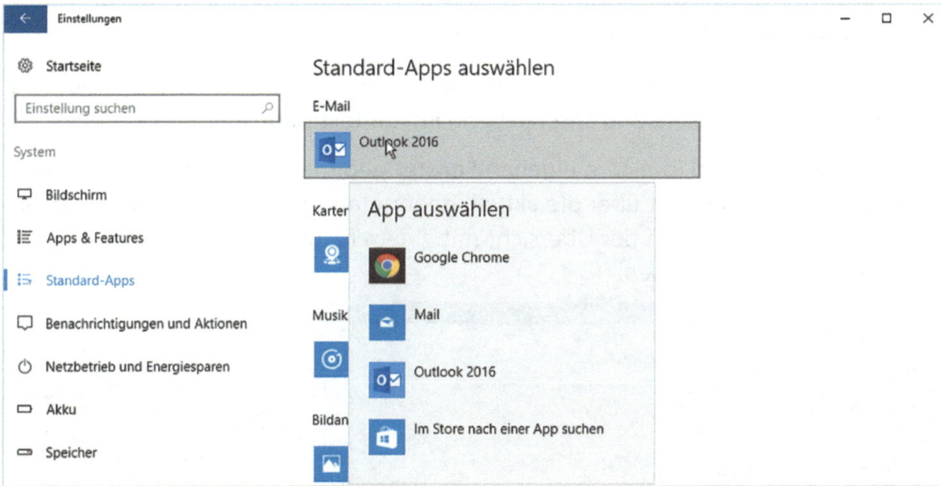

Genauso verfahren Sie auch, wenn Sie einen bestimmten Browser als Standardbrowser festlegen möchten. Scrollen Sie weiter nach unten und klicken Sie auf den verwendeten Webbrowser, standardmäßig *Microsoft Edge*. Es erscheint eine Liste verfügbarer, d.h. installierter Browser. Klicken Sie auf den gewünschten oder durchsuchen Sie den Windows Store.

Auf Standardeinstellungen zurücksetzen

Am Ende der Liste finden Sie die Schaltfläche *Zurücksetzen*, mit der Sie alle vorgenommenen Änderungen wieder auf die, von Microsoft empfohlenen, Standardeinstellungen zurücksetzen können.

Weitere Einstellungen zu Standard-Apps

Hier finden Sie drei Links, mit denen Sie die Standard-Apps nach Dateityp, also Dateinamenerweiterung, nach Protokoll und nach App zuweisen können. **Achtung**, für alle drei gilt: Änderungen sollten nur mit guten Kenntnissen der jeweiligen App vorgenommen werden, da sonst eventuell Dateien nicht mehr ohne weiteres geöffnet werden können.

Nicht mehr reagierende Apps beenden

Manchmal kommt es vor, dass eine App oder eine Anwendung nicht mehr korrekt funktioniert oder überhaupt nicht mehr reagiert. In solchen Fällen benutzen Sie den Task-Manager zum Beenden. Der Task-Manager ist ein wichtiges Instrument zur Verwaltung und Kontrolle laufender Apps und Prozesse, aber auch von Systemfunktionen. Den Task-Manager öffnen Sie mit einer der folgenden Methoden:

Die bekannte Tastenkombination Strg+Alt+Entf funktioniert ebenfalls, allerdings müssen Sie dann den Taskmanager nochmals per Mausklick aufrufen.

- Drücken Sie die Tastenkombination Strg+Umschalt+Esc.
- Klicken Sie mit der rechten Maustaste an eine freie Stelle der Taskleiste oder auf die Start-Schaltfläche und anschließend im Kontextmenü auf *Task-Manager*.

Der Task-Manager wird in einem eigenen Fenster geöffnet. In der einfachen Ansicht erhalten Sie eine Übersicht über die aktuell geöffneten Apps. Um eine App zu beenden, markieren Sie diese in der Übersicht mit einem Mausklick und klicken dann auf die Schaltfläche *Task beenden*.

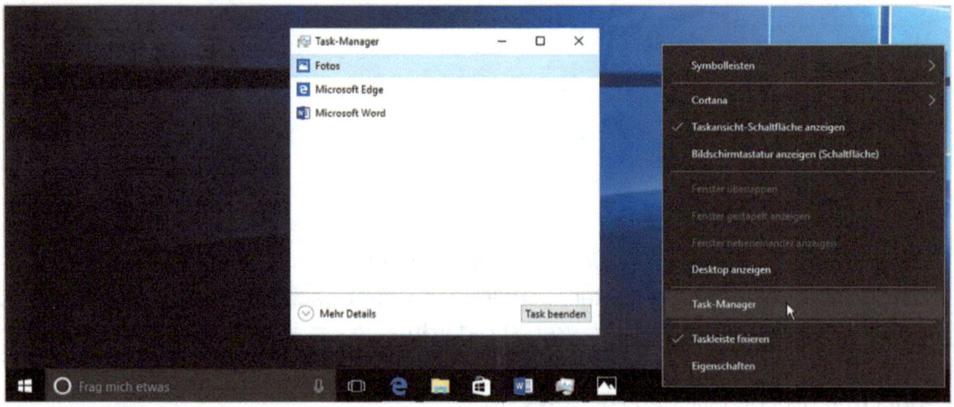

Bild 6.26 App über den Taskmanager beenden

Nicht gespeicherte Daten, z. B. ein angefangener Brief mit WordPad, gehen dabei verloren. Allerdings verfügen einige Anwendungen über eigene Funktionen, die anschließend ein Wiederherstellen erlauben.

Weitere Details anzeigen

Wenn Sie im Task-Manager noch mehr Informationen sehen möchten, dann klicken Sie auf *Mehr Details*. Damit werden in Registern weitere Aufgaben und Funktionen des Task-Managers angezeigt, die Sie in der Regel allerdings nicht benötigen.

Vorsicht beim Beenden von Prozessen und Diensten!

Sie sollten hier keine, Ihnen nicht bekannten Prozesse und Dienste beenden. Bei diesen handelt es sich meist um systemrelevante Prozesse und deren Beenden führt dazu, dass das gesamte System nicht mehr korrekt arbeitet und neu gestartet werden muss.

Zur Information eine kleine Übersicht über die weiteren Registerkarten:

- **Prozesse**
  Hier erhalten Sie in Tabellenform einen Überblick über die laufenden Apps und Anwendungen, aber auch über die verschiedenen Prozesse im Hintergrund.

Rechts daneben sehen Sie, welche Kapazitäten in welchem Maß in Anspruch genommen werden.

- **Leistung**
  Hier sehen Sie grafisch aufbereitete Informationen zu Prozessorleistung, Arbeitsspeicher, Festplattenspeicher und Netzwerkkapazität.
- **App-Verlauf**
  Diese Registerkarte enthält verschiedene Statistiken zu den auf dem PC installierten Apps, z. B. welche Datenmenge über das Netzwerk (Internet) ausgetauscht wurde.
- **Benutzer**
  Hier werden die angemeldeten Benutzer des Computers angezeigt, inklusive der Daten zu den verwendeten Apps und Prozessen. Ein Benutzer kann hier per Mausklick ausgewählt und dann per *Trennen*-Schaltfläche abgemeldet werden.
- **Details**
  Sie wünschen sich Details zu den geöffneten Apps, Programmen und Prozessen? Diese finden Sie hier.
- **Dienste**
  Hier finden Sie schließlich eine Übersicht über die von Windows verwendeten Dienste. Bei den Diensten handelt es sich, grob vereinfacht, um Prozesse, die für das Betriebssystem selbst relevant sind.

Den automatischen Start von Apps im Task-Manager deaktivieren

Klicken Sie im Task-Manager auf das Register *Autostart*. Hier erhalten Sie eine Übersicht über alle Apps, die von Windows automatisch beim Start bzw. nach der Anmeldung geladen werden. Falls Sie eine App nicht mehr benötigen oder lieber manuell bei Bedarf starten möchten, dann markieren Sie hier diese App per Mausklick und klicken auf die Schaltfläche *Deaktivieren*.

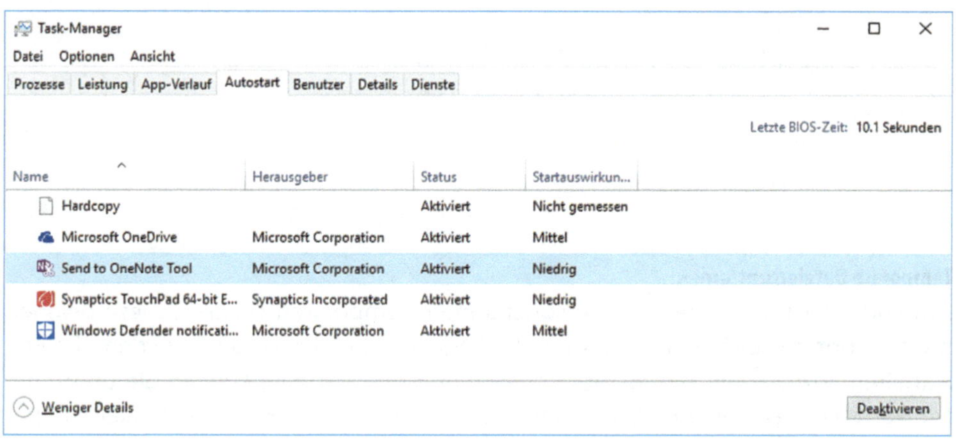

Bild 6.27 Das Register Autostart des Taskmanagers

6.4 Laufwerke und Speicherplatz verwalten

Speichernutzung kontrollieren und Speicherplatz freigeben

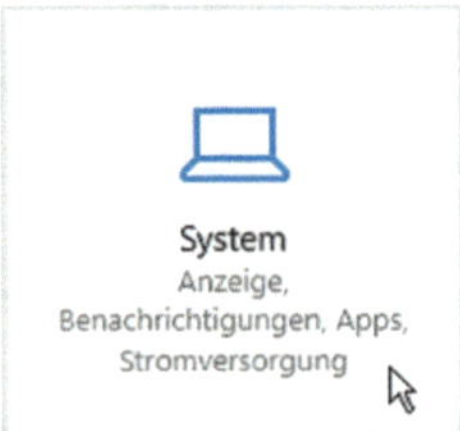

Um in den Einstellungen eine Übersicht über den belegten Speicherplatz zu erhalten, klicken Sie auf *System* und hier auf *Speicher* ❶. Rechts erscheinen alle angeschlossenen Datenträger, also auch externe Festplatte und USB-Speicherstift. Für weitere Details klicken Sie auf das Laufwerk, z. B. *Dieser PC (C:)*, also die Festplatte ❷.

Achtung: CD/DVD werden hier nicht aufgeführt.

Einzelheiten zum belegten Speicherplatz werden ermittelt, daher kann es einige Sekunden dauern, bis die Anzeige erscheint. Anschließend sehen Sie, wieviel Speicherplatz jeweils von den Standardordnern, Apps und Spielen und von temporären Dateien, z. B. im Papierkorb, belegt werden.

- Mit einem Klick auf eine Kategorie, z. B. *Apps und Spiele* ❸ listet Windows alle installierten Apps dieser Kategorie samt belegtem Speicherplatz auf und Sie erhalten die Möglichkeit, eine nicht mehr benötigte App zu deinstallieren.
- Klicken Sie dagegen auf einen Dateityp, z. B. *Bilder*, so können Sie mit anschließendem Klick auf die Schaltfläche *Anzeigen* den Datei-Explorer mit dem entsprechenden persönlichen Ordner öffnen und hier Ihre Bilder verwalten.

Bild 6.28 Speicherplatzbelegung der Laufwerke anzeigen

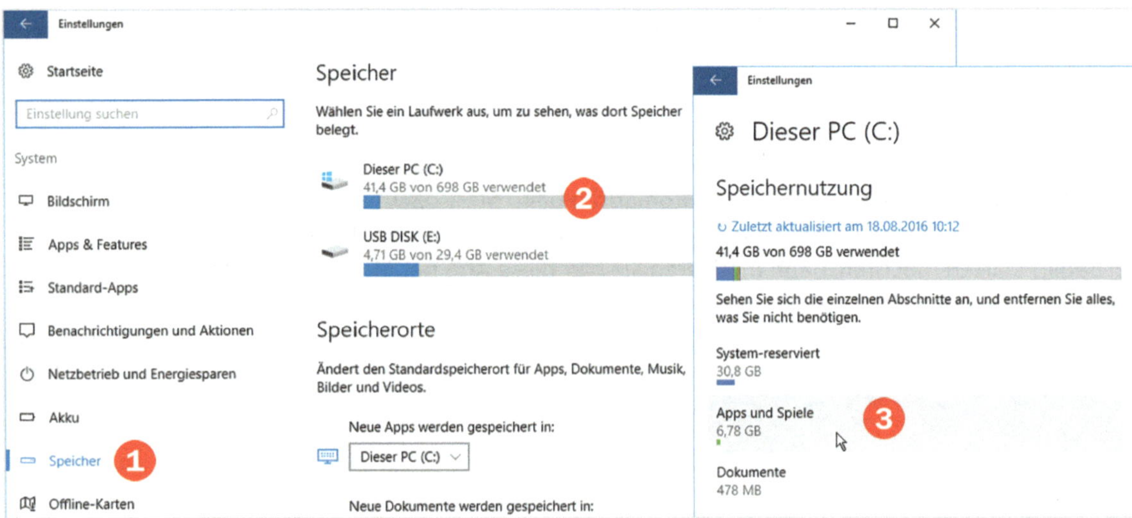

Temporäre Dateien entfernen

Am Ende der Liste finden Sie die sogenannten temporären Dateien. Diese belegen meist unnötig Speicherplatz, da sie in der Regel nicht mehr benötigt werden. Um Einzelheiten anzuzeigen, klicken Sie auf *Temporäre Dateien*. Hier können Sie über Kontrollkästchen den Papierkorb oder Ihre Downloads auswählen und anschließend per Klick auf *Dateien entfernen* von der Festplatte entfernen.

Standardspeicherorte ändern

Verfügt Ihr PC über mehrere Festplatten bzw. Festplattenpartitionen oder ist eine externe Festplatte angeschlossen, dann können Sie eine davon als Standardspeicherort z. B. für neue Apps, Dokumente oder Videos festlegen. Dazu klicken Sie in den Einstellungen auf *System* und hier auf *Speicher*. Unter *Speicherorte* können Sie nun jedem Typ ein Laufwerk zuweisen bzw. das Standardlaufwerk ändern.

Tipp: Nützlich ist diese Einstellung auch, wenn Sie Windows 10 auf einem Smartphone nutzen und beispielsweise heruntergeladene Musik standardmäßig auf der SD-Speicherkarte speichern möchten.

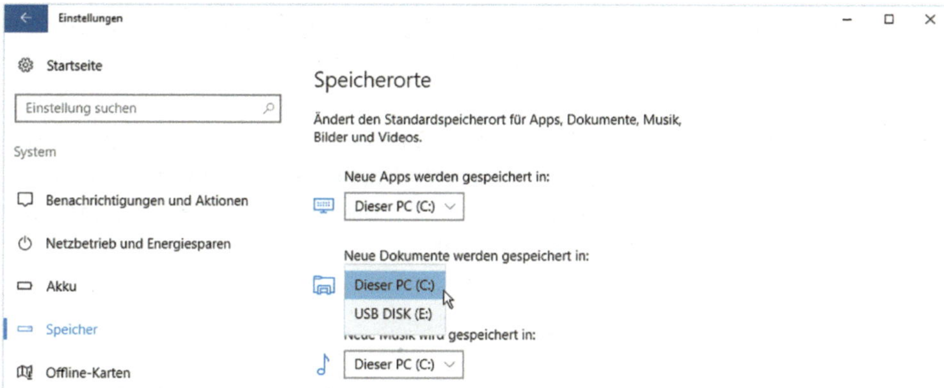

Bild 6.29 Den Standardspeicherort festlegen

Die Festplatte mit der Datenträgerbereinigung aufräumen

Für Aufräumaktionen, also zum Entfernen nicht mehr benötigter Dateien von der Festplatte, stellt Windows die Datenträgerbereinigung bereit. Diese finden Sie im Startmenü unter *Windows-Verwaltungsprogramme* oder geben Sie den Suchbegriff „Datenträger" ein und klicken Sie dann auf die App *Datenträgerbereinigung*. Falls mehrere Festplatten bzw. Festplattenpartitionen existieren, müssen Sie anschließend das betreffende Laufwerk, z. B. die Festplatte (*Lokaler Datenträger*) auswählen. Zunächst wird ermittelt, wie viel Speicherplatz auf dem Laufwerk freigegeben werden kann, dies kann etwas dauern ❶.

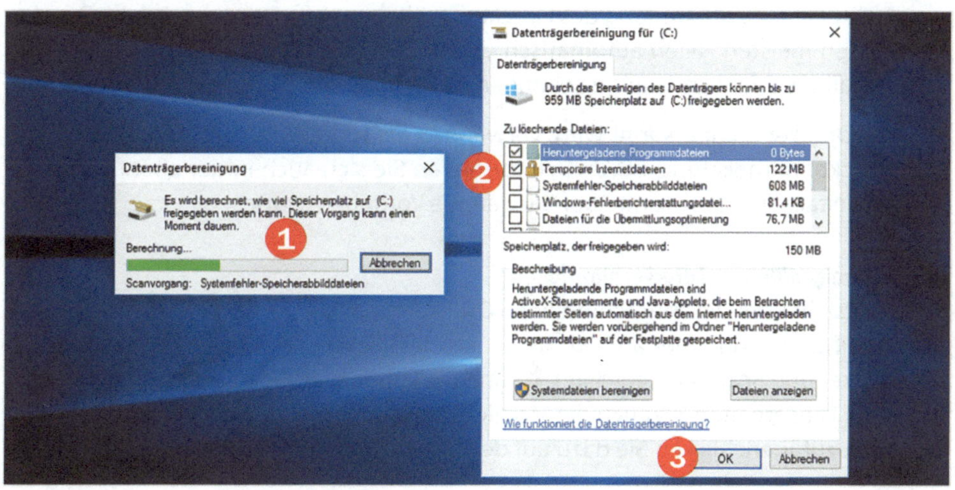

Bild 6.30 Speicherplatz auf einem Laufwerk durch Löschen nicht mehr benötigter Dateien freigeben

1 Anschließend öffnet sich ein gesondertes Fenster mit einer Liste von Dateien und Ordnern ❷, die Sie über ein Kontrollkästchen einzeln zum Löschen freigeben können. Wenn Sie ein Element mit einem Klick markieren, dann erhalten Sie unterhalb nähere Informationen dazu. Handelt es sich um einen Ordner, dann können Sie mit Klick auf die Schaltfläche *Dateien anzeigen* den Inhalt anzeigen lassen.

2 Mit Klick auf die Schaltfläche *OK* und nach nochmaliger Löschbestätigung starten Sie die Datenträgerbereinigung. Je nach Umfang kann dieser Vorgang einige Zeit dauern.

Alternativ können Sie die Datenträgerbereinigung starten, indem Sie im Datei-Explorer *Dieser PC* auswählen und mit der rechten Maustaste auf das Laufwerk und auf *Eigenschaften* klicken. Hier ist im Register *Allgemein* die Datenträgerbereinigung über die Schaltfläche *Bereinigen* ebenfalls verfügbar.

6.5 Drucker

Drucker anschließen

Die Druckerinstallation erfolgt in der Regel automatisch.

Moderne Drucker erfordern in der Regel keinerlei Installationsaufwand. Es genügt, wenn Sie den Drucker mit dem PC verbinden, am einfachsten gehen Sie dabei so vor:

1 Schließen Sie den Drucker an die Stromversorgung an und schalten Sie den Drucker ein. Sorgen Sie außerdem dafür, dass Ihr Computer eingeschaltet ist und dass Sie angemeldet sind.

2 Schließen Sie den Drucker per USB-Kabel am Computer an. Das erforderliche Kabel sollte im Lieferumfang des Druckers enthalten sein. Danach wird der Drucker in den meisten Fällen automatisch erkannt und der erforderliche Gerätetreiber installiert. Dies kann einige Sekunden dauern.

Falls der Drucker nicht erkannt wird, verwenden Sie für die Treiberinstallation die mit dem Drucker mitgelieferte CD/DVD. Informieren Sie sich auch in der ebenfalls beiliegenden Installationsanleitung über die genaue Vorgehensweise.

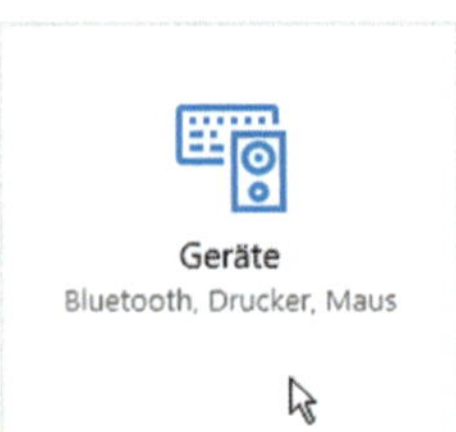

Drucker anzeigen/Netzwerkdrucker hinzufügen

Eine Übersicht über die angeschlossenen Drucker erhalten Sie, wenn Sie in den *Einstellungen* auf *Geräte* und hier auf *Drucker & Scanner* klicken ❶, siehe Bild. Hier werden alle Drucker und Scanner aufgelistet ❷ und Sie können ein Gerät als Standarddrucker festlegen. Hier erhalten Sie auch die Möglichkeit, einen im Netzwerk verfügbaren Drucker hinzuzufügen. Klicken Sie dazu auf den Befehl *Drucker oder Scanner hinzufügen*.

Tipp: Wenn kein Drucker angeschlossen ist, stehen Ihnen trotzdem „Drucker" zur Verfügung, darunter *Microsoft Print to PDF*. Mit Auswahl dieses Druckers erzeugen Sie statt eines Ausdrucks auf Papier eine Datei im gängigen PDF-Dateiformat, das auf jedem PC gelesen werden kann, da zum Anzeigen nur ein Leseprogramm wie z. B. der kostenlose Adobe Reader benötigt wird. Auch der Browser Microsoft Edge kann PDF-Dateien anzeigen.

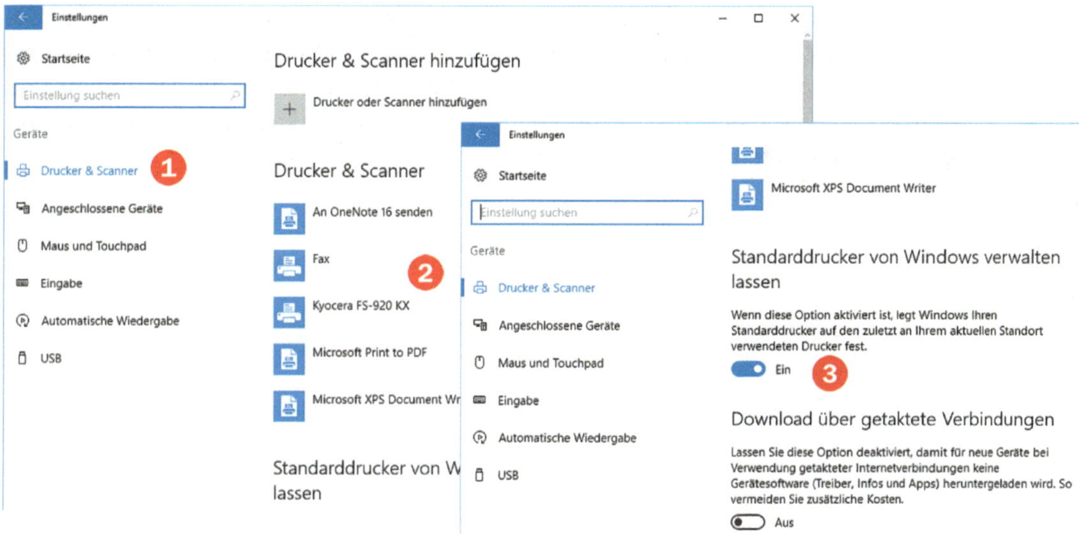

Bild 6.31 Drucker & Scanner verwalten

Bild 6.32 Standarddrucker

Standarddrucker festlegen

Wenn aus einer Anwendung heraus drucken, dann wird, falls nichts anderes festgelegt, der Standarddrucker von Windows verwendet. Ist der Schalter *Standarddrucker von Windows verwalten lassen* ❸ auf *Ein*, dann wird automatisch der zuletzt verwendete Drucker als Standarddrucker verwendet. Insbesondere bei mehreren Druckern ist dies nicht immer sinnvoll, in diesem Fall deaktivieren Sie diesen Schalter und legen den Standarddrucker manuell fest. Dazu klicken Sie einfach auf den betreffenden Drucker, klicken auf die Schaltfläche *Verwalten* und anschließend auf die Schaltfläche *Als Standard*.

Bild 6.33 Standarddrucker festlegen

Anstehende Druckaufträge verwalten

Wenn Sie in einem Programm auf *Drucken* klicken, wird ein Druckauftrag erstellt und an den Drucker gesandt. Sie können also unmittelbar aufeinanderfolgend mehrere, auch umfangreiche, Dokumente drucken, die jeweiligen Druckaufträge werden dann nacheinander vom Drucker abgearbeitet.

Achtung, das Druckersymbol erscheint in der Taskleiste nur, wenn Druckaufträge vorhanden sind!

Um nicht erledigte Druckaufträge anzuzeigen bzw. abzubrechen, doppelklicken Sie im Infobereich der Taskleiste auf das kleine Druckersymbol. Es erscheint ein Fenster mit Druckaufträgen. Klicken Sie mit der rechten Maustaste auf das Dokument und wählen Sie zwischen *Abbrechen* und *Anhalten*, d.h. der Druckauftrag wird nur vorübergehend angehalten.

Bild 6.34 Druckauftrag in der Warteschlange eines Druckers abbrechen

6.6 Netzwerk- und Internetverbindungen

Mit einem WLAN verbinden

Mobile Geräte wie Laptops und Tablet-PCs werden meist per WLAN, also einem kabellosen Funknetz mit dem Internet oder einem Netzwerk verbunden. Normalerweise stellen Sie die Verbindung bereits beim ersten Start von Windows her, Sie können Ihren Computer aber auch unterwegs jederzeit mit einem anderen WLAN verbinden, z. B. in Hotels.

- Vor dem Herstellen der Verbindung sollten Sie kontrollieren, ob WLAN aktiviert ist. Dies erkennen Sie am Symbol im Infobereich der Taskleiste. Sollte es deaktiviert sein, so klicken Sie auf das Symbol und aktivieren WLAN mit Klick auf die Schaltfläche, siehe Bild rechts.
- Hier finden Sie auch den Flugzeugmodus. Achten Sie darauf, dass dieser ausgeschaltet ist. Andernfalls sind alle Datenverbindungen deaktiviert und Sie können Ihren Computer nicht mit Ihrem WLAN verbinden.

1 Um verfügbare Verbindungen anzuzeigen, klicken Sie auf das WLAN-Symbol im Infobereich der Taskleiste. Meist werden gleich mehrere Verbindungen in Reichweite aufgelistet. Öffentliche Netzwerke, auch als Hotspots bezeichnet, sind gesondert gekennzeichnet ❶, siehe Bild unten.

2 Klicken Sie auf Ihr Netzwerk und achten Sie darauf, dass *Automatisch verbinden* aktiviert ist (Häkchen)! Es bedeutet, dass sich Ihr Gerät das nächste Mal automatisch mit diesem Netzwerk verbindet, sobald es in Reichweite ist. Klicken Sie dann auf *Verbinden*.

3 Wenn es sich um ein gesichertes Netzwerk handelt, dann tippen Sie im nächsten Schritt über die Tastatur Ihren Netzwerksicherheitsschlüssel (Kennwort) ein und klicken Sie auf *Weiter*.

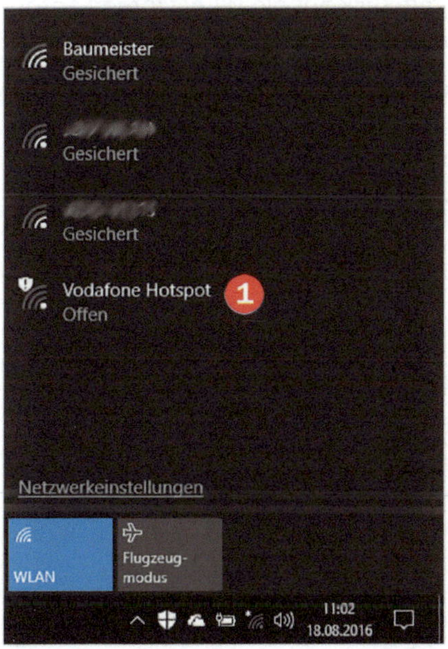

Bild 6.35 Verfügbare WLAN-Verbindungen anzeigen

Bild 6.36 Mit einem WLAN verbinden

Ist Ihr Gerät mit diesem WLAN bereits verbunden, so erscheint stattdessen *Trennen*.

Wenn das Kennwort korrekt war, sind Sie jetzt mit dem WLAN und damit mit dem Internet verbunden. Andernfalls klicken Sie auf *Abbrechen* und geben das Kennwort erneut ein. Genauso gehen Sie vor, wenn Sie Ihren Laptop unterwegs mit einem WLAN verbinden möchten. Der einzige Unterschied: Bei einem offenen WLAN ❶ ist kein Kennwort erforderlich.

Öffentliche/offene Netzwerke

Ein offenes Netzwerk, auch als WLAN-Hotspot bezeichnet (siehe Bild oben), ist ein Netzwerk, das beim Verbinden kein Kennwort erfordert. Solche Netzwerke sind nicht sicher, da jeder Benutzer eine Verbindung mit diesem Netzwerk herstellen und möglicherweise Informationen, die Sie über das Netzwerk übermitteln, anzeigen kann. Daher sollten Sie in einem offenen Netzwerk keine persönlichen Daten übermitteln, z. B.

beim Onlinebanking oder Onlineshopping. Aus diesem Grund sollten für offene Netzwerke auch etwas andere Einstellungen benutzt werden, Näheres hierzu weiter unten.

Netzwerkeinstellungen

WLAN-Einstellungen

Für weitere Netzwerkeinstellungen klicken Sie entweder unterhalb der Liste der Netzwerkverbindungen (siehe vorherige Seite) auf *Netzwerkeinstellungen* oder klicken Sie in den Einstellungen auf *Netzwerk und Internet* und dann auf *WLAN* ❶. Ist Ihr PC dagegen per Kabel mit einem Netzwerk verbunden (LAN), so klicken Sie auf *Ethernet* ❹.

- Auch hier können Sie mit Klick auf *Verfügbare Netzwerke anzeigen* ❷ alle verfügbaren WLAN Verbindungen anzeigen und mit Klick auf ein WLAN Ihren Laptop, wie oben beschrieben, mit diesem WLAN verbinden.

Positionsdienst, siehe Kap. 5.1.

- Die *WLAN-Optimierung* gilt in erster Linie für mobile Geräte und bedeutet, Windows verbindet Ihr Gerät unterwegs automatisch mit öffentlichen WLAN-Hotspots ❸. Dies funktioniert allerdings nur in Verbindung mit einem Microsoft-Konto und eingeschaltetem Positionsdienst.

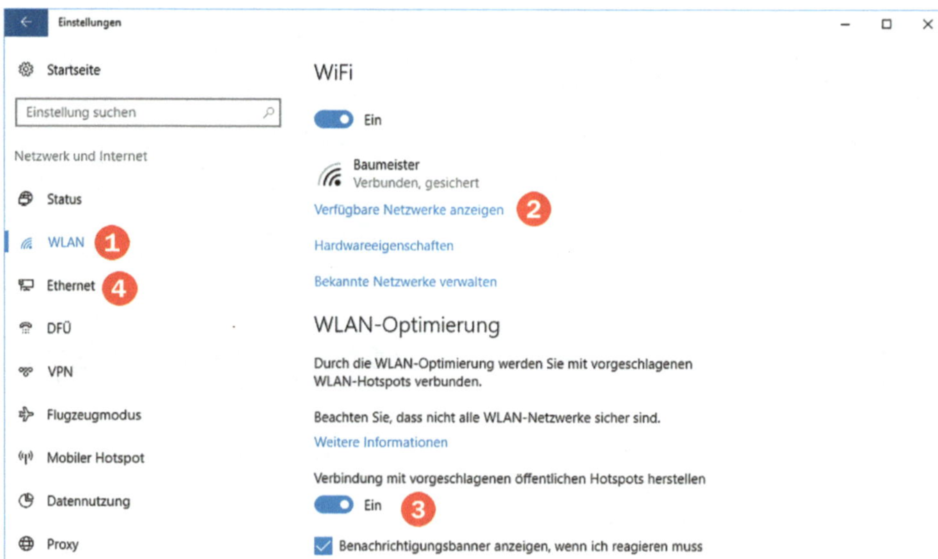

Bild 6.37 Einstellungen - WLAN

Sicherheitseinstellungen für öffentliche Netzwerke

Falls Sie mit einem öffentlichen Netzwerk verbunden sind, sollte zumindest Ihr Gerät im Netzwerk nicht gefunden werden. Um diese Einstellung zu kontrollieren und ggfs. zu ändern, klicken Sie in den Einstellungen, *Netzwerk und Internet* auf *Status* ❶.

Neben dem aktuellen Netzwerkstatus können Sie hier einzelne Netzwerkeinstellungen einsehen und ändern. Klicken Sie auf *Freigabeoptionen* ❷.

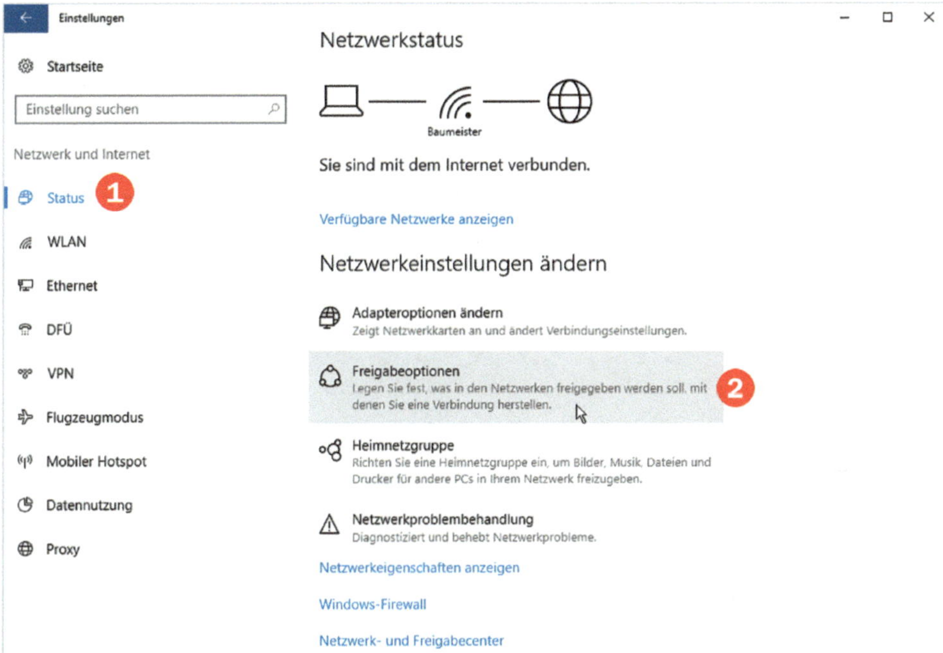

Bild 6.38 Netzwerkstatus anzeigen (WLAN)

Hier können Sie über einen Link auch die Einstellungen der Windows-Firewall kontrollieren. Siehe Kap. 5.2.

Bei eventuellen Netzwerkproblemen können Sie diese über *Netzwerkproblembehandlung* aufspüren und beheben lassen.

Es öffnet sich die Systemsteuerung mit den *Erweiterten Freigabeeinstellungen* (siehe Bild unten). Mit Klick auf die Pfeile können Sie die Freigabeoptionen jeweils für private ❸ und öffentliche Netzwerke kontrollieren und bei Bedarf ändern.

Unter *Gast oder Öffentlich* ❹ sollte die Option *Netzwerkerkennung ausschalten* ausgewählt und die Datei- und Druckerfreigabe deaktiviert sein. In einem privaten oder Firmennetzwerk dagegen sollte beides aktiviert sein.

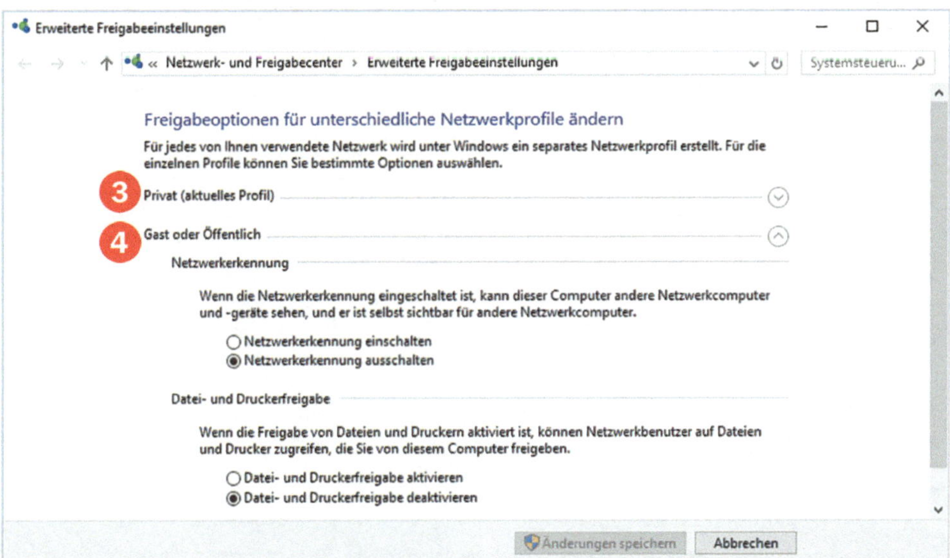

Bild 6.39 Freigabeoptionen für private und öffentliche Netzwerke

7 Nützliche Apps

7.1 Mit der App Fotos Bilder verwalten und bearbeiten

Digitalfotos - das sollten Sie wissen

Speicherkarte

Zur Speicherung von Fotos befindet sich in Ihrer Kamera eine Speicherkarte, in der Regel eine SD Speicherkarte, die z. B. als SDHC bis zu 32 GB Speicherkapazität oder als SDXC bis zu 250 GB Speicherkapazität bietet. Der Inhalt der Speicherkarten kann mittels eines Kartenlesegeräts angezeigt und übertragen werden. Das Kartenlesegerät ist in vielen Laptops bereits integriert, kann aber auch als Einzelgerät hinzugekauft werden. Auf dem Markt sind auch wlanfähige Speicherkarten (WiFi-Card) erhältlich. Dann können Sie über WLAN eine Verbindung zwischen Karte und Smartphone, Tablet, Laptop oder PC herstellen und Fotos betrachten bzw. herunterladen.

Dateiformate

In der Regel sind Fotos, die Sie von Ihrer Kamera auf den Rechner übertragen, JPEG-Bilder. JPEG ist das gebräuchlichste Grafikformat zur Speicherung von Fotos und gleichzeitig auch eine Methode zur Bildkompression, d. h. zur Verkleinerung der Dateigröße des einzelnen Bildes, um Speicherplatz zu sparen.

Professionelle Kameras stellen auch RAW-Dateien zur Verfügung. Das sind Rohdaten, die am Computer umfangreich bearbeitet werden können.

Fotos betrachten

Zum Betrachten von Fotos gibt es zahlreiche Apps. Windows 10 bringt zu diesem Zweck die App *Fotos* mit, die Sie in der Standardeinstellung als angeheftete Kachel im Startmenü finden. Diese App erlaubt auch einfache Bearbeitungen. Auch im Datei-Explorer lassen sich Fotos verwalten, in der Miniaturansicht anzeigen und als Diashow abspielen.

Fotos von der Kamera importieren

Fotos lassen sich auf unterschiedlichem Weg von der Kamera auf den Computer übertragen. Welche Methode Sie verwenden, hängt von den technischen Voraussetzungen ab.

- Im einfachsten Fall verbinden Sie Kamera und Computer mit einem Kabel und stellen so eine USB-Verbindung zwischen den beiden Geräten her.
- Verfügt Ihr Computer über ein Kartenlesegerät, so entnehmen Sie aus der Kamera die Speicherkarte und legen Sie diese in das Kartenlesegerät ein.
- Einige Kameras verfügen über WiFi-Konnektivität, d.h. zwischen Kamera und Rechner kann eine drahtlose Verbindung aufgebaut werden.

So übertragen Sie Ihre Fotos

1 Stecken Sie die Speicherkarte in das Lesegerät oder verbinden Sie die Kamera mit dem Computer und schalten Sie die Kamera ein.

2 Falls Kamera oder Speicherkarte zum ersten Mal mit dem Computer verbunden werden, erscheint in der rechten unteren Ecke des Bildschirms eine Meldung. Klicken Sie diese an. Ein Fenster rechts oben bietet verschiedene Aktionen an; klicken Sie auf *Fotos und Videos importieren* und zwar mit der App *Fotos*.

Siehe „Automatische Wiedergabe" Kap. 3.3. Beim nächsten Anschließen der Kamera entfällt dieser Schritt.

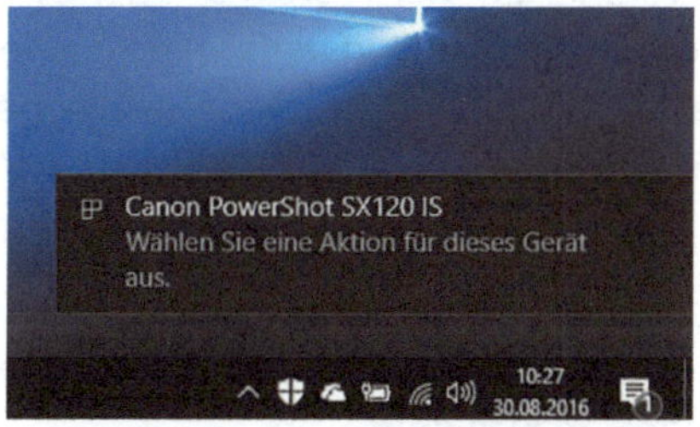

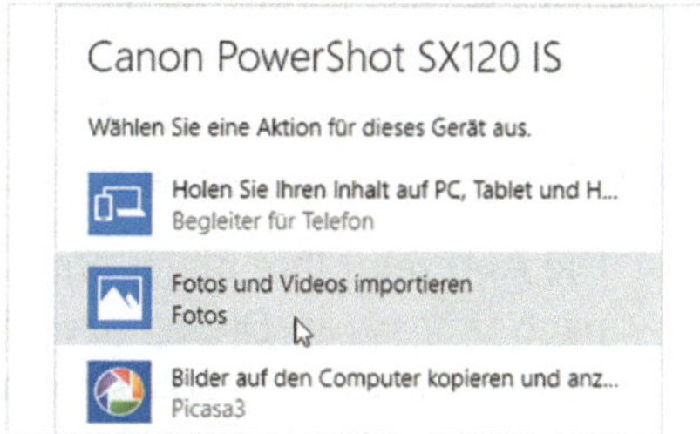

Bild 7.1 Klicken Sie auf die Meldung

Bild 7.2 Wählen Sie den Import mit der App Fotos.

3 Die App *Fotos* wird gestartet und im nächsten Schritt wählen Sie die zu importierenden Bilder aus. Mit Klick auf *Alle auswählen* ❶ werden alle Bilder eines Aufnahmezeitraums ausgewählt, mit *Löschen* ❷ heben Sie die Auswahl auf, einzelne Bilder können Sie auch über Kontrollkästchen ❸ auswählen. Klicken Sie dann auf *Fortfahren*.

Alternativ starten Sie den Import Ihrer Bilder aus der App Fotos heraus. Öffnen Sie zuerst die App und klicken Sie auf *Importieren*.

4 Standardmäßig werden beim Import im Ordner *Bilder* für jeden Aufnahmezeitraum bzw. Monat Unterordner angelegt und die importierten Bilder hier gespeichert. Falls Sie die Fotos in einen anderen Ordner importieren möchten, können Sie diesen hier angeben ❹. Ferner können Sie wählen, für welchen Aufnahmezeitraum ❺ (Monat oder Tag) Unterordner erstellt werden sollen.

Als dritte Option können Sie natürlich auch im Datei-Explorer den Inhalt der Speicherkarte anzeigen, die zu importierenden Bilder markieren und in den gewünschten Bilderordner kopieren.

5 Mit Klick auf *Importieren* ❻ starten Sie zuletzt den Import.

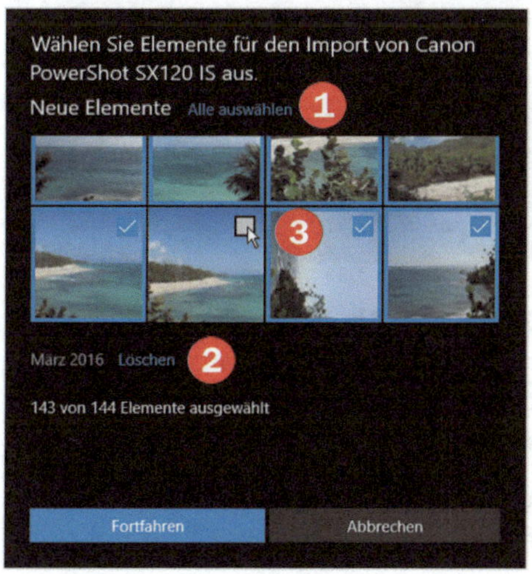

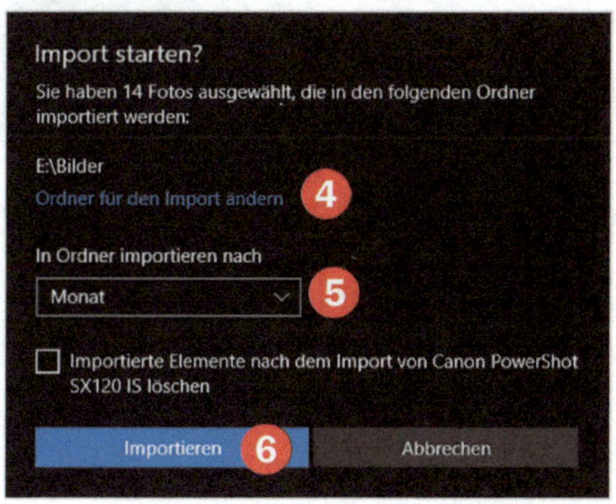

Bild 7.3 Die Bilder werden nach Aufnahmedatum angezeigt. Wählen Sie die zu importierenden Fotos aus

Bild 7.4 Import starten

So finden Sie sich in der App Fotos zurecht

Die App *Fotos* ist in Windows 10 standardmäßig vorinstalliert und eignet sich nicht nur zum Betrachten, sondern auch zum Verwalten und Bearbeiten Ihrer Bilder. Sie finden die App im Startmenü, entweder als angeheftete Kachel oder in der alphabetischen Liste *Alle Apps*. Sie starten die App mit Klick auf die Kachel.

Siehe „Einstellungen zur App Fotos" auf Seite 247

Die App berücksichtigt in der Standardeinstellung ausschließlich Bilder, die im persönlichen Ordner *Bilder* einschließlich aller Unterordner auf der Festplatte oder *OneDrive* gespeichert sind. Es werden außerdem nur die typischen Bilddateiformate wie jpg, tif, png oder gif, sowie einige RAW-Dateiformaten angezeigt. Andere eventuell hier gespeicherte Dateitypen, z. B. Textdateien, werden ignoriert.

- Die App zeigt Ihre Bilder entweder als *Sammlung* oder in Form von *Alben* oder nach *Ordnern* an. Diese Anzeigemöglichkeiten finden Sie in der linken Spalte ❶. Sollten hier nur Symbole sichtbar sein, so klicken Sie auf das Symbol *Erweitern* ❷, um die dazugehörigen Beschriftungen anzuzeigen.

Bild 7.5 Die App Fotos - ein erster Überblick

- Meist enthält die Anzeige mehr Fotos, Ordner oder Alben, als auf eine Bildschirmseite passen. Dann verschieben Sie den sichtbaren Bildschirmausschnitt, indem Sie mit der Maus in die App zeigen und das Mausrädchen drehen oder verwenden Sie die Bildlaufleiste am rechten Rand ❸.

- Um ein Foto in der Einzelansicht anzuzeigen bzw. zu vergrößern, klicken Sie einfach in das Bild und mit Klick auf den Pfeil links oben ❹ gelangen Sie zurück zur vorherigen Ansicht .

Die Ansicht Sammlung

Die Anzeige *Sammlung* bezieht alle Fotos im Ordner *Bilder* mit ein, einschließlich aller Unterordner, sowie den Ordner *Bilder* auf OneDrive. *Sammlung* ist die Standardanzeige und erscheint automatisch beim Öffnen der App *Fotos*.

- *Sammlung* fasst die Bilder nach Aufnahmedatum, bzw. nach Monaten zusammen. Bei wenigen Bildern mit aufeinanderfolgendem Aufnahmedatum können auch Gruppen gebildet werden. So soll sichergestellt werden, dass beispielweise alle Fotos, die Sie im diesjährigen Urlaub oder zu Weihnachten aufgenommen haben, gemeinsam angezeigt werden. Zu Beginn jeder Gruppe ❶ finden Sie Informationen zum Zeitraum und zur Anzahl der zusammengefassten Fotos.
- Ordner werden ignoriert. Das bedeutet, Bilder mit gleichem Aufnahmedatum werden auch dann zusammengefasst, wenn sie in unterschiedlichen Ordnern gespeichert sind.
- Um schneller die Bilder eines bestimmten Monats zu finden, klicken Sie auf einen beliebigen Monat ❷ und wählen dann in der Übersicht den gewünschten Monat aus ❸.

Bild 7.6 Die Ansicht Sammlung

Bild 7.7 Klicken Sie auf den gewünschten Zeitraum,

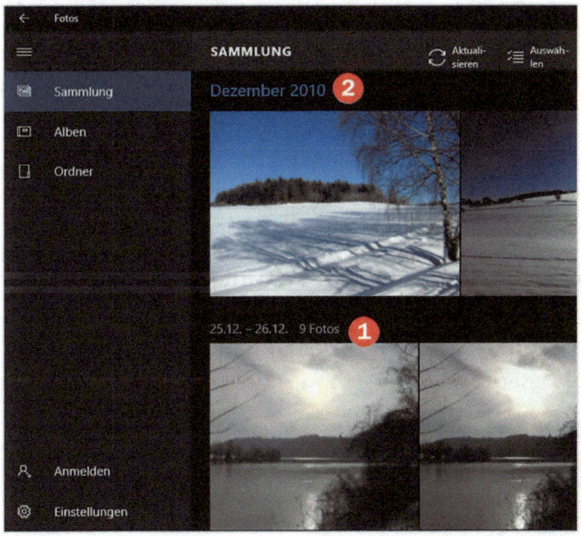

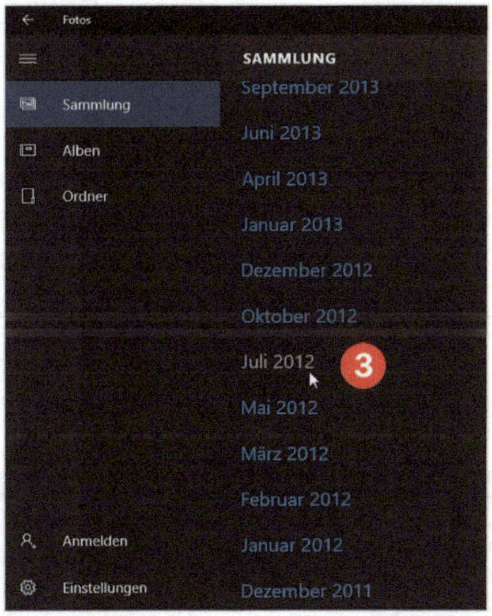

Alben

Alben, d.h. Zusammenstellungen bestimmter Fotos, werden zum Teil automatisch erstellt, können aber auch von Ihnen zusammengestellt werden. Automatisch erstellte Alben enthalten einzelne ausgewählte Fotos eines Aufnahmedatums oder -zeitraums und erhalten als Namen das Aufnahmedatum.

Sind im Ordner *Bilder* nur wenige Fotos mit unterschiedlichem Aufnahmedatum vorhanden, so ist unter Umständen die automatische Erstellung eines Albums nicht möglich.

- Durch Anklicken des Albums ❶ zeigen Sie die darin enthalten Bilder in einer Vorschau an. Mit Klick auf den kleinen Pfeil im Titelbild ❷ starten Sie eine Diashow mit automatischem Ablauf, die Sie durch Drücken der Esc-Taste wieder beenden. Klicken Sie auf den Pfeil links oben ❸, um das Album zu verlassen und wieder zur Übersicht zu gelangen.

Bild 7.8 Album anzeigen

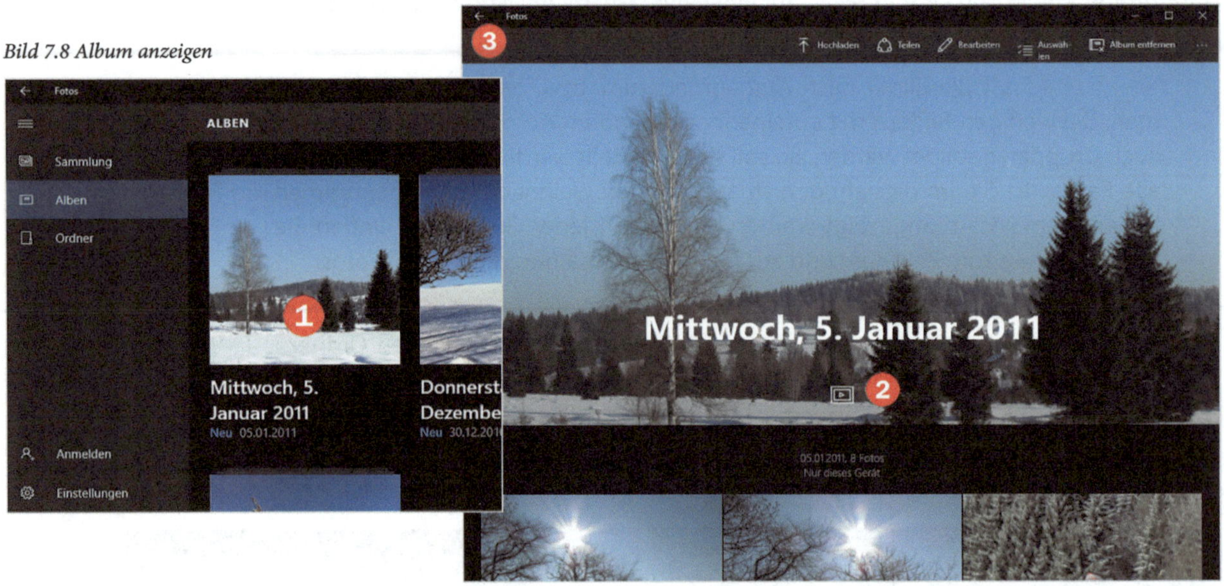

Ordner

Die Ansicht *Ordner* zeigt Ordner und die darin enthaltenen Bilddateien an, ähnlich der Anzeige und Navigation im Datei-Explorer. Hier erhalten Sie zunächst den Cloud-Speicher *OneDrive* und den Ordner *Bilder* auf der lokalen Festplatte zur Auswahl.

- Zum Öffnen klicken Sie den gewünschten Ordner bzw. Unterordner an ❶, ein einfacher Mausklick genügt. Mit Klick links oben auf den Pfeil ❷ gelangen Sie zurück zum übergeordneten Ordner, zur Anzeige der Eingangsübersicht klicken Sie auf *Zu Quellordnern zurückkehren* ❸.

Bild 7.9 Navigation in der Ansicht Ordner

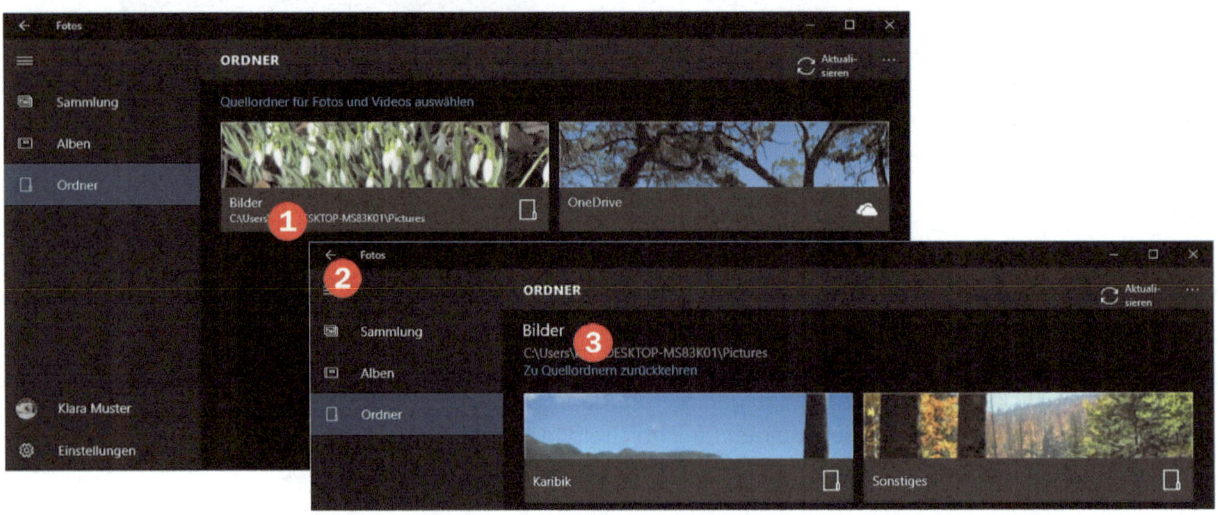

Ein Foto im Datei-Explorer öffnen

Wenn Sie im Datei-Explorer ein Bild doppelt anklicken ❶, öffnet sich standardmäßig die App *Fotos* mit dem Bild in der Einzelansicht. Um zur *Sammlung* zu gelangen, klicken Sie nicht wie gewohnt oben links auf den weißen Pfeil, dieser fehlt hier nämlich, sondern auf *Alle Fotos anzeigen* ❷.

Natürlich nur, wenn die App Fotos als Standardapp für Bilder ausgewählt ist. Siehe Kap. 3.4 und Kap. 6.3.

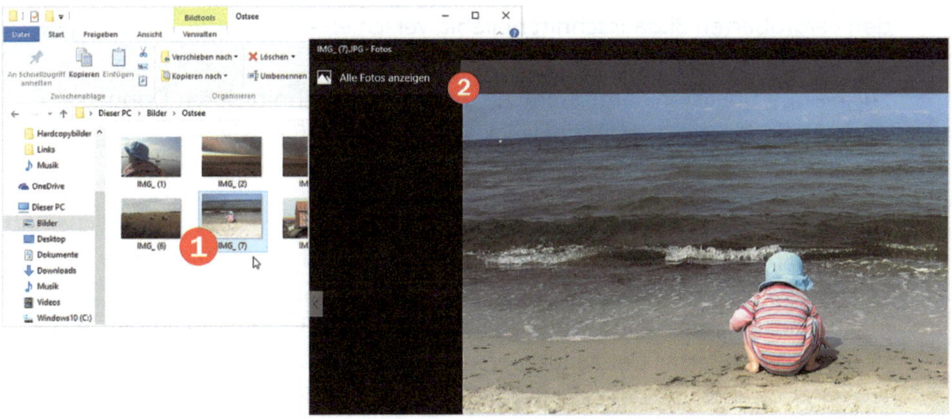

Bild 7.10 Klicken Sie im Datei-Explorer auf ein Bild

Bild 7.11 Das Bild wird in der Einzelbildanzeige geöffnet

Fotos einzeln und als Diashow betrachten

Zum Betrachten eines Fotos bzw. zur vergrößerten Anzeige klicken Sie einfach auf das gewünschte Bild. Sollten einige Navigationselemente (❶ und ❷) nicht angezeigt werden, dann bewegen Sie einfach die Maus über das Bild.

Bild 7.12 Die Einzelbildanzeige

- Mit den Pfeilschaltflächen ❶ rechts und links wechseln Sie zum nächsten bzw. vorherigen Bild. Innerhalb der *Sammlung* bewegen Sie auf diese Weise durch Ihr gesamtes Fotoarchiv. Verwenden Sie die Anzeige *Album* oder *Ordner*, so blättern Sie nur durch die Fotos dieses Albums oder Ordners. Auch durch Drehen des Mausrädchens scrollen Sie zum nächsten oder vorherigen Bild.

- Das Plus- und Minussymbol unten rechts ❷ benutzen Sie zum Vergrößern und Verkleinern des Bildes. Mit gedrückter linker Maustaste können Sie anschließend den vergrößerten Bildausschnitt beliebig verschieben.

> **Tipp:** Am schnellsten vergrößern Sie einen Bildausschnitt durch Doppelklick an diese Stelle. Ein weiterer Doppelklick verkleinert das Bild wieder.

- Damit das gesamte Bild sichtbar ist, werden die Fotos am Bildschirm verkleinert bzw. entsprechend der Fenstergröße dargestellt. Mit der Schaltfläche *Tatsächliche Größe* vergrößern Sie das Bild auf Originalgröße. Ist die Schaltfläche inaktiv (ausgegraut), dann wird das Bild bereits in seiner Originalgröße abgebildet. Bei vergrößerter Darstellung erscheint an dieser Stelle die Schaltfläche *An Fenstergröße anpassen*, mit der Sie die Bildgröße wieder an das Fenster anpassen.

Bild 7.13 Die Bearbeitungsleiste in der Einzelbildansicht

Weitere Möglichkeiten erhalten Sie in der Bearbeitungsleiste ❸ am oberen Rand der App. Falls diese Leiste nicht sichtbar sein sollte, genügt ein Klick in das Bild.

Diashow F5

- **Diashow anzeigen**
  Mit Klick auf die Schaltfläche *Diashow* oder mit der Taste F5 starten Sie die Diashow. Diese wird automatisch im Vollbildmodus gestartet, zum Beenden genügt ein Mausklick oder Drücken der Esc-Taste. **Beachten Sie:** In der Ansicht *Sammlung* beinhaltet die Diashow alle Bilder, mit der Anzeige *Album* oder *Ordner* dagegen nur die Bilder des ausgewählten Ordners oder Albums.

- **Bild drehen**
  Beim Import der Bilder von der Kamera werden diese in der Regel korrekt ausgerichtet. Unter Umständen muss ein Bild dennoch einmal gedreht werden. Hier hilft die Schaltfläche *Drehen*. Drehen Sie das Bild ggf. durch mehrmaliges Drücken im Uhrzeigersinn. Die zuletzt gewählte Ausrichtung wird automatisch beibehalten.

Alben zusammenstellen und bearbeiten

1 Wenn Sie ein eigenes Album zusammenstellen möchten, dann wählen Sie im ersten Schritt die Ansicht *Alben* aus. Klicken Sie dann rechts oben auf *Neues Album* ❶.

Bild 7.14 Klicken Sie auf Neues Album

2 Ihre gesamten Bilder werden in der Ansicht *Sammlung* angezeigt. Mit Klick in das Kästchen in der rechten oberen Ecke ❷ markieren Sie nun die Bilder, die Sie in das Album aufnehmen möchten. Klicken Sie zuletzt auf die Schaltfläche *Fertig* ❸, um die ausgewählten Bilder zu übernehmen.

Bild 7.15 Wählen Sie die Bilder durch Anklicken aus

▶ Jetzt können Sie noch den Namen des Albums überschreiben ❹ oder das Titelbild ändern bzw. weitere Fotos hinzufügen. Klicken Sie dann rechts oben auf *Speichern* ❺.

Bild 7.16 Geben Sie dem Album einen Titel und klicken Sie auf Speichern

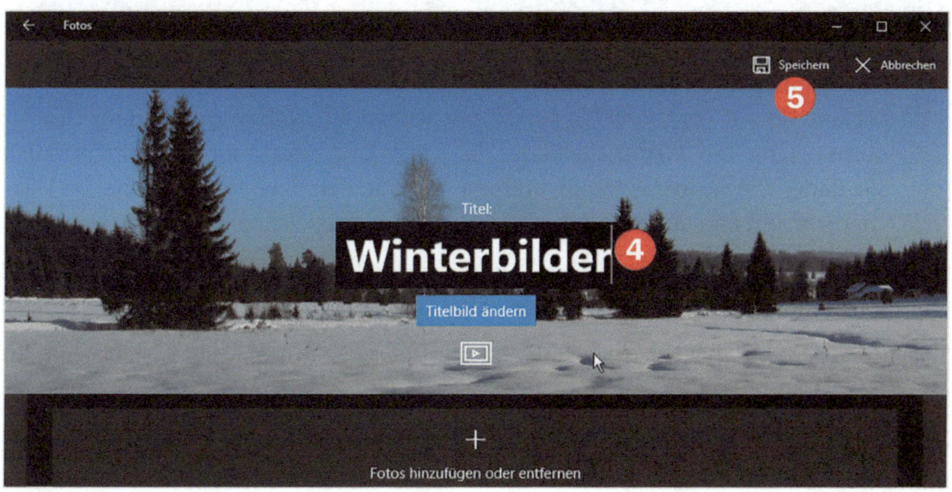

Album bearbeiten

Wenn Sie nachträglich einem Album weitere Fotos hinzufügen oder den Titel ändern möchten, dann wählen Sie das Album aus und klicken oben in der Bearbeitungsleiste auf *Bearbeiten*.

Bild 7.17 Das aktuelle Album bearbeiten

- **Titel und Titelbild ändern**
  Klicken Sie in den Titel. Hier erscheint nun der Cursor ❶ und der Text kann markiert und überschrieben werden. Wenn Sie ein anderes Titelbild verwenden möchten, dann klicken Sie auf *Titelbild ändern* ❷.

Bild 7.18 Titel und Titelbild ändern

Siehe vorhergehende Seite, Alben zusammenstellen.

- **Fotos hinzufügen oder entfernen**
  Klicken Sie auf *Fotos hinzufügen oder entfernen* ❸. Neben den Bildern des Albums erscheinen wieder alle Bilder der Sammlung. Markieren Sie per Mausklick alle Bilder, die Sie in das Album aufnehmen möchten bzw. entfernen Sie das Häkchen, um ein Bild aus dem Album zu entfernen und klicken Sie auf *Fertig*.
- Klicken Sie zuletzt nochmals auf *Fertig* ❹, um die Änderungen des Albums abzuschließen oder verwerfen Sie diese mit *Abbrechen*.

Tipp: Wenn Sie in den Ansichten *Sammlung* und *Ordner* auf ein Bild geklickt haben, dann finden Sie in der Bearbeitungsleiste den Befehl *Zu Album hinzufügen*, mit dem Sie dieses Bild einem Album hinzufügen können. Anschließend brauchen Sie nur das Album auswählen oder können ein neues Album erstellen

Album löschen
Da ein Album lediglich eine Zusammenstellung von Bildern darstellt, können Alben jederzeit wieder gelöscht werden, die Bilder bleiben weiterhin gespeichert. Zum Löschen klicken Sie auf das betreffende Album und dann in der Bearbeitungsleiste auf *Album entfernen*. Bestätigen Sie die Sicherheitsfrage mit Klick auf *Entfernen*.

Fotos verwalten

Zusammen mit der Einzelbildanzeige erhalten Sie in der Bearbeitungsleiste Schaltflächen zur Bearbeitung. Für weitere Möglichkeiten klicken Sie auf die drei Punkte ❶ am Ende der Leiste.

- **Foto löschen**
  Zum Löschen des aktuellen Fotos klicken Sie in der Bearbeitungsleiste auf *Löschen* ❷. Bestätigen Sie die nachfolgende Rückfrage, um das Bild in den Papierkorb zu verschieben.

Bild 7.19 Fotos verwalten

- **Teilen**
  Mit Klick auf *Teilen* ❸ können Sie das Bild per E-Mail versenden. Wählen Sie anschließend die gewünschte App, z. B. Mail.

- **Kopieren**
  Mit *Kopieren* wird das Bild in die Zwischenablage kopiert, die Kopie kann anschließend an anderer Stelle mit Strg+V eingefügt werden.

Zwischenablage, siehe Kap. 3.5.

- **Bild drucken**
  Mit der Auswahl *Drucken* öffnet sich in einem weiteren Fenster ein Druckerdialog, in dem Sie Drucker, Ausrichtung, Fotogröße und Anpassung auswählen.

- **Dateiinformationen anzeigen**
  Informationen zu Dateigröße, Aufnahmedatum, Auflösung, verwendeter Kamera und Dateipfad erhalten Sie, wenn Sie auf *Dateiinfo* klicken. Mit Klick auf *Ordner öffnen* ❶ können Sie den Speicherort im Datei-Explorer anzeigen. Zum Ausblenden der Dateiinfos klicken Sie auf *Schließen* ❷.

Bild 7.20 Dateiinformationen

Mehrere Bilder markieren

In den Ansichten *Sammlung* und *Ordner* können Sie auch gleich mehrere Bilder markieren und diese anschließend löschen, kopieren oder teilen. Zum Markieren zeigen Sie auf das erste Bild. In dessen rechter oberer Ecke wird ein Kästchen sichtbar ❶ und mit Klick in das Kästchen erscheint ein Häkchen, das ist Bild markiert. Auf dieselbe Weise markieren Sie nacheinander die gewünschten Bilder. Ein weiterer Klick entfernt das Häkchen wieder.

Bild 7.21 Bilder markieren

Tipp: Wenn Sie in der Ansicht *Sammlung* alle Bilder desselben Aufnahmedatums auswählen möchten, dann markieren Sie ein Bild und klicken dann auf *Auswählen* ❷. Um die Auswahl aufzuheben, klicken Sie an dieser Stelle auf *Löschen*.

Fotos bearbeiten

In der Einzelbildansicht erhalten Sie neben den oben beschriebenen Schaltflächen zur Verwaltung auch die Möglichkeit, das Bild zu bearbeiten. Außerdem kann die App ein Bild mit automatischen Verbesserungen anzeigen.

Automatische Verbesserung

Die automatische Verbesserung stellt Fotos mit Verbesserungspotential kontrastreicher, farblich satter und korrekt ausgerichtet dar. Die aktivierte automatische Verbesserung erkennen Sie an der hervorgehobenen Schaltfläche *Erweitern* ❶ und am Häkchen. Zum Ausschalten klicken Sie auf diese Schaltfläche. Allerdings ist diese Funktion standardmäßig aktiviert und muss daher bei Bedarf für jedes Foto einzeln deaktiviert werden.

Die automatische Verbesserung steht nur für lokal gespeicherte Bilder zur Verfügung, nicht aber auf OneDrive.

Bild 7.22 Die automatische Verbesserung ist aktiviert

Achtung: Die automatische Verbesserung bezieht sich nur auf Anzeige und Drucken! Beim Kopieren oder Versenden per E-Mail wird dagegen das Original weitergegeben. Wie Sie die Verbesserungen speichern, lesen Sie auf der nächsten Seite.

Die Bearbeitungsmöglichkeiten im Einzelnen

Die einzelnen Möglichkeiten zur manuellen Bearbeitung erhalten Sie mit Klick auf die Schaltfläche *Bearbeiten* ❷.

Bild 7.23 Die Bearbeitungsmöglichkeiten

Wenn Sie ein Bild auf OneDrive bearbeiten, dann wird dieses zuvor zur Bearbeitung heruntergeladen.

Links finden Sie die grundlegenden Bearbeitungskategorien *Allgemeine Korrekturen*, *Filter*, *Licht*, *Farbe* und *Effekte* zur Auswahl ❸. *Allgemeine Korrekturen* ist bereits standardmäßig ausgewählt. In der Spalte am rechten Rand finden Sie Details zur ausgewählten Kategorie, z. B. *Verbessern*, *Drehen*, *Zuschneiden*, *Ausrichten* etc. ❹.

- Über das Plus- bzw. Minussymbol unten rechts können Sie das Bild zoomen.
- Zum Beenden des Bearbeitungsmodus klicken Sie rechts oben auf die Schaltfläche *Abbrechen* ❺.

Änderungen speichern oder verwerfen

- Mit der Schaltfläche *Rückgängig* ❶ machen Sie die Änderungsschritte einzeln rückgängig. Die Schaltfläche *Wiederholen* verwenden Sie dagegen, wenn Sie versehentlich zu viele Schritte rückgängig gemacht haben.

Bild 7.24 Änderungen speichern, verwerfen

- Mit der Schaltfläche *Vergleichen* ❷ wechseln Sie zwischen Original und geändertem Bild. So können Sie kontrollieren, ob die Änderungen wirklich Verbesserungen mit sich bringen. Das Original erscheint, während Sie auf die Schaltfläche klicken und die linke Maustaste gedrückt halten. Diese Funktion ist für einige Bearbeitungen, z. B. Drehen oder Zuschneiden, nicht verfügbar!
- Klicken Sie auf *Speichern* ❸, um alle vorgenommenen Änderungen für dieses Bild zu übernehmen. Gleichzeitig wird der Bearbeitungsmodus beendet.
- In manchen Fällen möchten Sie vielleicht das Original behalten, z. B. wenn Sie keine Fehler korrigiert, sondern ein Schwarz-Weiß-Bild erstellt oder ein Bild zugeschnitten haben. In diesem Fall klicken Sie auf *Kopie speichern* ❹. In der Sammlung werden anschließend beide Bilder angezeigt.

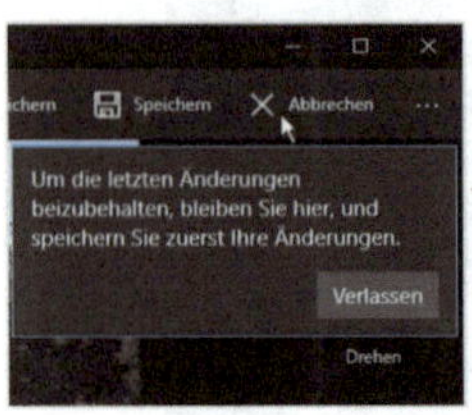

- Mit Klick auf *Abbrechen* beenden Sie den Bearbeitungsmodus. Vorher werden Sie noch darauf aufmerksam gemacht, dass die letzten Änderungen speichern sollten. Falls Sie keine Änderungen übernehmen möchten, klicken Sie auf *Verlassen*.

Tipp: Automatische Verbesserungen speichern

Wenn Sie die automatischen Verbesserungen zusammen mit dem Bild speichern möchten, dann deaktivieren Sie diese zunächst mit Klick auf *Erweitern*. Klicken Sie dann auf *Bearbeiten*, wählen Sie die Kategorie *Allgemeine Korrekturen* und aktivieren Sie rechts mit Klick auf *Verbessern* die automatische Verbesserung wieder. Anschließend übernehmen Sie die Änderung, indem Sie auf *Speichern* klicken.

Fotos zuschneiden

Wählen Sie links die Kategorie *Allgemeine Korrekturen* ❶ aus und klicken Sie rechts auf *Zuschneiden* ❷. Das Bild wird mit einem Gitternetz versehen.

- **Größe festlegen:** Zur Auswahl eines gängigen Fotopapierformats klicken Sie auf die Schaltfläche *Seitenverhältnis* ❸ und wählen 9x13 bzw. 10x15 aus. Aber auch andere Formate, wie z. B. *Quadrat* stehen zur Auswahl.

  Um das Seitenverhältnis manuell zu bestimmen, zeigen Sie mit der Maus auf die Eckpunkte des Bildausschnitts. Der Mauszeiger erscheint als Doppelpfeil und mit gedrückter linker Maustaste können Sie nun durch Ziehen den Ausschnitt verkleinern bzw. vergrößern.

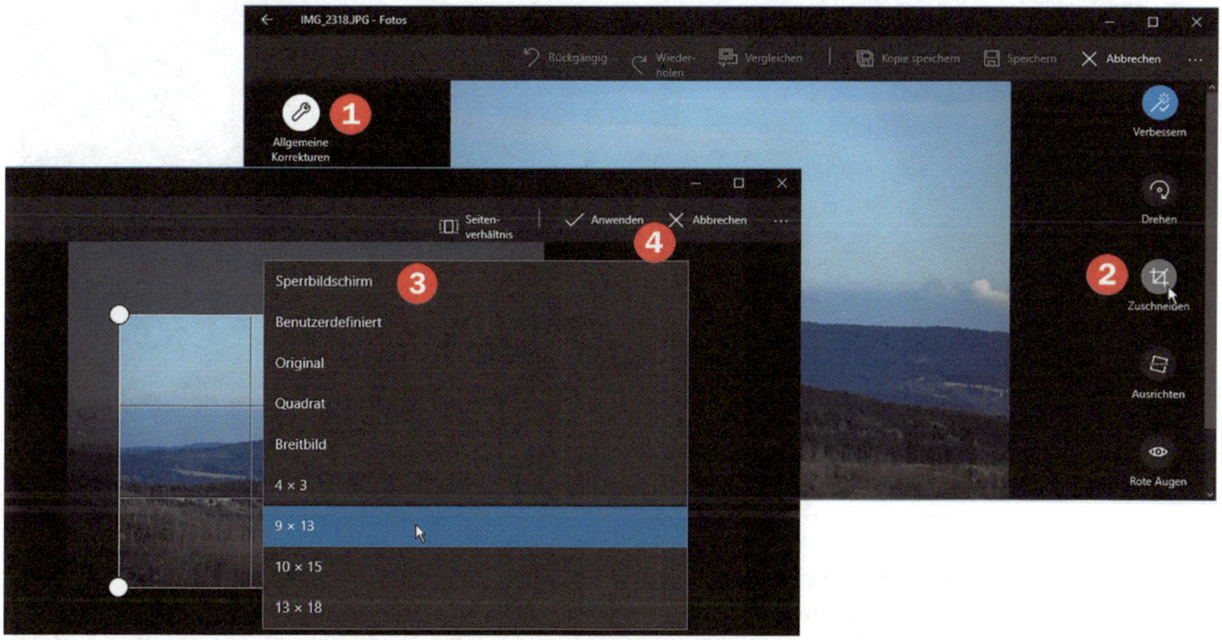

Bild 7.25 Auf Seitenverhältnis zuschneiden

> Wenn Sie ein Seitenverhältnis über die Schaltfläche *Seitenverhältnis* ausgewählt haben, dann können Sie mit der Maus den Bildausschnitt trotzdem vergrößern und verkleinern. Allerdings bleibt das Verhältnis von Breite und Höhe erhalten. Wenn Sie das Bildformat wieder selbst bestimmen möchten, klicken Sie auf die Schaltfläche *Seitenverhältnis* und wählen *Benutzerdefiniert* aus.

- **Bildausschnitt wählen:** Mit der Größenänderung werden auch Teile des Fotos abgeschnitten. Um den Bildausschnitt zu verändern, zeigen Sie auf das Bild. Am Mauszeiger erscheinen vier Richtungspfeile und Sie können nun das Bild verschieben bis sich der Bildausschnitt an der gewünschten Stelle befindet.
- Zuletzt klicken Sie auf *Anwenden* ❹, um die Änderungen zu übernehmen oder auf *Abbrechen*, um die Änderungen zu verwerfen.

Foto ausrichten

Wenn Sie die Kamera bei der Aufnahme des Fotos schief gehalten haben, dann wählen Sie unter *Allgemeine Korrekturen* ❶ die Option *Ausrichten* aus. Damit rücken Sie das Bild gerade. Bedenken Sie aber, dass dabei Teile des Fotos am Rand verloren gehen.

- Klicken Sie rechts auf *Ausrichten* und ziehen Sie bei gedrückter Maustaste am weißen Kreis bzw. Regler ❸. Das Gitternetz ❷ dient zur Orientierung beim Geraderücken. Klicken Sie auf das Bild oder drücken Sie die Esc-Taste, um die Einstellung zunächst zu übernehmen und den Regler auszublenden.

Bild 7.26 Foto geraderücken

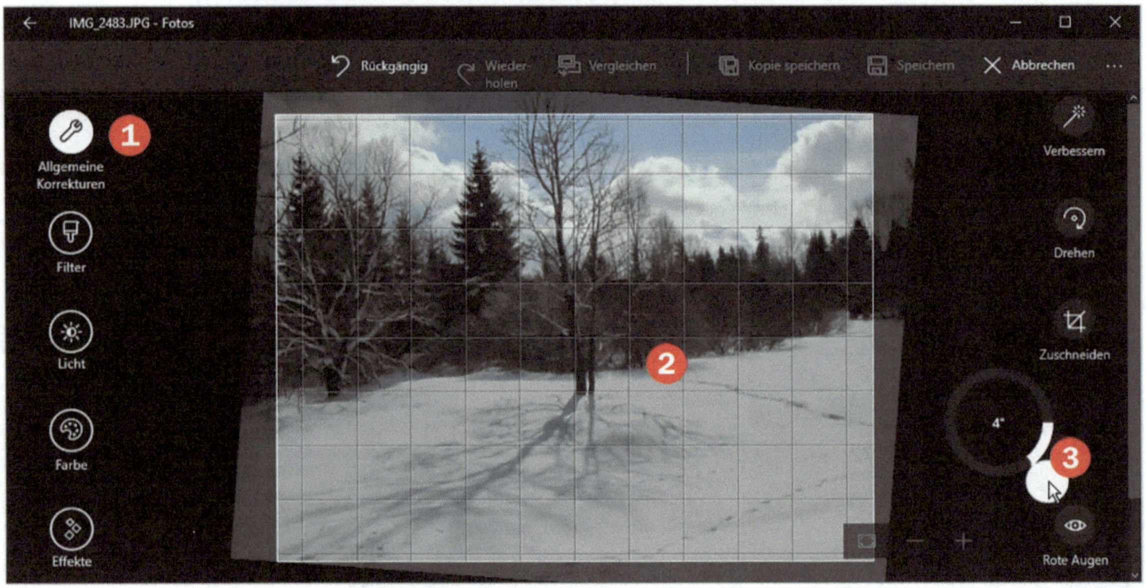

Rote Augen entfernen

Zum Entfernen roter Augen klicken Sie auf die Schaltfläche *Rote Augen*. Der Mauszeiger wird mit einem blauen Kreis unterlegt. Zeigen Sie mit dem blauen Kreis auf den roten Teil des Auges und klicken Sie mit der linken Maustaste. Das Rot wird durch eine dunklere Farbe ersetzt. Für exakteres Arbeiten sollten Sie das Bild zuvor etwas vergrößern. Klicken Sie dazu auf das Pluszeichen am unteren Bildschirmrand.

Retuschieren

Mit Retuschieren lassen sich störende Elemente, z. B. dunkle Punkte oder Lichtreflexe ❶, entstanden durch Verunreinigungen auf der Objektivlinse, entfernen. Klicken Sie in der Kategorie *Allgemeine Korrekturen* auf die Schaltfläche *Retuschieren* ❷, am Mauszeiger erscheint ein blauer Kreis. Klicken Sie nun auf den Bereich, den Sie entfernen möchten ❸. Dieser wird dadurch mit umliegenden Bildausschnitten übermalt.

Das Ergebnis ist allerdings nicht immer zufriedenstellend. Am leichtesten lassen sich Flecken und Lichtreflexe vor einem weitgehend homogenen Hintergrund, z. B. Himmel enfernen.

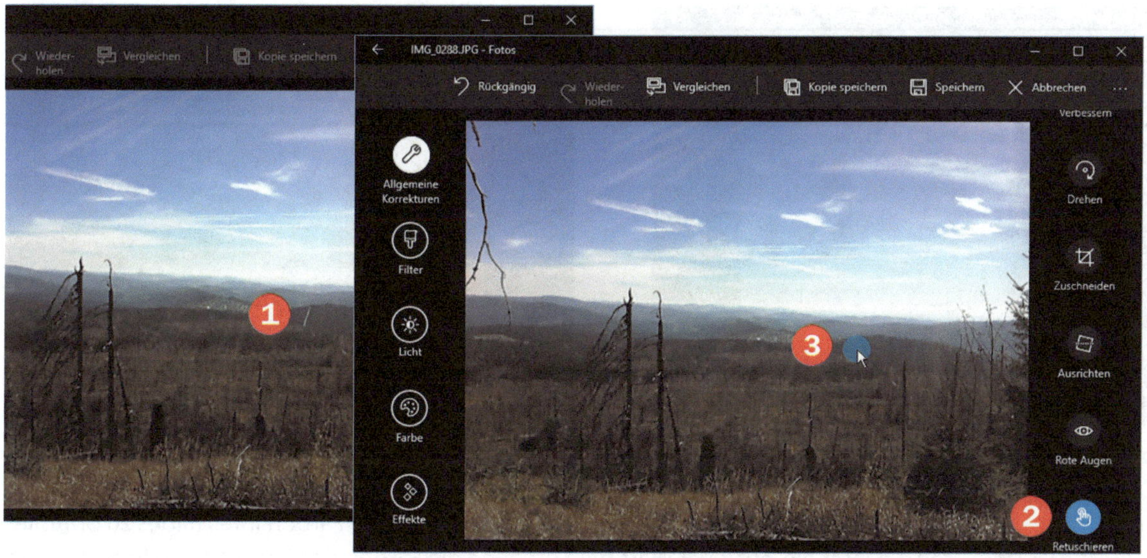

Bild 7.27 Retuschieren

Filter

In der Kategorie *Filter* ❶ finden Sie verschiedene Vorlagen zur Änderung der Farbwirkung. Ein Filter für Schwarz-Weiß ❷ befindet sich ganz am Ende der Liste.

Bild 7.28 Filter: Original

Bild 7.29 Schwarzweiß

Licht

In der Kategorie *Licht* ändern Sie *Helligkeit* und *Kontrast* oder bearbeiten *Helle Flächen* bzw. *Schatten* selektiv. Klicken Sie die gewünschte Option an und ziehen Sie bei gedrückter Maustaste am weißen Reglerkreis mit oder gegen den Uhrzeigersinn.

Im Bild unten wurden mit der Option *Helle Flächen* die Schneefläche und die Wolken leicht abgedunkelt.

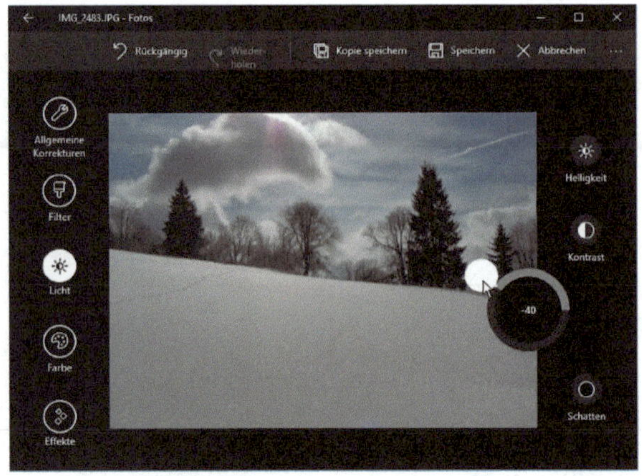

Bild 7.30 Licht: Original

Bild 7.31 Helle Flächen abdunkeln

Farbe

Mit der Kategorie *Farbe* erhalten Sie Möglichkeiten, die Farben Ihres Bildes zu optimieren. So lässt ein positiver Wert bei *Sättigung* die Farben des Fotos kräftig leuchten, ein negativer Wert hingegen „wäscht die Farben aus", wie im Bild links unten ❶. Durch einen negativen Wert bei *Temperatur* erscheint ein Foto kühler, während ein positiver Wert dem Foto eine wärmere Wirkung verleiht.

Mit *Farbverstärkung* kann eine Farbe auf dem Foto ausgewählt und intensiviert bzw. abgeschwächt werden. Klicken Sie auf *Farbverstärkung* und wählen Sie dann mit einem Klick der linken Maustaste die gewünschte Farbe auf Ihrem Foto aus ❷. Der Regler erscheint, ziehen Sie im Uhrzeigersinn, so erscheint die Farbe intensiver, gegen den Uhrzeigersinn wird dagegen die gewählte Farbe abgeschwächt.

Bild 7.32 Negative Farbsättigung

Bild 7.33 Farbe verstärken

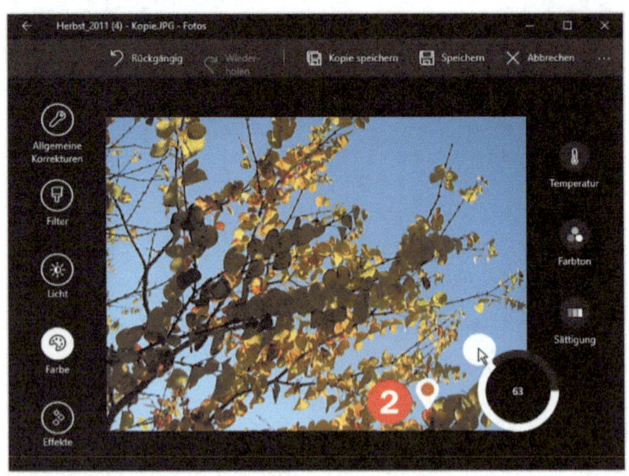

Effekte

- Um die Bildmitte zu betonen und den Blick des Betrachters dorthin zu lenken, kann der Effekt *Vignette* verwendet werden. Dadurch werden die Ecken des Bildes, je nach Einstellung, abgedunkelt oder aufgehellt.

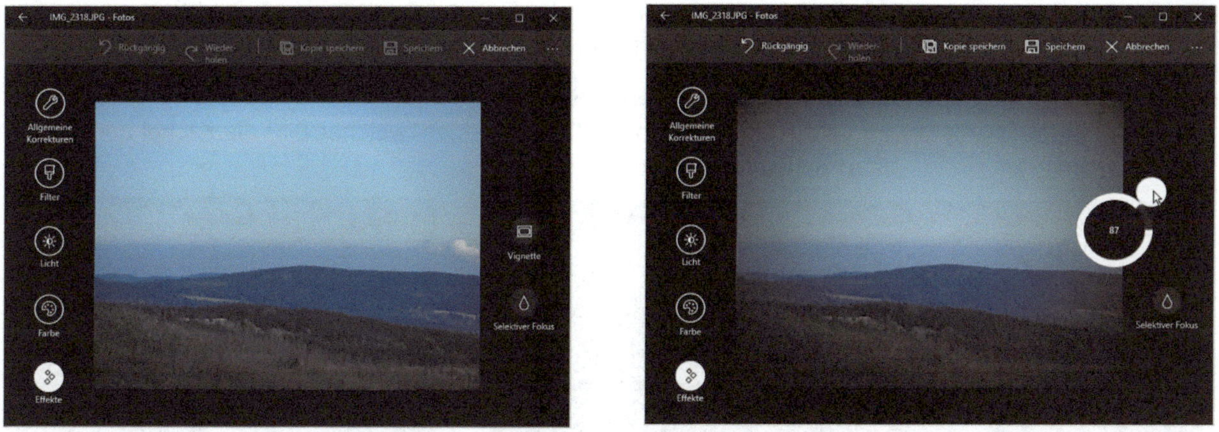

Bild 7.34 Ecken mit Vignette abdunkeln

- Mit der Option *Selektiver Fokus* ❶ (Bild unten) lässt sich ein Teil des Bildes hervorheben, der Rest verschwimmt durch einen Weichzeichnungseffekt.

  Nachdem Sie *Selektiver Fokus* gewählt haben, wird dieser auf dem Foto angezeigt und kann mit der Maus verschoben und über die Punkte in Form und Größe geändert werden ❷. Über die Schaltfläche *Weichzeichnen* ❸ wählen Sie den Grad der Weichzeichnung aus ❷. Wenn Sie zufrieden mit dem Ergebnis sind, dann klicken Sie auf *Anwenden*, sonst auf *Abbrechen* ❹.

Bild 7.35 Selektiver Fokus auf den Baum links

Einstellungen zur App Fotos

Klicken Sie in der App *Fotos* links unten auf *Einstellungen*.

- **Automatische Verbesserung**
  Unter *Anzeigen und Bearbeiten* kann die *Automatische Verbesserung* für die gesamte App und damit alle Fotos aktiviert bzw. deaktiviert ❶ werden. Mit dem Schalter *Verknüpfte Duplikate* ❷ sorgen Sie dafür, dass doppelt gespeicherte Bilder nicht mehrfach angezeigt werden. Nützlich, wenn Ihre Kamera sowohl ein

jpg-Bild als auch ein RAW-Bild abspeichert und Sie beide Bilddateien auf Ihren Computer übertragen haben.

- **Aussehen der Kachel im Startmenü**
  Im Feld *Kachel* ❸ können Sie auswählen, welches Bild die Kachel der App im Startmenü anzeigen soll.

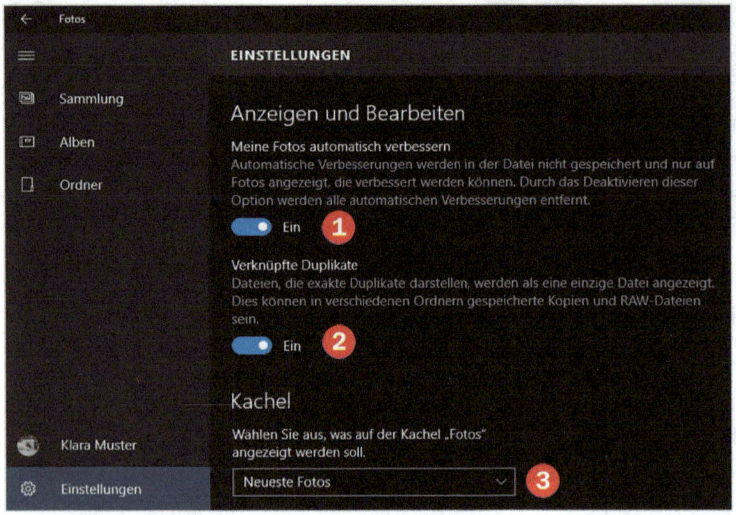

Bild 7.36 Einstellungen: Anzeigen und Berarbeiten

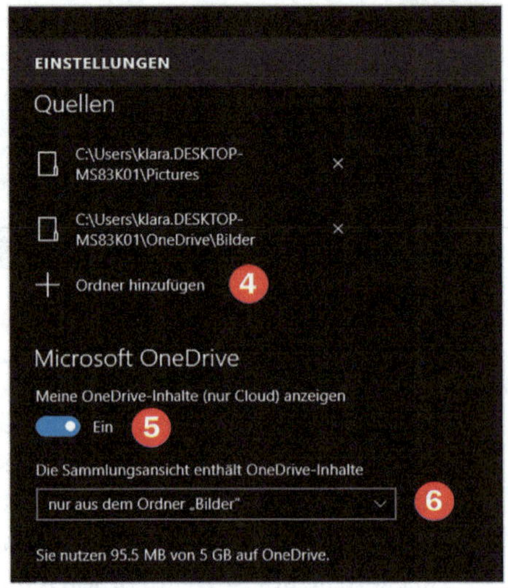

Bild 7.37 Ordner anzeigen

- **Ordner hinzufügen**
  Standardmäßig berücksichtigt die App nur Fotos in den Ordnern *Bilder* auf OneDrive und der lokalen Festplatte. Benutzen Sie noch andere Orte zum Speichern Ihrer Bilder, so klicken Sie auf *Ordner hinzufügen* ❹.
- **OneDrive Ordner anzeigen**
  Weitere Einstellungen betreffen die Anzeige von OneDrive-Inhalten ❺ und welche Ordner hier berücksichtigt werden ❻.

7.2 Mit Microsoft Edge im Internet surfen

Microsoft Edge ist der neue Webbrowser von Microsoft und Nachfolger des Internet Explorers. Zum Starten von Microsoft Edge klicken Sie entweder auf das Symbol in der Taskleiste oder auf die Kachel im Startmenü.

Microsoft Edge

Die Startseite

Nach dem Start bzw. auf der standardmäßigen Startseite ❶ von Microsoft Edge wird der Nachrichtenfeed von MSN (Microsoft Network), also eine Zusammenstellung aktueller Nachrichten angezeigt. Von hier gelangen Sie über Hyperlinks, kurz als Links bezeichnet, zu den ausführlichen Nachrichtentexten. Links sind leicht am veränderten Mauszeiger zu erkennen. Dieser nimmt die Form einer Hand an, wenn Sie darauf zeigen ❷. Gleichzeitig erscheint in der unteren linken Ecke des Browsers die dazugehörige Webadresse ❸.

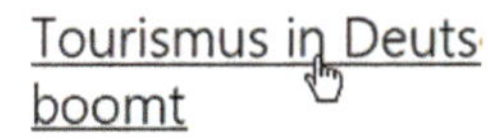

Außerdem finden Sie auf der Startseite ein Feld ❹, in das Sie einen Suchbegriff oder gezielt eine bestimmte Webadresse eingeben können, Näheres hierzu weiter unten.

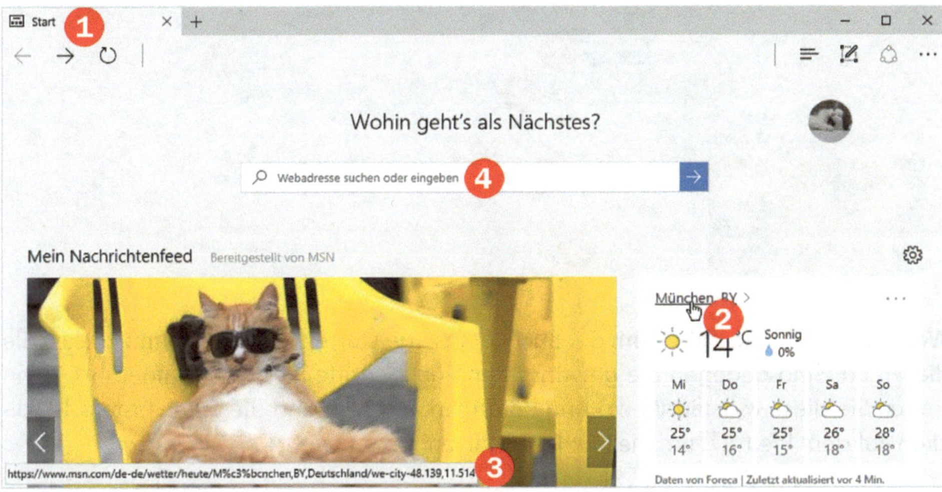

Bild 7.38 Die Startseite von Edge

Wie Sie eine bestimmte Seite als Startseite festlegen, lesen Sie am Ende dieses Punkts auf Seite 261.

Tipp: Eine Liste der zuletzt besuchten Seiten erhalten Sie mit Rechtsklick auf den Pfeil *Zurück*.

Mit Klick auf einen Link wird die dazugehörige Seite angezeigt. Um zurück zur vorherigen Seite zu gelangen, klicken Sie in der oberen linken Ecke des Fensters auf den Pfeil *Zurück*. Der nach rechts weisende Pfeil *Weiter* zeigt dagegen eine Seite erneut an, die zuvor mit *Zurück* verlassen wurde.

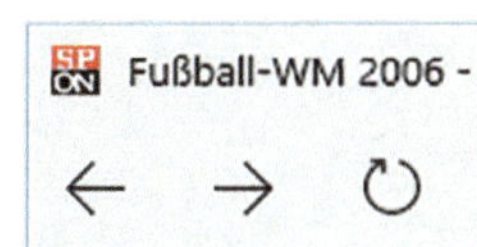

Bild 7.39 Adressleiste und Adressfeld

Der Titel der aktuell angezeigten Seite ist in der Titelleiste ersichtlich, unterhalb sehen Sie im Adressfeld ❺ die Webadresse dieser Seite, im Beispiel unten wetteronline.de.

Webseiten suchen und aufrufen

Auf der Startseite nach Webseiten suchen

Häufig suchen Sie im Web nach Informationen zu einem bestimmten Thema. Zu diesem Zweck können Sie nicht nur das Suchfeld der Startseite ❹ (Bild oben) benutzen, sondern auch das Adressfeld ❺. Sie können einen oder mehrere Begriffe zur Suche verwenden. Die Suche unterscheidet nicht zwischen Groß- und Kleinschreibung, auch kleinere Rechtschreibfehler werden häufig toleriert.

Wenn Sie sich gerade auf der Startseite befinden, dann klicken Sie in das Feld *Webadresse suchen oder eingeben* und tippen Ihre Suchbegriffe ein ❶, z. B. bildner verlag. Bereits während der Eingabe erscheint eine Liste erster Vorschläge, diese können sowohl einzelne Webadressen ❷ als auch Vorschläge für eine Suche im Web ❸ mit dem hauseigenen Suchdienst Bing (bing.de) enthalten. Suchvorschläge erkennen Sie schnell am Lupen-Symbol und dem Hinweistext *Bing-Suche*. Dieser erscheint rechts, wenn Sie auf einen Suchvorschlag zeigen. Bei Webadressen erscheint dagegen die vollständige Adresse, z. B. http://bildnerverlag.de/, siehe Bild unten.

Bild 7.40 Während der Eingabe erhalten Sie Suchvorschläge und Webadressen

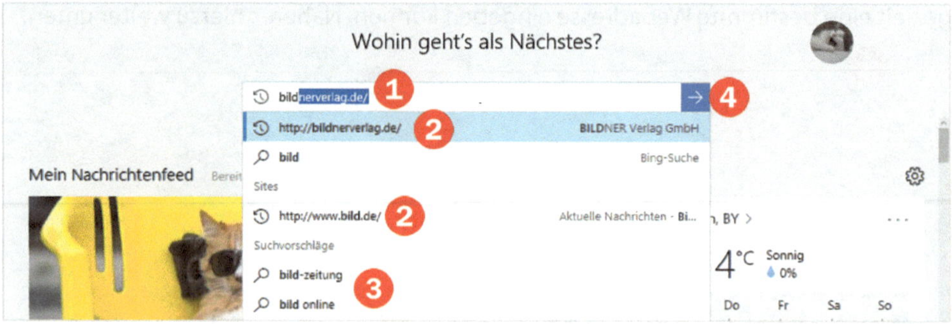

Wenn Sie die Suche mit einem der Suchvorschläge starten möchten, dann klicken Sie diesen an. Sind dagegen die gewünschten Suchbegriffe hier nicht aufgeführt, dann tippen Sie diese vollständig ein und betätigen anschließend die Enter-Taste oder klicken auf dem Pfeil ❹, um die Suche zu starten.

Die Adressleiste zur Suche benutzen

Wenn Sie sich auf einer anderen Seite befinden, dann geben Sie Ihre Suchbegriffe einfach oben in das Adressfeld ein. Dazu klicken Sie im ersten Schritt auf die aktuelle Adresse ❶. Diese wird blau hinterlegt ❷, also markiert und kann anschließend durch Tastatureingabe überschrieben werden. Wie oben beschrieben erhalten Sie auch hier wieder verschiedene Vorschläge ❸, die Sie durch Anklicken übernehmen können.

Bild 7.41 Suche über die Adressleiste

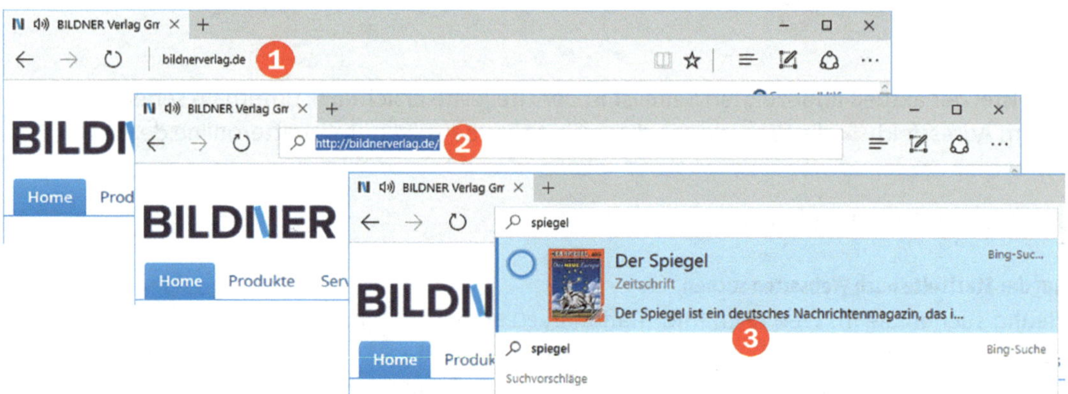

Suchergebnisse

Microsoft Edge verwendet zur Suche standardmäßig den eigenen Suchdienst Bing, daher wird dessen Seite mit einer Liste von Suchergebnissen angezeigt, wenn Sie auf einen der Suchvorschläge klicken. Die Suchergebnisse sind eigentlich Links zu passenden Seiten. Unterhalb des jeweiligen Titels sehen Sie die Adresse und eine kurze Beschreibung der Seite, im Bild unten als Beispiel die Ergebnisse der Suche nach einem Restaurant in Regensburg.

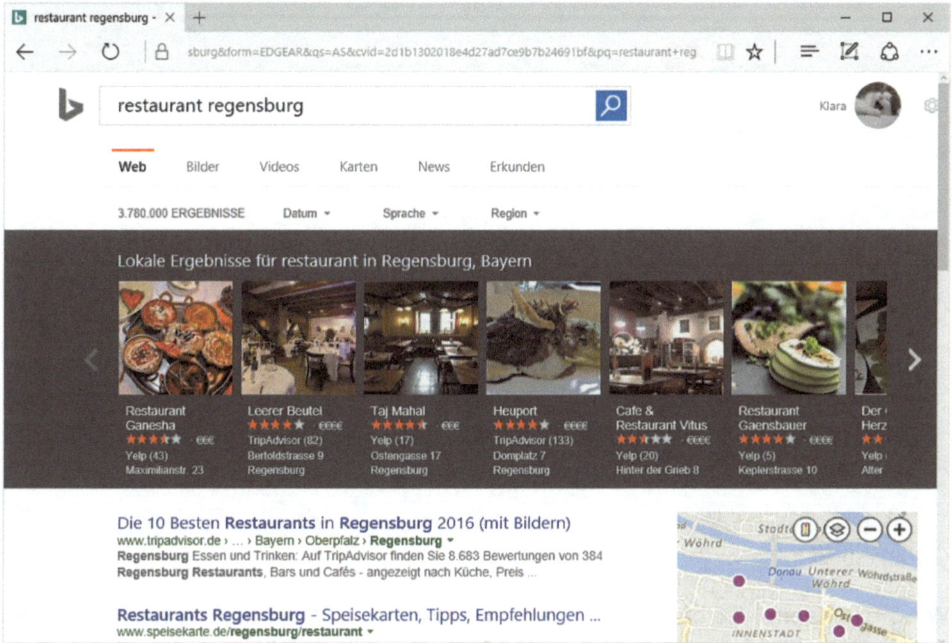

Bild 7.42 Beispiel für die Trefferliste der Suchmaschine Bing

Je nach Suchbegriff erscheinen über oder neben den eigentlichen Treffern auch Anzeigen. Diese sind mit einem entsprechenden Hinweis gekennzeichnet.

Zur besseren Übersicht werden die Suchergebnisse seitenweise mit je 10 Treffern angezeigt. Klicken Sie am Ende der Seite auf *Weiter* oder auf die Seitenzahl, um die nächsten Treffer anzuzeigen.

Alternativ können Sie natürlich auch einen anderen Suchdienst, z. B. google.de aufrufen und hier Ihre Suchbegriffe eingeben. Allerdings sind die Trefferlisten verschiedener Suchmaschinen nicht identisch. Sie unterscheiden sich im Aufbau, in der Reihenfolge der angebotenen Links und im Aussehen.

Wie Sie Google statt Bing als Suchdienst verwenden, lesen Sie weiten hinten auf Seite 261.

Webseiten über die Webadresse aufrufen

Wenn Sie eine bestimmte Seite suchen und deren genaue Webadresse kennen, z. B. www.spiegel.de, dann benötigen Sie eigentlich die Suche nicht und können statt eines Suchbegriffs die Adresse entweder in das Adressfeld oder das Suchfeld der Startseite eingeben. Beachten Sie dabei:

- Webadressen unterscheiden nicht zwischen Groß- und Kleinschreibung, geben Sie also die Adresse am einfachsten in Kleinbuchstaben ein.
- Der erste Teil der Adresse, also http://www. muss nicht eingegeben werden, er wird automatisch ergänzt. Das Kürzel am Ende dagegen, z. B. .de oder .com ist zwingend erforderlich.

- Webadressen dürfen keine Leerzeichen enthalten.

Auch während der Eingabe einer Webadresse erscheinen zum Teil bereits Vorschläge ❶, die Sie durch Anklicken übernehmen können.

Bild 7.43 Geben Sie die vollständige Webadresse ein

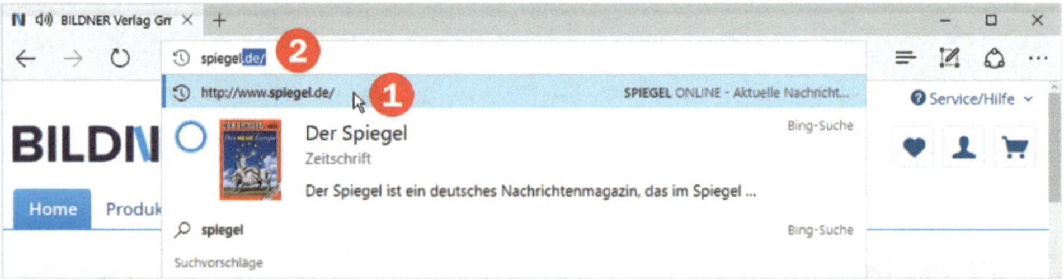

Tipp: Wenn Sie die Seite zuvor schon einmal aufgerufen haben, dann wird nach Eingabe der ersten Zeichen die Adresse im Adressfeld bzw. Suchfeld automatisch vervollständigt ❷ und kann durch Drücken der Enter-Taste übernommen werden.

Cortana sucht mit

Wie Sie in Kapitel 2.6 bereits gesehen haben, durchsucht die Assistentin Cortana bei jedem, hier eingegebenen Suchbegriff ❶, nicht nur Ihren PC sondern auch das Web. Sie können also auch ohne vorheriges Starten von Microsoft Edge im Web suchen. Auch für Cortana gilt: Sie können sowohl Suchbegriffe als auch Webadressen eingeben und durch Anklicken eines Vorschlags wird Microsoft Edge mit Suchergebnissen des Suchdienstes Bing oder der Webadresse geöffnet. Webadressen ❷ erkennen Sie hier am Microsoft Edge-Symbol.

Bild 7.44 Die Suche im Web mit Cortana

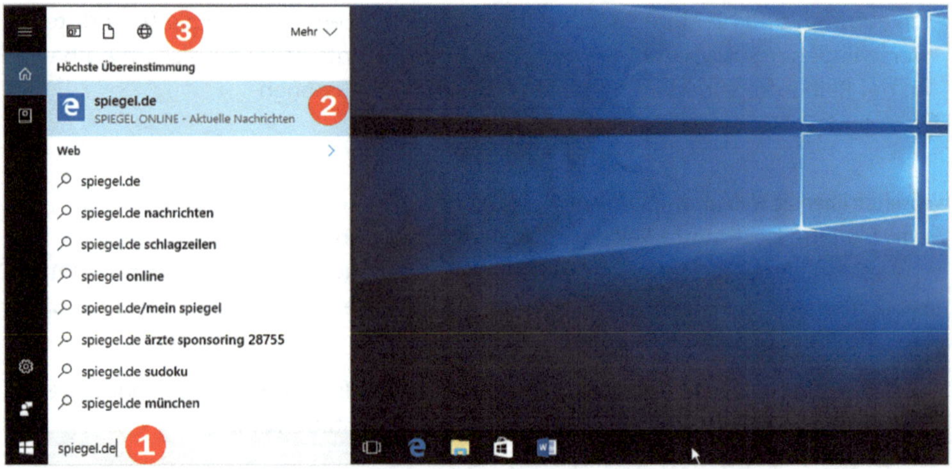

Tipp: Falls Sie die Suche mit Cortana auf das Web beschränken möchten, so klicken Sie auf das Symbol *Ergebnisse suchen im Web* ❸.

Auch während Sie mit Microsoft Edge im Web surfen, kann Cortana nützlich sein. Wenn Sie weitere Informationen zu einem Begriff benötigen, markieren Sie diesen, klicken mit der rechten Maustaste auf die Markierung und wählen im Kontextmenü *Cortana fragen* aus. Im rechten Bereich des Webbrowsers erstellt Cortana eine Trefferliste mit Informationen zum markierten Text. Wenn Sie auf einen Link der Trefferliste klicken, wird die Information in einem neuen Tab angezeigt (Erläuterung Tab siehe weiter unten). Die Trefferliste verschwindet automatisch, sobald Sie in das ursprüngliche Fenster klicken.

Vorausgesetzt, Sie haben die Unterstützung durch Cortana aktiviert.

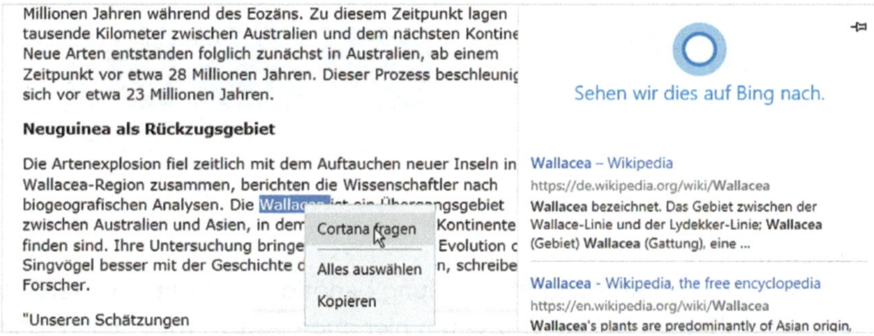

Bild 7.45 Informationen zum markierten Begriff erhalten

Clever surfen mit Tabs

Mit Tabs oder auch Registerkarten können innerhalb des Browserfensters gleich mehrere Webseiten gleichzeitig angezeigt werden. Im Bild unten sind mit Microsoft Edge drei Tabs geöffnet. Der erste Tab links (spiegel.de) wird gerade angezeigt ❶, von den übrigen sehen Sie nur die Reiter mit dem Titel der jeweiligen Webseite.

Manchmal wird beim Anklicken eines Links automatisch ein weiterer Tab mit dieser Seite geöffnet, z. B. beim Anklicken von Werbung oder weiterführender Links.

- Beim Zeigen auf einen Tab erhalten Sie eine Vorschau ❷. Um einen anderen Tab anzuzeigen, klicken Sie auf den Reiter mit dem Titel oder verwenden die Tastenkombination Strg+Tab-Taste.
- Zum Schließen eines nicht mehr benötigten Tabs klicken Sie auf das x ❸, dieses wird erst sichtbar, wenn Sie auf die Registerkarte zeigen.

Bild 7.46 Tabs anzeigen

Neuen Tab öffnen

Mit Klick auf das +-Zeichen ❹ öffnen Sie einen neuen Tab. Dieser zeigt zunächst eine Startseite mit einem Feld zur Suche oder Adresseingabe zusammen mit dem MSN-Nachrichtenfeed an. Zusätzlich finden Sie hier unter der Bezeichnung *Top-Sites* Kacheln mit Apps oder Links zu einigen Webseiten.

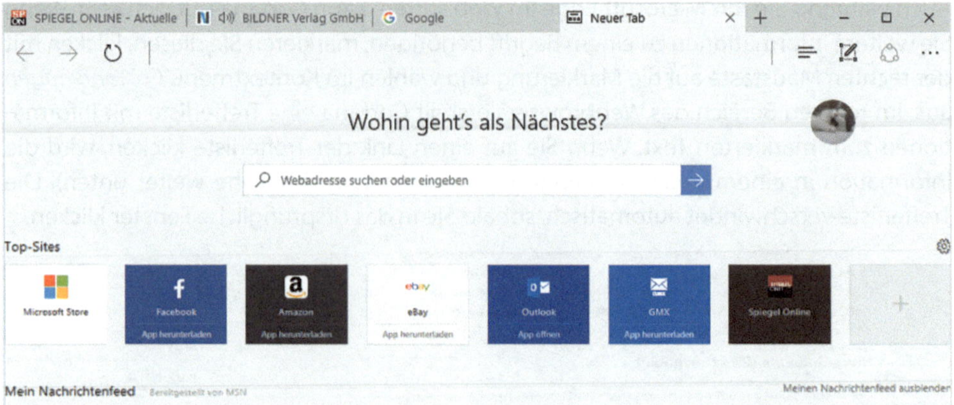

Bild 7.47 Neuer Tab mit Top-Sites und Nachrichtenfeed

Top-Sites anpassen

Da die Top-Sites einen Schnellzugriff auf häufig benötigte Webseiten bieten, können Sie auch selbst festlegen, welche Webseiten hier angezeigt werden sollen. Leider ist die Anzahl begrenzt, so dass Sie dazu zuerst einmal einige der Standard-Sites entfernen müssen.

- Zum Entfernen einer nicht benötigten Site zeigen Sie auf die Kachel: In der rechten oberen Ecke erscheint ein x und mit Klick darauf wird diese entfernt. Den nachfolgenden Hinweis auf das Rückgängigmachen können Sie ignorieren bzw. schließen.
- Wenn Sie eine Webseite hinzufügen möchten, dann klicken Sie auf eine leere Kachel, geben anschließend die genaue Webadresse ein und klicken auf *Hinzufügen*.

Bild 7.48 Webseite zu den Top-Sites hinzufügen

Browser bzw. Tabs schließen

Wenn Sie Microsoft Edge beenden bzw. schließen, dann werden automatisch auch alle Tabs geschlossen und beim nächsten Öffnen erscheint wieder die Startseite. Haben Sie mehrere Tabs geöffnet, dann erscheint aus diesem Grund beim Beenden eine Meldung, die sicherstellen soll, dass Sie auch wirklich alle Tabs schließen möchten. Wenn Sie diese Rückfrage nicht mehr erhalten möchten, dann aktivieren Sie *Immer alle Tabs schließen*.

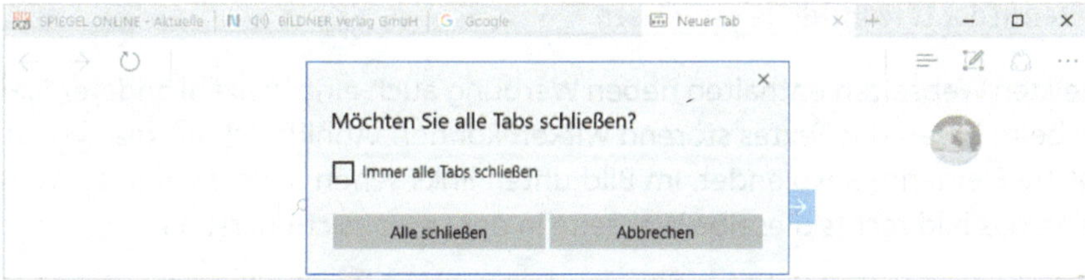

Bild 7.49 *Tabs beim Beenden schließen*

Tipp zum Arbeiten mit mehreren Tabs

- Versehentlich geschlossene Tabs lassen sich wiederherstellen: Klicken Sie auf den äußersten rechten Tab bzw. den verbliebenen Tab mit der rechten Maustaste und wählen Sie im Kontextmenü *Geschlossenen Tab wieder öffnen*.
- Wenn ein offener Tab bei jedem Start von Microsoft Edge automatisch wieder geöffnet werden soll, dann klicken Sie mit der rechten Maustaste auf diese Registerkarte und wählen *Anheften*. Mit Rechtsklick und *Loslösen* entfernen Sie einen angehefteten Tab wieder.

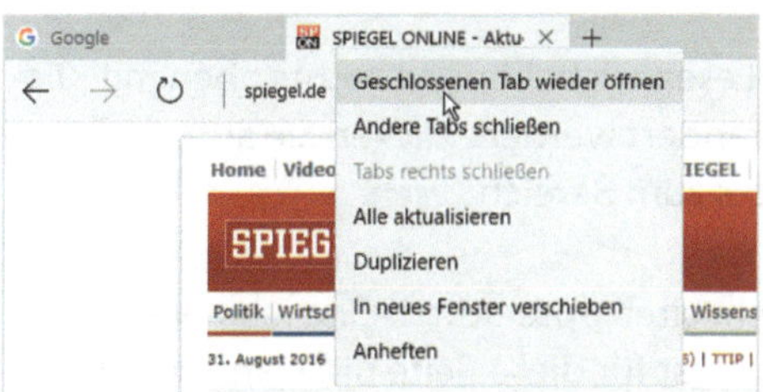

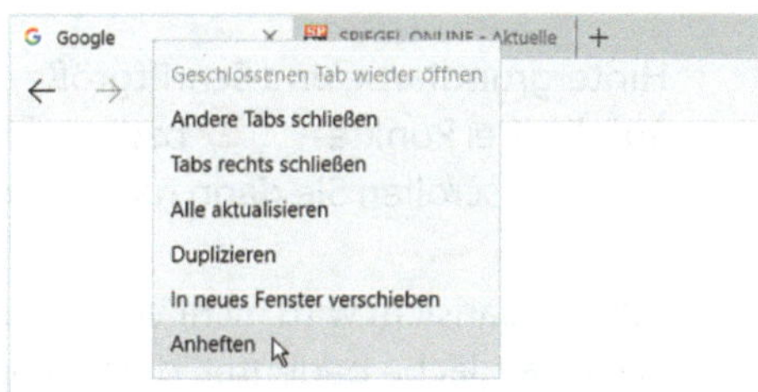

Bild 7.50 *Geschlossenen Tab wiederherstellen*

Bild 7.51 *Tab anheften*

- Im Kontextmenü eines Tabs erhalten Sie noch weitere Möglichkeiten: Sie können den Tab zu duplizieren oder mit dem Befehl *In neues Fenster verschieben* ein zweites Browserfenster mit dieser Webseite öffnen.
- Besonders praktisch ist das Arbeiten mit mehreren Tabs, wenn Sie die interessanten Treffer einer Suchanfrage nicht im selben Tab, sondern auf neuen Tabs öffnen. So können Sie schnell zwischen Trefferliste und den einzelnen Webseiten zu Ihrer Suchanfrage wechseln.
  - Dazu klicken Sie mit der rechten Maustaste auf den Link, den Sie in einem neuen Tab anzeigen möchten. Wählen Sie dann im Kontextmenü *In neuem Tab öffnen* aus.
  - Alternativ halten Sie die Strg-Taste gedrückt während Sie auf den Link klicken.

Bild 7.52 *Link in neuem Tab öffnen*

Webseiten in der Leseansicht leichter lesen

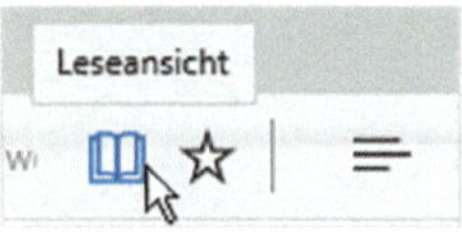

Bild 7.53 Leseansicht aktivieren

Die meisten Webseiten enthalten neben Werbung auch eine Vielzahl anderer Elemente, die beim Lesen des Textes störend wirken können. Abhilfe schafft die *Leseansicht*, die solche Elemente ausblendet. Im Bild unten links sehen Sie die Original-Webseite, während das Bild rechts dieselbe Webseite in der Leseansicht darstellt.

- Die Leseansicht aktivieren ❶ und deaktivieren ❷ Sie über die gleichnamige Schaltfläche in der Adressleiste.

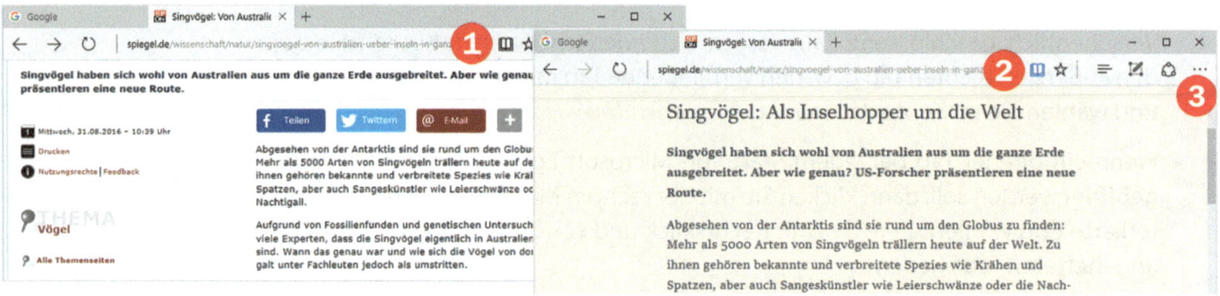

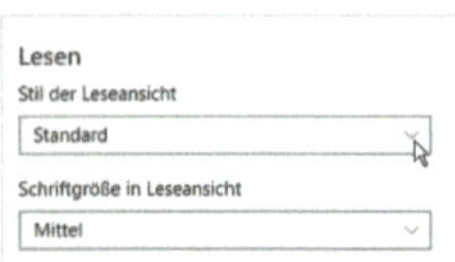

- Hintergrundfarbe und Schriftgröße der Leseansicht können rechts oben mit Klick auf die drei Punkte ··· ❸ bzw. *Mehr* verändert werden. Klicken Sie auf *Einstellungen* und scrollen Sie dann nach unten bis zum Bereich *Lesen.*

> Die Leseansicht wird nicht von allen Webseiten unterstützt. Eine inaktive bzw. graue Schaltfläche bedeutet, die Leseansicht ist für diese Seite nicht verfügbar.

Webadressen „merken" und schnell wiederfinden

Eine Webadresse in den Favoriten speichern

Unter der Bezeichnung *Favoriten* speichern Sie Adressen interessanter oder häufig benötigter Webseiten und können diese so später schneller wieder aufrufen. Für einen besseren Überblick können Sie außerdem die Adressen ähnlicher Webseiten in Ordnern zusammenfassen. So gehen Sie vor, wenn Sie die Adresse der aktuellen Webseite in der Favoritenliste speichern möchten:

1. Klicken Sie in der Adressleiste auf das Symbol ☆ *Zu Favoriten oder Leseliste hinzufügen* ❶.

2. Achten Sie darauf, dass der Bereich *Favoriten* ❷ ausgewählt ist und geben Sie im Feld *Name* eine sinnvolle Bezeichnung ein ❸. Häufig kann hier auch der Titel der Seite übernommen werden.
3. Falls Sie Ihre umfangreiche Favoritensammlung in Ordnern verwalten möchten, dann klicken Sie auf *Neuen Ordner erstellen* ❹ oder wählen Sie einen bestehenden Ordner im Feld *Speichern in* aus.
4. Zuletzt klicken Sie auf *Hinzufügen* ❺.

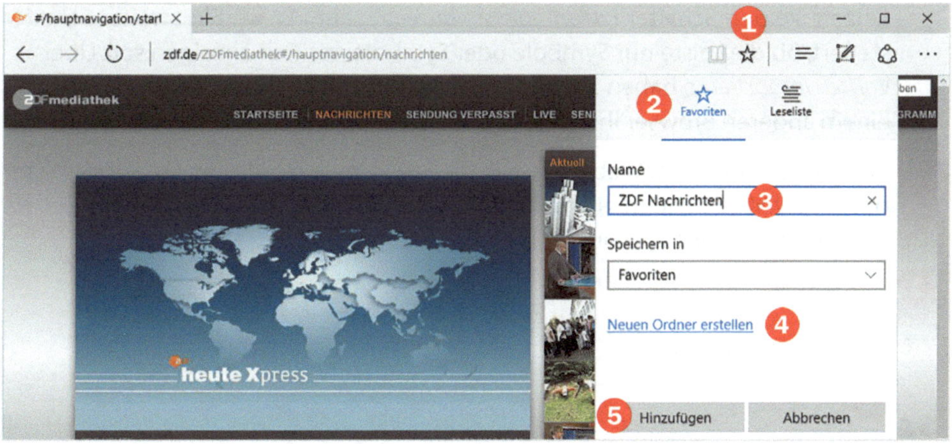

Bild 7.54 Webseite zu den Favoriten hinzufügen

Favoriten anzeigen und verwalten

Über das Symbol *Hub (Favoriten, Leseliste, Verlauf und Downloads)* ❶ erhalten Sie Zugriff auf die gespeicherten Favoriten. Klicken Sie hier auf *Favoriten* ❷. Mit Klick auf einen der Einträge rufen Sie die dazugehörige Webseite wieder auf, eventuell müssen Sie zuvor noch mit Klick auf den nach rechts weisenden Pfeil den Ordner öffnen.

Bild 7.55 Gespeicherte Favoriten anzeigen

- Um einen Eintrag aus der Favoritenliste zu entfernen, klicken Sie diesen in der Liste (s. Bild oben) mit der rechten Maustaste an und klicken auf *Löschen*.
- Im Kontextmenü der rechten Maustaste erhalten Sie auch die Möglichkeit, einen Eintrag umzubenennen oder die Liste alphabetisch zu sortieren.

So nutzen Sie die Favoritenleiste

Noch schnelleren Zugriff auf Webadressen erhalten Sie, wenn Sie diese der Favoritenleiste, einer zusätzlichen Leiste unterhalb der Adresszeile, hinzufügen. Diese muss allerdings erst einmal eingeblendet werden, da sie standardmäßig nicht sichtbar ist.

1. Lassen Sie sich wieder über das Symbol *Hub* ❶ und die Auswahl *Favoriten* ❷ die Favoritenliste anzeigen und klicken Sie hier auf *Einstellungen* ❸.

2 Setzen Sie den Schalter *Favoritenleiste anzeigen* auf *Ein* ❹. Ein zweiter Schalter steuert, ob die Leiste nur Symbole oder Symbole mit Text anzeigen soll. Über *Favoriten importieren* haben Sie hier außerdem die Möglichkeit, beim Umstieg von einem anderen Browser Ihre Lesezeichen zu importieren

3 Zum Hinzuügen einer Webadresse in die Favoritenleiste klicken Sie auf das Symbol *Favoriten* ❺, geben einen kurzen Namen ein und wählen im Feld *Speichern in* die Favoritenleiste ❻ aus.

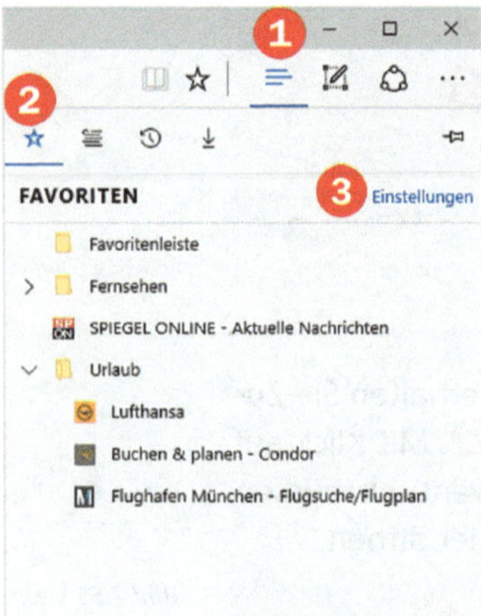

Bild 7.56 Klicken Sie auf Hub und auf Favoriten

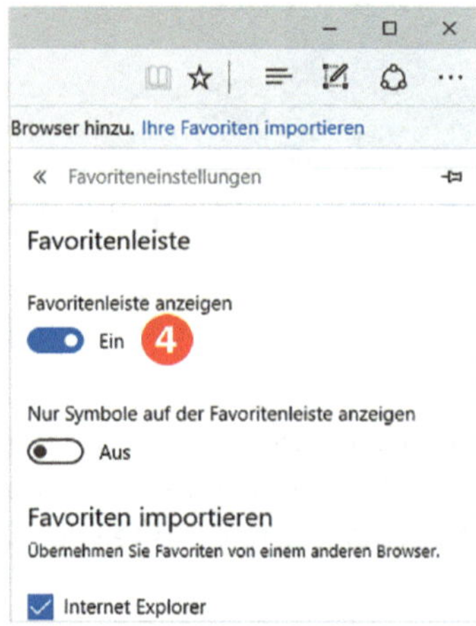

Bild 7.57 Favoritenleiste anzeigen

Bild 7.58 Favoritenleiste beim Speichen auswählen

Im Bild unten sehen Sie die Favoritenleiste mit den beiden Einträgen Google und Spiegel online. Zum Anzeigen der Webseite genügt ein Klick. Ist die Favoritenleiste erst einmal eingeblendet, lassen sich auch hier per Rechtsklick in die Leiste Ordner erstellen.

Bild 7.59 Beispiel Favoritenleiste

Tipp: Häufig aufgerufene Seiten lassen sich auch als Kachel ans Startmenü anheften: Rufen Sie dazu die Seite in Microsoft Edge auf, klicken Sie auf *Mehr* (Dreipunkte-Symbol ··· rechts oben) und wählen Sie *Diese Seite an „Start" anheften.*

Leseliste verwenden

Die *Leseliste* unterscheidet sich kaum von den *Favoriten*. Sie dient zum Speichern von Webseiten, deren Inhalte Sie später lesen möchten. Dabei gehen Sie ähnlich vor, wie bei den *Favoriten*. Um die aktuelle Seite der Leseliste hinzuzufügen, klicken auf das Symbol ☆ *Zu Favoriten oder Leseliste hinzufügen* ❶, im Gegensatz zu den Favoriten wählen Sie anschließend den Bereich *Leseliste* ❷ aus. Zugriff auf die gespeicherten Einträge der Leseliste erhalten Sie wieder über das Symbol *Hub* ≡ und die Auswahl *Leseliste*. Um den Überblick nicht zu verlieren, sollten Sie Gelesenes und nicht mehr

Benötigtes aus der Liste entfernen. Klicken Sie dazu mit der rechten Maustaste auf den Eintrag und wählen Sie die Option *Löschen*.

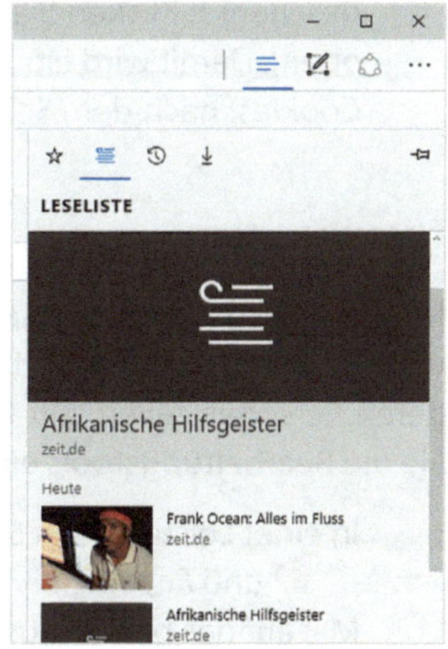

Bild 7.60 Webseite in Leseliste speichern

Bild 7.61 Leseliste anzeigen

Browserverlauf

Standardmäßig „merkt" sich Edge die Adressen aller besuchten Webseiten und speichert diese im Verlauf. Dieser Verlauf wird bei der Suche und Eingabe von Webadressen (automatisches Vervollständigen) in die Verschlagsliste einbezogen.

Siehe Seite 249.

- Den Verlauf können Sie benutzen, wenn Sie eine, in letzter Zeit besuchte Seite, deren Adresse Sie vergessen haben, wieder anzeigen möchten. Zum Anzeigen des Verlaufs klicken Sie auf das Symbol *Hub* ❶ und hier auf *Verlauf* ❷. Nach Datum gegliedert enthält der Verlauf nicht nur einzelne Seiten, sondern auch Suchanfragen, die sich mit einem Klick wieder aufrufen lassen.

- Einzelne Einträge und Zeiträume können Sie mit Klick auf das x rechts ❸ löschen oder mit Klick auf *Gesamtverlauf löschen* alle Einträge entfernen.

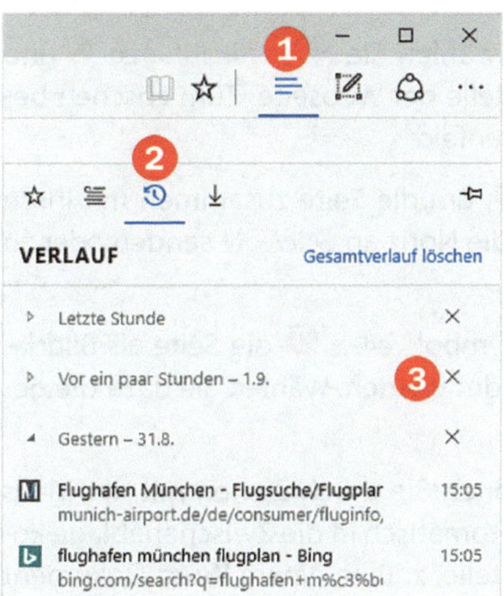

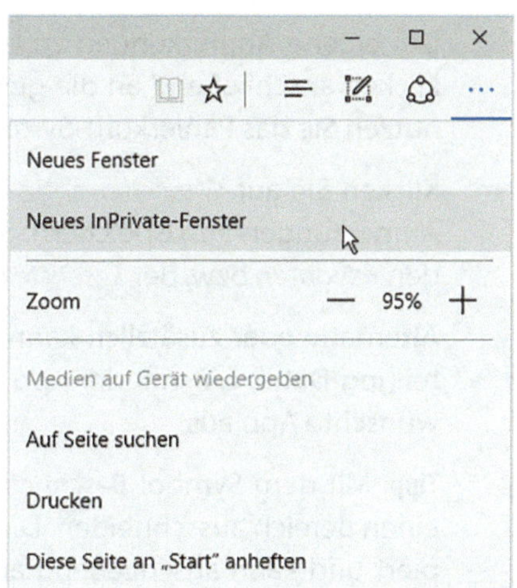

Bild 7.62 Browserverlauf anzeigen

Bild 7.63 InPrivate-Fenster öffnen

Aus dem Verlauf gelöschte Einträge erscheinen bei der Eingabe eines Suchbegriffs oder einer Webadresse nicht mehr in der Liste der Suchvorschläge.

- **Tipp:** Mit einem sogenannten InPrivate-Fenster verhindern Sie, dass besuchte Seiten im Verlauf gespeichert werden, z. B. beim Online-Einkauf eines Geburtstagsgeschenks. Klicken Sie auf *Mehr* ··· und wählen Sie *Neues InPrivate-Fenster* (Bild oben). Damit wird ein neues Fenster geöffnet, dessen Browserdaten (Verlauf und Cookies) nach dem Schließen automatisch gelöscht werden.

Webseitennotizen

Mit Edge lassen sich Webseiten mit Notizen in Form von Texten oder Zeichnungen versehen und anschließend in den Favoriten oder der Leseliste speichern oder mit anderen Personen teilen. Mit Klick auf das Symbol *Webseitennotiz erstellen* blenden Sie die Bearbeitungstools ein.

- In einer Leiste finden Sie die Werkzeuge *Stift* ❶, *Textmarker* ❷, *Radierer*, *Textnotiz* ❸ und *Beschneiden*. Das Feld zur Farbauswahl erscheint, wenn Sie ein zweites Mal auf das bereits ausgewählte Werkzeug Stift oder Textmarker klicken.

Bild 7.64 Webseitennotizten erstellen

- Um eigene Anmerkungen zu hinterlegen, wählen Sie *Notiz hinzufügen* ❸ und klicken anschließend an die gewünschte Stelle der Webseite. Zum Löschen benutzen Sie das Papierkorb-Symbol im Notizenfeld.
- Klicken Sie auf *Webseitennotiz speichern* ❹, um die Seite zusammen mit Ihren Anmerkungen abzuspeichern. Sie können die Notiz an *OneNote* senden oder zu den *Favoriten* bzw. der *Leseliste* hinzufügen.

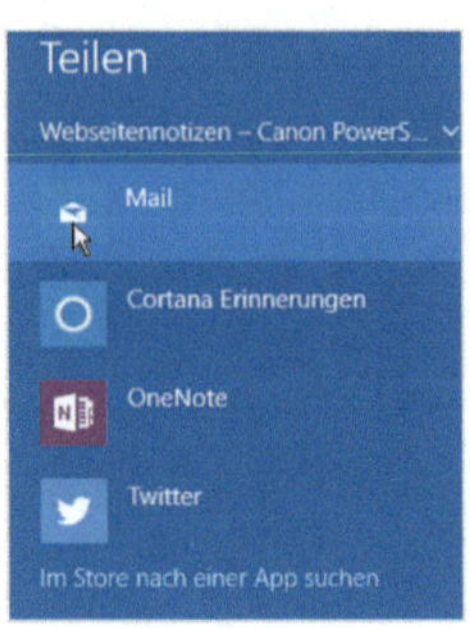

- Alternativ oder zusätzlich kann über das Symbol *Teilen* ❺ die Seite als Bilddatei (jpg-Datei) z. B. mit der App *Mail* versendet werden. Wählen Sie dazu die gewünschte App aus.
- **Tipp:** Mit dem Symbol *Beschneiden* können Sie durch Ziehen mit der Maus einen Bereich ausschneiden. Dieser wird automatisch in die Zwischenablage kopiert und kann anschließend an anderer Stelle, z. B. in einem Word-Dokument oder einer E-Mail mit Strg+V wieder eingefügt werden.

- Klicken Sie auf *Beenden* ⑥, um zur ursprünglichen Ansicht zurückzukehren.
- Die gespeicherte Seite mit Ihren Notizen und Anmeldungen können Sie jederzeit über das Symbol *Hub* und die Favoriten bzw. Leseliste wieder anzeigen.

Passen Sie Edge an Ihre Bedürfnisse an

Um Aussehen und Verhalten von Edge an Ihre Wünsche anzupassen, klicken Sie auf *Mehr* ··· und ganz am Ende der Liste auf *Einstellungen*.

Heller oder dunkler Hintergrund?
Klicken Sie im Feld *Design Auswählen* ❶ auf den Pfeil und wählen Sie zwischen *Hell* (weißer Hintergrund) und *Dunkel* (Schwarzer Hintergrund, weiße Schrift).

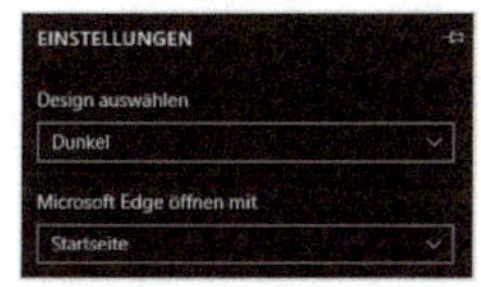

Startseite wählen
Im Feld *Microsoft Edge öffnen mit* ❷ können Sie angeben, welche Seite beim Start angezeigt werden soll. Sie haben die Wahl zwischen der bereits beschriebenen *Startseite*, (dies ist die Standardeinstellung), *Neue Tabseite*, *Vorherige Seiten* (d.h. die zuletzt angezeigte Seite) und *Bestimmte Seiten(n)*. Mit der Auswahl *Bestimmte Seite(n)* erscheint ein Feld ❸, in das Sie die URL bzw. Webadresse der gewünschten Seite eingeben. Klicken Sie dann daneben auf das Symbol *Speichern*.

Bild 7.65 Einstellungen

Bild 7.66 Bestimmte Startseite anzeigen

Bild 7.67 Browserdaten löschen

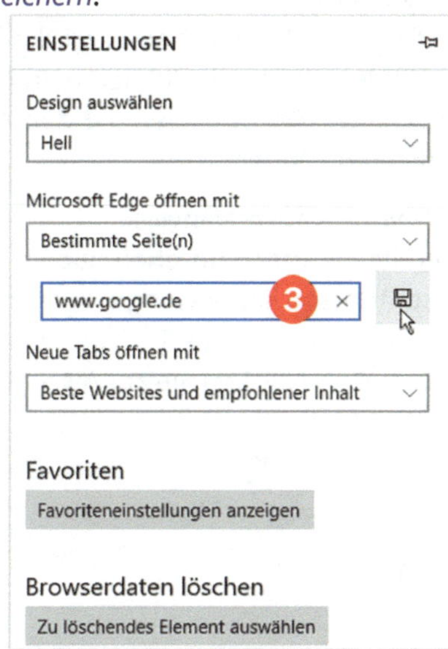

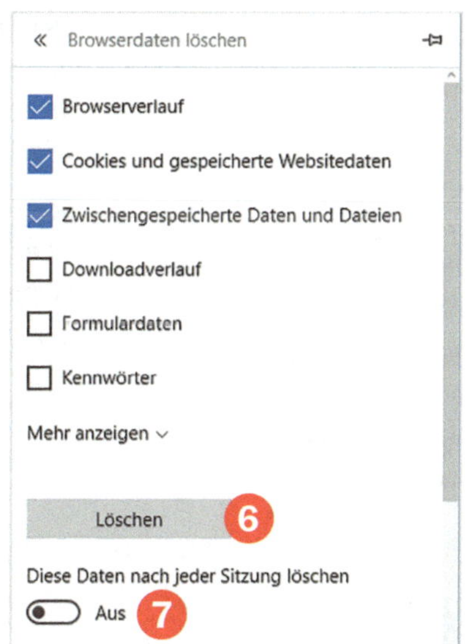

Anzeige beim Öffnen neuer Tabs
In einem weiteren Feld ❹ können Sie festlegen, was beim Öffnen eines neuen Tabs angezeigt werden soll: *Beste Websites und empfohlener Inhalt* (Standardeinstellung), *Beste Websites* oder *Leere Seite*.

Siehe „Top-Sites anpassen" auf Seite 254.

Gelöschte Adressen erscheinen bei der Eingabe eines Suchbegriffs oder einer Webadresse nicht mehr in den Suchvorschlägen.

Browserdaten löschen

Während Sie im Web surfen, werden nicht nur die Adressen der besuchten Webseiten im Verlauf gespeichert, sondern auch Cookies abgelegt. Das sind kleine Textdateien, die Sie bei einem späteren Besuch dieser Seite identifizieren können. Wenn Sie alle diese Dateien aus Datenschutzgründen löschen möchten, dann klicken Sie unter *Browserdaten löschen* auf *Zu löschendes Element auswählen* ❺, siehe Bild 7.67.

- Über Kontrollkästchen können Sie nun für jede Kategorie festlegen, ob Sie diese löschen möchten. Klicken Sie dann auf *Löschen* ❻.
- Wenn diese Daten beim Beenden von Edge automatisch gelöscht werden sollen, dann setzen Sie den Schalter *Diese Daten nach jeder Sitzung löschen* ❼ auf *Ein*.

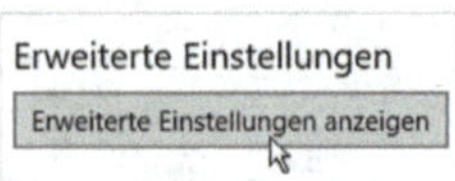

Erweiterte Einstellungen

Weitere Möglichkeiten erhalten Sie, wenn Sie in den Einstellungen ganz nach unten ans Ende der Liste scrollen und auf *Erweiterte Einstellungen anzeigen* klicken.

- **Schnell die Startseite anzeigen**
  Umsteiger vom Internet Explorer vermissen vielleicht die Schaltfläche *Startseite* (Haus), die per Mausklick schnell die Startseite wieder anzeigt. Setzen Sie dazu den Schalter *Schaltfläche „Startseite" anzeigen* auf *Ein* ❶ (Bild unten).
- **Flash Player aktivieren/deaktivieren**
  Der Flash Player stellt ein Sicherheitsrisiko für Ihren Computer dar, vielfach wird daher empfohlen, ihn zu deaktivieren. In den erweiterten Einstellungen finden Sie einen Schalter ❷, über den Sie den Adobe Flash Player deaktivieren und wieder aktivieren können.
- **Google als Standardsuchdienst festlegen**
  Wie Sie bereits mehrfach gesehen haben, verwendet Edge Bing als Suchdienst. Wenn Sie stattdessen lieber Google verwenden möchten, dann klicken Sie unter *In Adressleiste suchen mit* auf *Suchmaschine ändern* ❸. Wählen Sie dann *Google-Suche* ❹ aus und klicken Sie auf Als *Standard* ❺.

Bild 7.68 Schaltfläche Startseite

Bild 7.69 Suchmaschine ändern

Bild 7.70 Suchdienst auswählen

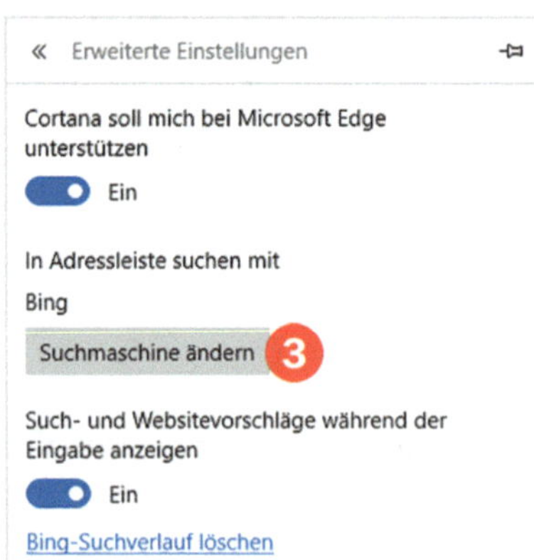

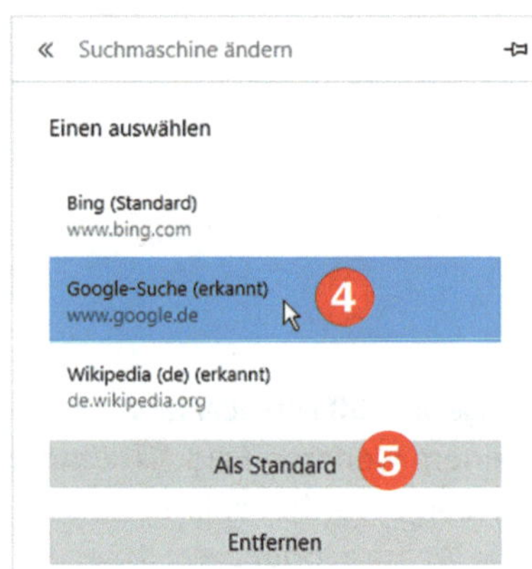

7.3 Karten

Sollte die App *Karten* im Startmenü nicht als Kachel vorhanden sein, so klicken Sie zum Starten auf *Alle Apps*, hier finden Sie die App unter dem Buchstaben K. Oder klicken Sie in das Suchfeld der Taskleiste und tippen hier den Namen der App ein. Falls aktiviert, können Sie auch Cortana mit dem Öffnen beauftragen.

Automatische Positionsermittlung

Wenn Sie die App zum ersten Mal starten, erscheint zunächst die Frage, ob Sie die automatische Ermittlung Ihrer Position erlauben möchten.

- Wenn Sie zustimmen bzw. auf *Ja* klicken, wird die App mit einer Karte Ihrer Umgebung geöffnet und Ihr Standort mit einem Symbol gekennzeichnet. Falls Sie die Positionsermittlung nicht erlauben, kann die App trotzdem gestartet und verwendet werden.

Bild 7.71 Zugriff auf Position erlauben

Ist die automatische Positionsermittlung aktiv, so erscheint bei jedem Öffnen der App im Infobereich der Taskleiste ein kleines Symbol. Beim Klick auf das Symbol erhalten Sie die Möglichkeit, die Datenschutzeinstellungen zu öffnen.

Bild 7.86 Datenschutzeinstellungen

Tipp: Im Info-Center können Sie die Positionbestimmung bei Bedarf ausschalten. Sie öffnen das Info-Center mit Klick auf das Symbol in der Taskleiste. Ein Klick auf die Schaltfläche *Position* schaltet die Positionsermittlung aus bzw. wieder ein.

In der App bzw. Karte bewegen

- Zum Vergrößern bzw. Verkleinern des Kartenausschnitt drehen Sie das Mausrädchen (Zoom) oder klicken Sie auf die Schaltfläche + bzw. - ❶.
- Zum Verschieben des Kartenausschnitts klicken Sie in die Karte und halten die Maustaste gedrückt, während Sie die Maus bewegen.
- Bei der Anzeige können Sie zwischen Straßenansicht und Luftbild wählen. Klicken Sie dazu in der Leiste am rechten Rand auf das Symbol *Kartenansicht* ❷. In

beiden Fällen können Sie auch noch die Verkehrsdichte und zusätzlich Verkehrsstörungen einblenden.

- Mit Klick auf das Symbol *Neigen* ❸ erhalten Sie eine Schräganzeige.
- In der App oben finden Sie die Menüleiste ❹. Hier sind standardmäßig nur die Symbole sichtbar. Zum Einblenden der dazugehörigen Beschriftung zeigen Sie auf ein Symbol.

Bild 7.72 Oberfläche der App Karten

Suchen

- Klicken Sie in der Menüleiste auf *Suchen* (Lupe) ❶ oder klicken Sie in der Kartenansicht in das Suchfeld.
- Klicken Sie in das Suchfeld ❷, geben Sie den gewünschten Ort ein und klicken Sie dann auf die Lupe im Feld ❸ oder betätigen Sie die Eingabe-Taste. Der Ort erscheint sofort rechts in der Kartenansicht.
- Zum Schließen des Suchbereichs klicken Sie erneut auf das Lupen-Symbol in der Menüleiste.

Bild 7.73 Orte finden

Die Suche erlaubt auch die Eingabe einer Postanschrift. Zudem können Sie sich über die Suche auch Restaurants, Hotels, Museen u.a. des aktuellen Ortes anzeigen lassen ❹.

Eine Route (Wegbeschreibung) ermitteln lassen

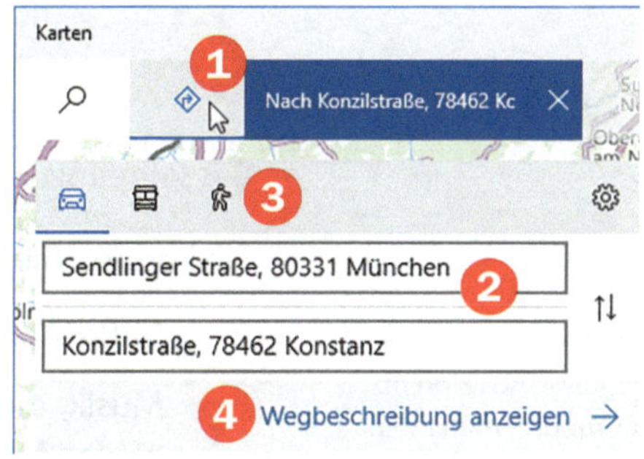

- Klicken Sie in der Menüleiste auf *Wegbeschreibung* ❶.
- Geben Sie im Feld *Von* den Ort Ihrer Abfahrt ein ❷ und im Feld *Nach* das Ziel , beides kann mit Straße und Hausnummer eingegeben werden.

  Tipp: Hier stehen Symbole ❸ zur Verfügung, mit denen Sie anstatt eines Pkws öffentliche Verkehrsmittel (*Transit*) und Fußwege einbeziehen können.
- Klicken Sie dann auf den Pfeil *Wegbeschreibung anzeigen* ❹.

Die Wegbeschreibung wird ermittelt, anschließend finden Sie die Route rechts in der Karte sowie links daneben eine detaillierte Wegbeschreibung.

- Um die Wegbeschreibung samt Karte auszudrucken, klicken Sie rechts in der Menüleiste auf *Weitere anzeigen* und dann auf *Drucken* ❶.
- Mit Klick auf *Los* ❷ erhalten Sie in der Karte eine Vorschau.

Bild 7.74 Wegbeschreibung

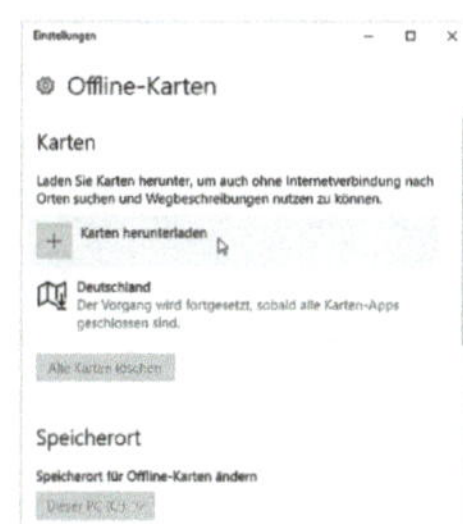

Tipp: Die App *Karten* benötigt normalerweise eine Internetverbindung. Sie können aber auch die Karten herunterladen. Klicken Sie dazu in der Menüleiste der App auf *Weitere anzeigen* und dann auf *Einstellungen*. Hier können Sie über die Schaltfläche *Karten auswählen* unter anderem entscheiden, welche Karten Sie herunterladen möchten und ob diese Karten automatisch aktualisiert werden sollen. Die Anzeige der aktuellen Verkehrslage ist ohne Internet allerdings nicht möglich.

Karte drucken

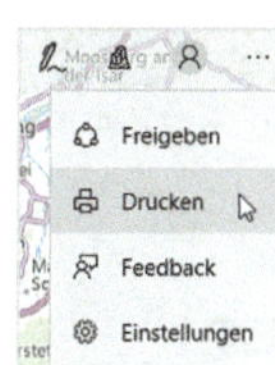

- Klicken Sie in der oberen rechten Ecke der App auf die Schaltfläche mit den drei Punkten und anschließend auf *Drucken*.

7.4 Musik und Videos

Das sollten Sie über Musik am Computer wissen

Sie können Musik aus drei verschiedenen Quellen verwenden und anhören:

Für Musik-CD's spielt es keine Rolle, ob Ihr Computer mit einem CD-, einem DVD- oder einem BlueRay-Laufwerk ausgestattet ist.

- Musik auf einer CD in einem CD / DVD / BluRay Laufwerk.
- Musik, die als Datei auf einem Speicher Ihres Computers gespeichert ist. Dazu zählen MP3 Musikdateien, weitere wären u. a. WMA oder WAV.
- Musik aus dem Internet. Sie können mit Programmen, Apps oder auf Webseiten Musik aus dem Internet anhören. Dieses Abspielen, ohne die Musik auf Ihrem Computer zu speichern, nennt man „Streamen". Ein Beispiel dafür wären die vielen Webradios der Radiosender.

Musik von CD abspielen

- Legen Sie Ihre Musik-CD in den CD- oder DVD-Einschub Ihres Computers ein und schließen das Fach. Verwenden Sie zum ersten Mal eine Audio-CD, so erscheint auf dem Bildschirm rechts unten im Eck eine Benachrichtigung. Klicken Sie diese sofort an und warten Sie, bis am rechten oberen Bildschirmrand eine Auswahl erscheint, wie Sie die CD verwenden möchten. Wählen Sie in diesem Menü Ihr gewünschtes Programm für die Wiedergabe von Audio-CD's aus.

Bild 7.75 Standardaktion auswählen

Wir verwenden hier den Windows Media Player, der bei Windows 10 mitgeliefert ist. Andere Programme, wie z. B. der VLC Media Player (siehe Tipps), funktionieren jedoch genauso.

Der Windows Media Player

Windows speichert die getroffene Auswahl und in Zukunft startet der Windows Media Player automatisch, sobald Sie eine Musik CD einlegen. Als zweite Möglichkeit können Sie Ihr CD/DVD Laufwerk auch im Explorer öffnen und den gewünschten Titel durch Doppelklick starten.

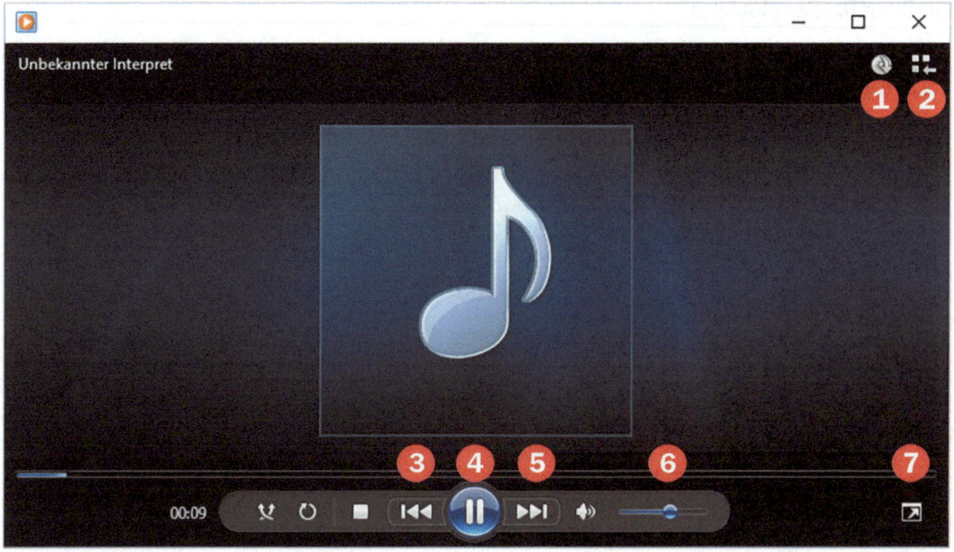

❶ CD auf Festplatte kopieren
❷ Zur Bibliothek wechs.
❸ Vorheriger Titel
❹ Abspielen / Pause
❺ Nächster Titel
❻ Lautstärke
❼ Vollbild

Bild 7.76 Windows Media Player Oberfläche

Musik von CD auf dem Computer speichern

Sie können die Musikstücke von einer Audio-CD auch auf Ihren Computer als Datei abspeichern.

- Spielen Sie die CD im Windows Media Player ab und klicken Sie rechts oben auf den Befehl *CD kopieren*. Die einzelnen Titel werden nun alle in Ihren Musik-Ordner kopiert.
- Um nur bestimmte Titel auszuwählen, müssen Sie in die Bibliotheksansicht wechseln; klicken Sie dazu auf *Zur Bibliothek wechseln*.

Album		Nu...	Titel	Länge	Kopierstatus	Mitwirkender Interpret	Komponist
Audio-CD (F:)							
1967-1970 Disc 1		1	Strawberry Fields Forever	4:08	In Medienbibli...	The Beatles	John Lennon; Paul McC...
The Beatles		2	Penny Lane	3:02	In Medienbibli...	The Beatles	John Lennon; Paul McC...
Rock		3	Sgt. Pepper's Lonely He...	2:01	In Medienbibli...	The Beatles	John Lennon; Paul McC...
1973	☑	4	With a Little Help from ...	2:44	Von Medium ko...	The Beatles	John Lennon; Paul McC...
	☑	5	Lucy in the Sky with Dia...	3:27	Ausstehend	The Beatles	John Lennon; Paul McC...
	☑	6	A Day in the Life	5:06	Ausstehend	The Beatles	John Lennon; Paul McC...

Bild 7.77 Musiktitel wird kopiert

Sie können die einzelnen Titel durch Anklicken des Kästchens vor dem Titelnamen aus- oder abwählen. Informationen zu CD Titel, Interpret, Cover und Titelnamen bezieht der Media Player automatisch aus dem Internet, sofern eine Verbindung besteht. Den Fortschritt des Kopiervorgangs sehen Sie an dem grünen Verlaufsbalken.

- Um zur Wiedergabeansicht zurück zu wechseln, klicken Sie auf die Schaltfläche *Zur aktuellen Wiedergabe wechseln*, die sich nun unten rechts befindet.

Musik aus Dateien abspielen

Um Ihre Musikdateien abzuspielen, starten Sie den Datei-Explorer und öffnen das Laufwerk und den Ordner mit Ihrer Musik.

- Zur Wiedergabe eines einzelnen Titels starten Sie das gewünschte Lied mit einem Doppelklick auf die Datei oder klicken im kontextbezogenen Register *Musiktools - Wiedergeben* auf *Wiedergabe*.
- Sollen alle Lieder, die sich im Ordner befinden, abgespielt werden, klicken Sie im Register *Musiktools* auf die Schaltfläche *Alle Wiedergeben*.

Bild 7.78 Aufrufen eines Titels über den Datei-Explorer

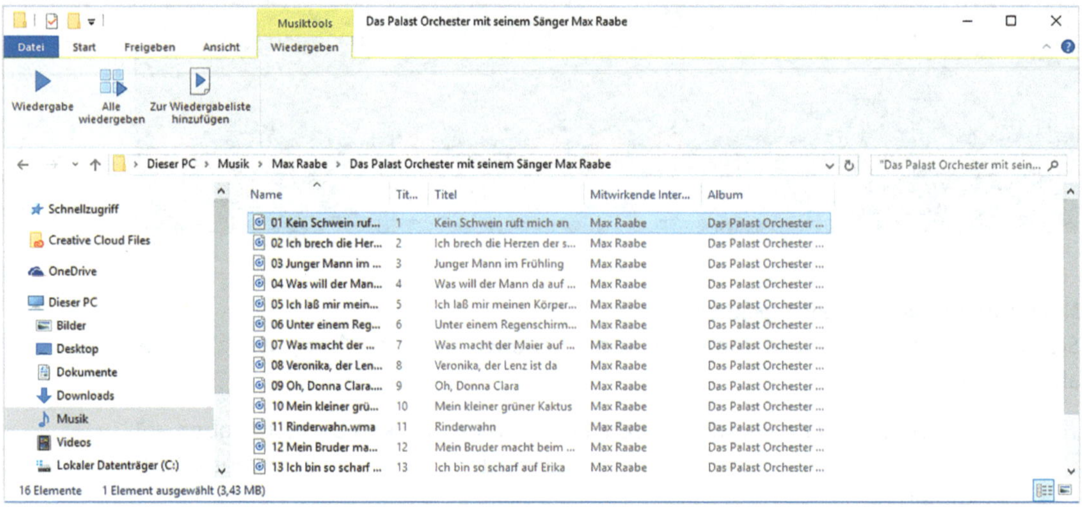

Standarmäßig verwendet Windows 10 die Groove-Musik-App. Beabsichtigen Sie keine Musik mit dieser App zu kaufen, dann empfehlen wir Ihnen jedoch die Änderung auf den Windows Media Player (siehe nächste Seite).

Musik mit einem anderen Programm wiedergeben

- Um eine Datei einmalig mit einem anderen Musikprogramm abzuspielen, öffnen Sie den Explorer und klicken auf die Musikdatei mit der rechten Maustaste, um das Kontextmenü zu öffnen. Zeigen Sie auf *Öffnen mit* und wählen Sie das gewünschte Programm aus.

Bild 7.79 Datei mit einem bestimmten Programm öffnen

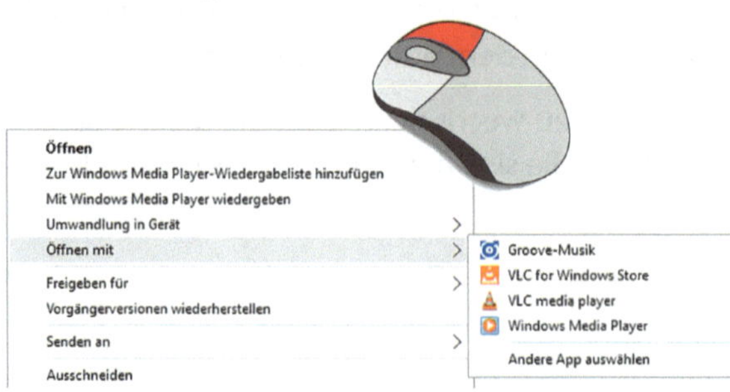

- Wenn Sie standardmäßig anstelle der Groove-Musik-App ein anderes Programm zum Abspielen von Musik verwenden möchten, dann wählen Sie *Startmenü* ▶ *Einstellungen* ▶ *System* ▶ Bereich *Standard-Apps* und klicken bei *Musikplayer* auf *Groove-Musik* und wählen hier eine andere App aus, z. B. *Windows-Media-Player*.

Die Groove-Musik-App

Die Groove-Musik-App von Microsoft dient zum Verwalten und Abspielen Ihrer Musiksammlung. Im Windows Store können Sie weitere Musik kaufen und mit dem kostenpflichtigen Groove-Music-Pass können Sie Musik über das Internet von Microsofts eigener Platform streamen. Wenn Sie die Groove-App zum ersten Mal öffnen, tippen Sie auf *Los geht's*. Durch Anklicken von ≡ blenden Sie das Menü ein.

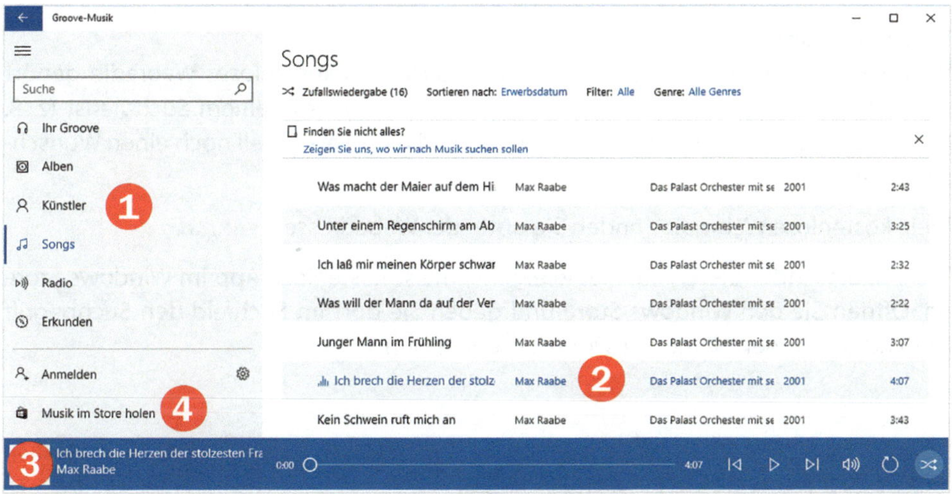

Bild 7.80 Groove-Musik App Oberfläche

❶ Auswahl nach Alben, Künstler oder Songs
❷ ausgewählte Musik
❸ Steuerungsleiste
❹ Zum Musikbereich des Windows -Store

In der Groove-Musik-App steuern Sie die Wiedergabe mit der Leiste am unteren Bildschirmrand.

Bild 7.81 Steuerungsleiste

❶ aktueller Titel ❷ aktuelle Spieldauer ❸ Wiedergeben bzw. Anhalten (Pause)

❹ Zurück / Weiter - kann nur verwendet werden, wenn mehrere Titel für die Wiedergabe ausgewählt sind

❺ Lautstärke ❻ zufällige Wiedergabe der ausgewählten Titel

Tipps und Problemlösungen

Ein anderes Standardprogramm zum Abspielen von Musik festlegen

Öffnen Sie den Explorer und klicken dort mit der rechten Maustaste auf eine Musik-Datei. Im Kontextmenü gehen Sie auf den Punkt *Öffnen mit* und klicken dort auf *Andere App auswählen*. Wählen Sie nun Ihr gewünschtes Programm aus, setzen Sie den Haken bei *Immer diese App zum Öffnen von XYZ verwenden* und bestätigen Sie mit *OK*.

Kann ich in der Groove-Musik-App aus Versehen etwas Kostenpflichtiges bestellen?

Nein - versehentlich ist so gut wie unmöglich. Sie müssen ein Microsoft Konto besitzen, im Store Zahlungsinformationen angegeben haben und diese dann beim Kauf nochmals bestätigen. Durch ein einmaliges versehentliches Klicken kaufen Sie nicht sofort.

Tipp: Internet Radio

Viele Radiosender können auch über das Internet als kostenloses Webradio gehört werden. Geben Sie in der *Windows-Suche (Cortana)* oder in einem Suchdienst (z. B. *google.de* oder *bing.de*) den Suchbegriff Webradio und eventuell noch einen Wunschsender ein.

Viele kostenlose Webradios finden Sie unter der Webadresse *www.radio.de*

Viele Radiosender bieten auch eine eigene, meist kostenlose App im Windows Store an. Öffnen Sie den Windows Store und geben Sie dort im Suchfeld den Suchbegriff Webradio oder den Namen des Wunschsenders ein.

Was Sie über Videos am Computer wissen sollten

Videos verwenden Sie am Computer in drei verschiedenen Typen.

- **Videos als Datei**: Diese Videos sind auf einem Ihrer Laufwerke bzw. in einem Ordner als Datei gespeichert. Dazu gehören u. a. Videos, die Sie mit einer Digitalkamera oder einem digitalen Recorder aufgenommen haben. Diese werden oft im Standardordner *Videos* gespeichert. Typische Dateiformate für Videos sind: .AVI .MPG .WMV .MP4
- **Streaming Video**: Die Technik, Videos von einer Internetseite abzuspielen, ohne diese auf Ihrem PC permanent zu speichern, nennt man Streaming. Für das Streamen von Videos sollten Sie über eine schnelle Internetverbindung verfügen.

Zusätzliches Programm erforderlich!

- **Videos auf DVD oder BluRay**: Zum Abspielen eines Videos von DVD oder BluRay benötigen Sie ein geeignetes Laufwerk; die meisten neuen Laptops verfügen über ein DVD-Laufwerk, für BluRay benötigen Sie ein BluRay-Laufwerk. Leider bringt Windows 10 kein Programm zum Abspielen von DVD oder BluRay mit. Sie müssen dazu ein extra Programm installieren.

Die Filme & TV - App

Die App Filme & TV verwaltet Ihre Videos und bietet Ihnen schnellen Zugriff auf Kauf-Filme aus dem Windows-Store. Sie können hier Ihre eigenen gespeicherten Videos abspielen und Filme aus Microsofts Online Videothek beziehen.

- Wählen Sie im Kategoriebereich ❶ *Videos* aus, um die auf Ihrem Computer gespeicherten Videos zu finden. Durch Doppelklicken auf ein Video im Hauptbereich ❷ spielen Sie es ab. Weitere Filme, Videos und Serien können Sie im Windows-Store ❸ kaufen.

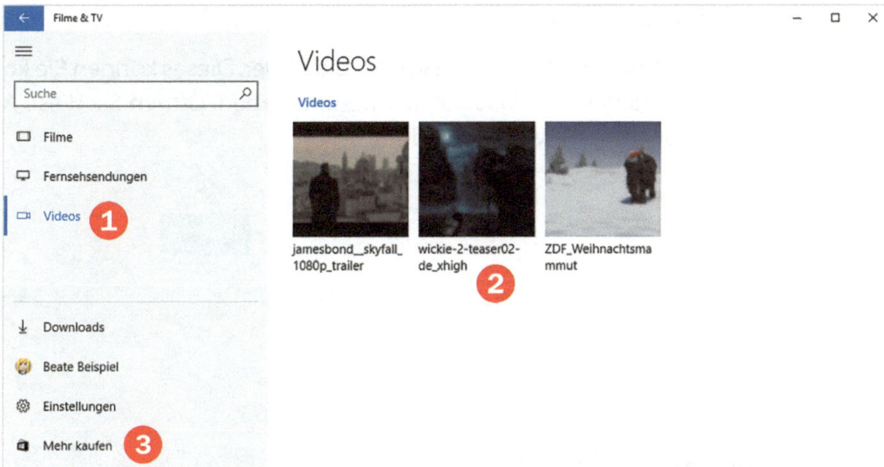

Bild 7.82 Filme & TV App Oberfläche

Videodateien abspielen

Tipp! Sofern Sie den VLC Player heruntergeladen haben (siehe Tipps), können Sie auch diesen als Standardprogramm festlegen.

Um eine Videodatei abzuspielen, starten Sie den Explorer und klicken doppelt auf die Videodatei. Die Datei wird jetzt in der Filme & TV - App abgespielt. Wir empfehlen Ihnen jedoch, den Windows Media Player zum Abspielen Ihrer Videos zu verwenden. So gehen Sie dabei vor:

- Öffnen Sie den Explorer und klicken Sie mit der rechten Maustaste auf eine Videodatei, um das Kontextmenü zu öffnen.
- Zeigen Sie auf den Befehl *Öffnen mit* und klicken Sie auf *Andere App auswählen*.
- Klicken Sie nun auf das gewünschte Programm.

Filme mit dem Windows Media Payer wiedergeben

Der Umgang mit dem Windows Media Player wurde bereits im Kapitel *Musik* erläutert. Das Abspielen von Videos unterscheidet sich kaum. Mit einem Doppelklick auf das Video-Bild wechseln Sie zur Vollbildansicht und wieder zurück.

Tipps und Problemlösungen

Video DVDs oder BluRay Filme auf dem Laptop abspielen

Windows 10 verfügt über kein Programm zum Abspielen von DVD oder BluRay. Sie müssen ein zusätzliches Programm oder eine zusätzliche App installieren.

- Wir empfehlen Ihnen das Programm VLC Media Player. Dieses können Sie kostenlos auf der Homepage *www.videolan.org* herunterladen. Öffnen Sie diese Adresse in einem Browser (z. B. Microsoft Edge).

Bild 7.83 VLC Media Player herunterladen

- Klicken Sie dann auf *Download VLC*.
- Warten Sie ein paar Sekunden bis der Download beginnt und wählen Sie zunächst *Speichern* und dann die Option *Ausführen* bzw. *Öffnen*.

- Nach dem Download startet die Installation. Bestätigen Sie die Benutzerkontensteuerung mit *Ja* (Eventuell müssen Sie Ihr Passwort eingeben).
- Bestätigen Sie alle Fenster mit *Weiter* oder *OK* und zuletzt mit *Installieren*.

Ihr Programm wird nun installiert und anschließend gleich gestartet. Bestätigen Sie alle weiteren Fenster mit *Fertigstellen* oder *Fortfahren*.

Sie können nun den VLC Media Player verwenden. Er eignet sich für sämtliche Musikdateien und -datenträger sowie Videos, die Sie auf Ihrem Laptop abspielen möchten.

❶ Doppelklick, um Videos auf dem ganzen Bildschirm zu betrachten (Vollbild)

❷ Zeitleiste (Klicken, um zu einer bestimmte Szene zu springen)

❸ Steuerelemente (Vor / Zurück / Pause)

❹ Lautstärkeregelung

Bild 7.84 VLC Media Player Oberfläche

Tipp Mediathek
Viele Fernsehsender stellen ihre Sendungen in einer Mediathek kostenlos online zur Verfügung.

- Öffnen Sie *Cortana* oder einen Suchdienst (z. B. *google.de*) und geben Sie den Suchbegriff „Mediathek“ zusammen mit dem gewünschten Fernsehsender ein, z. B. Mediathek ARD. Über die Suchergebnisse können Sie nun viele Sendungen kostenlos und meist auch noch einige Tage später online sehen.
- Einige Fernsehsender stellen auch Apps im *Windows Store* zur Verfügung. Öffnen Sie den Store und geben Sie in das *Suchfeld* Begriffe wie Mediathek, Name der Sendung (z. B. Tagesschau) oder Name eines Senders (z. B. arte) ein, um entsprechende Apps zu finden.

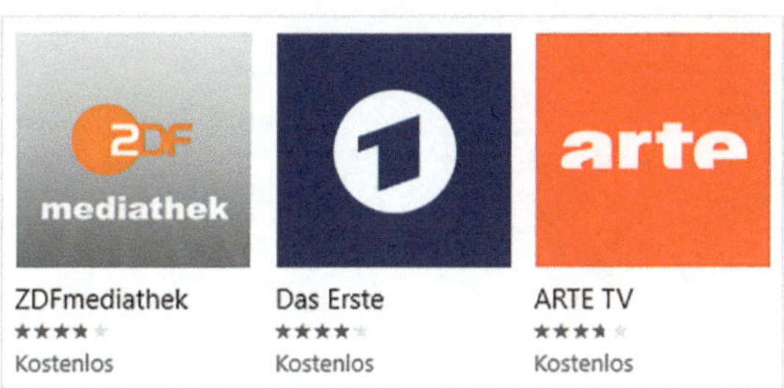

Bild 7.85 Videoinhalte im Windows Store

8 Kommunikation

Mit Windows 10 sind auf Ihrem Rechner automatisch die Apps Mail, Kontakte und Kalender installiert worden. Zusammen mit der App Skype-Vorschau, die sich ebenfalls bereits auf Ihrem Rechner befindet, sind Sie gut ausgerüstet, um mit anderen in Kontakt zu treten und Ihre Termine zu verwalten.

Vielleicht versenden Sie bis jetzt E-Mails, speichern Kontakte und verwalten Ihre Termine via Browser durch Anmeldung bei einem Kommunikationsdienstleister wie z. B. gmx.de, web.de, outlook.de oder gmail.com.

Diese Kontodaten (Benutzername und Kennwort) können Sie verwenden und zukünftig Ihre E-Mails, Kontaktdaten und Termine mit den entsprechenden Apps komfortabler verwalten.

8.1 Konto für Mail, Kontakte und Kalender einrichten

Für die Apps Mail, Kontakte und Kalender muss ein Konto hinterlegt werden, über das die einzelnen Informationen wie z. B. E-Mails, Kontaktadressen, Termine im Kalender oder Geburtstage synchronisiert werden können. Bei der Synchronisation werden alle Informationen zwischen Ihrem Online-Konto (z. B. bei outlook.de, gmail.com oder yahoo.de) und Ihrem Laptop ausgetauscht. Durch die Synchronisierung ist es unerheblich, ob Sie beispielsweise eine Kontaktadresse online eingeben oder in die App Kontakte. Nach der Synchronisierung steht die Adresse überall zur Verfügung. So können auch zusätzliche Geräte, z. B. ein Smartphone, mit dem Konto verbunden und dadurch ebenfalls alle Informationen synchronisiert werden.

Für den Informationsaustausch zwischen Server (Online-Konto) und Ihrem Rechner, Laptop, Tablet oder Smartphone wird ein Protokoll verwendet:

- Nachrichtenserver von Microsoft, wie z. B. outlook.de bzw. outlook.com oder hotmail.com nutzen die Microsoft Technologie Exchange ActiveSync.
- Google nutzt zur Übermittlung der Informationen via gmail.com die Protokolle IMAP für E-Mails, CardDAV zum Austausch von Kontakten und CalDAV für die Synchronisation von Kalendereinträgen.

Das Online-Konto, welches Sie mit den genannten Apps verbinden möchten, muss eines der genannten Protokolle unterstützen. Momentan funktioniert das am besten mit den Microsoft und Google Internetdiensten.

> **Tipp:** Falls Ihr Online-Konto streikt und sich partout nicht mit den Apps Mail, Kontakte und Kalender verbinden lässt, könnten Sie zumindest zum Versenden von E-Mails eine passende App aus dem Store herunterladen. So stellt z. B. web.de eine kostenlose App zur Verfügung.

Bei der Synchronisierung über das Internet (Cloudsynchronisierung) liegen natürlich Ihre Daten (Adressen, Telefonnummern, Termine etc.) auf Servern von Microsof, Google und Co.

Kontaktinformationen hinterlegen

Am Computer angemeldet mit einem Microsoft-Konto und einer Microsoft E-Mail

Für die Apps Mail, Kontakte und Kalender wird, wenn Sie mit einem Microsoft-Konto angemeldet sind, automatisch die E-Mail-Adresse dieses Kontos hinterlegt. Verwenden Sie zusammen mit dem Microsoft-Konto eine Microsoft E-Mail-Adresse (outlook.de oder bei älteren Konten hotmail.com oder live.de), so müssen Sie nach dem Öffnen einer der drei Apps noch auf *Anfangen* und *Bereit* klicken und schon ist der Einrichtungsvorgang für alle drei Apps abgeschlossen. Einfacher geht es nicht! Ein weiteres Konto kann zusätzlich hinterlegt werden. Das E-Mail-Konto des Microsoft-Kontos kann allerdings nicht aus der App Mail entfernt werden.

Bild 8.1 Microsoft-Konto wird automatisch hinterlegt

Am Computer angemeldet mit einem lokalen Konto

Wenn Sie mit einem lokalen Konto am Laptop angemeldet sind, müssen Sie beim ersten Öffnen der Apps Mail, Kontakte oder Kalender ein E-Mail-Konto angeben.

- Klicken Sie auf *Anfangen* und *Konto hinzufügen* und wählen Sie Ihren E-Mail-Anbieter aus. In unserem Beispiel verbinden wir die App mit gmail.com.

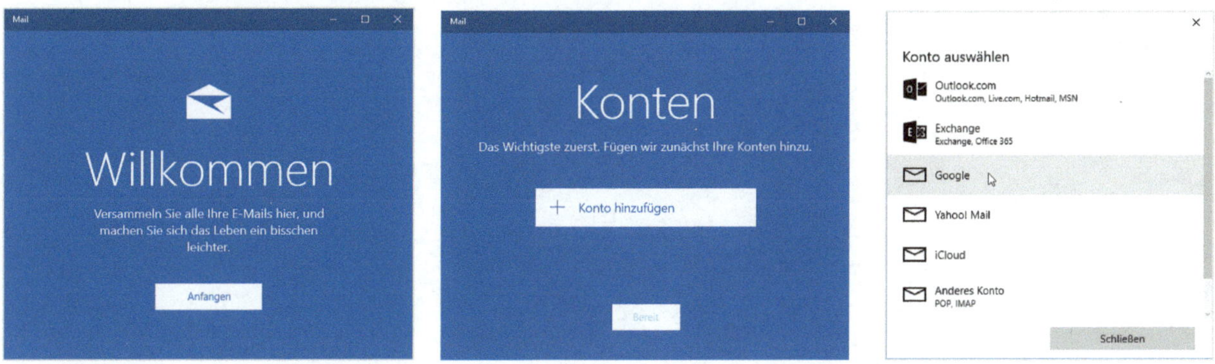

Bild 8.2 Google-Konto hinterlegen

- Geben Sie dann Ihre E-Mail-Adresse und Ihr Kennwort ein und klicken auf *Anmelden*. Dann müssen Sie noch den Zugriff auf Ihr Konto erlauben, in dem Sie am Ende der Seite auf *Zulassen* klicken.

Angemeldet mit einem Microsoft-Konto und einer E-Mail-Adresse, die nicht von Microsoft stammt

Wenn Sie mit einem Microsoft Konto an Ihrem Rechner angemeldet sind, für welches keine Microsoft-E-Mail-Adresse hinterlegt ist, dann wird dies vom System erkannt und Sie erhalten beim ersten Öffnen der App nur die Option *Konto hinzuzufügen*. Die weitere Vorgehensweise ist mit der oben beschriebenen identisch.

Weiteres Konto hinzufügen

Viele verfügen über mehrere E-Mail-Konten. Um den Überblick zu behalten, synchronisieren Sie alle verwendeten Konten mit der App *Mail*. So können Sie mit wenigen Klicks alle neuen E-Mail lesen. Zusätzliche Konten können auch für die Apps Kontakte und Kalender hinterlegt werden oder werden z. B. im Fall von Gmail automatisch hinterlegt.

Entweder klicken Sie gleich beim ersten Öffnen der App auf *Konto hinzufügen* oder Sie wählen in der App unten links das Zahnradsymbol für *Einstellungen* ⚙. Dadurch öffnet sich rechts der Bereich *Einstellungen*. Hier klicken Sie auf *Konten verwalten* und wählen *Konto hinzufügen* aus.

Bild 8.3 Zusätzliches Konto hinzufügen

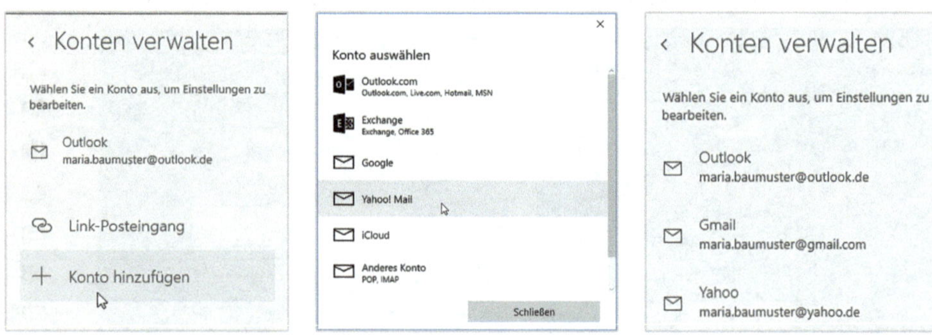

- Wählen Sie zunächst den Anbieter aus, der Ihnen Ihr E-Mail-Konto zur Verfügung stellt, z. B. *Yahoo! Mail*. Geben Sie Ihre E-Mail-Adresse und Ihr Kennwort ein und klicken Sie dann auf *Anmelden* und *Fertig*.
- Falls Ihr Anbieter nicht in der Liste aufgeführt ist, wählen Sie *Anderes Konto* aus und geben E-Mail-Adresse und Kennwort ein. Klicken Sie dann auf *Anmelden*.

Anmeldung mit einem Konto für das keine Serverinformationen automatisch bezogen werden können

Sofern Ihre E-Mail-Adresse nicht bei *Konto auswählen* aufgeführt ist, klicken Sie auf *Anderes Konto*, geben E-Mail-Adresse und Kennwort ein und klicken auf *Anmelden*. Unter Umständen können die Serverinformationen nicht automatisch bezogen werden. Klicken Sie auf die Schaltfläche *Versuchen Sie es nochmal* und wiederholen Sie das bis Ihnen über die Schaltfläche *Erweitert* die Möglichkeit gegeben wird, die Serverinformationen manuell einzutragen.

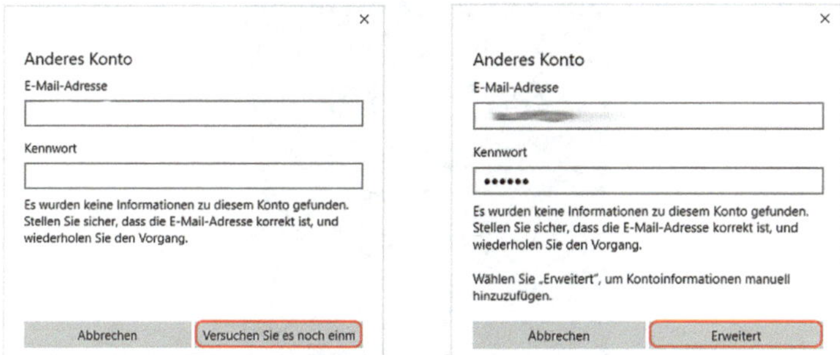

Bild 8.4 Serverinformationen eintragen

Servereinstellungen ändern

In der Regel benötigen Sie zum Hinzufügen eines neuen Kontos nur die E-Mail-Adresse und das Kennwort. Das funktioniert gut bei den aufgeführten Anbietern wie Google oder iCloud. Hier werden weitere notwendige Informationen automatisch geladen. Gibt es bei einem verbundenen Konto Probleme, sehen Sie das am Ausrufezeichen ❶ hinter dem Kontonamen. Wenn Sie das Konto anklicken, erscheint am oberen Rand der App eine Meldung ❷.

- Die Auswahl von *Konto reparieren* ist nur sinnvoll, wenn Sie in der Zwischenzeit für Ihr E-Mail-Konto das Kennwort geändert haben und dieses aktualisieren möchten. Ansonsten klicken Sie hier auf *Schließen*.

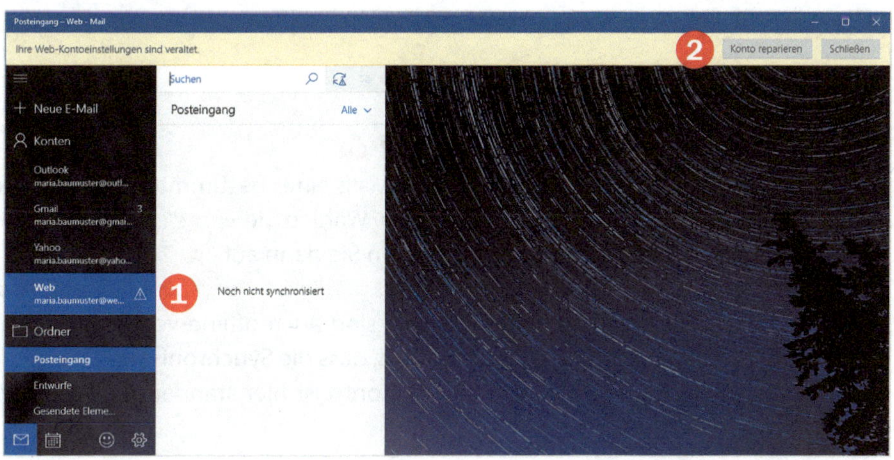

Bild 8.5 Probleme mit den Einstellungen

- Rufen Sie *Einstellungen* ▶ *Konten verwalten* auf und klicken Sie auf das Konto, welches eine weitere Aktion erfordert. Mit *Einstellungen ändern* können Informationen, wie z. B. Posteingangs- und Postausgangsserver bzw. Übertragungsart geändert bzw. eingetragen werden. Klicken Sie auf *Einstellungen ändern*, wählen Sie *Synchronisierungseinstellungen für Postfach ändern* aus und klicken Sie dann auf *Erweiterte Postfacheinstellungen*.

Bild 8.6 Servereinstellungen berichtigen

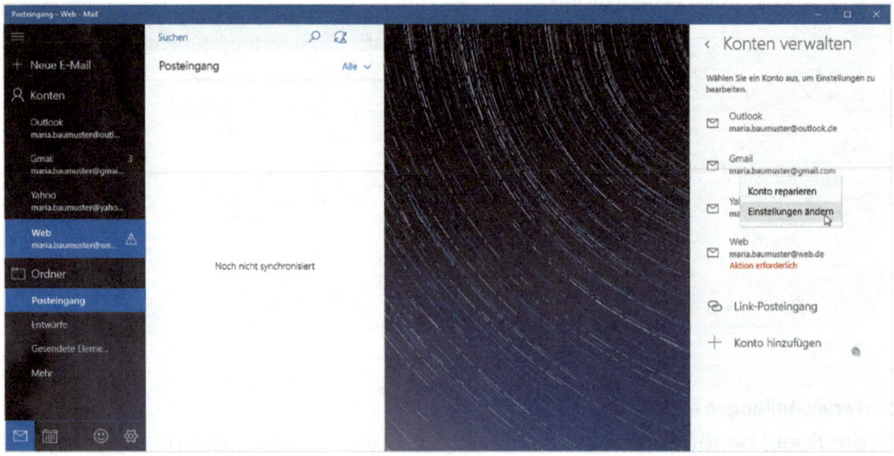

Konto löschen

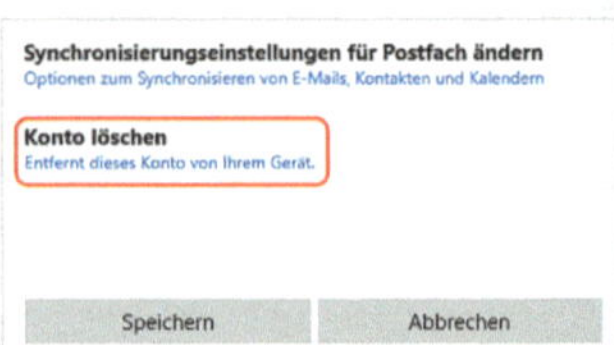

Falls Sie ein hinzugefügtes Konto nicht mehr benötigen oder die Einrichtung fehlgeschlagen ist, können Sie jedes Konto wieder löschen - mit Ausnahme des Microsoft-Kontos. Wählen Sie *Einstellungen* ▶ *Konten verwalten* und klicken das zu löschende Konto an. Im nächsten Fenster klicken Sie auf *Konto löschen* und nochmals auf *Löschen*.

Kontoeinstellungen verändern

Für welchen Zeitraum sollen E-Mails angezeigt werden? ❶

Standardmäßig werden in der App Mail nur E-Mails eines bestimmten Zeitraums angezeigt. Dieser Zeitraum kann geändert werden. Wählen Sie *Einstellungen* ▶ *Konten verwalten* und klicken das E-Mail-Konto an. Klicken Sie dann auf *Synchronisierungseinstellungen für Postfach ändern* und wählen Sie bei *E-Mail herunterladen von* einen anderen Zeitraum. Nur E-Mails, die Sie herunterladen, sind auch offline verfügbar. Allerdings spricht gegen die Wahl eines langen Zeitraums, dass die Synchronisation dementsprechend länger dauern kann. Für ein Outlook-Konto ist hier standardmäßig ein Monat eingestellt.

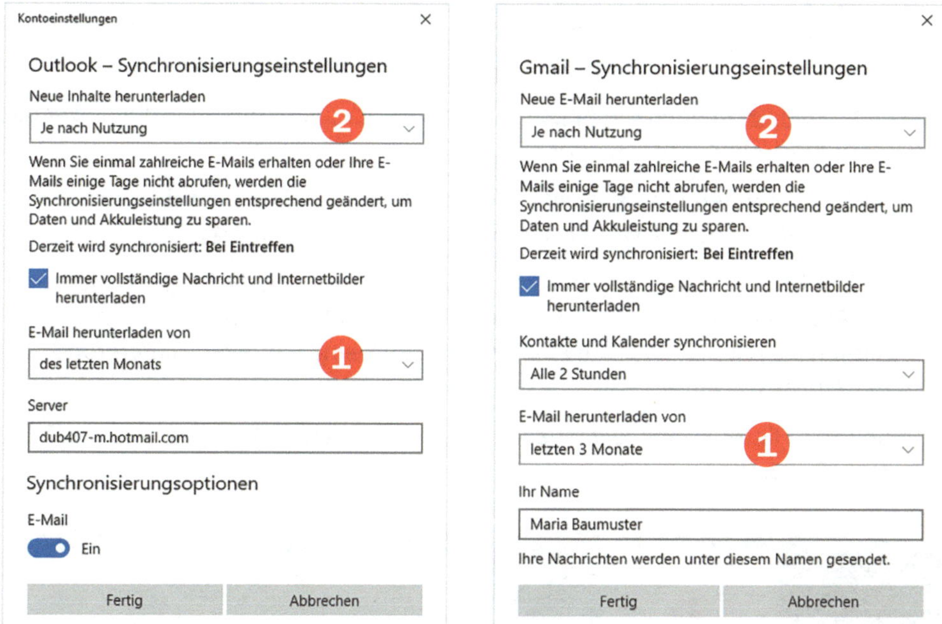

Links sehen Sie die Synchronisierungseinstellungen von Outlook und rechts von Gmail. Leichte Unterschiede abhängig vom Anbieter sind möglich.

Falls Ihr Konto mit Gmail verbunden ist, können Sie hier zusätzlich einstellen, nach Ablauf welcher Zeitspanne die Kontakte und Kalendereinträge synchronisiert werden.

Bild 8.7 Synchronisierungseinstellungen

Mit einem outlook.de-Konto funktioniert die Synchronisierung, wie hier beschrieben. Andere Kontotypen können Unterschiede aufweisen.

Wann erscheinen neue E-Mails im Posteingang ②

E-Mails gehen am E-Mail-Server Ihres E-Mail-Kontos ein, werden heruntergerladen und erscheinen dann im Posteingang der App Mail. Dieser Vorgang kann beispielsweise automatisch alle *15 Minuten*, *Täglich* oder beim *Eintreffen* der E-Mail angestoßen werden. Standardmäßig wird *Je nach Nutzung* heruntergeladen. So versucht die App Mail die passende Zeitspanne für Sie zu treffen.

Unter *Einstellungen* ▸ *Konten verwalten* ▸ Anklicken des E-Mail-Kontos ▸ *Synchronisierungseinstellungen für Postfach ändern* stellen Sie bei *Neue Inhalte herunterladen* den Synchronisierungszeitraum selbst ein. Da ein Abgleich mit dem gesamten Konto stattfindet, kann die Synchronisierung etwas Zeit in Anspruch nehmen. Die Option *Bei Eintreffen* sorgt dafür, dass Sie jede neue E-Mail sofort sehen. Allerdings verbrauchen Sie dadurch auch mehr Energie (der Akku ist schneller leer) und belasten das Datenvolumen Ihres Internetvertrags. Letzteres wirkt sich selbstverständlich nur negativ aus, sofern Ihr Vertrag eine Drosselung bei Überschreitung eines gewissen Datenvolumens enthält.

8.2 Mail und Kalender farblich anpassen

Standardmäßig verwenden die Apps Mail und Kalender ein Hintergrundbild. Wer die Voreinstellung ändern möchte, geht so vor:

- Klicken Sie unten links auf das Zahnrad-Symbol ❶. Der Bereich *Einstellungen* wird rechts angezeigt. Hier klicken Sie auf *Personalisierung* ❷.
- Im Bereich *Personalisierung* bestimmen Sie bei *Farben* ❸, die Programmfarbe für die App und bei *Hintergrund*, welches Hintergrundbild Sie verwenden möchten. Klicken Sie mit der Maus auf eine andere Farbe, einen anderen Hintergrund, um diese(n) auszuwählen.
- Soll kein Hintergrundbild verwendet werden, klicken Sie bei *Hintergrund* auf das erste Quadrat ❹.

Bild 8.8 Personalisierung

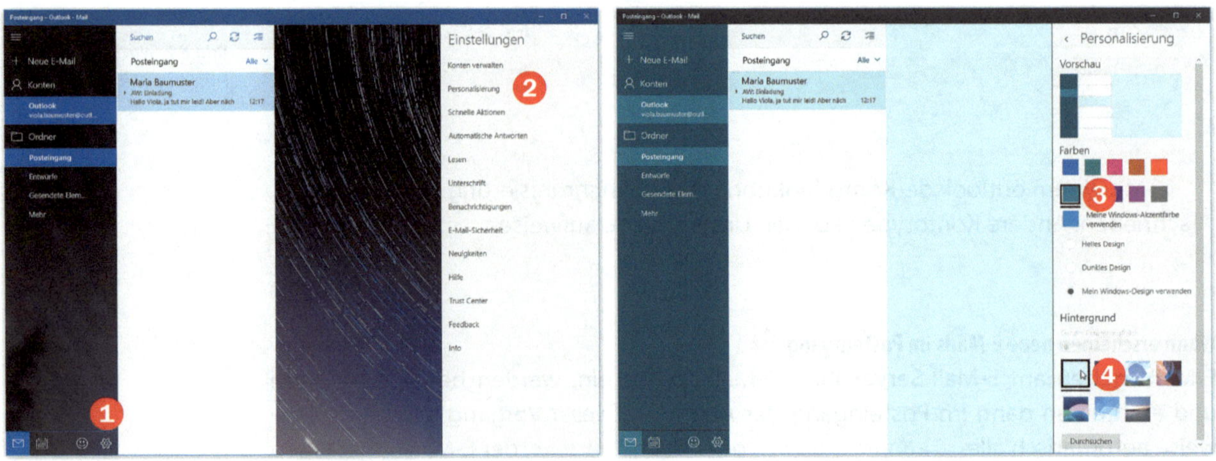

Wir verwenden für die bessere Darstellung in diesem Buch die Farbe *Petrol* und kein Hintergrundbild. Abweichungen zur farblichen Darstellung an Ihrem Computer entstehen durch die hier getroffenen Einstellungen.

Änderungen, die Sie hier vornehmen, gelten auch für die App Kalender und umgekehrt. Die App Kontakte lässt sich bis jetzt nicht personalisieren. Sie erscheint immer in hellem Blau ohne Hintergrundbild.

8.3 E-Mails versenden mit der App Mail

Zum Senden und Empfangen von E-Mails verwenden Sie die App Mail. Natürlich ist auch die Verwendung anderer Programme mit größerem Funktionsumfang möglich, wie z. B. Microsoft Outlook. Die App Mail ist allerdings kostenlos und für den privaten Gebrauch völlig ausreichend.

Aufbau der App Mail

Nach dem Öffnen und ersten Einrichten der App wird der Posteingang des hinterlegten Kontos angezeigt.

- Die linke Spalte der App dient der Navigation (Navigationsbereich) ❶. Oben sehen Sie das verwendete E-Mail-Konto, darunter den dazugehörigen Posteingang, weitere Ordner erscheinen, wenn Sie auf *Mehr* klicken.

  In Abhängigkeit von der Fenstergröße kann dieser Bereich auch minimiert dargestellt werden ❷. Durch Anklicken von ≡ links oben, wird der Navigationsbereich manuell reduziert bzw. erweitert.
- Die mittlere Spalte ❸ (Nachrichtenbereich) zeigt den Inhalt des ausgewählten Ordners an. Standardmäßig ist der Ordner *Posteingang* ausgewählt.
- Zum Lesen klicken Sie im Nachrichtenbereich auf eine Mail. Diese wird hervorgehoben (markiert) und ihr Inhalt erscheint in der rechten Spalte ❹ (Lesebereich).

Bild 8.9 Bereiche der App Mail

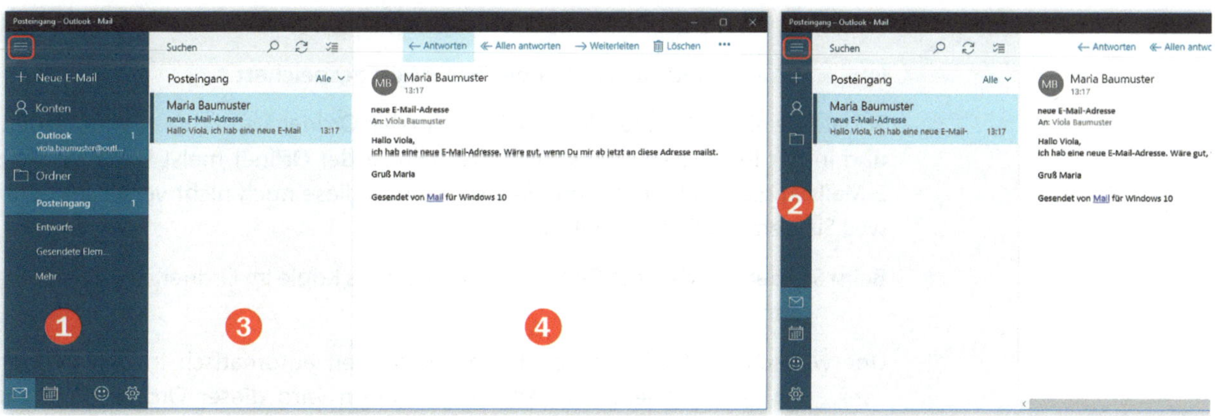

Hinweis: Die Bezeichnungen Navigationsbereich, Nachrichtenbereich und Lesebereich werden in der App Mail nicht verwendet, eignen sich aber gut zur besseren Unterscheidung, weshalb sie hier benutzt werden.

Posteingang, Entwürfe und Co. - die E-Mail-Ordner im Überblick

Die Ordner *Posteingang*, *Gesendete Elemente* und *Entwürfe* werden im Navigationsbereich der App *Mail* angezeigt. Weitere Ordner z. B. *Gelöschte Elemente* erhalten Sie durch Anklicken von *Mehr* ❶. Um den Inhalt des Ordners anzuzeigen, klicken Sie diesen an ❷.

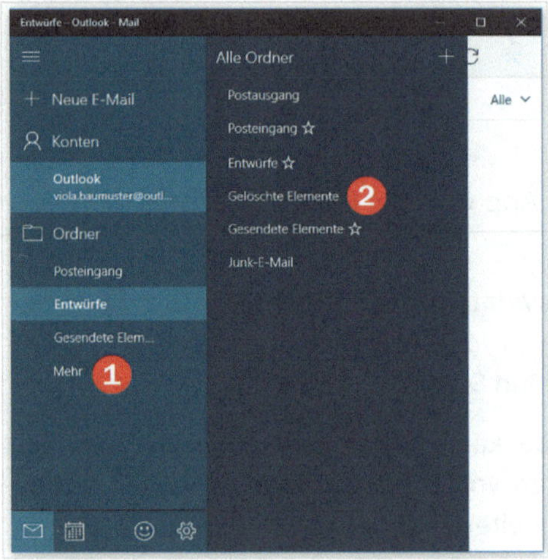

Bild 8.10 Ordner eines Outlook-Kontos

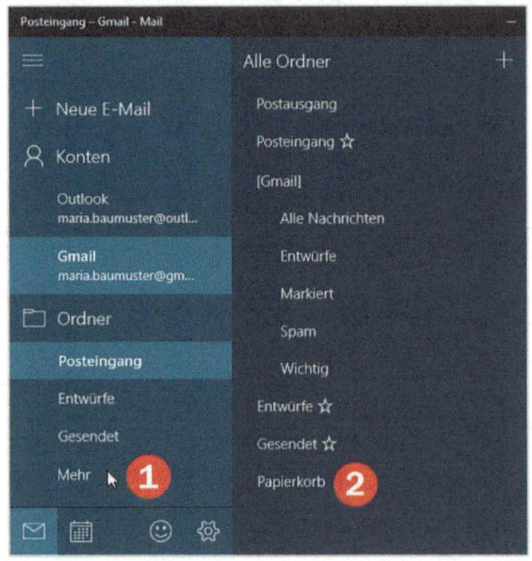

Bild 8.11 Ordner eines Gmail-Kontos

Name und Anzahl der angezeigten Ordner sind abhängig vom verbundenen Konto. Hier wurde ein Outlook.de-Konto verwendet. Bei anderen Konten, z. B. von Yahoo, Gmail etc. können einige Ordner abweichen.

- Im *Posteingang* sind alle empfangenen E-Mails gespeichert.
- Sobald Sie eine E-Mail senden, wird diese in den Ordner *Postausgang* verschoben und in der Regel gleich verschickt. Deshalb ist der Ordner meist leer. Falls sich E-Mails in diesem Ordner befinden, so wurden diese noch nicht versendet, z. B. weil Sie gerade offline arbeiten.
- Beim Senden werden alle E-Mails automatisch als Kopie im Ordner *Gesendete Elemente* gespeichert.
- Unerwünschte E-Mails werden beim Empfangen automatisch in den Ordner *Junk-E-Mail* verschoben. Bei anderen Anbietern wird dieser Ordner auch als *Spam* bezeichnet.
- Im Ordner *Gelöschte Elemente* befinden sich alle E-Mails, die entfernt wurden. Sie sollten den Inhalt dieses Ordners von Zeit zu Zeit löschen. Eine andere übliche Bezeichnung für diesen Ordner ist *Papierkorb*.
- Alle E-Mails, die Sie verfassen und nicht senden, werden im Ordner *Entwürfe* gespeichert und gegebenenfalls für eine spätere Versendung aufbewahrt.

Weitere Ordner im Navigationsbereich anheften

Der Stern hinter den Ordnern zeigt an, dass dieser zu den *Favoriten* gehört und im Navigationsbereich angezeigt wird. Mit einem Rechtsklick auf den entsprechenden Ordner kann dieser zu den Favoriten hinzugefügt ❶ bzw. daraus entfernt werden.

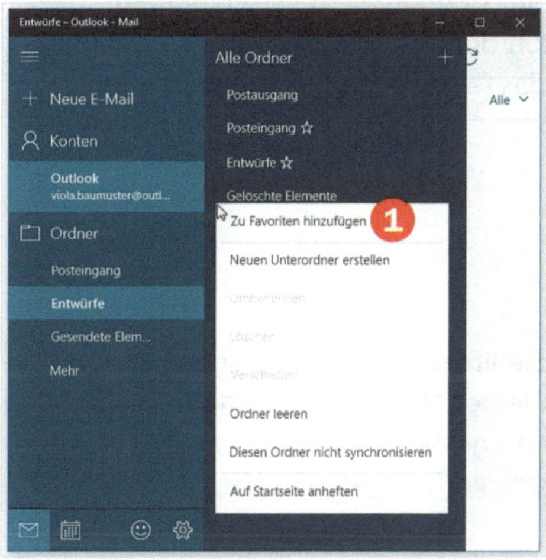

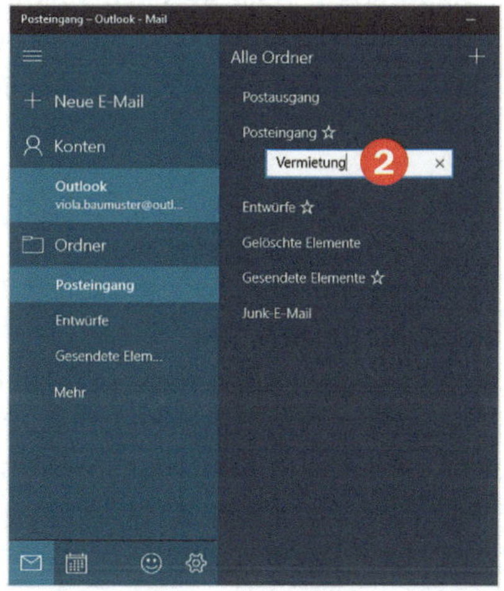

Bild 8.12 Ordner zu den Favoriten hinzufügen

Bild 8.13 Neuen Unterordner erstellen

Weitere Unterordner erstellen

Viele finden es nützlich, den *Posteingang* mit weiteren Ordnern zu unterteilen, um so bestimmte E-Mails einsortieren und besser wiederfinden zu können. So geht's: Klicken Sie auf *Mehr* und klicken Sie dann in der Übersicht den Ordner *Posteingang* mit der rechten Maustaste an. Wählen Sie im Kontextmenü *Neuen Unterordner erstellen* aus, geben Sie einen Namen ❷ (siehe Bild oben rechts) ein und drücken Sie die Enter-Taste.

> Der Unterordner wird nicht automatisch im Navigationsbereich angezeigt. Wenn Sie das wünschen, muss dieser zu den *Favoriten* hinzugefügt werden.

E-Mails lesen

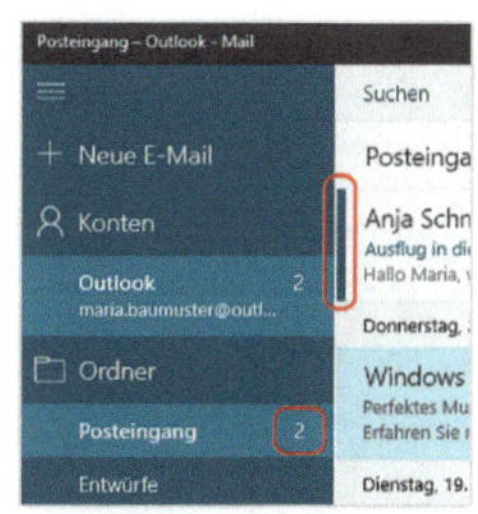

Die Zahl hinter dem Ordner *Posteingang* gibt an, wie viele neue, noch nicht gelesene E-Mails sich hier befinden. Im Nachrichtenbereich erkennen Sie ungelesene E-Mails am farbig und fett hervorgehobenen Betreff sowie am farbigen Balken neben der Nachricht. Sobald Sie im Nachrichtenbereich auf eine Mail klicken, erscheint ihr Inhalt rechts und die Nachricht wird als gelesen eingestuft. Dadurch verschwindet auch der farbige, senkrechte Balken vor der Nachricht.

Beim Eingang einer neuen E-Mail erhalten Sie eine Benachrichtigung im Info-Center . Diese wird auch angezeigt, wenn die App Mail nicht geöffnet ist. Mit einem Klick im Info-Center auf die Benachrichtigung öffnen Sie die App Mail und zeigen die neue Nachricht an. Alternativ klicken Sie auf , um die ersten Zeilen der Nachricht zu lesen. Ist die App Mail geöffnet, wird auch beim App-Symbol in der Taskleiste die Anzahl der neuen Mails angezeigt.

Das Empfangen neuer E-Mails geschieht automatisch, z. B. nach einem festgelegten Zeitintervall. Dadurch wird Ihr Online-Konto mit der App Mail synchronisiert, d.h. abgeglichen. Nach erfolgreicher Synchronisation werden unter Umständen neue E-Mails im Posteingang angezeigt und alte sind verschwunden. Falls gewünscht, können Sie die Synchronisation durch Anklicken von oberhalb des Nachrichtenbereichs auch außerhalb des festgesetzten Intervalls starten.

E-Mails verfassen und senden

Neue E-Mail schreiben

Zum Schreiben einer neuen E-Mail klicken Sie links im Navigationsbereich auf *Neue E-Mail*. Rechts im Lesebereich erscheint ein leeres Nachrichtenformular, gleichzeitig wird die E-Mail automatisch im Ordner *Entwürfe* gespeichert ❶.

Bild 8.14 E-Mail verfassen

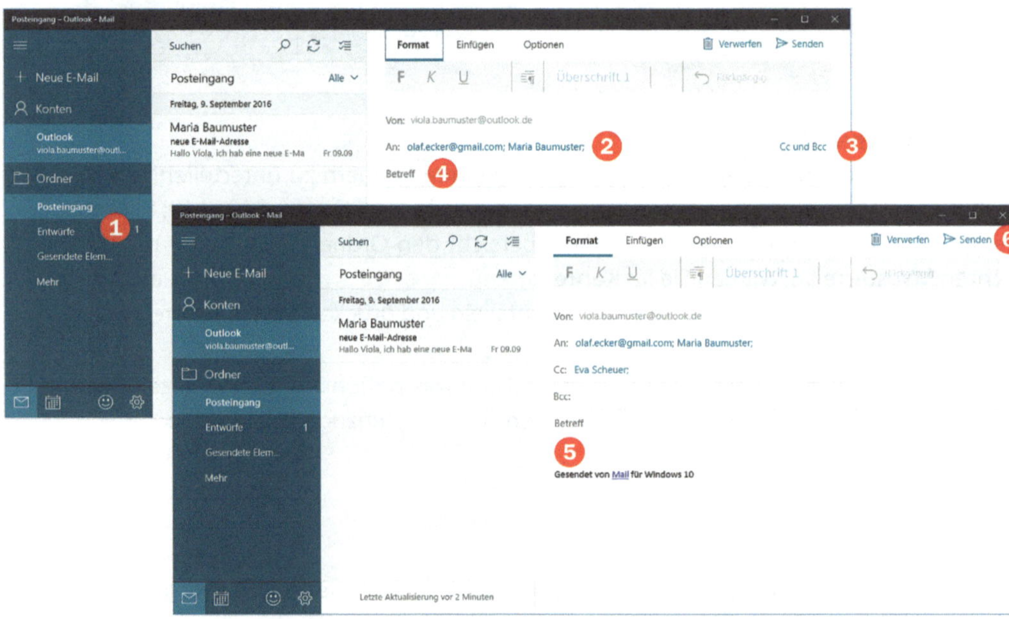

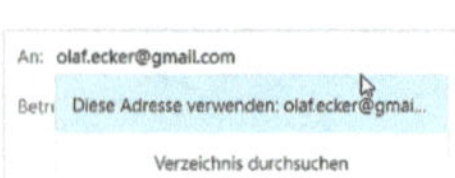

Adresse eingeben: ❷ Klicken Sie in das Eingabefeld *An:* und tragen Sie hier die E-Mail-Adresse des Empfängers ein. Auch mehrere Adressen, getrennt durch Semikolon (;) können eingeben werden. Nach vollständiger Eingabe der Adresse können Sie auf *Diese Adresse verwenden...* klicken. Dadurch wird automatisch ein Semikolon eingefügt und die nächste E-Mail-Adresse kann eingetippt werden.

Ist eine E-Mail-Adresse in der App *Kontakte* bereits gespeichert bzw. haben Sie von dieser Person schon eine E-Mail erhalten, so erscheinen nach Eingabe der ersten Zeichen des Namens ein oder mehrere Vorschläge, die Sie durch Anklicken übernehmen. In diesem Fall zeigt das Feld anstelle der E-Mail-Adresse Vorname und Name des Empfängers an.

Durch Anklicken von *Cc und Bcc* 3 fügen Sie Bereiche für weitere Empfängeradressen hinzu. In die Zeile *Cc:* tragen Sie Empfänger ein, die die Nachricht „in Kopie" erhalten, d.h. diese Personen sollen nur über den Inhalt informiert werden, es wird keine weitere Aktion erwartet. Personen, die Sie bei *Bcc:* eintragen, erhalten die E-Mail ebenfalls. Allerdings sehen alle anderen Empfänger der Nachricht nicht, dass die E-Mail auch an diese Kontakte gesendet wurde.

Betreff eingeben: 4 Klicken Sie in die Zeile *Betreff* und geben Sie einen kurzen Text ein, z. B. *Teilnehmerzahl*. Dieser ist zwar nicht zwingend erforderlich, liefert aber dem Empfänger einen ersten Hinweis auf den Inhalt.

Text eingeben: 5 Klicken Sie dann in das Feld darunter und geben Sie Ihren Nachrichtentext in beliebiger Länge ein.

E-Mail senden: 6 Zuletzt klicken Sie oben rechts auf *Senden*. Die Nachricht wird gesendet und die E-Mail verschwindet aus dem Ordner *Entwürfe*.

Antworten und Weiterleiten

Oft ist es praktischer keine neue E-Mail zu verfassen, sondern auf eine empfangene Nachricht gleich zu antworten. Die Empfängeradresse wird dann automatisch eingetragen und der Text der E-Mail, auf die Sie antworten, wird angehängt. Eine E-Mail-Konversation, die immer mit gegenseitigem Antworten geführt wird, hat den Vorteil, dass alle bisherigen Nachrichten in der letzten E-Mail enthalten sind.

Markieren Sie im Posteingang die E-Mail auf die Sie antworten möchten und klicken Sie rechts auf

- *Antworten*: Nur Absender/Absenderin erhält Ihre Antwort.
- *Allen antworten*: Falls die E-Mail an mehrere Empfänger gesendet wurde, so erhalten alle Ihre Antwort.

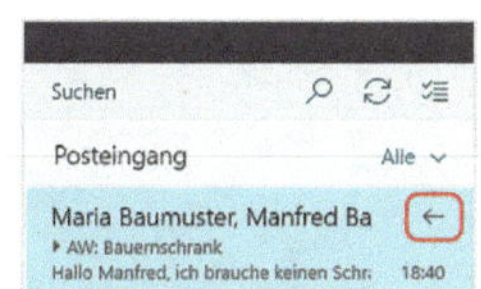

Am *Pfeil nach links* erkennen Sie, dass Sie auf diese E-Mail geantwortet haben.

Ein *Pfeil nach rechts* zeigt an, dass Sie die E-Mail weitergeleitet haben.

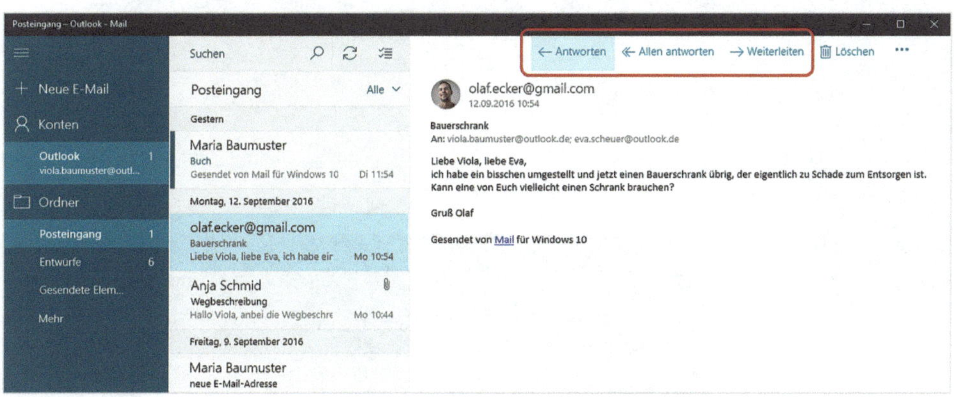

Bild 8.15 E-Mail beantworten oder weiterleiten

Darüberhinaus können Sie eine empfangene Nachricht durch Anklicken der Schaltfläche *Weiterleiten* auch an eine dritte Person schicken. Hier geben Sie bei *An:* die E-Mail-Adresse ein und fügen, falls gewünscht weiter unten noch einen erklärenden Text hinzu.

1. AW = Antworten
   WG = Weiterleitung
2. eigener Text
3. angehängte, ursprüngliche Nachricht

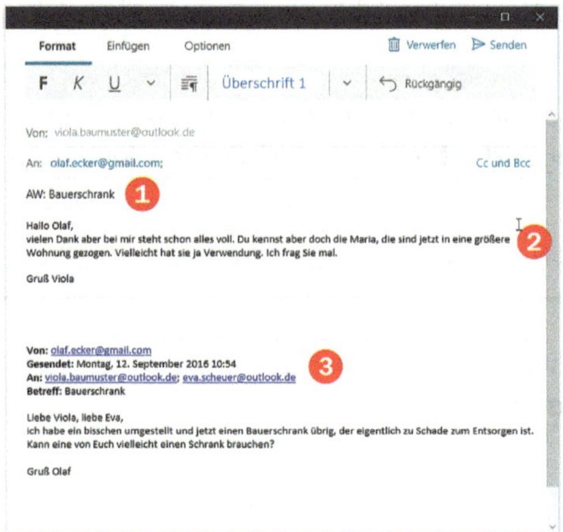

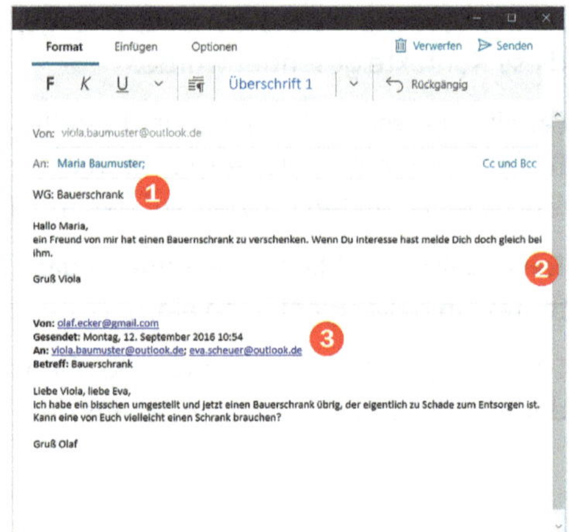

Bild 8.16 Nachrichtenformular E-Mail beantworten

Bild 8.17 Nachrichtenformular E-Mail weiterleiten

Begonnene E-Mails fertigstellen oder verwerfen

Wie bereits erwähnt, wird jede von Ihnen verfasste E-Mail im Ordner Entwürfe gespeichert.

- Sofern Sie nicht auf *Senden* klicken, verbleibt die E-Mail im Ordner Entwürfe. Wenn Sie also eine E-Mail zu einem späteren Zeitpunkt fertigstellen möchten, finden Sie sie im Ordner Entwürfe wieder.
- Wenn Sie während des Schreibens einer E-Mail auf einen Ordner oder eine empfangene Nachricht klicken, wird die E-Mail, die Sie gerade verfassen, nicht mehr angezeigt. Jetzt benötigen Sie den Ordner Entwürfe.

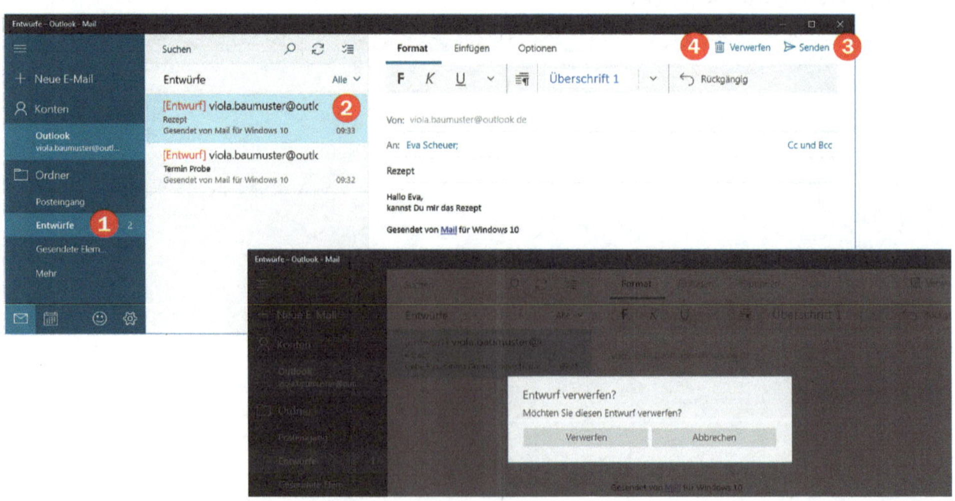

Bild 8.18 E-Mails versenden oder verwerfen

E-Mail vervollständigen und versenden: Klicken Sie den Ordner Entwürfe ❶ (siehe Bild auf der vorigen Seite) an, um alle nicht versendeten E-Mails anzuzeigen und wählen Sie durch Anklicken ❷ die E-Mail aus, die Sie bearbeiten und/oder versenden möchten. Fügen Sie die fehlenden Informationen hinzu und klicken Sie auf *Senden* ❸.

Nachrichten verwerfen: E-Mails, die Sie begonnen haben zu schreiben, aber doch nicht verwenden wollen, sollten Sie durch Anklicken der Schaltfläche *Verwerfen* ❹ löschen. So bleibt der Ordner *Entwürfe* übersichtlich und enthält keine E-Mail-Leichen. Die Schaltfläche *Verwerfen* steht Ihnen schon beim Verfassen der Nachricht zur Verfügung.

Nachrichten können natürlich auch über die Schaltfläche Löschen aus dem Ordner Entwürfe entfernt werden. Lesen Sie dazu mehr im Kapitel Verwaltung von E-Mails.

Unterhaltungsansicht

Die Unterhaltungsansicht fasst E-Mails zusammen, die durch gegenseitiges Antworten erstellt wurden. Der Container, der die Nachrichten sozusagen aufnimmt, ist mit den Namen der Teilnehmer und dem Betreff beschriftet. Durch Anklicken des Containers ❶ wird dessen Inhalt, also die enthaltenen E-Mails, angezeigt bzw. wieder ausgeblendet.

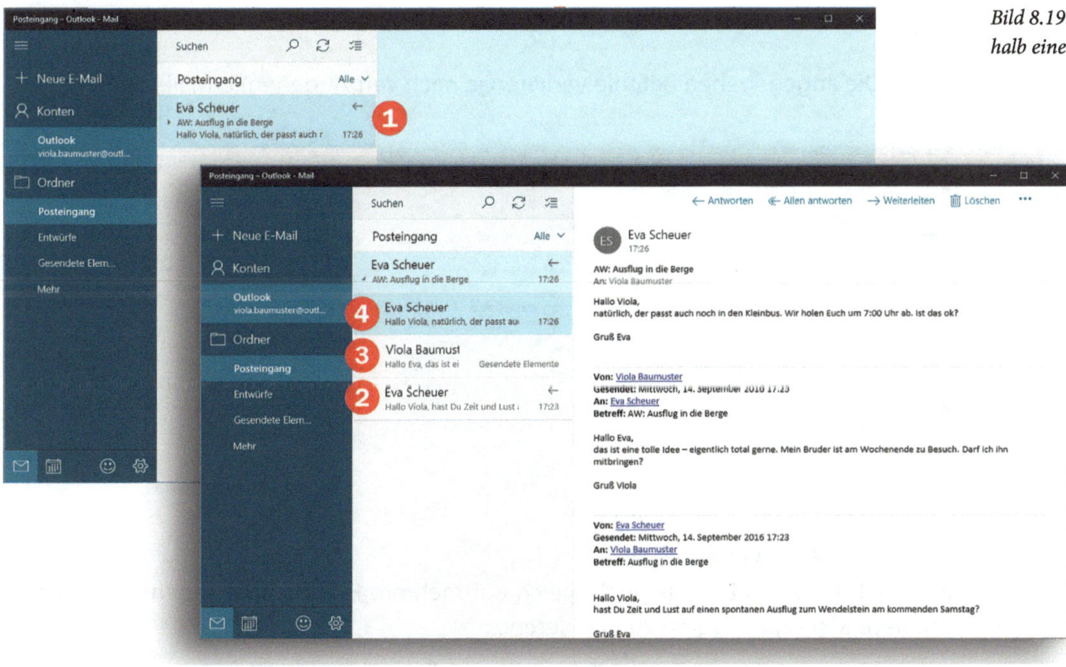

Bild 8.19 E-Mails innerhalb einer Unterhaltung

Hier ❷ sehen Sie die erste E-Mail der Unterhaltung: Eva Scheuer lädt Viola Baumuster, zu einer Bergtour ein. Auf diese E-Mail antwortet Viola Baumuster ❸ und möchte noch jemanden mitbringen. Diese E-Mail befindet sich eigentlich im Ordner Gesendete Elemente, da sie vom Kontoinhaber geschrieben wurde. Deshalb steht hier hinter der E-Mail *Gesendete Elemente*. Auf diese E-Mail antwortet Eva Scheuer ❹ mit dem Vorschlag einer Abfahrtszeit.

Unterhaltungsansicht deaktivieren: Die Unterhaltungsansicht ist standardmäßig aktiviert. Manche Benutzer finden es allerdings irritierend, dass E-Mails automatisch einem Container zugeordnet werden und sozusagen in ihm verschwinden. Auch die Tatsache, dass E-Mails die eigentlich vom Benutzer versendet wurden, innerhalb einer Unterhaltung im Ordner Posteingang angezeigt werden, stört manche.

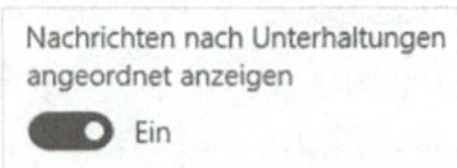

1 Klicken Sie auf *Einstellungen* (Symbol Zahnrad unten links).

2 Rechts im Bereich *Einstellungen* wählen Sie die Option *Lesen* aus.

3 Ganz unten ziehen Sie bei *Nachrichten nach Unterhaltung angeordnet anzeigen* bei gedrückter linker Maustaste den Regler nach links auf *Aus*.

Verwaltung von E-Mails

Verschiedene Befehle wie z. B. Drucken oder Löschen stehen für die markierte E-Mail auf der Befehlsleiste zur Verfügung. Je nach Größe des App-Fensters sind die Befehle entweder auf der Leiste rechts sichtbar oder werden durch Anklicken von *Aktionen* ··· angezeigt.

> Die angegebenen Befehle variieren je nach verbundenem E-Mail-Konto.

Bild 8.20 Befehlstleiste mit weiteren Aktionen

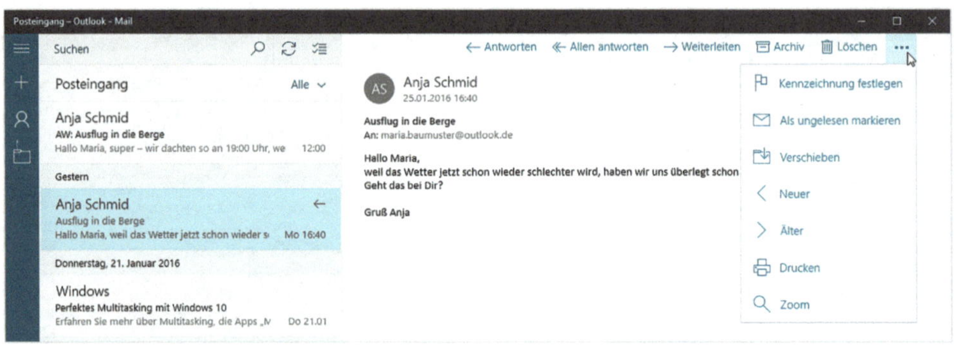

Mehrere E-Mails auswählen

Natürlich kann ein Befehle auch gleich auf mehrere E-Mails übertragen werden. Um mehrere Mails gleichzeitig zu markieren...

- halten Sie die Strg-Taste gedrückt und klicken die gewünschten E-Mails an oder
- klicken Sie auf die Schaltfläche *Auswahlmodus starten* . Die einzelnen E-Mails erhalten ein Kästchen, in das Sie zur Auswahl der E-Mail klicken.

Die Befehle werden jetzt oberhalb des Nachrichtenfensters angezeigt. Durch Anklicken von *Aktionen* ··· erhalten Sie weitere Optionen.

Um alle E-Mails des aktuellen Ordners zu markieren, klicken Sie das Kästchen vor dem Ordner an, z. B. Posteingang.

Bild 8.21 Befehlstleiste im Nachrichtenbereich

Elemente löschen

Markieren Sie die E-Mail und klicken Sie auf *Löschen* ❶. Alternativ löschen Sie eine Mail indem Sie im Nachrichtenfenster auf die E-Mail zeigen. Dadurch wird das Löschen-Symbol ❷ rechts neben der Mail angezeigt. Klicken Sie das Symbol an.

Bild 8.22 E-Mails löschen

Kurz nach dem Löschvorgang kann diese Aktion noch zurückgenommen werden. Klicken Sie dazu auf *Rückgängig* am unteren Rand der App Mail. Nach kurzer Zeit verschwindet diese Anzeige automatisch. Da E-Mails in den Ordner *Gelöschte Elemente* verschoben werden, können Sie bei versehentlich entfernten Mails auch zu einem späteren Zeitpunkt die E-Mail vom Papierkorb wieder in den ursprünglichen Ordner zurückverschieben.

Papierkorb leeren: Um Speicherplatz zu sparen, sollten Sie den Ordner *Gelöschte Elemente* von Zeit zu Zeit leeren. Wählen Sie im Navigationsbereich *Mehr*, klicken Sie mit der rechten Maustaste auf *Gelöschte Elemente* und wählen Sie *Ordner leeren* aus. Wenn Sie sicherstellen möchten, dass wirklich alle E-Mails gelöscht wurden, zeigen Sie Ihr Online-Konto im Browser an und löschen dort die E-Mails des Ordners *Gelöschte Elemente*.

Wenn Sie eine Unterhaltung löschen, werden nur die E-Mails der Unterhaltung gelöscht, die im aktuellen Ordner gespeichert sind, z. B. Posteingang. E-Mails der gelöschten Unterhaltung, die z.B. im Ordner Gesendete Elemente sind werden nicht gelöscht.

Kennzeichnung festlegen und wieder entfernen

Wenn Sie wichtige E-Mails hervorheben möchten, dann markieren Sie diese und klicken in der Befehlsleiste auf *Kennzeichnung festlegen* ❶. Die markierte E-Mail erhält ein rotes Flaggensymbol. Alternativ können Sie auch auf die E-Mail zeigen und dann das Flaggensymbol ❷ anklicken. Alle gekennzeichneten E-Mails werden im Nachrichtenbereich mit einem gelben Hintergrund versehen.

Bild 8.23 Gekennzeichnete E-Mails

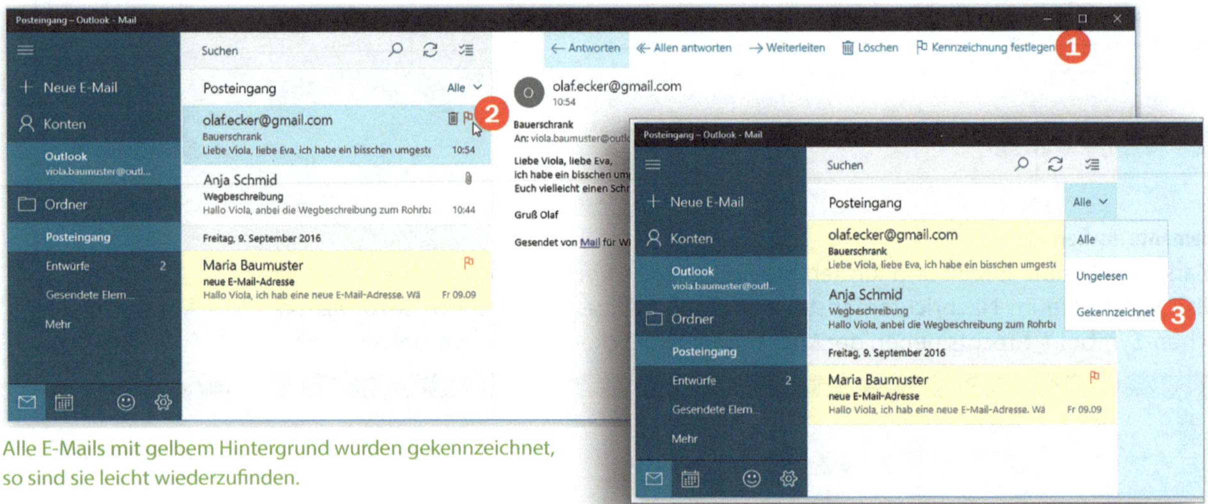

Alle E-Mails mit gelbem Hintergrund wurden gekennzeichnet, so sind sie leicht wiederzufinden.

Der Vorteil einer Kennzeichnung ist, dass Sie gekennzeichnete E-Mails eines Ordners alleine anzeigen können: Klicken Sie im Nachrichtenbereich auf *Alle* und wählen Sie *Gekennzeichnet* ❸ aus. Vergessen Sie nicht, anschließend den Filter wieder auf *Alle* zu setzen.

Um eine Kennzeichnung zu entfernen, klicken Sie auf die rote Flagge hinter der E-Mail im Nachrichtenbereich. Alternativ markieren Sie die gekennzeichnete Nachricht und verwenden den Befehl *Kennzeichnung löschen*.

E-Mail als ungelesen markieren

Um eine gelesene E-Mail nachträglich wieder als ungelesen zu markieren, klicken Sie auf den Befehl *Als ungelesen markieren*. Mit dieser Möglichkeit können Sie sich beispielsweise daran erinnern, dass Sie für diese E-Mail noch etwas erledigen müssen. Analog zur Kennzeichnung können Sie auch nach ungelesenen E-Mails filtern.

E-Mails verschieben

Manchmal werden E-Mails irrtümlich als Werbemails ausgefiltert und landen statt im *Posteingang* im Ordner *Junk-E-Mail*. Oder Sie löschen aus Versehen eine E-Mail und möchten diese aus dem Ordner *Gesendete Elemente* wieder in den Ursprungsordner verschieben. In beiden Fällen hilft der Befehl *Verschieben*.

Zeigen Sie den Ordner ggf. durch Anklicken von *Mehr* und Auswahl des gewünschten Ordners ❶ an. Markieren Sie die betreffende E-Mail ❷, klicken Sie auf *Aktionen* ▸ *Verschieben* ❸ und wählen Sie einen Zielordner aus.

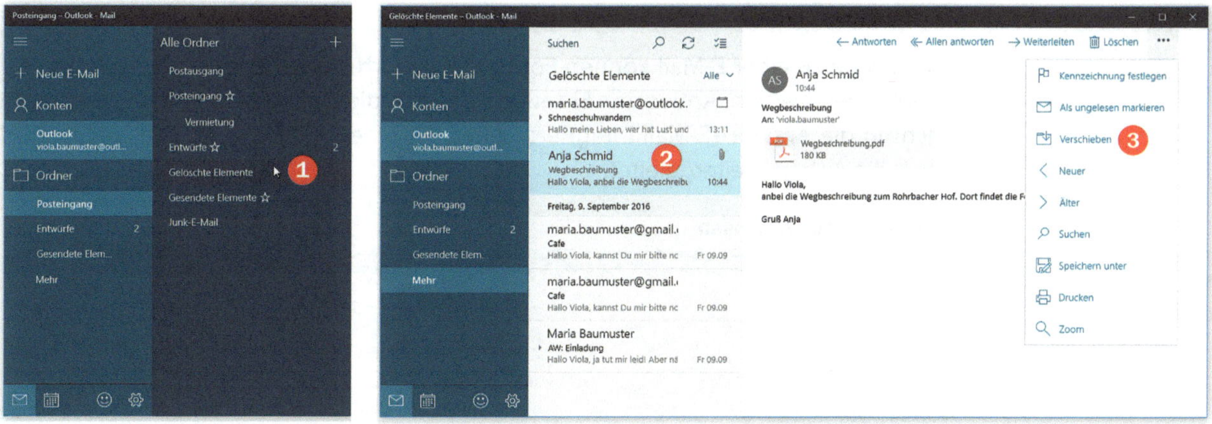

Bild 8.24 Versehentlich gelöschte E-Mail wird in den Posteingang verschoben

E-Mails drucken

Markieren Sie die gewünschte E-Mail klicken Sie auf *Aktionen* und wählen Sie *Drucken*.

Nach einer E-Mail suchen

Die App Mail verfügt über eine Suchfunktion. Geben Sie in das Suchfeld einen oder mehrere Suchbegriffe ein. Das kann z. B. der Name einer Person sein, deren E-Mails Sie anzeigen möchten. Sie können aber auch ein Wort eingeben, welches Sie im Betreff oder Nachrichtentext der gesuchten E-Mail vermuten.

- Klicken Sie in das Suchfeld ❶ und geben Sie den Suchbegriff ein. Starten Sie durch Anklicken der Lupe ❷ die Suche. Standardmäßig wird in allen Ordnern, also Posteingang, Gesendete Elemente etc., gesucht und eine Trefferliste ❸ im Nachrichtenbereich erstellt.
- Klicken Sie die gesuchte E-Mail an, um im Lesebereich den Inhalt zu lesen.
- Falls die gewünschte E-Mail nicht gefunden wurde, klicken Sie auf Online suchen ❹. Dadurch wird die Suche auf die E-Mails Ihres Kontos erweitert, die aufgrund der Zeiteinschränkung nicht mehr in der App Mail angezeigt werden.
- Um die Suche zu beenden klicken Sie auf die Schaltfläche Suche schließen ❺. Jetzt wird wieder der gesamte Inhalt des markierten Ordners angezeigt.

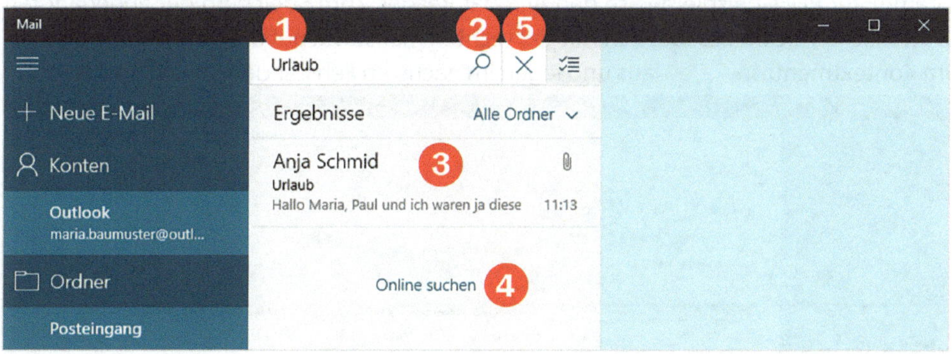

Bild 8.25 E-Mail mit Stichwort Urlaub wird gesucht

Fotos und mehr via Mail versenden

Als Anlage zu einer E-Mail können Fotos, PDFs, Word-Dokumente etc. versendet und empfangen werden. Antworten Sie auf eine E-Mail, die eine Anlage enthält, wird diese nicht in die Antwort-E-Mail integriert. Leiten Sie eine E-Mail mit Anlage weiter, wird auch die Anlage weitergeleitet.

Datei als Anlage versenden

Bild 8.26 E-Mail mit Foto im Anhang wird verschickt

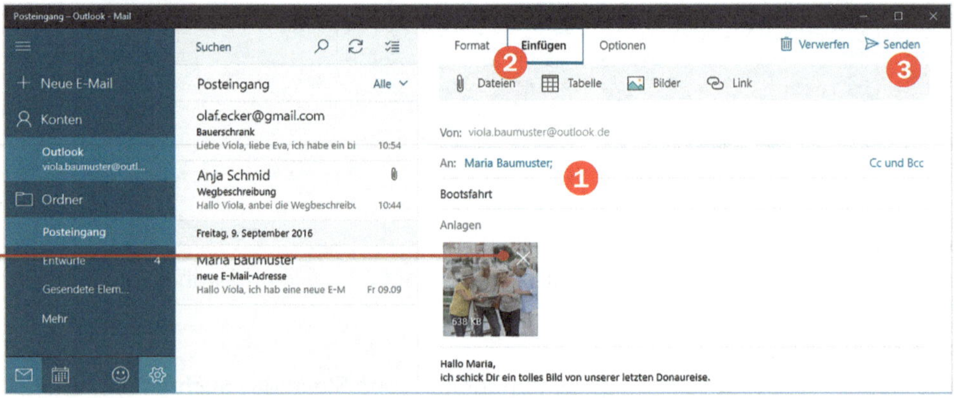

Möchten Sie eine angefügte Datei wieder löschen, klicken Sie das *X* an.

An eine E-Mail können nur Dateien bis zu einer bestimmten Größe angefügt werden, oft ist ab 20 MB Schluss.

1 Öffnen Sie ein neues Nachrichtenformular und tragen Sie die Empfängeradresse, den Betreff und Ihren Nachrichtentext ein.

2 Klicken Sie das Register *Einfügen* an und wählen Sie *Dateien*.

3 Zeigen Sie im sich öffnenden Fenster den Speicherort der gewünschten Datei an, z. B. den Ordner *Bilder*. Markieren Sie die Datei und klicken Sie auf die Schaltfläche *Öffnen*. Im Bereich *Anlagen* sehen Sie jetzt die hinzugefügte Datei. Versenden Sie die E-Mail wie gewohnt.

Datei als Anlage erhalten

Eine Nachricht mit Dateianhang erkennen Sie im Posteingang (und in allen anderen Ordnern) am Büroklammersymbol . Die eigentliche Nachricht wird, wie gewohnt, im Lesebereich angezeigt. Zur Anzeige der Datei, hier z. B. des PDFs klicken Sie den Anhang einmal an. Damit der Inhalt angezeigt werden kann, benötigen Sie ein passendes Programm; für PDFs beispielsweise den Acrobat Reader. Zum Speichern der angehängten Datei klicken Sie im Lesebereich mit der rechten Maustaste auf die Dateianlage, wählen im Kontextmenü *Speichern* aus und legen im nächsten Fenster den Speicherort fest.

Öffnen Sie nur Dateianhänge von Absendern denen Sie vertrauen. Anhänge können Schadsoftware enthalten.

Bild 8.27 Im Posteingang befindet sich eine E-Mail mit einem PDF im Anhang

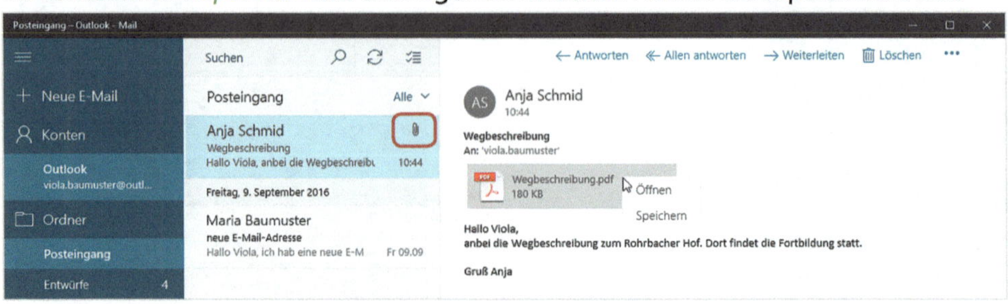

Weitere Einstellungen

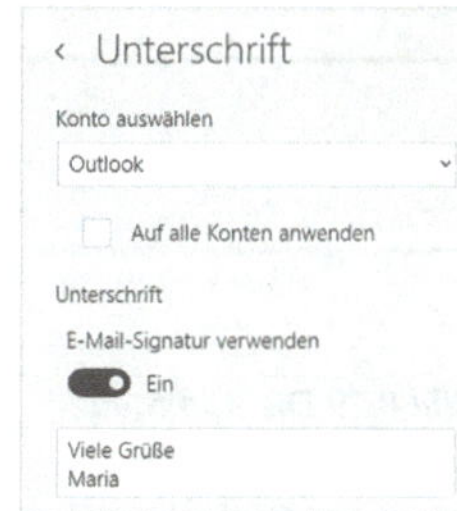

Grußformel einfügen

Standardmäßig wird an alle gesendeten E-Mails der Text „Gesendet von Mail mit Windows 10" angehängt. Anstelle dieses Texts könnte hier auch eine Grußformel stehen. Um eine individuelle Signatur, einzurichten, klicken Sie auf *Einstellungen*. Wählen Sie dann im Bereich rechts *Unterschrift*. Überprüfen Sie, dass der Schalter auf *Ein* steht und löschen Sie den vorhandenen Text und geben einen neuen Ihrer Wahl ein.

Automatische Antworten senden

Mit einer Abwesenheitsmeldung informieren Sie Ihre Freunde, dass Sie für einen bestimmten Zeitraum Ihre E-Mails nicht abrufen werden. Jede Person, die Ihnen eine E-Mail sendet, erhält automatisch eine Abwesenheitsmeldung. Diese Option steht nicht für jedes E-Mail-Konto zur Verfügung. Wenn Sie eine E-Mail-Adresse des Microsoft Freemail-Angebots *outlook.de* nutzen, können Sie diesen Service verwenden.

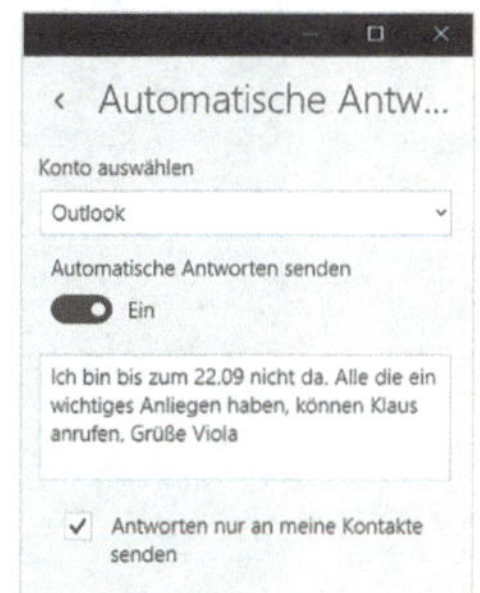

Zum Versenden automatischer Antworten klicken Sie auf *Einstellungen* ▸ *Automatische Antworten* und ziehen bei *Automatische Antworten senden* den Regler nach rechts auf *Ein*. Geben Sie dann einen Text ein, der über Ihre Abwesenheit informiert. Standardmäßig ist *Antworten nur an meine Kontakte senden* aktiviert. Damit verhindern Sie, dass z. B. der Absender eines Newsletters oder eine Online-Shop-Versandbestätigung eine Abwesenheitsmeldung erhält.

> Vergessen Sie nicht nach dem Urlaub den Regler wieder auf *Aus* zu ziehen oder klicken Sie in der Informationsleiste oben auf *Deaktivieren*.

Bild 8.28 Automatische Antworten deaktivieren

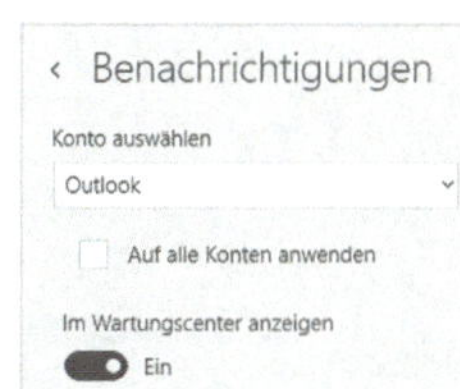

Benachrichtigungen anzeigen

Im Info-Center werden Sie informiert, sobald eine neue E-Mail eingeht. Diese Option ist standardmäßig aktiviert und kann durch Anklicken von *Einstellungen* ▸ *Benachrichtigungen* bearbeitet werden. Falls Sie keine Meldungen im Info-Center erhalten möchten, ziehen Sie den Schalter bei *Im Wartungscenter anzeigen* auf *Aus*.

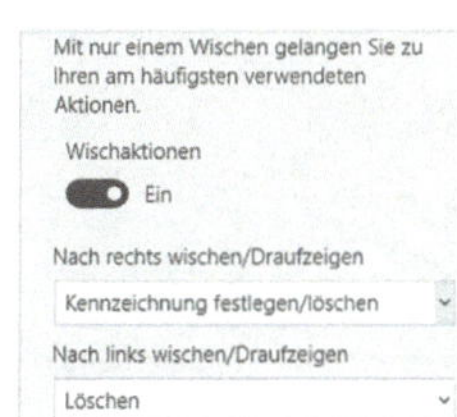

Wischaktionen

Aktionen, wie Löschen oder Kennzeichnen, können bei Tablets oder anderen Computern mit Touchscreen schnell durch Wischgesten erledigt werden. Welches Wischen, welche Aktion ausführt, legen Sie selbst fest: Klicken Sie auf *Einstellungen* und wählen Sie *Schnelle Aktionen* aus.

Mit mehreren E-Mail-Konten arbeiten

E-Mail-Konto wechseln

Standardmäßig wird im Navigationsbereich zunächst das Microsoft-Konto ❶ angezeigt und darunter die weiteren hinzugefügten Konten ❷. Wenn Sie zu einem anderen Konto wechseln möchten, klicken Sie auf das Konto ❸. Jetzt werden Posteingang ❹, Gesendete Elemente und weitere unter Umständen spezifische Ordner dieses Kontos angezeigt. Das Konto, welches Sie beim Schließen der App Mail anzeigen, wird auch beim Erneuten Öffnen der App angezeigt.

Bild 8.29 Die App Mail ist in diesem Beispiel mit einem Outlook- und mit einem Gmail-Konto verbunden

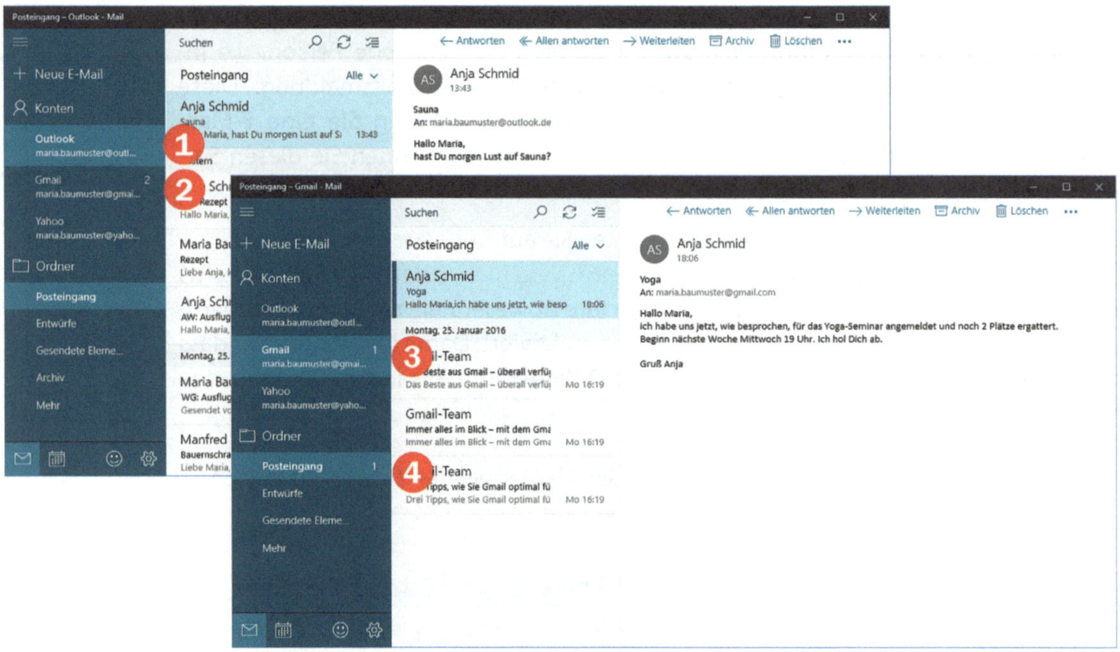

> Wenn Sie eine neue E-Mail versenden, wird die Absenderadresse des Kontos verwendet, welches Sie gerade anzeigen.

Ein Posteingang für E-Mails verschiedener Konten

Wenn Sie lieber alle eingehenden E-Mails in einem Posteingang anzeigen und sich den Wechsel zwischen den Konten ersparen möchten, wählen Sie *Einstellungen* ▶ *Konten verwalten* und klicken auf *Link Posteingang* ❶. Geben Sie dem Sammelposteingang einen Namen ❷ und entfernen Sie ggf. durch Anklicken ein Konto ❸ dessen E-Mails nicht im Sammelposteingang angezeigt werden sollen. Klicken Sie dann auf *Speichern*.

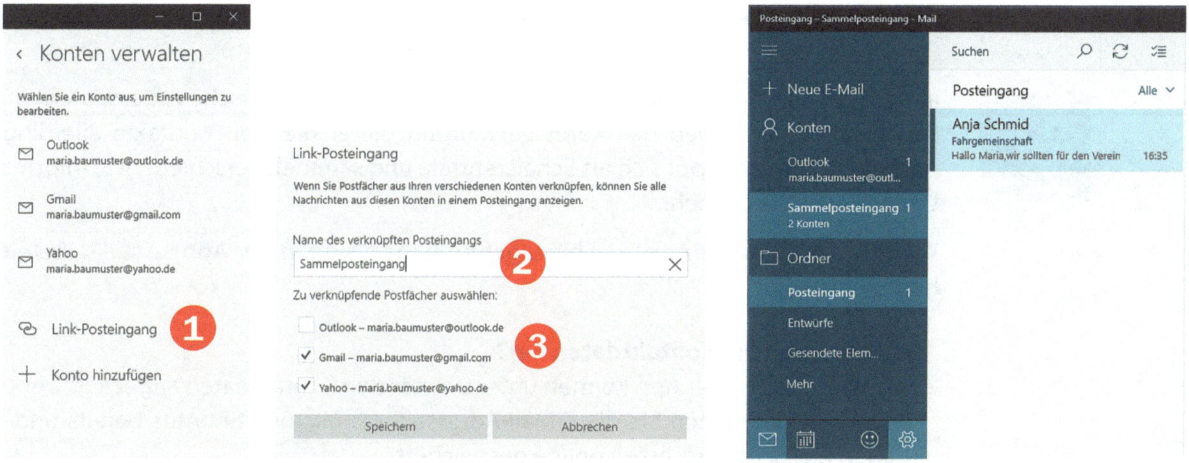

Im Navigationsbereich werden die verknüpften Postfächer nicht mehr angezeigt sonder nur der Container mit dem vergebenen Namen. Natürlich werden nicht nur die E-Mails des Posteingangs gesammelt auch verschickte E-Mails werden gemeinsam im Ordner Gesendete Elemente angezeigt.

Bild 8.30 E-Mails verschiedener Konten werden in einem Posteingang gesammelt

Wenn Sie eine neue E-Mail erstellen, müssen Sie jetzt zunächst auswählen über welches Konto die E-Mail versendet werden soll. Klicken Sie *Neue E-Mail* an und wählen Sie dann das gewünschte Konto aus. Im Nachrichtenformular können Sie nochmals überprüfen, ob Sie die Nachricht über das gewünschte Konto senden.

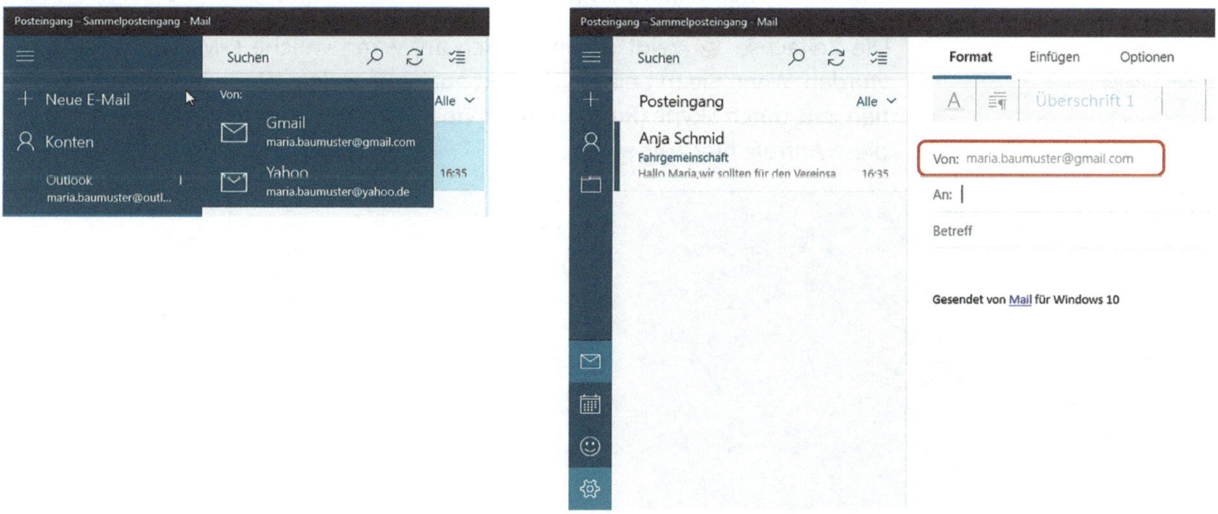

Bild 8.31 Absenderpostfach bestimmen

8.4 App Kontakte - mehr als nur Adressverwaltung

In der App Kontakte organisieren Sie Telefonnummern, postalische Adressdaten und E-Mail-Adressen. Neben der Adressverwaltung bietet die App Kontakte allerdings noch mehr; sie entpuppt sich als Schaltzentrale und sammelt verschiedenste Informationen. Dazu gleich mehr.

Konten, die Sie in der App Mail hinzugefügt haben, sind in der App Kontakte bereits hinterlegt.

Wo kommen die Kontaktdaten her?
Beim Öffnen der App können unter Umständen Kontaktdaten angezeigt werden. Vielleicht nutzen Sie die E-Mail-Adresse Ihres Microsoft-Kontos bereits und haben hier schon Adressen online gespeichert.

Aufbau der App Kontakte

Die App Kontakte enthält links ein alphabetisches Register. Durch Anklicken der einzelnen Einträge, zeigen Sie rechts Informationen zum markierten Kontakt an. Dabei stehen die Bereiche *Profil* und *Zeitachse* zur Verfügung:

- Im Profil ❶ finden Sie Informationen, die Sie zum Kontakt hinterlegt haben, z. B. E-Mail-Adresse, Telefonnummer etc.
- Die Zeitachse ❷ zeigt chronologisch an, wann welche E-Mails ausgetauscht wurden. Wenn Sie mit einem Kontakt auch auf andere Weise in Verbindung stehen, z. B. durch Skype (Programm zur Videotelefonie via Internet) dann sind auch diese Anrufe hier aufgeführt.

Bild 8.32 App Kontakte, Bereich Profil

Bild 8.33 App Kontakte, Bereich Zeitachse

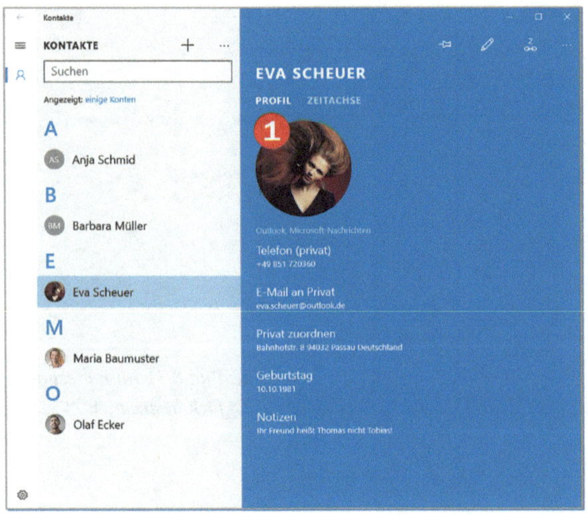

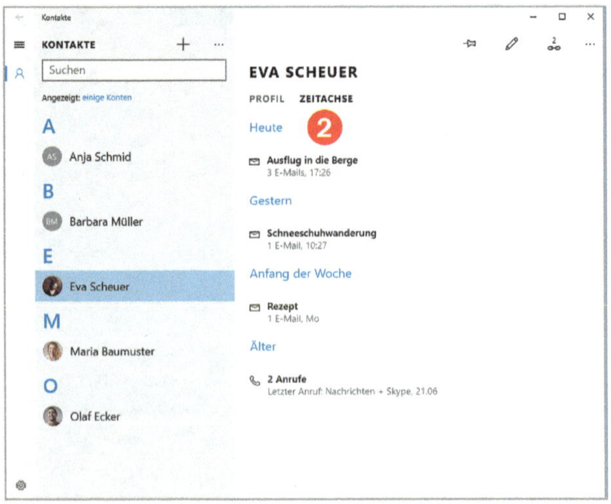

Ob in der App Kontakte die beiden Bereiche zur Auswahl angeboten werden, wie in der Abbildung auf der vorigen Seite oder gleichzeitig nebeneinander zur Verfügung stehen, wie im Bild unten, hängt von der Größe des Fensters ab.

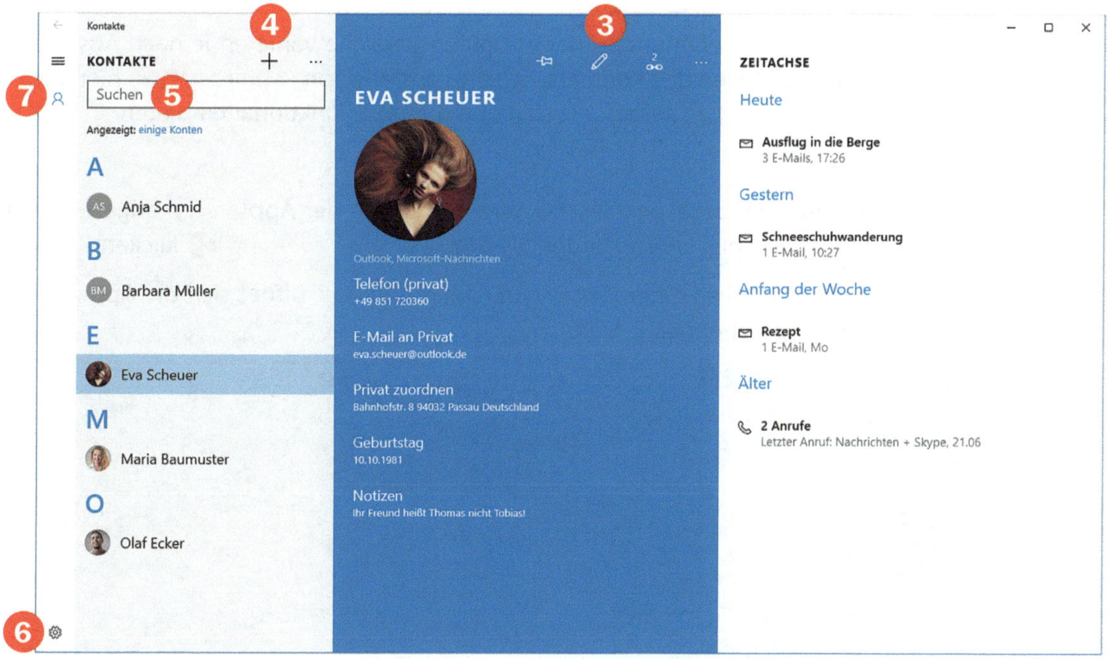

Bild 8.34 Profil und Zeitachse werden in der App Kontakte gemeinsam angezeigt.

Mit ✎ ❸ bearbeiten Sie den markierten Kontakt. Um einen neuen Kontakt anzulegen verwenden Sie das *Plus*-Symbol ❹. Das Suchfeld ❺ hilft Ihnen einen gespeicherten Kontakt schnell zu finden.

Die *Einstellungen* zeigen Sie durch Anklicken des Zahnradsymbols ❻ an. Um wieder zur Übersicht zu wechseln klicken Sie auf ❼.

Die App Kontakte wird hier blau dargestellt. Die verwendete Farbe hängt davon ab, welche Farbe Sie unter *Startmenü* ▶ *Einstellungen* ▶ *Personalisierung* ▶ *Farben* ausgewählt haben und kann somit an Ihrem Rechner anders dargestellt werden.

Die App Kontakte als Schaltzentrale

Sofern die notwendigen Informationen hinterlegt bzw. die erforderlichen Apps installiert und eingerichtet sind, können Sie aus der App Kontakte verschiedene Aktionen für die angezeigte Person starten. Das sind z. B.:

- E-Mail an den Kontakt senden. In unserem Beispiel klicken Sie auf den Eintrag *E-Mail an Privat* ❶. Dadurch wird die App Mail angezeigt und eine neue E-Mail mit der hinterlegten E-Mail Adresse erstellt.

> Die Bezeichnungen der einzelnen Bereiche variieren je nach Auswahl beim Erstellen des Kontakts. So kann anstelle von *E-Mail an Privat* hier auch *E-Mail an Arbeit* aufgeführt sein und dieselbe Funktionalität bieten.

- Eine eingegebene postalische Adresse kann in der App Karten angezeigt werden. Im Beispiel unten würden Sie dazu auf *Privat zuordnen* ❷ klicken.
- Durch Anklicken einer E-Mail im Bereich *Zeitachse* öffnet sich die App Mail mit der entsprechenden E-Mail.

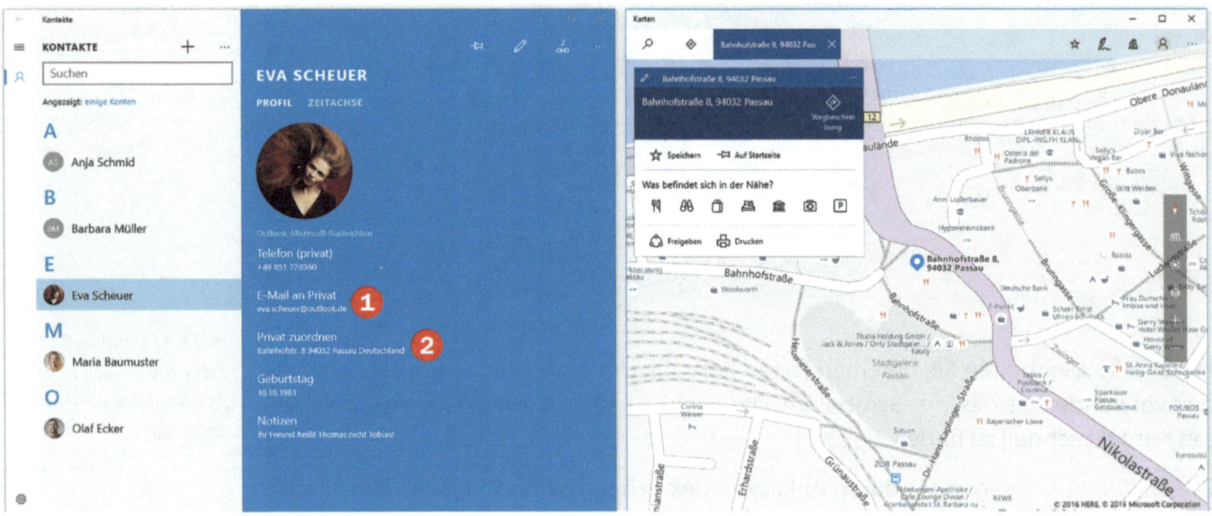

Bild 8.35 Adresse in der App Karten anzeigen

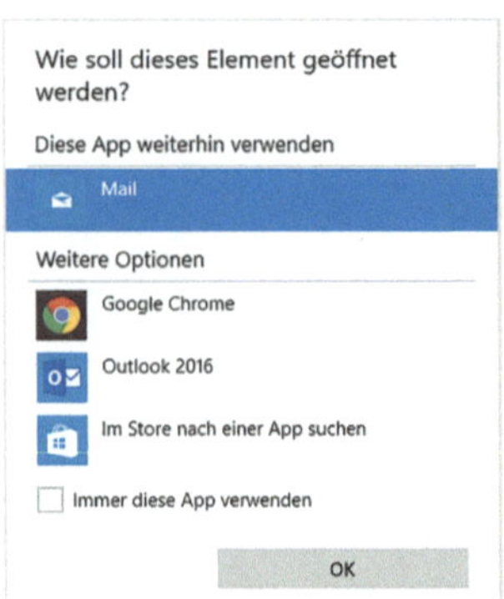

Sofern Sie zum ersten Mal das Versenden einer E-Mail über die App Kontakte starten, müssen Sie bestätigen, welche App Sie verwenden möchten. Die App Mail ist in der Übersicht schon aufgeführt. Sollten Sie eine andere App zum Schreiben von E-Mails bereits installiert haben, wird diese hier auch zur Auswahl angeboten. Sofern Sie immer mit der ausgewählten App arbeiten möchten, setzen Sie bei *Immer diese App verwenden* ein Häkchen. Dann entfällt zukünftig diese Abfrage.

Falls mehrere Konten in der App Mail hinterlegt sind, wird eine Übersicht eingeblendet, in der Sie die Absender-E-Mail-Adresse auswählen können.

Neuen Kontakt anlegen

Kontaktformular verwenden

Um in der App Kontakte einen neuen Kontakt anzulegen, gehen Sie wie folgt vor (siehe Abbildung nächste Seite):

1 Klicken Sie auf das Plus-Symbol + . Sofern Sie zum ersten Mal einen neuen Kontakt speichern und die App Kontakte mit mehreren Konten verbunden ist, müssen Sie einmalig entscheiden, mit welchem Konto neue Kontakte standardmäßig synchronisiert werden. Individuelle Abweichungen sind für jeden neuen Kontakt möglich. Danach wird da Kontaktformular angezeigt.

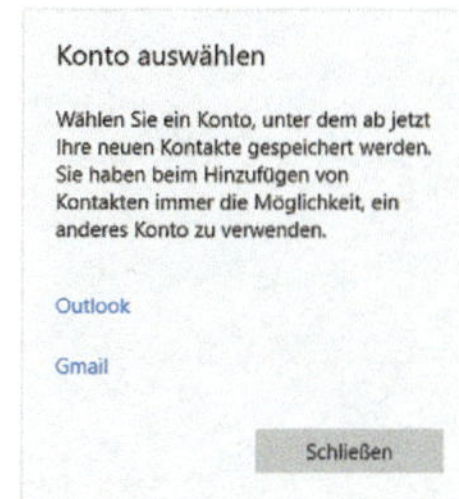

2 Falls Sie den Kontakt mit einem Foto versehen möchten, klicken Sie auf *Foto hinzufügen*.

3 Bei *Speichern unter* legen Sie fest, mit welchem E-Mail-Konto der neue Kontakt synchronisiert werden soll. Ist die App Kontakte nur mit einem Konto verbunden, steht diese Option nicht zur Verfügung.

4 Klicken Sie nacheinander in die Eingabefelder und tragen Sie die Informationen, insbesondere Vorname, Nachname und E-Mail-Adresse, ein:

- Tippen Sie das Stift-Symbol an, um eine erweiterte Eingabemaske für das Feld *Name* zu erhalten.
- Verwenden Sie das Plus-Symbol + Telefon , um ein weiteres Eingabefeld innerhalb einer Kategorie zu erstellen. Sie könnten z. B. zusätzlich zur Handynummer eine weitere, private Telefonnummer hinterlegen.

- Durch Antippen des Plus-Symbols bei *Sonstige* kann beispielsweise ein Geburtsdatum gespeichert werden. Der Geburtstag erscheint dann auch im Kalender.
- Durch Antippen des Erweiterungssymbols ändern Sie die aktuelle Bezeichnung eines Eingabefelds, z. B. von *E-Mail(privat)* zu *E-Mail(Arbeit)*.

5 Zuletzt klicken Sie auf *Speichern*. Die Kontakte werden nach dem Vornamen alphabetisch sortiert angezeigt.

> Wenn mehrere Konten für die App Kontakte hinterlegt sind und Sie Ihr Microsoft-Konto schon unter Windows 8 verwendet haben, kann bei *Konto auswählen* der Eintrag *Microsoft-Konto* auftauchen.

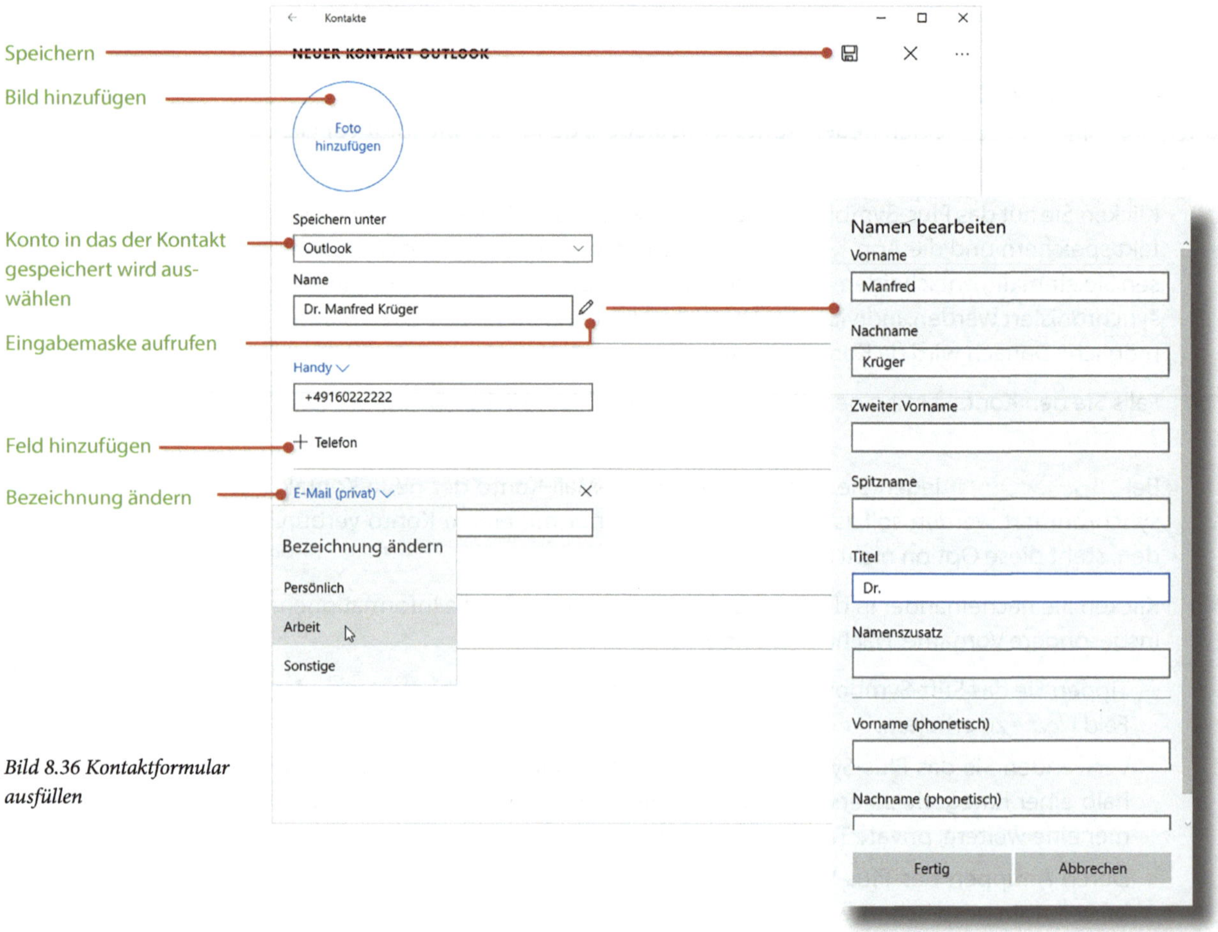

Bild 8.36 Kontaktformular ausfüllen

Zum Hinzufügen des Geburtstags klicken Sie auf *Sonstige* und wählen *Geburtstag* aus. Klicken Sie dann auf das Eingabefeld für den Geburtstag. Zeigen Sie auf das Jahr und drehen Sie am Mausrad bis die richtige Jahreszahl erscheint. Zeigen Sie danach auf den Monat und wiederholen Sie die Vorgehensweise. Gleiches gilt für den Tag. Zur Bestätigung der Auswahl klicken Sie am unteren Rand des Feldes auf das Häkchen.

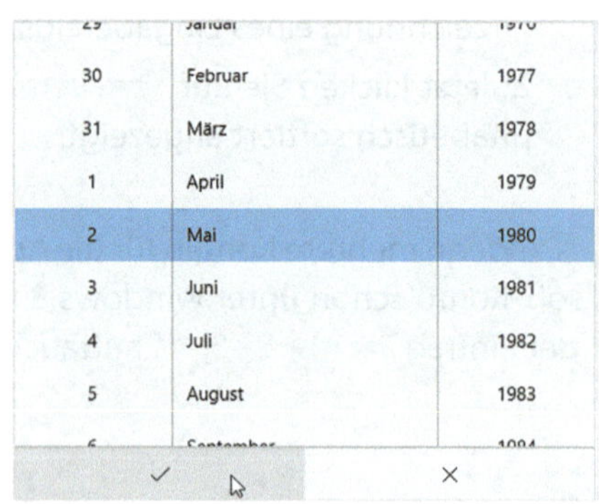

Neuen Kontakt aus der App Mail speichern

Stoßen Sie wenn möglich die Speicherung von Kontaktdaten aus der App Mail an. Dann wird die E-Mail-Adresse gleich übernommen und muss nicht eingetippt werden.

1 Wählen Sie eine E-Mail des Absenders aus, dessen Adresse Sie speichern möchten. Klicken Sie im Lesebereich auf die E-Mail-Adresse und wählen Sie *Kontakt öffnen* aus.

2 Die App Kontakte wird geöffnet. Klicken Sie auf *Speichern* und wählen Sie dann *Neu* aus.

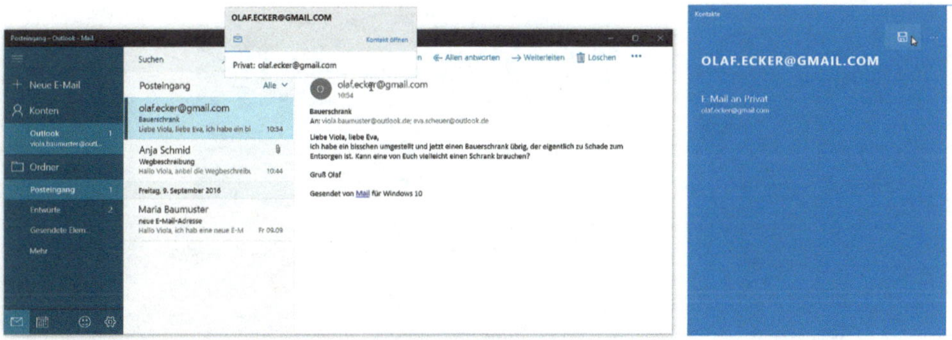

Bild 8.37 E-Mail-Adresse iin der App Kontakte speichern

3 Ändern Sie jetzt im Kontaktformular den Eintrag bei *Name* (hier steht ebenfalls die E-Mail-Adresse) und tragen Sie gegebenenfalls zusätzliche Informationen wie z. B. Telefonnummer etc. über die Schaltfläche *Weitere hinzufügen* ein. Klicken Sie dann erneut auf *Speichern*.

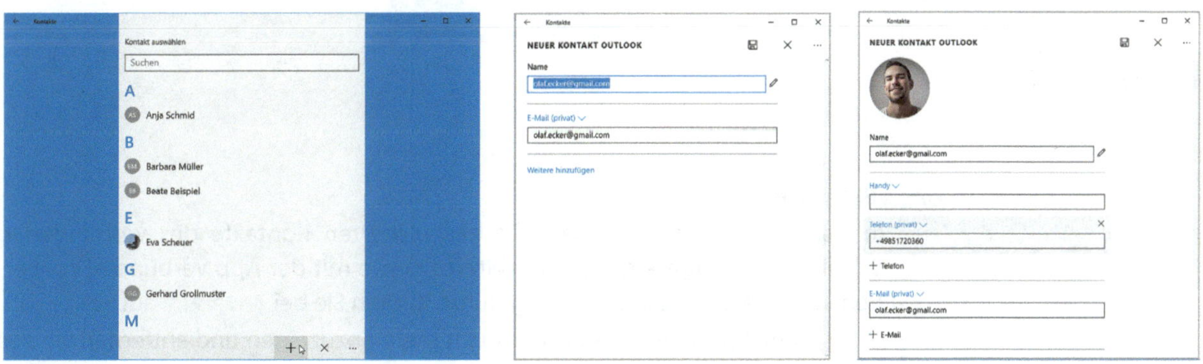

Bild 8.38 Weitere Informationen hinzufügen

Kontakt anzeigen und bearbeiten

Wenn Sie durch die Liste der Kontakteinträge scrollen, ist es ausreichend mit der Maus auf diesen Bereich zu zeigen und das Mausrad zu drehen.

Um langes Scrollen in der Kontaktliste zu vermeiden, klicken Sie auf einen Kategorien-Buchstaben. Im Feld links werden nun keine Kontakte sondern nur die einzelnen Kategorien von A bis Z (Sonderzeichen und Ziffern) zur Auswahl abgebildet. Alle dunkel dargestellten Felder enthalten Inhalte. Durch Anklicken eines Buchstabens ❶ springt die Anzeige zu diesem Bereich. Beachten Sie, dass die Kontakte standardmäßig nach Vornamen sortiert sind.

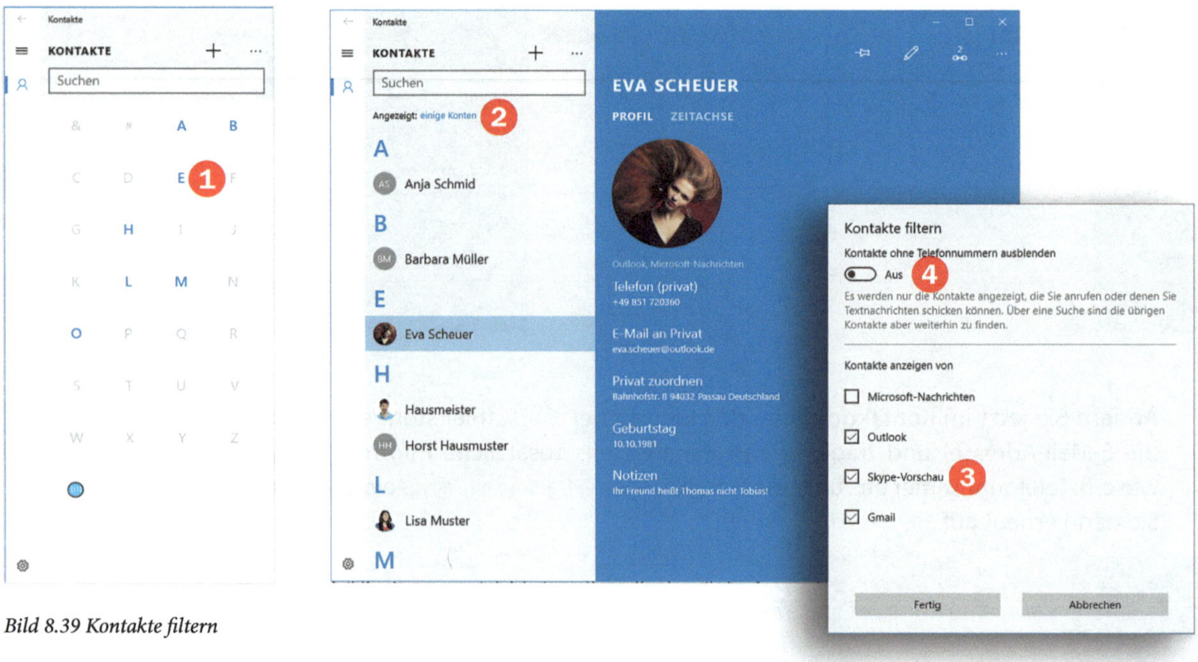

Bild 8.39 Kontakte filtern

Kontaktliste filtern

- In der App Kontakte werden alle gespeicherten Kontakte des verbundenen E-Mail-Kontos angezeigt. Ist ein weiteres Konto mit der App verbunden so werden auch diese Kontakte hier aufgeführt. Klicken Sie bei *Angezeigt* auf *einige Konten* ❷, um Kontakte eines Kontos nicht mehr anzuzeigen und entfernen Sie das Häkchen durch Anklicken ❸. Analog blenden Sie auf diesem Weg auch wieder die Kontakte eines Kontos ein.
- Außerdem können Sie hier auch festlegen, dass nur Kontakte angezeigt werden, für die eine Telefonnummer hinterlegt wurde ❹. Dazu ziehen Sie den Regler nach rechts auf *Ein* Ein. Wenn Sie diese Einstellung wählen, können alle Kontakte ohne Telefonnummer nur noch über das Suchfeld aufgerufen werden.

Kontakte suchen

Über das Suchfeld links oben finden Sie schnell den gesuchten Kontakt. Gesucht werden kann nach Namen und Namensteilen, leider nicht nach Straße oder anderen Informationen, die beim Kontakt hinterlegt sind. Klicken Sie das *X* im Suchfeld an, um die Suchanfrage zu schließen und wieder alle Kontakte anzuzeigen.

Kontaktinformationen ändern

Zum Bearbeiten bestehender Kontaktinformationen markieren Sie links den entsprechenden Kontakt und klicken dann auf den Befehl *Bearbeiten*.

Sollte der Bearbeitungsmodus nicht angezeigt werden, klicken Sie auf *... bearbeiten* ❶.

Zum Löschen einzelner Informationen, zeigen Sie auf den Eintrag, in unserem Beispiel *Telefon (privat)* und klicken dann auf das *X*-Symbol ❷.

Klicken Sie auf *Speichern*, um Ihre Änderungen zu übernehmen ❸. Falls Sie den Bereich verlassen möchten, ohne Änderungen zu speichern, klicken Sie auf *Abbrechen* ❹.

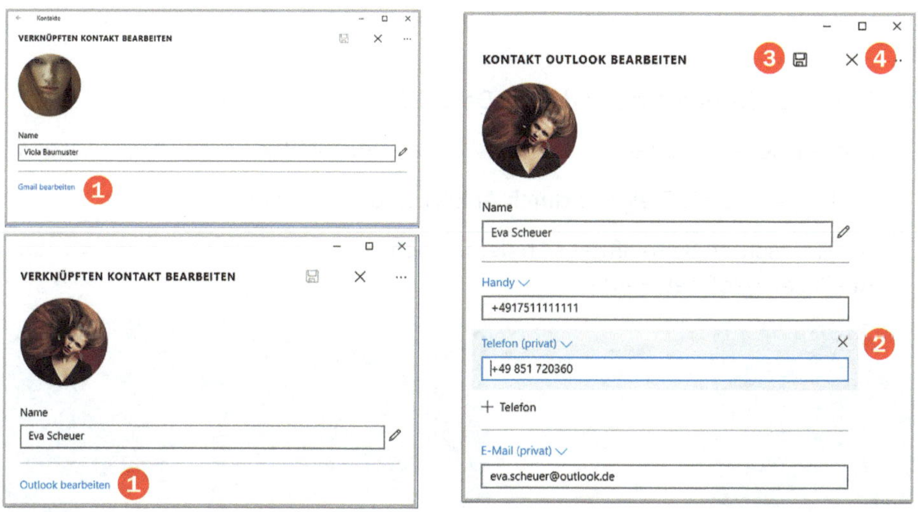

Bild 8.40 Kontakt bearbeiten

Kontakt löschen

Zum Löschen eines Kontakts klicken Sie diesen in der Übersicht mit der rechten Maustaste an, wählen im Kontextmenü *Löschen* aus und bestätigen die Sicherheitsabfrage. Der Kontakt wird sowohl aus der App als auch vom jeweiligen Konto gelöscht.

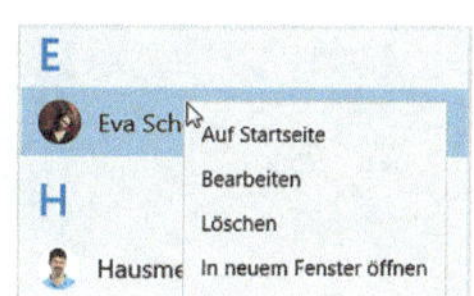

Kontakte nach Nachnamen sortiert anzeigen

Klicken Sie auf *Einstellungen* ❶ und wählen Sie bei *Kontaktlistenanzeige* die Option *Nachname* ❷.

Bild 8.41 Kontakt nach Nachnamen sortieren

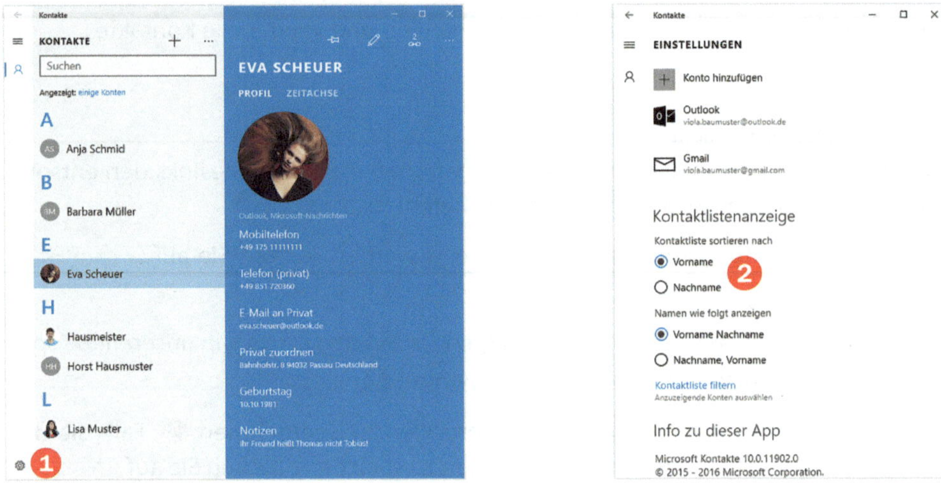

Kontaktdaten via Mail versenden

1 Markieren Sie den Kontakt dessen Daten Sie versenden möchten.

2 Klicken Sie rechts oben *Weitere Infos* ··· an und wählen Sie *Kontakt teilen* aus.

3 Bestätigen Sie die Freigabe durch Anklicken des Häkchens.

4 Auf der rechten Seite öffnet sich der Bereich *Teilen*. Hier kann die App Mail durch Anklicken geöffnet werden.

Bild 8.42 Kontaktdaten versenden

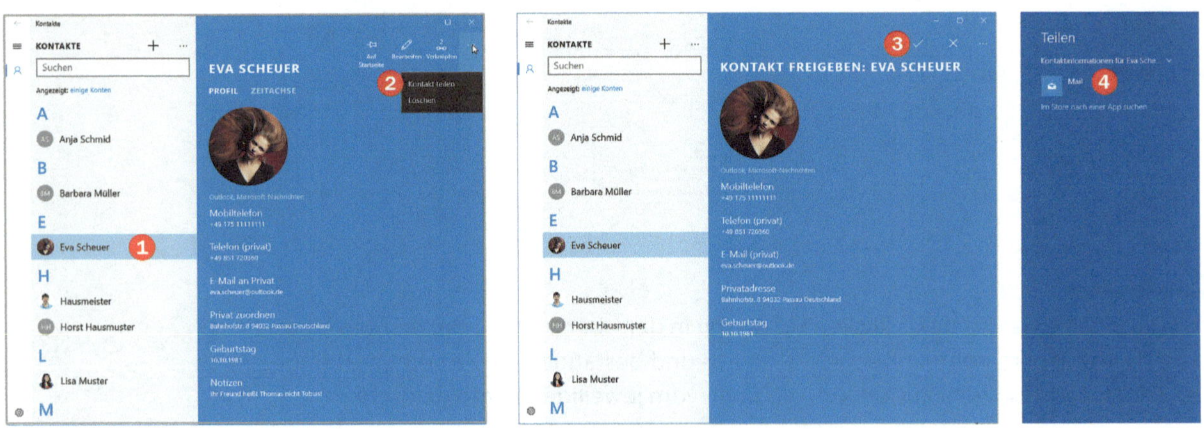

5 Das Nachrichtenformular der App Mail wird im selben Bereich angezeigt. Der Kontakt ist bereits als vcf-Datei, die von vielen E-Mail-Programmen gelesen werden kann, als Anhang hinzugefügt.

6 Geben Sie die E-Mail-Adresse des Empfängers und einen kurzen Text ein und klicken Sie auf *Senden*.

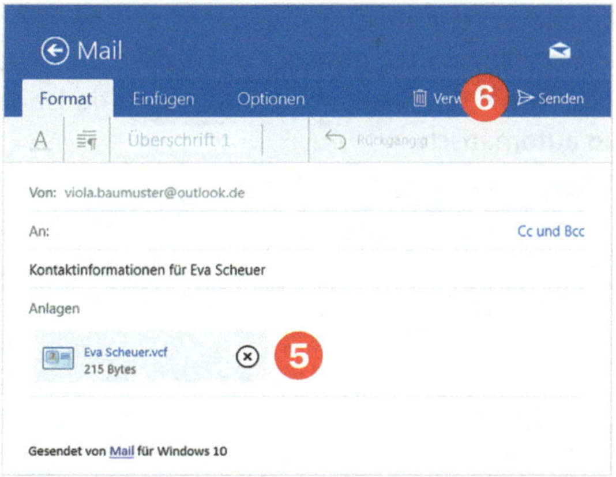

Kontakte synchronisieren

Wenn Sie einen Kontakt nicht in der App Kontakte sondern online im E-Mail-Konto oder auf einem anderen Gerät, z. B. einem Smartphone erstellen oder bearbeiten, werden die neuen Informationen zunächst nicht in der App angezeigt. Das hinterlegte E-Mail-Konto muss mit der App synchronisiert, d.h. der Inhalt abgeglichen und ggf. aktualisiert werden. Das geschieht in der Regel automatisch nach Ablauf eines Zeitraums. Falls Sie hinterlegte Informationen vermissen, kann die Synchronisierung auch angestoßen werden. Öffnen Sie die *Einstellungen*. Klicken Sie mit der rechten Maustaste auf das entsprechende Konto und dann auf *Synchronisieren*.

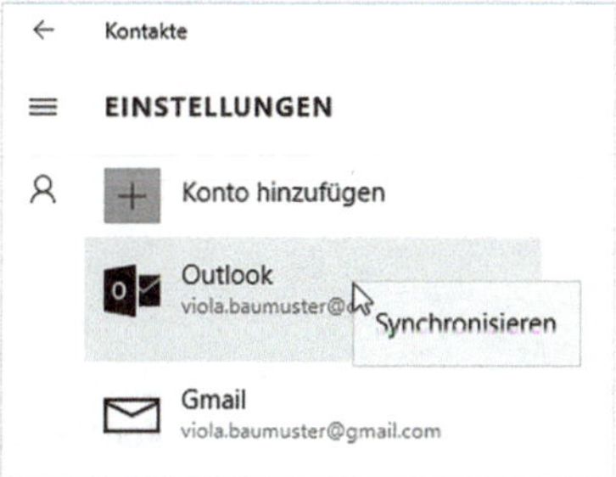

Alle Kontaktinformationen zu einer Person gemeinsam anzeigen

Wenn Sie mehrere Konten (z. B. ein Outlook- und ein Gmail-Konto) synchronisieren, ist es durchaus möglich, dass der gleiche Kontakt in leicht unterschiedlicher Ausführung in beiden Konten hinterlegt ist, z. B. einmal mit und einmal ohne postalische Adresse. Damit der Kontakt jetzt nicht zweimal mit demselben Namen angezeigt wird, werden Kontakte verknüpft und alle Informationen gemeinsam abgebildet. So wird die Anzeige von Dublikaten verhindert und trotzdem dafür Sorge getragen, dass alle hinterlegten Informationen verfügbar sind. Wenn die Übereinstimmung eindeutig ist, erstellt die App *Kontakte* die Verknüpfung automatisch.

Bild 8.43 Verknüpfter Kontakt

3 Kontakteinträge wurden automatisch verknüpft. Die Kontaktinformationen beruhen auf Outlook, Gmail und Microsoft-Nachrichten

Microsoft Nachrichten ist eine App zum Versenden von Sofortnachrichten (Messaging-App)

Kontakt verknüpfen

Sie können Kontakte auch selbst verknüpfen, um die hinterlegten Informationen gemeinsam anzuzeigen:

- Zeigen Sie einen der Kontakte an und klicken Sie auf die Schaltfläche *Verknüpfen* . Unter *Vorgeschlagene Verknüpfungen* finden Sie vielleicht schon den gewünschten zweiten Kontakt. In unserem Beispiel auf der nächsten Seite stehen weitere Kontaktdaten für *Olaf von Eckerstein* unter der Bezeichnung *Ecki* zur Verfügung. Die App Kontakte nimmt eine Übereinstimmung an, da beide Einträge diesselbe E-Mail-Adresse aufweisen.
- Klicken Sie die vorgeschlagene Verknüpfung an. Schließen Sie den Vorgang durch Anklicken des Häkchens rechts oben ab.

Egal welchen Kontakteintrag Sie aufrufen oder anders gesagt, in welcher Reihenfolge Sie die Kontakteinträge miteinander verknüpfen, wenn ein Outlook-Konto an der Verknüpfung beteiligt ist, wird der verknüpfte Kontakt unter dem Namen des Outlook-Kontos angezeigt. Gegebenenfalls müssen Sie dann den Kontakt noch bearbeiten.

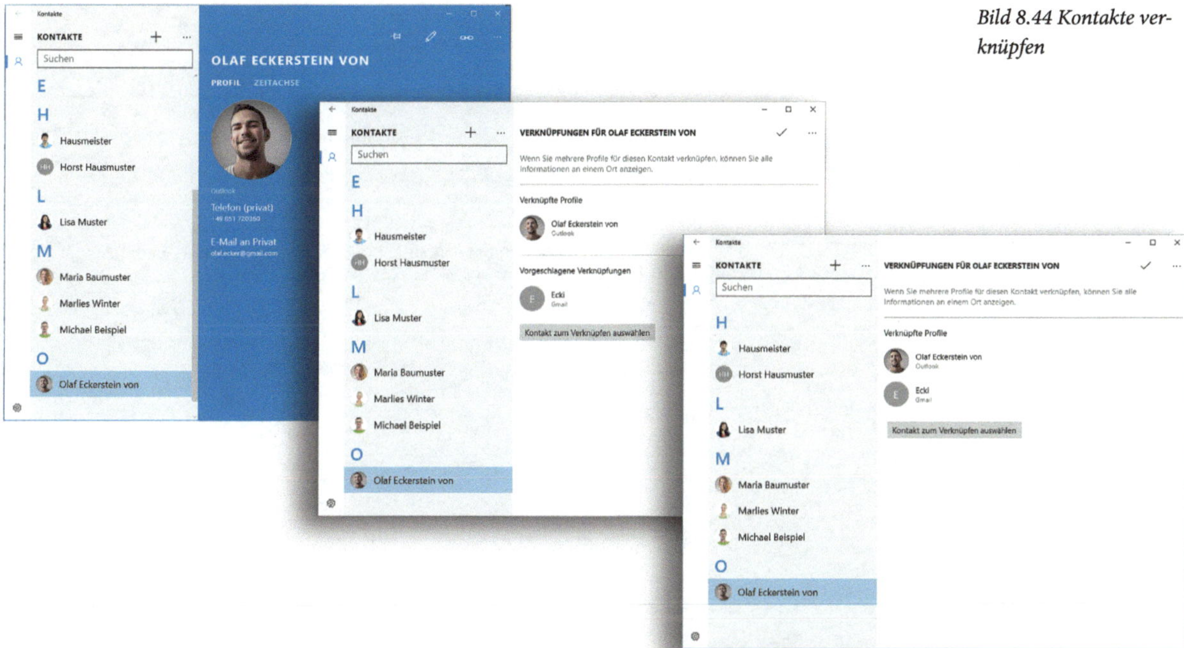

Bild 8.44 Kontakte verknüpfen

Falls der gewünschte Kontakt nicht vorgeschlagen wird, klicken Sie auf *Kontakt zum Verknüpfen auswählen* und klicken dann rechts in der Auflistung aller hinterlegten Kontakte den gewünschten an. Dann verlassen Sie den Verküpfungsbereich durch Anklicken des Häkchens rechts oben.

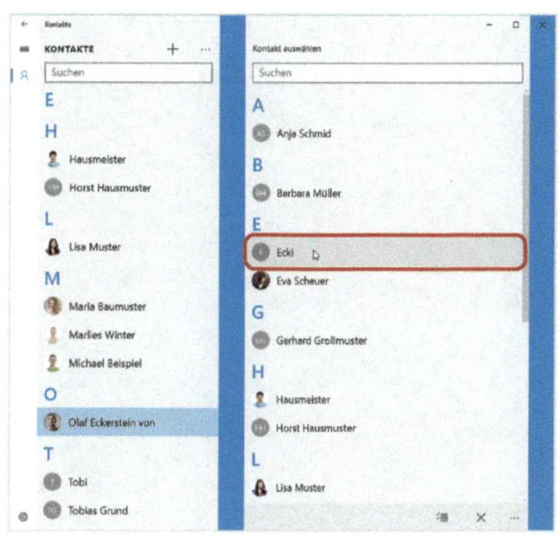

Verknüpften Kontakt trennen

- Klicken Sie auf die Schaltfläche *Verknüpfen* und wählen Sie dann einen der verknüpften Kontakte durch Anklicken aus. Klicken Sie dann auf die Schaltfläche *Trennen*. Verlassen Sie den Bereich wieder durch Anklicken des Häkchens.

Bild 8.45 Fälschlicherweise verknüpfte Kontakte wieder trennen

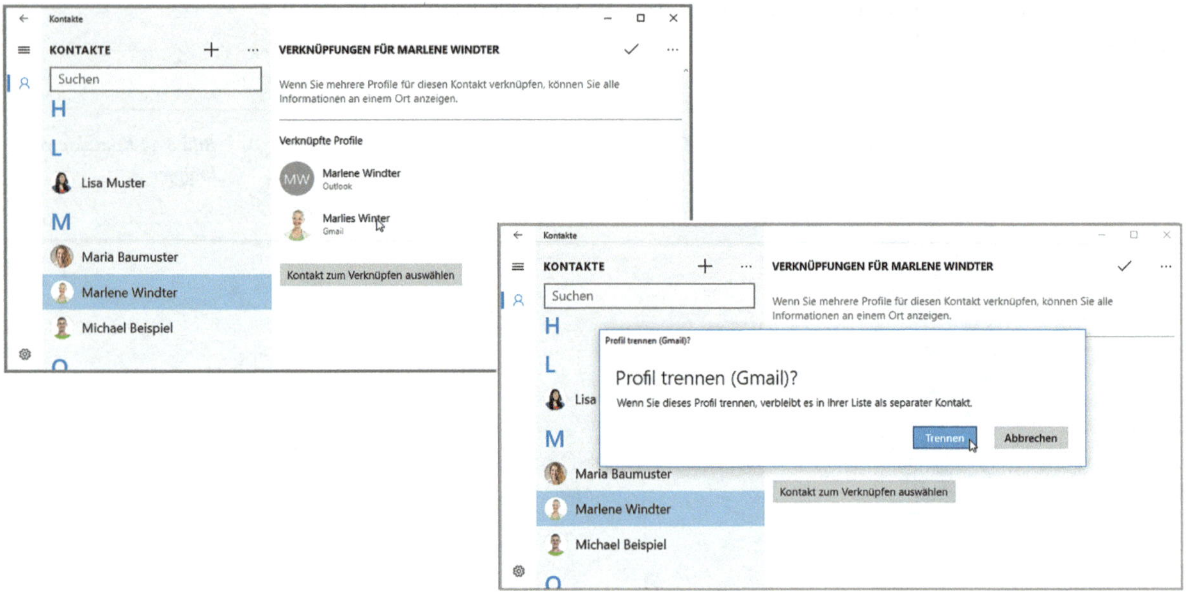

8.5 Wichtige Termine im Griff mit der App Kalender

Die App *Kalender* dient der Terminverwaltung und erinnert rechtzeitig an Termine, natürlich nur, wenn der Rechner eingeschaltet ist. Auch diese App erfordert die Hinterlegung von Kontoinformationen. Wenn Sie bereits in der App Mail ein oder mehrere Konten registriert haben, so werden diese beim ersten Öffnen der App Kalender angezeigt. Klicken Sie dann auf *Bereit*.

Falls hier nicht alle Konten angezeigt werden, die Sie in der App Mail hinzugefügt haben, könnte das daran liegen, dass das entsprechende Angebot keine Synchronisierung von Kalendern zur Verfügung stellt.

Beim ersten Start entscheiden Sie auch, ob die App Kalender Zugriff auf Ihre Position erhält. Wenn Sie der App erlauben, Ihre Position zu ermitteln, wird das aktuelle Wetter im Kalender angezeigt. Sie können das Zugriffsrecht jederzeit entziehen oder hinzufügen. Wie das geht erfahren Sie in diesem Kapitel.

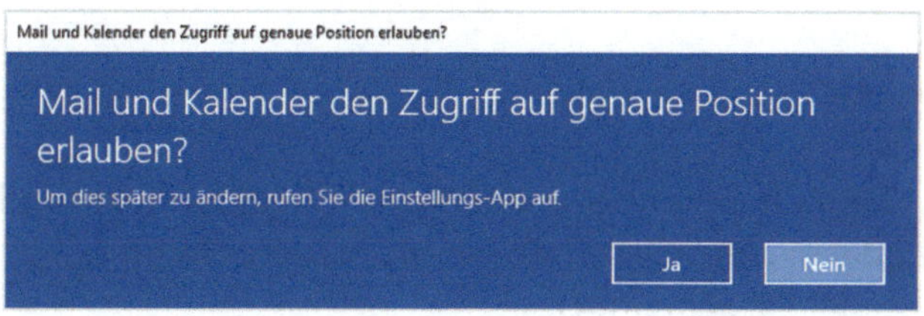

Die App Kalender ist hier mit einem Outlook-Konto (Microsoft-Konto) verbunden

Bild 8.46 Oberfläche App Kalender

Ansichten und Navigation

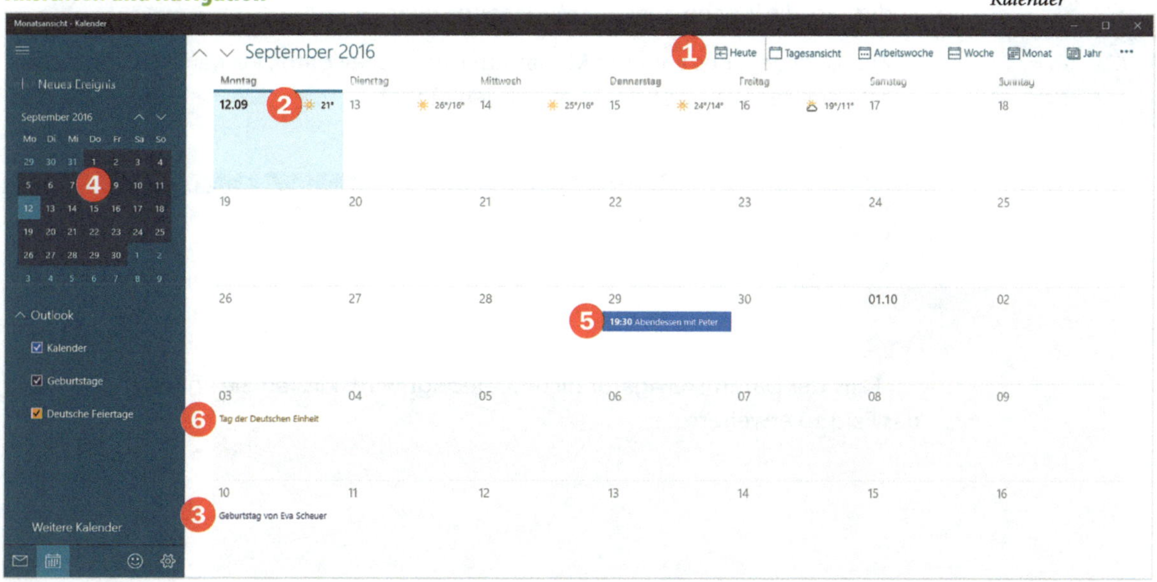

❶ Ansichten ❷ aktuelles Datum u. Wetterinformation ❸ Geburtstag ❹ Datumsnavigator ❺ Termin ❻ Feiertag

Ansichten

Um die Übersichtlichkeit Ihres Kalenders zu erhöhen, stehen Ihnen verschiedene Ansichten zur Verfügung. Sie finden diese rechts oben in der Bearbeitungsleiste. Durch Anklicken der Schaltflächen ändern Sie den angezeigten Zeitraum:

- Die Schaltfläche *Heute* zeigt das aktuelle Datum an. Hier kommt es auch darauf an, in welcher Ansicht Sie sich befinden. In der *Tagesansicht* wechseln Sie zum aktuellen Tag, in der Ansicht *Arbeitswoche* zur aktuellen Woche und in der Ansicht *Monat* zum aktuellen Monat.
- In der *Tagesansicht* wird nur das ausgewählte Datum angezeigt.
- Die Ansicht *Arbeitswoche* zeigt die Woche ohne Wochenenden an, sonst wählen Sie die Ansicht *Woche*.
- Mit der Ansicht *Monat* erhalten Sie eine Übersicht des gesamten Monats und in der Ansicht *Jahr* eine Jahresansicht.

Navigation

Der Datumsnavigator ermöglicht den schnellen Wechsel zu einem anderen Tag, einer anderen Woche oder einem anderen Monat. Das aktuelle Datum ist im Datumsnavigator hinterlegt, hier der 12. September.

- Zur Anzeige eines anderen Zeitraums im Kalender klicken Sie auf das gewünschte Datum im Datumsnavigator. Entsprechend der gewählten Ansicht wird nun der Tag, die Woche oder der Monat angezeigt.
- Zur Anzeige eines anderen Monats im Datumsnavigator, klicken Sie auf die Dreiecke für den vorigen bzw. kommenden Monat.

Bild 8.47 Monat wechseln, der angezeigt wird

> Falls der Datumsnavigator nicht angezeigt wird, klicken Sie links auf ☰, um das Feld zu erweitern.

Termine, Geburtstage und Feiertage anzeigen

Im Beispiel auf Seite 311 ist die App Kalender mit einem Outlook-Konto (=Microsoft-Konto) verbunden. Alle Termine und Geburtstage, die in diesem Konto hinterlegt sind, werden mit der App Kalender synchronisiert. Der angezeigte Geburtstag wurde bei den Kontaktinformationen hinterlegt (App Kontakte). Dadurch wird das Geburtstagskind automatisch im Kalender angezeigt.

- Möchten Sie eine der Informationen nicht im Kalender anzeigen, z. B. die Geburtstage, dann entfernen Sie das Häkchen vor *Geburtstage* ❶.
- Mit einem Rechtsklick auf eines der Kalenderelemente ❷, in unserem Beispiel *Kalender* kann die Farbe, in der die Informationen im Kalender (hier die Termine) hinterlegt sind, geändert werden.
- Falls Sie Feiertage anderer Länder auch im Kalender anzeigen möchten, klicken Sie auf *Weitere Kalender* ❸ und setzen ein Häkchen vor dem gewünschten Staat.

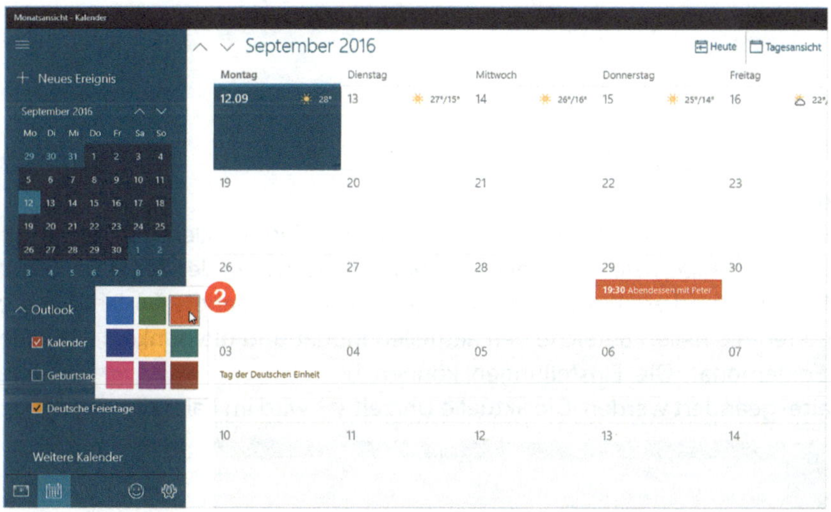

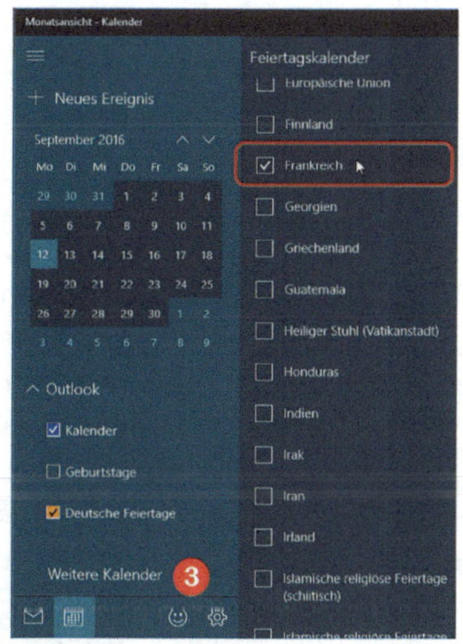

Bild 8.48 Anzeigefarbe auswählen

Bild 8.49 Zusätzliche Feiertage anzeigen

> Was und unter welcher Bezeichnung hier angezeigt wird, ist abhängig vom Konto, mit dem die App Kalender verbunden wurde.

Wettereinstellungen

Bild 8.50 Wetteranzeige für die nächsten Tage

Im Kalender wird das aktuelle Wetter und das der nächsten Tage angezeigt. Wenn Sie keine Wetteranzeige erhalten, hat die App keinen Zugriff auf Ihre Position. Dies konnten Sie beim ersten Start der App erlauben bzw. verbieten. Natürlich kann die Erlaubnis auch nachträglich über *Startmenü* ▸ *Einstellungen* ▸ *Datenschutz* ▸ *Position* erteilt werden.

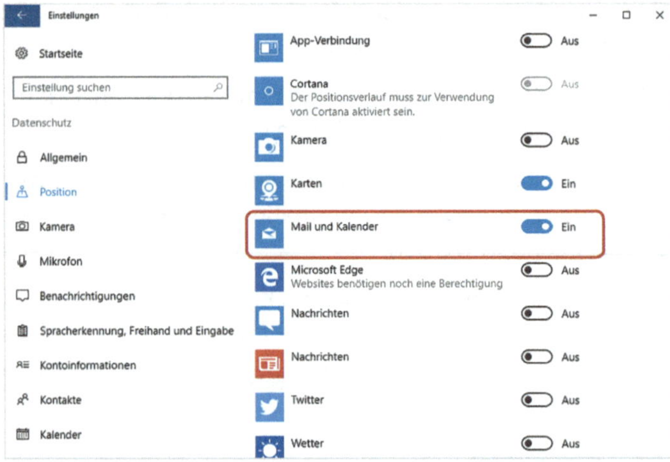

Bild 8.51 Die Apps Mail und Kalender dürfen auf die Standortinformationen (Position) zugreifen

Arbeitszeit, aktuelle Uhrzeit

Der Kalender ist in helle und dunkle Bereiche unterteilt. Die dunkleren Bereiche ❶ visualisieren Zeiten außerhalb Ihrer gewöhnlichen Arbeitszeit (in der Regel vor 08:00 Uhr, nach 17:00 Uhr und am Wochenende). Ausnahme bildet hier die Ansicht *Monat*; hier visualisieren die hellen Bereiche den aktuellen Monat und die dunklen Bereiche Vor- bzw. Folgemonat. Die Einstellungen können bei *Kalendereinstellungen* (siehe nächster Seite) geändert werden. Die aktuelle Uhrzeit ❷ wird im Kalender angezeigt.

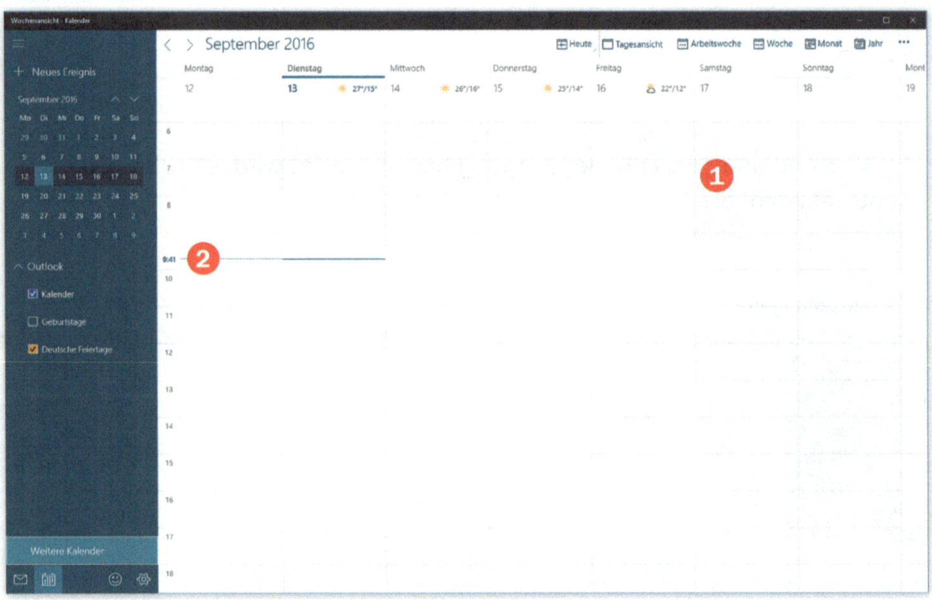

Bild 8.52 Arbeitszeit und aktuelle Uhrzeit

Kalendereinstellungen ändern

Der Kalender beruht auf folgenden Einstellungen: Jede Woche beginnt an einem Montag, die Arbeitswoche dauert von Montag bis Freitag und die Arbeitszeit beginnt um 8:00 und endet um 17:00 Uhr.

Diese Standardeinstellungen können verändert werden. Klicken Sie dazu auf die Schaltfläche *Einstellungen* ⚙ ▸ *Kalendereinstellungen*. Bei *Wochennummern* können Sie die Kalenderwoche einblenden. Mit Auswahl von *Erste 4-Tage-Woche* verwenden Sie die in Europa gültige Methode.

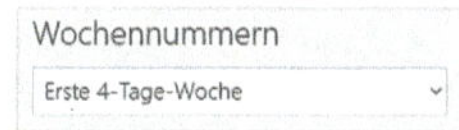

Termine eintragen

Termin über Terminformular festlegen

Um einen neuen Termin einzutragen, gehen Sie wie folgt vor:

- Klicken Sie auf *Neues Ereignis* links oben.

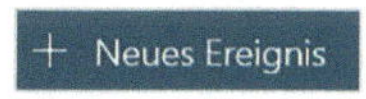

- Ein neues Terminformular wird geöffnet, in welches Sie die notwendigen Informationen eintragen:
  - Tragen Sie eine Bezeichnung für den Termin ein und entscheiden Sie ggf. daneben, in welchem Konto der Termin hinterlegt wird ❶. Das ist nur notwendig, wenn die App Kalender mit mehrere Konten verbunden ist.
  - Bestimmen Sie Beginn und Ende des Termins oder aktivieren Sie *Ganztägig* ❷
  - Im Feld unten können Notizen ❸ zum Termin eingegeben werden.
- Entscheiden Sie bei *Erinnerung* ❹, ob und wie lange vorher Sie an den Termin erinnert werden möchten.
- Klicken Sie dann auf *Speichern und schließen* ❺.

Tipp! Wenn Sie in der Tagesansicht arbeiten, können Sie im Datumsnavigator ein Datum anklicken. Dieses wird dann gleich im Terminformular übernommen .

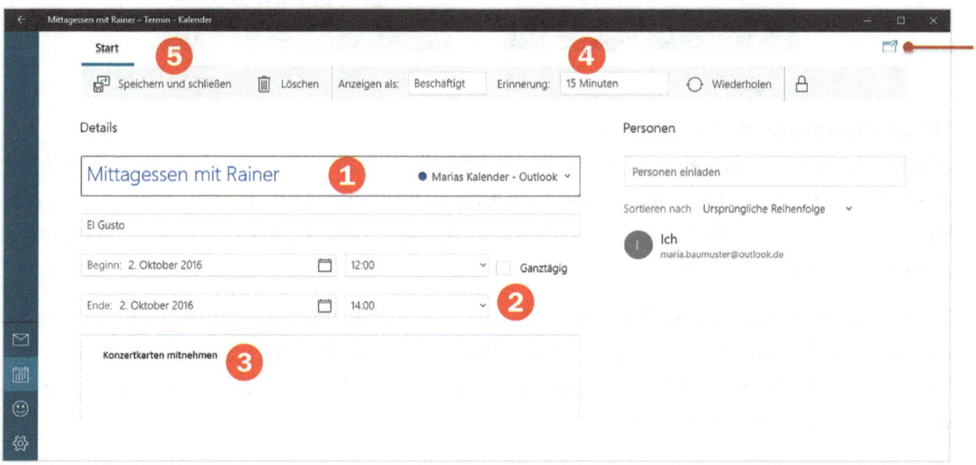

Wenn Sie, während Sie einen neuen Termin festlegen, schnell einen Blick auf den Kalender werfen möchten, klicken Sie auf *Ereignis in neuem Fenster öffnen*. Dadurch erscheinen Kalender und Terminformular jeweils in getrennten Fenstern.

Bild 8.53 Terminformular

- Zur nachträglichen Bearbeitung eines Termins klicken Sie diesen doppelt in der Übersicht an.

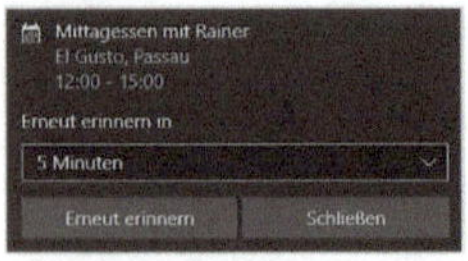

Erinnerung

Standardmäßig werden Sie 15 Minuten vor Beginn eines Termins durch eine Benachrichtigung, die rechts oberhalb der Taskleiste erscheint, an die Verabredung erinnert. Die Benachrichtigung erhalten Sie auch, wenn die App Kalender nicht geöffnet ist.

Schnell die heutigen Termine anzeigen

Ohne den Kalender zu öffnen, zeigen Sie Termine ❶, die heute anstehen, durch Anklicken des Bereichs *Uhr* ❷ auf der Taskleiste an. Unter Umständen sind die aktuellen Termine ausgeblendet. Klicken Sie in diesem Fall auf *Agenda anzeigen* ❸. Durch Anklicken des Plussymbols ❹ öffnen Sie ein neues Terminformular der App Kalender.

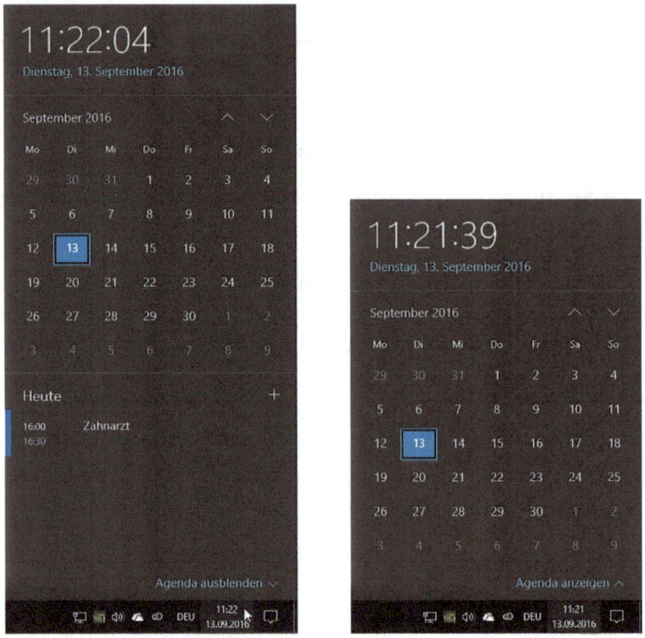

Bild 8.54 Aktuelle Termine über die Taskleiste aufrufen

Schnell einen neuen Termin festlegen

Alternativ können Sie einen Termin auch erstellen, indem Sie in ein Kalenderfeld klicken. Dadurch wird das Datum gleich übernommen. Wenn Sie in der *Tagesansicht*, Ansicht *Arbeitswoche* oder *Woche* arbeiten können Sie durch Anklicken eines Feldes auch die Uhrzeit übernehmen.

Im Eingabebereich tragen Sie bei *Name des Termins* eine Bezeichnung ein. Darunter bestimmen Sie Uhrzeit und Ort und speichern den Termin durch Anklicken von *Fertig*. Termindetails fügen Sie hinzu, indem Sie auf *Weitere Details* klicken. Damit öffnen Sie das bekannte Terminformular.

Cortana trägt den Termin ein

Veranlassen Sie die Sprachassistentin Cortana, die wichtigsten Elemente eines Termins abzufragen und diesen im Kalender zu speichern. So geht's:

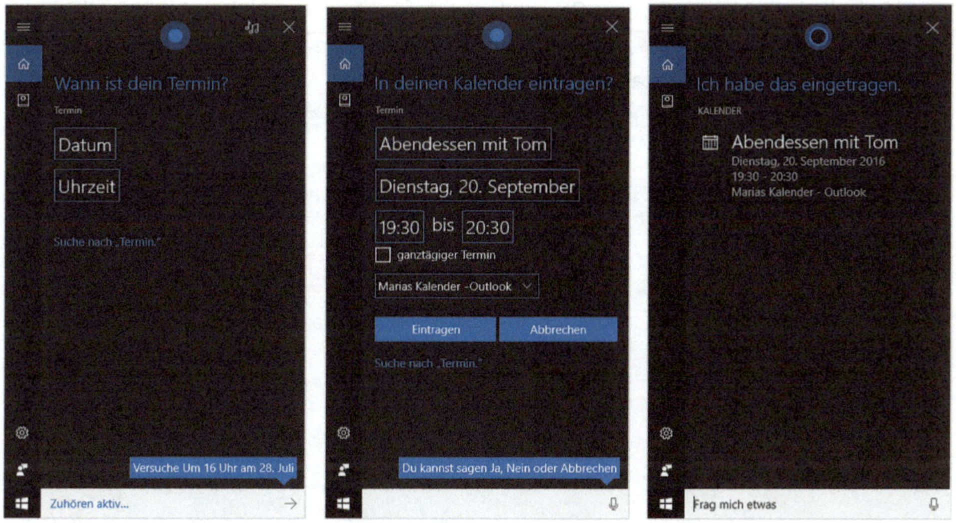

Bild 8.55 Cortana trägt einen Termin ein

1. Beginnen Sie mit *Hey Cortana Termin*. Falls Sie dieses Option von Cortana nicht verwenden, klicken Sie auf das Mikrofonsymbol links unten und sagen dann *Termin*.
2. Cortana fragt nun nacheinander die wichtigsten Elemente des Termins ab. Sie antworten einfach auf ihre Fragen:
   - *20. September*
   - *19 Uhr 30*
   - *Abendessen Tom*
3. Cortana möchte den Termin dann speichern. Bestätigen Sie die Fragen mit *Ja*.

Bis jetzt hat Cortana Probleme, wenn Sie versuchen eine Zeit einzugeben, zu der der Termin beendet ist. Wenn Sie nichts sagen, addiert Cortana automatisch eine Stunde.

Teilnehmer zu einem Termin einladen

Zur übersichtlicheren Organisation eines Treffens oder einer Feier, speichern Sie den Termin im Kalender und laden gleichzeitig Gäste dazu ein:

- Öffnen Sie dazu ein Terminformular und tragen Sie die Informationen ein.
- Im Feld *Personen einladen* ❶ tragen Sie die E-Mail-Adressen der Gäste ein und bestätigen diese einzeln mit der Enter-Taste. Falls die Adressen in der App Kontakte gespeichert sind, ist es ausreichend die ersten Buchstaben des Namens einzugeben. Dann kann die Adresse durch Anklicken ausgewählt werden.
- Falls Sie einen Gast wieder aus der Liste entfernen möchten, zeigen Sie mit der Maus auf den Eintrag und klicken auf das *X* ❷.
- Verwenden Sie den Bereich *Notizen* ❸, um der E-Mail einen Einladungstext hinzuzufügen.

▶ Sobald Sie mindestens eine Person hinzugefügt haben, erscheint rechts oben die Schaltfläche *Senden* ❹. Die Einladungen wird via App Mail versandt. Gleichzeitig wird der Termin im Kalender eingetragen.

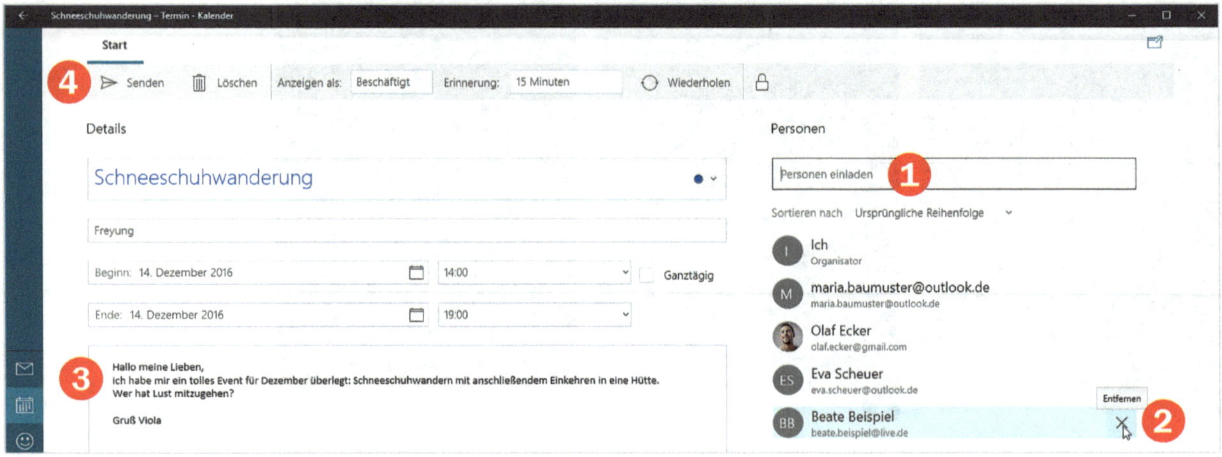

Bild 8.56 Vier Personen werden zu einem Termin eingeladen

Die Eingeladenen erhalten eine E-Mail mit Schaltflächen, über die Sie der Gastgeberin zu- oder absagen können.

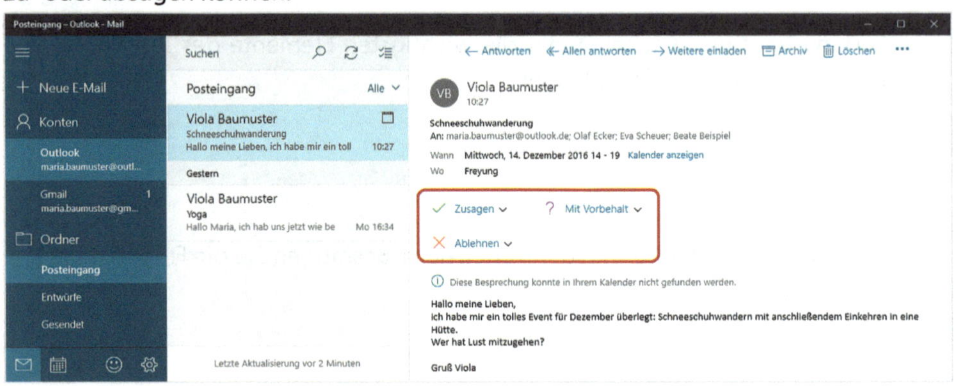

Bild 8.57 E-Mail, die die eingeladenen Personen erhalten

Klicken Sie im Nachrichtentext auf *Zusagen*, *Ablehnen* oder *Mit Vorbehalt* und wählen Sie aus, ob Sie die Nachricht gleich versenden oder zuvor noch einen Antworttext hinzufügen möchten.

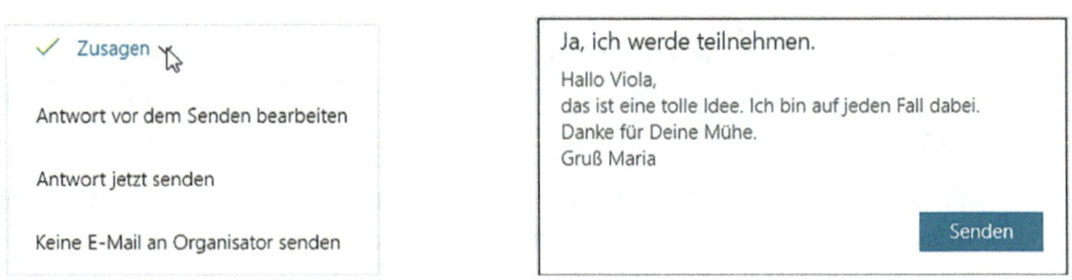

Bild 8.58 Versendung von Zu- oder Absagen

Die Gastgeberin erhält das Antwortschreiben via E-Mail. Um sich zu informieren, wer bereits zugesagt hat, öffnen Sie im Kalender den Termin mit einem Doppelklick.

Natürlich sieht nur die Organisatorin des Termins wer zu- oder abgesagt hat. Die anderen Eingeladenen sehen nur, wer eingeladen wurde.

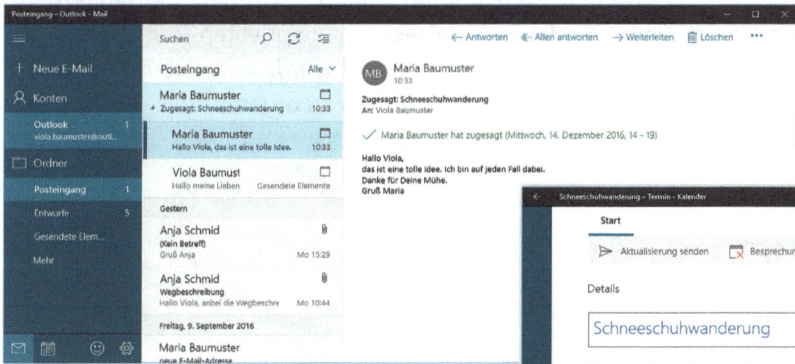

Bild 8.59 Zusage einer Teilnehmerin

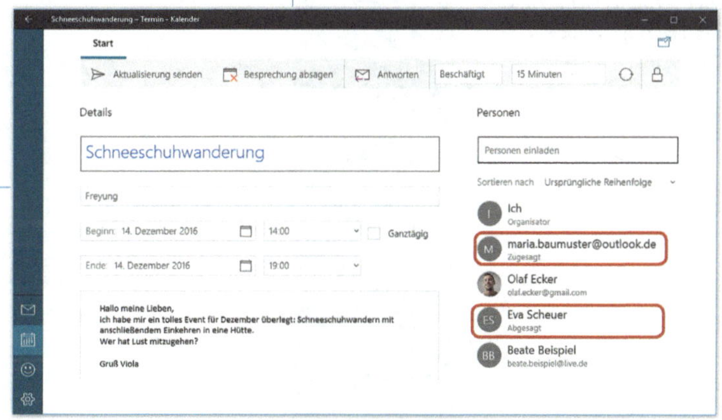

Bild 8.60 Terminformular mit Zu- und Absagen; Ansicht des Organisators

Kalender drucken

Sie können die Termine eines Tages, der Woche oder auch eines Monats ausdrucken. Klicken Sie dazu rechts oben auf *Anzeigen* und wählen Sie *Drucken* aus. Im Fenster Druckansicht wählen Sie zunächst die Zeiteinheit aus z. B. Monat und bestimmen das Startdatum. Klicken Sie dann auf *Vorschau* und im nächsten Fenster auf *Drucken*.

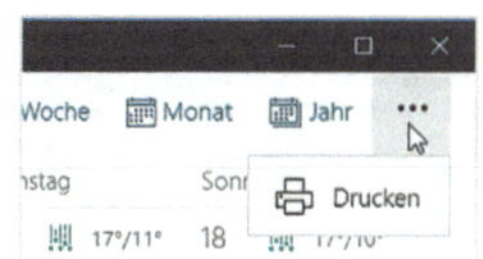

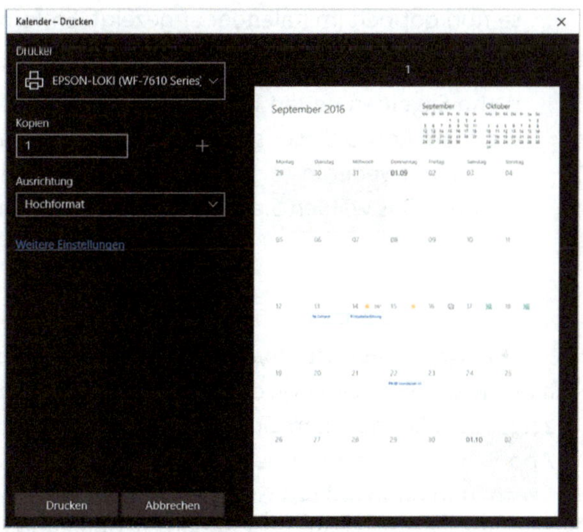

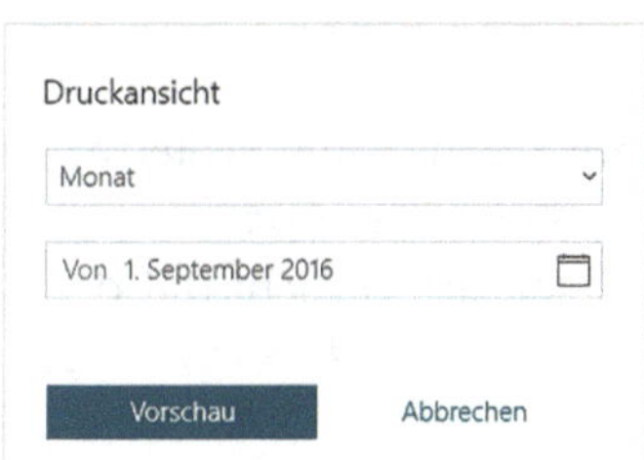

Bild 8.61 Ausdruck eines Kalendermonats mit Terminen

Mehrere Konten synchronisieren

Wenn für die App Kalender gleich mehrere Konten hinterlegt wurden, werden Termine beider Konten angezeigt. Im folgenden Beispiel werden die privaten Termine über ein Outlook-Konto organisiert und für eine Vereinstätigkeit wurde ein weiteres Konto bei Gmail angelegt, um dort Vereinstermine und Mitglieder zu organisieren.

Bild 8.62 Dieser Kalender zeigt Termine, Geburtstage und Feiertage von zwei Konten an.

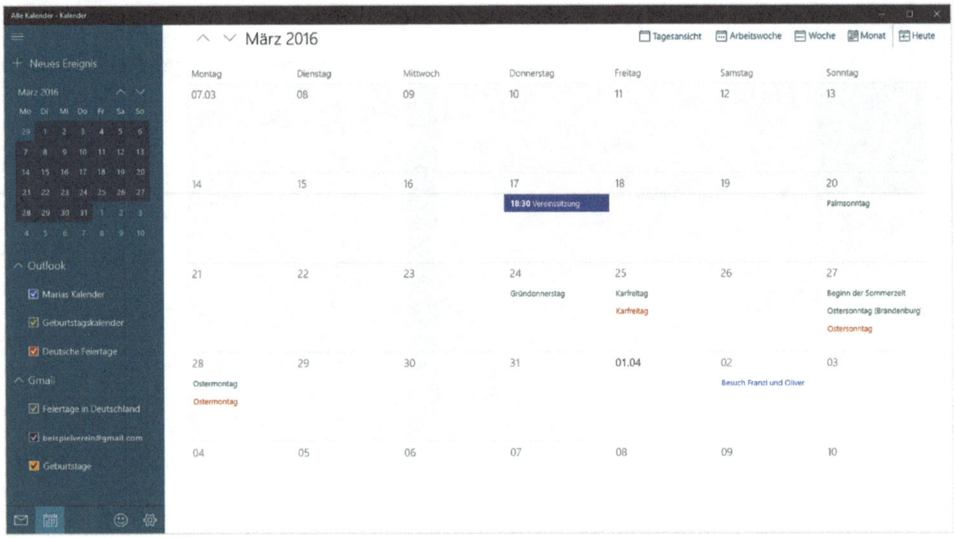

Was Sie beim Arbeiten mit mehreren Konten beachten sollten:

- An den unterschiedlichen Farben erkennen Sie, welcher Eintrag, welchem Konto zuzuordnen ist.
- Da sowohl Outlook wie auch Gmail Feiertage zur Verfügung stellen, werden diese nun doppelt im Kalender angezeigt. Entfernen Sie eines der beiden Häkchen vor Feiertage.
- Wenn Sie einen neuen Termin im Kalender speichern, müssen Sie festlegen, mit welchem Konto dieser synchronisiert wird. In unserem Beispiel oben könnte der Termin entweder in *beispielverein@gmail.de* oder in *Marias Kalender* gespeichert werden. Das wählen Sie beim Anlegen des Termins aus.

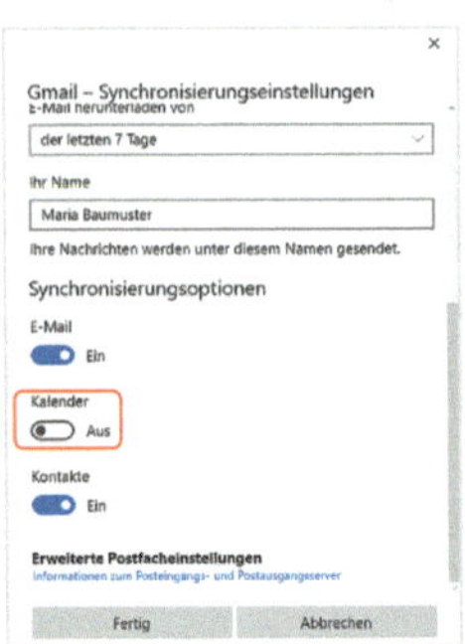

Ein Konto von der Synchronisierung ausnehmen: Sie möchten vielleicht alle E-Mails Ihres Outlook.de-Kontos und Ihres Gmail-Kontos in der App Mail anzeigen. Da Sie mit dem Gmail-Kalender nicht arbeiten, soll dieser nicht mit der App Kalender synchronisiert werden. Klicken Sie auf *Einstellungen* ▶ *Konten verwalten* und dann auf das Gmail-Konto. Wählen Sie *Synchronisierungseinstellungen für Postfach ändern* aus und ziehen Sie den Regler bei *Kalender* auf *Aus*.

Anhang

Tastenkombinationen

Windows	Startmenü öffnen
Windows + A	Info-Center einblenden
Windows + D	Fenster minimieren und Desktop anzeigen
Windows + E	Explorer öffnen
Windows + I	Einstellungen anzeigen
Windows + L	Sperrbildschirm, Computer sperren
Windows + S	Suchleiste einblenden
Windows + T	Taskleiste anzeigen
Windows + Z	App-Bedienelemente anzeigen (oder rechte Maustaste
Windows + Druck	Screenshot im Ordner Bilder speichern
Windows + Pfeil links	Bildschirm teilen und die geöffnete App in der linken Fensterhälfte anordnen
Windows + Pfeil rechts	Bildschirm teilen und die geöffnete App in der rechten Fensterhälfte anordnen
Windows + Tab	Wechselt zwischen Apps und Desktop Windows + Pfeil unten
Windows + Pfeil unten	Fenster minimieren
Windows + Leertaste	Eingabesprache wechseln
Windows + Pluszeichen (+)	Aktiviert die Bildschirmlupe, Zoom vergrößern
Windows + Minuszeichen (-)	Zoom verkleinern
Alt + Tab	Wechselt zwischen allen geöffneten Apps (einschließlich Desktop-Anwendungen)

Strg + A	Alles markieren (Explorer: Alle Dateien eines Ordners. Textprogramm: Den gesamten Text)
Strg + C	Markierten Text (Explorer: Datei oder Ordner) in die Zwischenablage kopieren
Strg + X	Markierten Text (Explorer: Datei oder Ordner) in die Zwischenablage ausschneiden
Strg + V	Inhalt der Zwischenablage an der aktuellen Stelle einfügen
F2	Dateien und Ordner umbenennen (Explorer)
Alt+F4	Geöffnetes Fenster schließen

Glossar

Administrator	Benutzer, die als Administrator am PC angemeldet sind, verfügen über alle Berechtigungen am Computer und können sämtliche Einstellungen ändern. Im Gegensatz dazu dürfen Standardbenutzer zwar ihre persönlichen Einstellungen ändern und speichern, nicht jedoch tiefgreifende Änderungen am System vornehmen.
App	Windows 10 bezeichnet alle Arten von Programmen als Apps. App ist eine Abkürzung des englischen Begriffs application, deutsch Anwendung. Apps im engeren Sinne sind eigentlich kleine spezialisierte und für die Fingerbedienung optimierte Programme.
Arbeitsspeicher	Siehe RAM
Auflösung	Die Auflösung legt fest, wie viele Pixel (= Bildpunkte) zur Anzeige auf dem Bildschirm verwendet werden. Die Auflösung ist abhängig von der Größe und Bauweise des Monitors. Je höher die Auflösung, umso kleiner erscheinen Schrift und Symbole.
Bibliothek	Bibliotheken fassen Inhalte ähnlicher Ordner zusammen und erleichtern so die Suche nach Dateien. Standardmäßig stellt Windows die Bibliotheken Dokumente, Bilder, Musik und Videos zur Verfügung. Weitere Bibliotheken können vom Benutzer angelegt werden. Im Gegensatz zu Windows 7 verfügt Windows 10 zwar über Bibliotheken, zeigt diese aber standardmäßig im Datei-Explorer nicht an. Zum Einblenden klicken Sie im Register Ansicht auf Navigationsbereich.
Blu-ray Disc (BD)	Bei einer Blu-ray Disc handelt es sich um ein optisches Speichermedium als Nachfolger der DVD mit noch mehr Speicherkapazität (das fünffache einer DVD). In Aussehen und Handhabung unterscheidet sich eine DB nicht von einer CD und DVD.
Browser	Als Browser (engl. to browse = durchsuchen) bezeichnet man Apps, mit denen Sie im Internet surfen. Neben dem, in Windows 10 integrierten Browser Microsoft Edge, gehören unter anderem Mozilla Firefox, Chrome und Safari dazu.
Buetooth	Als Bluetooth bezeichnet man einen Standard für Datenübertragung per Funk über kurze Entfernungen. Voraussetzung dafür ist spezielle Hardware, die in manchen Laptops/Notebooks bereits integriert ist. Falls diese nicht vorhanden ist, kann auch eine Verbindung auch über einen speziellen Adapter hergestellt werden, der seinerseits an einen USB-Anschluss angeschlossen wird. Kopfhörer oder Headset, Maus und Tastatur sowie Mobiltelefone können auf diese Weise angeschlossen werden
CD/DVD	CD, Abkürzung für Compact Disc DVD,ein optischer Datenspeicher. DVDs (Digital Versatile Disc) verfügen über etwa die viereinhalbfache Speicherkapazität einer CD.

Cloud	Als Cloud-Computing bezeichnet man die Nutzung von Dienstleistungen wie Software und Speicherplatz über ein Netzwerk. Der Begriff „Cloud" (dt. Wolke) rührt daher, dass für die Nutzer der genaue Ursprung und Speicherort nicht nachvollziehbar und undurchsichtig (verhüllt) ist. „In der Cloud speichern" bedeutet somit nichts anderes, als Daten nicht auf der Festplatte des eigenen PCs, sondern irgendwo auf einem anderen Computer im Internet zu speichern.
Cookies	Cookies sind kleine Textdateien, die beim Betrachten von Webseiten auf Ihrer Festplatte abgelegt werden. Sie dienen einerseits beim Einkaufen im Internet zum vorübergehenden Speichern des Warenkorbs, andererseits lässt sich daraus auch ein Nutzerprofil zu Werbezwecken erstellen.
Copy & Paste	Englisch für Kopieren & Einfügen. Ein Element wird dabei in die Zwischenablage kopiert (beispielsweise mit der Tastenkombination Strg+C) und andernorts eingefügt (beispielsweise mit der Tastenkombination Strg+V).
Cursor	Als Cursor bezeichnet man bei der Eingabe von Text die Einfügemarke oder Schreibposition.
Dateinamenerweiterung	Jeder Dateiname erhält beim Speichern automatisch einen Zusatz, die Dateinamenerweiterung (extension), bestehend aus einem Punkt, gefolgt von drei oder vier Buchstaben. Sie kennzeichnet den Dateityp, d.h. legt fest, welche Anwendung zum Öffnen der Datei verwendet wird. Standardmäßig ist die Dateinamenerweiterung nicht sichtbar, kann aber im Menüband des Datei-Explorers eingeblendet werden.
Desktop	Der Desktop (dt. Schreibtischoberfläche) ist die Arbeitsoberfläche unter Windows. Hier werden alle Apps in Fenstern geöffnet und angeordnet.
Dokument	Als Dokument bezeichnet Windows, unabhängig vom Inhalt, alle Dateien, die Texte enthalten.
Drag & Drop	Englisch für Ziehen & Fallenlassen, eine Bezeichnung für das Ziehen und Verschieben bei gedrückter linker Maustaste.
Dropdown-Pfeil	Viele Eingabefelder erfordern keine Eingabe, sondern bieten Werte zur Auswahl an. In diesen Feldern befindet sich rechts ein kleines, nach unten weisendes Dreieck bzw. ein Pfeil und ein Klick darauf öffnet die Liste. Alternativ können Sie die Liste auch mit der Tastenkombination Alt+Pfeil nach unten öffnen, die Auswahl erfolgt dann mit den Pfeiltasten und durch Drücken der Eingabe-Taste wird die markierte Auswahl übernommen. Eine weitere Möglichkeit: tippen Sie die ersten Zeichen ein, so wird Ihre Eingabe automatisch ergänzt.
Esc-Taste	Die Escape-Taste (Englisch to escape = entkommen) dient dem Abbrechen von Befehlen und entspricht der Schaltfläche Abbrechen.
Festplatte	Der wichtigste Datenträger eines PCs ist die fest eingebaute (daher der Name) Festplatte. Auf ihr werden Windows und alle anderen Programme gespeichert. In der Regel erhält die Festplatte den Laufwerksbuchstaben C:.
Festplattenpartitionen	Eine Festplatte kann in mehrere logische Laufwerke aufgeteilt werden, die so genannten Partitionen. In diesem Fall erhält jede Partition einen eigenen Laufwerksbuchstaben.

Firewall	Als Firewall, dt. Brandmauer bezeichnet man eine Sicherheitssoftware, die ein Netzwerk oder einen einzelnen Computer vor unerwünschten Angriffen von außen schützt indem sie laufend den Datenverkehr überwacht.
Fn-Taste	Mit der Fn-Taste nutzen Sie auf der Tastatur eines Laptops die Ziffernbelegung und weitere Tastaturfunktionen.
Hot Spot	Als Hot Spot bezeichnet man einen öffentlichen, für jedermann über Funk zugänglichen Internetzugriffspunkt (WLAN). Hot Spots sind zum Beispiel in Flughäfen, Bahnhöfen oder Hotels zu finden.
HTML	Abkürzung für Hypertext Markup Language, eine textbasierte Auszeichnungssprache für Dokumente mit Text, Bildern und Hyperlinks. HTML ist das wichtigste Dateiformat für Webseiten, zur Anzeige wird ein Browser, z. B. Microsoft Edge benötigt.
http	Abkürzung für Hypertext Transfer Protocol, ein Protokoll zur Übertragung von Informationen im Web. Diese Abkürzung ist einer URL vorangestellt.
Hyperlink	Siehe Link
IMAP	Abkürzung für Internet Message Access Protocol, ein erweitertes Protokoll zur Übermittlung von E-Mails. Im Gegensatz zu POP erlaubt IMAP das Speichern und Verwalten von Mails, Ordnerstrukturen und Einstellungen auf dem Mail-Server, der lokale PC speichert nur Kopien.
Index	Ein Index speichert Stichwörter und beschleunigt die Suche. Der Index von Windows wird zur schnellen Suche nach Dateien und Ordnern benötigt und bezieht auch Dateiinhalte mit ein. Standardmäßig werden lediglich die Inhalte der persönlichen Ordner indiziert, weitere Speicherorte können hinzugefügt werden.
JPG/JPEG	Hierbei handelt es sich um ein Dateiformat, das zur Speicherung von Fotos verwendet wird. Die Dateien erhalten die Dateinamenerweiterung .jpg oder .jpeg.
Kontextmenü	Das Kontextmenü wird über die rechte Maustaste geöffnet. Alle Befehle des Kontextmenüs beziehen sich ausschließlich auf das mit der rechten Maustaste angeklickte Objekt.
Konto	Ein Benutzerkonto verwaltet alle individuellen Einstellungen, z. B. Aussehen von Startmenü und Desktop, außerdem verfügt jeder Benutzer über persönliche Ordner zum Speichern von Dateien. Windows unterscheidet zwischen Standardbenutzern mit eingeschränkten Rechten und Administratorbenutzern. Um ein neues Benutzerkonto anzulegen, sind Administratorrechte erforderlich. Ein Benutzerkonto kann entweder ein Microsoft-Konto oder ein lokales Benutzerkonto sein.
Laufwerk	Als Laufwerke werden alle angeschlossenen Datenträger eines Computers bezeichnet. Jedem Laufwerk wird ein Buchstabe, gefolgt von einem Doppelpunkt zugewiesen, die Festplatte erhält in der Regel den Buchstaben C:. Bei der Anzeige sowie beim Öffnen und Speichern unterscheidet Windows nicht zwischen Laufwerken und Ordnern.

Link	Ein Link ist ein Verweis auf eine bestimmte Stelle im selben Dokument oder in einer anderen Datei. Am bekanntesten sind Links im Internet, wenn von einer Webseite auf Inhalte anderer Webseiten verlinkt wird.
Microsoft Office	Eine Sammlung von Büroprogrammen. Sie enthält unter anderem die bekannten Programme Word (Textverarbeitung), Excel (Tabellenkalkulation), PowerPoint (Präsentationen) sowie Outlook (E-Mail, Kontakte und Terminplanung).
Multitasking	Als Multitasking bezeichnet man die Fähigkeit, mehrere gleichzeitig geöffnete Anwendungen/Apps zu verwalten.
PDF	PDF ist die Abkürzung für Portable Document Format, ein Dateiformat für Dokumente in dem alle Bilder und Formatierungen beibehalten werden. Die Inhalte können unabhängig vom Betriebssystem auf jedem Computer gelesen werden, dazu wird nur ein kostenlos erhältliches Leseprogramm, z. B. Adobe Reader benötigt, auch im Browser Microsoft Edge können PDF-Dateien angezeigt werden. Nachträgliche Änderungen am Inhalt sind dagegen nur mit spezieller Software möglich.
Pfad	Der Pfad oder Suchpfad bezeichnet den genauen Speicherort einer Datei oder eines Ordners und besteht aus dem Laufwerksbuchstaben und den Namen der übergeordneten Ordner, jeweils getrennt durch einen rückwärtsgewandten Schrägstrich, den Backslash. Beispiel: D:\Briefe\Geschäftlich\Maier.docx.
Pixel	Als Pixel bezeichnet man die Bildpunkte, die zur Darstellung auf dem Bildschirm verwendet werden. Die Auflösung eines Bildschirms gibt die Anzahl der darstellbaren Pixel pro Zeile und Spalte an.
POP	Post Office Protocol, ein Netzwerkprotokoll zur Übermittlung, genauer gesagt Abholung von E-Mails von einem Mail-Server.
RAM	Der RAM (Random Access Memory) oder Arbeitsspeicher eines Computers wird vom Prozessor zum Zwischenspeichern von Daten und Befehlen benötigt.
Router	Router regeln in einem lokalen, d.h. räumlich begrenzten Netzwerk mit mehreren Computern die korrekte Übermittlung der Daten und verbinden das Netzwerk mit dem Internet. Aus Sicherheitsgründen sollte jeder Router mit einem Kennwort gesichert werden.
Scrollen	Als Scrollen bezeichnet man das Verschieben des sichtbaren Bildschirmausschnitts, beispielsweise durch Drehen des Mausrads. Bei einem Touchscreen wischen Sie in die gewünschte Richtung über den Bildschirm.
Server	Als Server bezeichnet man Computer, genauer gesagt spezielle Software, die in einem Netzwerk Informationen, Speicherplatz und andere Dienste (z. B. E-Mail Postfach) bereitstellt.
Shortcut	siehe Tastenkombination

SSD	Abkürzung für Solid State Disc. Bei SSD-Festplatten handelt es sich im Gegensatz zu herkömmlichen Festplatten auf magnetischer Basis um Halbleiterspeicher mit sehr kurzen Zugriffszeiten. Sie eignen sich besonders für den Einsatz als schnelle Festplatten, allerdings zu einem höheren Preis.
Task-Manager	Der Task-Manager überwacht alle laufenden Anwendungen und Prozesse des PCs und erlaubt es, störende Prozesse zu beenden und die Systemleistung zu überwachen. Sie starten den Task-Manager über das Kontextmenü der Taskleiste oder mit der Tastenkombinaton Strg+Umschalt+Esc.
Tastaturlayout	Als Tastaturlayout bezeichnet man die länderspezifische Anordnung und Codierung der Tasten auf einer Computertastatur. Im deutschen Sprachraum ist dies die sogenannte QWERTZ-Tastenbelegung.
Tastenkombination	Tastenkombinationen werden verwendet, um bestimmte Befehle schnell aufzurufen, häufig in Verbindung mit den Tasten Windows, Strg und Alt.
Touchpad	Als Touchpad bezeichnet man die kleine berührungsempfindliche Fläche, die in die Tastatur von Notebooks integriert ist und als Alternative zur Maus verwendet werden kann.
Touchscreen	So bezeichnet man berührungsempfindliche Bildschirme, die insbesondere bei Tablet-PCs zum Einsatz kommen. Befehle werden statt mit einer Maus direkt durch Berührungen des Bildschirms erteilt.
Treiber	Treiber (Gerätetreiber) sind kleine Programme, die von Windows für die korrekte Ansteuerung von Geräten benötigt werden.
UEFI	Unified Extensible Firmware Interface. In den Computer integrierte Software, die sich unterhalb des Betriebssystems befindet und erst das Laden desselben ermöglicht. Nachfolger des BIOS (Basic Input Output System) früherer Windows-PCs.
Update/Upgrade	Unter Update versteht man die Aktualisierung von Software. Updates beinhalten meist Verbesserungen und schließen Sicherheitslücken und sollten daher regelmäßig durchgeführt werden. Besonders wichtig sind Updates von Antivirenprogrammen, sie aktualisieren die Virendefinitionsdatenbank. Im Gegensatz dazu bezeichnet ein Upgrade die Änderung oder Höherstufung auf eine höherwertige Version der Software, z. B. von Windows 8.1 auf Windows 10.
URL	Abkürzung für Uniform Resource Locator. Eindeutige Adresse für eine Webseite, wird häufig auch als Webadresse oder Internetadresse bezeichnet.
USB	Abkürzung für Universal Serial Bus. Der wichtigste genormte Anschluss der meisten Computer für Maus, Tastatur, USB-Speicherstick, Kartenlesegerät, Drucker und viele weitere Geräte.
Verknüpfung	Eine Verknüpfung ist eine Datei, die einen Verweis (Link) zu einer Datei oder einem Ordner an einem beliebigen Speicherort enthält. Verknüpfungen werden unter anderem verwendet, um Programme schnell vom Desktop aus zu starten.
WiFi	WiFi wird als Synonym für WLAN benutzt, siehe WLAN.

WLAN	Abkürzung für Wireless Local Area Network. Ein drahtloses lokales Netzwerk, das die kabellose Verbindung eines Computers mit anderen Computern und Geräten ermöglicht.
ZIP-Datei	Das ZIP-Dateiformat (zip = dt. Reißverschluss) wird häufig zum Versenden umfangreicher Dateien als E-Mail Anhang oder beim Download verwendet. Es enthält komprimierte Dateien, die vor der Verwendung erst wieder entzippt bzw. entpackt werden müssen.
Zwischenablage	Ausgeschnittene oder kopierte Elemente werden in der Zwischenablage abgelegt und können von dort beliebig oft solange wieder eingefügt werden, bis das nächste Element ausgeschnitten oder kopiert wird. Die Zwischenablage wird auch von Anwendungen genutzt, mit ihrer Hilfe lassen sich Daten aus einer Anwendung, zum Beispiel ein Bild aus einem Zeichenprogramm in den Text eines Schreibprogramms einfügen.

Index

Symbole

A

B

C

D

K

L

M

N

T